4주간의 국어여행

4주간의 **국어 여행**

남영신 지음

BM 성안당

머리말

여행을 시작하기 전에

● 알지 못하면 보아도 보이지 않고 들어도 들리지 않는다는 말이 있다. 보는 것이나 듣는 것에 대한 예비지식 없이는 그것을 제대로 보거나 듣지 못하는 것이 사실이다. '파리의 노트르담'처럼 멋진 뮤지컬도 작품과 관련한 지식과 뮤지컬에 대한 상식이 없는 사람에게는 '웃찾사'보다 무의미하게 여겨질 수 있다. 그래서 일부 관광객은 사적지를 보는 것보다 그 앞에 있는 놀이터에서 청룡열차 타는 것을 더 좋아하게 된다. 국어 여행을 하려는 분은 최소한 사적지에서 청룡열차에 매료되는 관광객이 되어서는 안 될 것이다.

이 책은 여행자가 쉽고 효과적으로 국어 여행을 할 수 있도록 돕기 위해서 만든 안내서이다. 그러나 단순히 여행 안내서로 만족하지 않고 여러분의 진로를 결정하는 데 도움을 주는 진로 안내서가 될 수 있도록 내용들을 충실하게 넣어 놓았다. 국어와 관련된 일을 하고자 하는 분이나 하고 있는 분에게 확실한 도움을 드리려는 목적으로 이 국어 여행서를 만들었다는 점을 밝힌다.

모든 여행은 동행자가 있을 때 더 즐겁고 유익한 법이다. 국어 여행도 혼자 하는 것보다 두셋이 함께 하는 것이 더 쉽고 효과적이다. 그래서 여행을 시작하기 전에 동행자를 구해서 함께 떠나기를 권한다. 여행 소감을 서로 나누고 힘든 때에 격려해 줄 수 있는 길벗이면 될 것이다. 이렇게 동행자와 함께 여행하면 여행의 질이 좋아질 뿐 아니라 여행 중에 있었던 일을 잊지 않고 오래 기억할 수 있게 된다. 그러니 같은 값이면 한두 사람을 포섭해서 함께 여행하기를 권한다. 만일 나와 함께 여행하고 싶은 사람은 나에게 동행을 신청하기 바란다.

여행 준비가 끝났으면 먼저 여행지에 무엇이 있는지 검토하자. 이 책의 차례에는 28가지의 주제가 적혀 있다. 여러분은 이 28곳을 여행하면서 국어를 느끼고 익히게 될 것이다. 따라서 먼저 28가지를 죽 둘러보면서 거기에 무슨 이야기가 들어 있을지 상상해 보기 바란다. 물론 동행자와 함께 이야기를 나누는 것이 유익할 것이다.

대중 여행지가 어떻게 생겼는지 감을 잡았으면 여행에 들어가자.

여러분의 여행이 유익하게 끝나기를!

남영신

차례 CONTENTS

4주간의 국어여행

제1일

젓가락과 숟가락, 같은 가락인가 다른 가락인가?

(소리 표기 방법)

결론부터 말하면 '가락'은 같은 가락이다. '가락'은 가늘고 긴 물건을 가리킨다. '손가락', '발가락' 또 북한에서 쓰인다는 '몸가락(남자의 거시기)'의 '가락'도 같은 의미이다. 그렇다면 '젓가락', '숫가락' 하지 않고, 왜 '숟가락'으로 적을까? 그 비밀은 '가락' 앞에 있는 '젓'과 '숟'에 숨어 있다.

'젓가락'은 '저+가락', 곧 '저'로 사용하는 가락의 의미가 있다. '저'란 음식을 집어 드는 데 쓰는 나무나 쇠로 만든 연장을 가리킨다. 즉, '젓가락'이나 '저'나 같은 말이다. '저'와 '가락'이 결합하면서 '저까락'처럼 소리가 바뀌므로 이를 표시하기 위하여 'ㅅ'을 붙여 '젓가락'이라고 적은 것이다.

'숟가락'은 '술+가락', 곧 밥을 한 입 분량으로 뜨는 데 쓰는 연장을 가리킨다. 쟁기로 흙을 파는 데 쓰는 넓적한 쇠를 뜻하는 '쟁깃술'의 '술'도 같은 뜻이다. 그런데 '술'과 '가락'이 합해지면서 '술가락'으로 되지 않고 '숟가락'으로 소리가 변했다. 이와 같은 경로로 변한 것이 몇 있는데 '며칠+날'이 '며칟날'이 되고, '설+달'이 '섣달'이 되는 것이 그 예이다.

한글은 소리대로 적는 글자라고 하지만 무조건 소리대로 적는 것이 아님을 알 수 있다. 한글맞춤법 제7항에는 'ㄷ'소리로 나는 받침 중에서 'ㄷ'으로 적을 근거가 없는 것은 'ㅅ'으로 적는다고 되어 있다. 따라서 '젓가락'과 '숟가락'에서 '숟가락'은 'ㄷ'으로 적을 근거가 있는('ㄹ'이 'ㄷ'으로 바뀐 것이므로) 것이고, '젓가락'은 'ㄷ'으로 적을 근거가 없는 것이다. 'ㄷ'으로 적을 근거가 있는 것과 없는 것의 예를 더 보이면 아래와 같다.

'ㄷ'으로 적을 근거가 있는 것

> 걷잡다(건-거두다), 곧장(곧-곧게), 낟가리(낟-낟알 곡식), 돋보기(돋-도두), 사흗날
> (사흘-사흘), 반짇고리(반짇-바느질), 잗다랗다(잗-잘다)

'ㄷ'으로 적을 근거가 없는 것

> 갓, 놋그릇, 덧셈, 돗자리, 멋, 붓, 빗장, 사뭇, 자칫, 칫솔, 탓, 풋고추, 햇곡식

한글은 소리글자

위에서 본 바와 같이 한글은 소리대로 완전하게 적지 않는 경우('ㄷ' 소리를 'ㅅ'으로 표기하는 것)가 있지만, 기본적으로는 소리글자이다. 위에서 제시한 몇 개의 글자를 보아도 음소(音素)의 소릿값에 따라서 소리로 재구성하는 데 아무 문제가 없다. 그러나 소리를 적을 때에는 '젓가락'과 '숟가락'처럼 같은 받침소리라도 다른 음소를 사용해서 적어야 하는 경우가 있다. 이런 점을 잘 알지 못하면 말을 정확하게 표기할 수 없다. 이런 사정이 있기 때문에 한글 맞춤법에 소리대로 표기하는 방법에 대한 규정을 몇 가지 두게 되었다.

된소리 표기

된소리로 나는 것은 된소리 글자로 적으면 되겠지만 모호한 경우가 있다. 다음은 된소리를 두세 가지 방법으로 표기할 수 있는 것들이다. 이 때 어떤 표기를 취할지는 우리가 결정해야 한다.

> 오빠/옵바, 으뜸/읏듬/읏듬, 가끔/각금, 소쩍새/솝적새/솟적새/솥적새

된소리가 우연히 나는지 그럴 만한 이유가 있는지 검토하여 우연히 난다면 된소리 글자로 그대로 적으면 되고, 그럴 만한 이유가 있다면 비록 된소리로 나더라도 그럴 만한 이유를 알 수 있도록 구별해서 적는 것이 옳다. 그래서 한글 맞춤법에 '뚜렷한 까닭 없이 나는 된소리'는 된소리 글자로 적는다는 규정을 두었다(맞5). '오빠'와 '옵바' 가운데 '옵바'라고 '옵'과 '바'를 구별해야 할 필요가 있다면(이는 '옵'과 '바'에 특별한 의미가 들어 있음을 의미함) '옵바'로 적고, 그렇지 않다면 된소리 글자를 사용해서 '오빠'로 적는다. '가끔'을

'각금'으로 적지 않는 것도 '각'과 '금'을 분별해서 적을 이유가 없기 때문이고, '소쩍새'를 '솥적새'로 적지 않는 것은 '솥적'으로 적어야 할 근거가 없기 때문이다. '새'를 된소리 '쌔'로 적지 않은 것은 '새'로 적어야 할 특별한 이유가 있기 때문이다. 된소리 표기를 그대로 하는 낱말은 아래와 같다.

가꾸다, 가깝다, 가끔, 깨끗하다, 꾀꼬리, 날씬하다, 단짝, 담뿍, 메뚜기, 몽땅, 물씬, 뭉뚱그리다, 번쩍, 벌써, 부뚜막, 부쩍, 산뜻하다, 살짝, 새끼, 아끼다, 어찌, 엉뚱하다, 움찔, 이따금, 해쓱하다, 훨씬

그러나 이런 원칙을 무조건 지키다 보면 부담스러울 때도 있다. 어떤 받침 뒤에 자음이 오면 그 자음은 언제나 된소리로 변하기 때문에 모든 것을 된소리로 표기하는 것은 바람직하지 않다. 그래서 예외를 두어 'ㄱ'과 'ㅂ' 받침 뒤에서 나는 된소리는 된소리 글자로 적지 않고 예사소리 글자로 적기로 했다(맞5 다만). 그래서 '국수'를 '국쑤'로 적지 않고, '갑자기'를 '갑짜기'로 적지 않는다. 이렇게 된소리를 예사소리로 적는 낱말을 보면 아래와 같다.

각다귀, 깍두기, 꺽다리, 낙지, 딱지, 색시, 싹둑, 죽지, 학배기, 굽적, 납죽, 덥석, 몹시, 법석, 업신여기다, 집적거리다, 텁석부리

구개음화 표기 불인정

아무 이유 없이 'ㅈ'이나 'ㅊ'으로 소리가 나면 그 글자로 적지만 어떤 이유가 있어서 어쩔 수 없이 그렇게 소리가 났다면 그 원인을 알 수 있도록 원래의 글자대로 적는다. 즉, 'ㄷ, ㅌ'이 모음 'ㅣ' 앞에서 음운 변화로 'ㅈ, ㅊ' 소리가 되었다면(구개음화했다면) 변한 소리로 적지 않고 원래의 소리 'ㄷ, ㅌ'으로 적는다(맞6).

아무 이유 없이 'ㅈ, ㅊ'으로 소리 나는 것

가지다, 그치다, 누에고치, 미치다, 비지, 비치다, 시치다, 조지다, 지치다

'ㄷ, ㅌ'이 'ㅣ' 모음 앞에서 'ㅈ, ㅊ'으로 바뀐 것

같이, 걷히다, 곧이, 굳이, 낱낱이, 닫히다, 맏이, 묻히다, 미닫이, 여닫이, 피붙이, 휘묻이

모음 'ㅖ'의 표기

토박이말 가운데에서 모음이 'ㅔ'로 소리 나는 경우라도 'ㅖ'로 적기로 한 것이 있다(맞8). 아래 낱말이 그렇다.

　　계집, 계시다, 핑계, 비계, 콩켸팥켸, 에계계

그 이유는 이들은 원래 'ㅕ'나 'ㅖ'로 발음하던 것이어서 'ㅖ'로 적었으므로 음운 변화에 따라서 'ㅔ'로 소리 난다고 해도 원래 적던 대로 적는 것이다. 한자어도 원래 음대로 적는다(맞8).

한자어 가운데에서 'ㅖ'로 적는 것

　　계속(繼續), 계획(計劃), 사례(謝禮), 시혜(施惠), 연몌(連袂), 정례(定例), 폐품(廢品), 혜성(彗星), 혜택(惠澤)

한자어 가운데에서 'ㅔ'로 적는 것

　　게시(揭示), 게양(揭揚), 게재(揭載), 계류(憩流), 휴게(休憩)

모음 'ㅢ'의 표기

'ㅢ'로 소리 나야 하는 것이 'ㅣ'로 소리 나는 경우가 있다. 우리가 정확하게 'ㅢ' 소리를 낼 수 없기 때문이다. 그런 경우에는 비록 'ㅣ'로 소리를 내더라도 'ㅢ'로 적는다. 한자어도 원래의 음가가 'ㅢ'인 것은 'ㅣ'로 소리를 내더라도 'ㅢ'로 적는다(맞9). 아래에 예를 몇 제시한다.

　　무늬, 늴리리, 닁큼, 띄어쓰기, 보늬, 씌어, 오늬, 틔다, 하늬바람, 의의(意義), 본의(本意), 심의(審議), 유희(遊戲), 희다, 희망(希望)

겹쳐 나는 소리

앞에서 된소리 표기를 할 때 'ㄱ, ㅂ' 받침 뒤에서 나는 된소리는 한글 맞춤법 제5항 '다만' 규정에 따라서 예사소리로 적는다고 설명했다. 그러나 같은 소리가 겹쳐 나면 'ㄱ, ㅂ' 뒤에서라도 된소리로 적는다. 그리고 'ㄱ, ㅂ' 받침이 아니더라도 겹쳐 난다고 인정되는 모든 소리는 같은 글자로 적는다(맞13). 주의할 점은 이 규칙은 한 낱말(단일어) 안에서 적용될 뿐, 다른 말과 결합한 경우(복합어)에는 별도의 규정이 적용된다는 것이다. 이 규정은 토박이말과 한자어에 각각 다르게 적용된다.

㉮ 토박이말에서 같은 음절이나 비슷한 음절이 겹쳐나면 무조건 같은 글자로 적는다.

깜깜하다, 꼿꼿하다, 놀놀하다, 딱딱, 딱따구리, 똑딱똑딱, 밋밋하다, 빳빳하다, 싹싹하다, 쌕쌕, 쓱싹쓱싹, 쓸쓸하다, 씩씩하다, 짭짤하다

㉯ 한자어는 이 규정에 제시된 3개 낱말에 국한하되 이와 아주 유사한 낱말에도 제한적으로 적용한다.

연연불망(戀戀不忘), 유유상종(類類相從), 누누이(屢屢-), 요요하다(寥寥-)

그러나 일반적으로 한자어는 대부분 같은 소리가 겹쳐 나더라도 아래와 같이 원음대로 적는다(첫소리는 두음 법칙을 따라야 한다).

낭랑(朗朗)하다, 냉랭(冷冷)하다, 녹록(碌碌)하다, 늠름(凜凜)하다, 연년이(年年-), 염념불망(念念不忘), 역력하다(歷歷-), 적나라하다(赤裸裸-), 희희낙락(喜喜樂樂)

이 외에도 소리와 관련한 규정으로 '두음 법칙'이 있는데, 이에 관한 설명은 따로 하겠다. 이렇게 보면 소리대로 적는 것이 마냥 쉬운 일만은 아님을 알 수 있다. 한글은 무작정 소리대로 적는 것이 아니라 정해진 규칙에 따라서 소리대로 적어야 하는 글자이다.

정리

이유 없이 나는 소리는 소리대로 적고, 이유가 있어서 그렇게 소리 나면 그 이유를 알 수 있게 드러내어 적는다.

연습문제

정답은 www.barunmal.com의 "글세상"에 있습니다.

□ 괄호 안에 있는 표기 가운데 맞는 것을 고르라.

(1) 그의 말을 들으니 (슬며시, 슬몃이) 화가 났다.

(2) 영호도 이제 나이를 (지그시, 지긋이) 먹은 중년이 아닌가?

(3) 그 사건이 자칫 어둠에 (무칠, 묻힐) 뻔했지.

(4) 방 안에서 (닐리리, 늴리리) 소리가 낭자하게 들려왔다.

(5) 난 사채업자의 (빗, 빚, 빛) 독촉으로 무척 힘들었다.

(6) 강화도의 화문석은 (돗자리, 돋자리, 돛자리)의 하나이다.

(7) 나이가 들면 (돗보기, 돋보기)를 끼어야 한다.

(8) 이 집의 (찌게, 찌개) 맛이 제일이야.

(9) 나무를 너무 (베게, 배게) 심지 마라.

(10) 여기엔 (웬, 왠) 사람이 이렇게 많아?

(11) 우리가 (며칠날, 며친날) 등산하기로 했지?

(12) 서랍 속이 (콩켸팥켸, 콩케팥케)가 되었구나.

(13) 영호는 서울 친척집에 몸을 (부치고, 붙이고) 있다.

(14) 선생님이 영호의 따귀를 한 대 (부쳤다, 붙였다).

(15) 후배는 선배에게 (깍듯이, 깎듯이) 인사한다.

(16) 떠난다고 마음마저 (떠날소냐, 떠날쏘냐).

(17) 이 게 내 (거, 꺼)야.

(18) 눈에 잘 (띠는, 띄는) 곳에 사진을 붙여라.

(19) 무슨 일이 있는지 (희희낙낙, 희희낙락) 좋아한다.

(20) 너야 돈도 많이 (있겠다, 있것다) 무엇이 걱정이야.

우스개 이야기

여자 친구를 **지긋이** 보았다고 딱지를 맞았다.

난 억울하다. 왜 억울한가?

난 그녀가 사랑스러워서 **지그시** 보았을 뿐이기 때문이다.

제2일

룡천과 용천, 류인원과 유인원
(두음 법칙)

지난해 우리는 언론을 통해서 북한의 한 지방 도시 이름을 무척 많이 들었다. 열차 폭발 사고로 초등학교 건물이 무너지고 아이들이 많이 다쳤던 사건이 그 도시에서 일어 났기 때문이다. 우리 국민이 동포애를 발휘하여 구호 물품과 성금을 많이 보내 주어서 지 금은 전보다 훨씬 현대화된 학교가 세워졌고, 주변도 잘 정리되었다고 한다. 그런데 정작 그 도시 이름이 우리를 헷갈리게 했다. 어떤 신문과 방송은 북한에서 사용하는 대로 '룡 천'이라고 하고, 또 어떤 신문이나 방송에서는 우리 식으로 두음 법칙을 적용해서 '용천' 이라고 했다. 북한과 우리의 맞춤법 체계가 다르기 때문에 일어난 불가피한 혼란이다. 북 한을 우리의 일부로 본다면 마땅히 '용천'으로 적어야 할 것이고, 그들을 독립 단위로 본 다면 '룡천'으로 적는 것이 예의에 맞는 일일 것이다.

그런데 두음 법칙 문제는 북한과 우리 사이에만 있는 것이 아니다. 류(柳) 씨 성을 가진 일부 사람들이 자신들의 성이 '유'로 불리는 것을 거부하면서 대법원에 '류'로 표기할 수 있도록 해 달라고 소를 제기했는데, 대법원은 원고의 청구를 기각했다. 대법원 규칙에 따 라서 두음 법칙을 철저히 지켜야 한다는 유권해석을 내린 것이다.

그런데 이런 일을 보면 조금 답답한 면이 없지 않다. 어떤 사람이 자기 이름을 지어 놓 고 이렇게 불러 달라고 하면 다른 사람은 그렇게 불러 주는 것이 그 사람을 존중하는 태 도이다. 하물며 성을 '류'로 불러 달라고 하는데, 두음 법칙에 따라서 '유'로 적고 '유'로 불러야 한다고 하면 뭔가 본말이 뒤바뀐 느낌을 지울 수 없다. 규범적으로 보면 국민 대부분이 두음 법칙을 음운 법칙으로 인정하기 때문에 그들만을 위해서 이 법칙에 예외를 두는 것은 적절하지 않다고 할 수도 있지만, 실제 두음 법칙은 그렇게 완전한 법칙이 아니다.

가장 두드러진 예가 외래어인데, 외래어를 쓸 때에는 두음 법칙이 거의 적용되지 않는다. '로마, 런던, 릴레이, 림프, 무라카미 류, 레이건' 등을 우리는 아무 어려움 없이 소리낸다(과거에는 외래어에도 두음 법칙을 적용한 흔적이 없지 않다). 이렇게 보면 두음 법칙은 관행으로 인정될 뿐, 우리가 그런 소리를 낼 수 없는 것은 결코 아니다. 북한 사람들은 우리와 같은 민족이지만 두음 법칙을 적용하지 않는 점도 두음 법칙이 완전하지 않음을 증명하는 예가 될 수 있다. 그리고 앞에서도 지적한 대로 우리 국민 가운데 일부가 두음 법칙적용을 강력하게 반대하는 것도 사실이다.

그렇다면 적어도 고유명사는 이름 소유자의 뜻을 존중하여 개인의 정체성을 지킬 수 있도록 배려해 주는 것이 좋을 것 같다. 어문 규정이 개인의 행복 추구권을 막아서는 안 된다고 보기 때문이다. 국어에서 두음 법칙이 어떻게 적용되는지 한글 맞춤법의 규정에 따라서 검토해 보자.

두음 법칙

두음 법칙을 이해할 때 먼저 알아두어야 할 것은 이 법칙이 한자어를 읽고 쓰는 데 적용하는 법칙이라는 점이다. 토박이말은 오래 전에 이 법칙에 따라서 낱말의 형태가 변했기 때문에 특별히 두음 법칙을 적용할 말이 없다. 예컨대 '님, 니, 닢' 등이 이미 두음 법칙에 따라서 '임, 이, 잎'으로 형태가 완전히 바뀌었다. 그래서 한글 맞춤법에는 토박이말에 관한 두음 법칙 규정을 두지 않고 오직 한자어의 경우만 규정해 두었다.

한자(漢字) 가운데에 그 글자가 낱말의 첫소리에 올 때 제 소리대로 나지 않고 바뀌는 경우가 많이 있다. 우리는 이런 현상을 인정하여 바뀐 대로 소리를 내기로 했다. 이것을 두음 법칙이라고 하는 것은 이미 알고 있을 것이다. 소리가 바뀌는 것을 인정했으면 그 한자의 소리를 어떻게 표기해야 하는가?

이제까지의 원칙(바뀐 이유가 있으면 원래의 형태가 드러나게 적는다)을 고수한다면 소리가 달리 나더라도 제 소리대로 적어야 한다. 구개음화 현상은 소리는 인정하되 표기는 인정하지 않은 예가 있었다. 그런데 두음 법칙은 이 적용을 받는 한자가 무척 많아서 원래 글

자의 소리대로 적는다면 우리의 글자 생활이 너무 불편해질 수 있다. 그래서 몇 개의 한
자는 두음 법칙에 따라서 바뀐 소리대로 적기로 했다(맞10~12). 이와 관련해서

(1) 한글 맞춤법이 정해 놓은 세 가지 경우를 설명하겠다.

① 원래 한자가 '녀, 뇨, 뉴, 니'로 소리 나야 하는 것이 낱말의 첫소리에서 '여, 요, 유,
이'로 소리가 바뀌면 바뀐 대로 적는다.

> 여자(女子, 녀자), 연세(年歲, 년세), 열반(涅槃, 녈반), 요소(尿素, 뇨소), 유대(紐帶, 뉴
> 대), 이토(泥土, 니토), 익명(匿名, 닉명), 익사(溺死, 닉사)

② 원래 한자가 '랴, 려, 례, 료, 류, 리'로 소리 나야 하는 것이 낱말의 첫소리에서 '야,
여, 예, 요, 유, 이'로 소리 나면 바뀐 대로 적는다.

> 양심(良心, 량심), 역사(力士·歷史, 력사), 예의(禮儀, 례의), 용궁(龍宮, 룡궁), 유행(流
> 行, 류행), 이발(理髮, 리발)

③ 원래 한자가 '라, 래, 로, 뢰, 루, 르'로 소리 나야 하는 것이 낱말의 첫소리에서 '나,
내, 노, 뇌, 누, 느'로 소리 나면 바뀐 대로 적는다.

> 낙원(樂園, 락원), 납치(拉致, 랍치), 내일(來日, 래일), 노인(勞人, 로인), 뇌성(雷聲, 뢰
> 성), 누각(樓閣, 루각), 누선(淚腺, 루선), 늠름하다(凜凜−, 름름하다), 능묘(陵墓, 룽묘)

위의 원칙은 한글 맞춤법에 따른 약속이므로 이 맞춤법을 적용하지 않는 북한에서는 원
래 글자대로 적는다. 그리고 이 원칙은 한자를 적을 때에 적용하는 것이므로 외래어를 적
을 때에는 적용하지 않는다. 위의 원칙에도 예외가 있고, 또 위의 세 가지에 해당하지 않
는데도 두음 법칙을 원용하여 바뀐 소리대로 표기하는 경우가 있다. 이런 것을 하나하나
소개한다.

(2) 예외 규칙

① 의존명사로 쓰이는 '냥(兩), 년(年), 량(輛), 리(理, 里)'는 본음대로 적는다. 즉 '돈 다
섯 냥이 있다.', '일 년 만에 만났다.', '객차 열 량을 이었다.', '그럴 리(理)가 없지.',
'여기서 거기까지 몇 리(里)나 되니.'처럼 쓴다(맞10 다만, 맞11 다만). 이 한자가 의존
명사로 쓰이지 않고 낱말의 머리에 오면 두음 법칙이 적용된다.

> 연도(年度, 년도), 연수(年數, 년수), 이유(理由, 리유), 이수(里數, 리수)

토박이말 '년, 녀석, 님(단위 명사), 닢(엽전 단위)' 등은 두음 법칙이 적용되지 않는다. '니[齒, 虱]'는 두음 법칙을 적용하여 '이'로 쓰지만, 다른 낱말과 합성하게 되면 다시 '니'로 소리 나고 그대로 적는다(맞27 붙임3).

가랑니, 간니, 덧니, 머릿니, 사랑니, 송곳니, 앞니, 어금니, 윗니, 젖니, 톱니, 틀니

② 모음이나 'ㄴ' 받침 뒤에 오는 한자 '렬, 률'은 소리대로 '열, 율'로 적는다. 첫소리가 아니지만 두음 법칙을 원용하여 소리대로 적는 것이다(맞11항 붙임1의 '다만').

나열(羅列, 라렬), 비열(卑劣, 비렬), 순열(順列, 순렬), 진열(陳列, 진렬), 규율(規律, 규률), 비율(比率, 비률), 사분오열(四分五裂, 사분오렬), 선율(旋律, 선률), 전율(戰慄, 전률)

③ 외자로 된 이름을 성에 붙여 쓸 때에도 본음대로 적을 수 있다(맞11항 붙임2). 예를 들면 '최린(崔麟)'은 '린(麟)'이 이름이므로 마땅히 두음 법칙에 따라서 '최인'으로 적어야 한다. 이런 경우에 예외적으로 본음을 따라서 '최린'으로 적을 수 있게 허용한 것이다. 그래서 '신립(申砬), 채륜(蔡倫), 하륜(河崙)'으로 적을 수도 있고, '신입, 채윤, 하윤'으로 적을 수도 있게 되었다.

이름이 '제량'인 학생이 있는데, 그에게 아이들이 이름을 '랑아'라고 부르는지 '낭아'라고 부르는지 물었더니 모두 '랑아'라고 부른다고 했다. 만일 그 친구들이 '랑'을 소리 내기 어렵다고 느꼈다면 '낭아'라고 불렀을 것이다. 이런 점에서 '제량'과 '제낭'을 함께 인정한 것은 '류' 씨를 인정하지 않은 것에 비하면 진일보했다고 볼 수 있다. 그러나 기본적으로 이렇게 구차한 설명을 할 필요 없이 고유명사는 소유자가 바라는 대로 적고 불러 주는 배려를 해야 할 것 같다.

④ 원래 두음 법칙에 따라서 적던 낱말이 접두사처럼 쓰이는 다른 한자 뒤에 붙어 나오게 되면 낱말의 첫소리가 아니더라도 두음 법칙을 적용해서 적던 대로 적는다(맞10~12 붙임).

신여성(新女性, 신녀성), 공염불(空念佛, 공념불), 남존여비(男尊女卑, 남존녀비), 몰이해(沒理解, 몰리해), 사육신(死六臣, 사륙신), 생육신(生六臣, 생륙신), 역이용(逆利用, 역리용), 연이율(年利律, 연리률), 해외여행(海外旅行, 해외려행), 내내월(來來月, 내래월), 상노인(上老人, 상로인), 비논리적(非論理的, 비론리적), 사상누각(沙上樓閣, 사상루각), 실낙원(失樂園, 실락원), 복낙원(福樂園, 복락원)

⑤ 이미 두음 법칙에 따라서 적고 있는 낱말이라도 그것이 줄어들어 다른 한자와 함께 쓰이면 원래의 한자 소리대로 적는다(맞11항 붙임3).

> 국제연합(國際聯合) → 국련(國聯), 교육연합회(敎育聯合會) → 교련(敎聯), 환경운동연합(環境運動聯合) → 환경련(環境聯)

⑥ 두음 법칙에 따라서 표기되는 한자 외자 낱말로서 이 글자가 다른 한자 뒤에 붙어서 쓰이는 경우에는 본래 한자음대로 적는다. 당연한 일이지만 노파심에서 적어 둔다.

> * 능(陵) → 태릉(泰陵), 선릉(宣陵), 동구릉(東九陵)
>
> * 낙(樂) → 쾌락(快樂), 복락(福樂), 화락(和樂)
>
> * 용(龍) → 쌍룡(雙龍), 청룡(靑龍), 와룡(臥龍)
>
> * 난(欄, 亂, 蘭) → 경제란(經濟欄), 임진란(壬辰亂), 춘란(春蘭)

위 ⑥과 같은 경우지만 이 글자가 토박이말이나 외래어와 결합하면 두음 법칙이 적용된다.

> 아기능, 수용, 암용, 어린이난, 어머니난, 스포츠난, 가십난, 골프난, 구름양, 빛쪼임양

📌 알아두어야 할 한자어 표기

희로애락(喜怒哀樂), 대로(大怒), 곤란(困難), 환난(患難), 환란(換亂), 수랭식(水冷式), 공랭식(空冷式), 피랍(被拉), 사린교(四人轎), 우랑(牛囊), 지리산(智異山), 수류탄(手榴彈), 폐렴(肺炎), 호렴(胡鹽), 후렴(後染), 파렴치(破廉恥), 과남(過濫)하다, 실낙원(失樂園), 복낙원(復樂園), 연년생(年年生), 살육(殺戮), 몰염치(沒廉恥), 불양답(佛糧畓), 약연(藥碾), 실연(失戀)

🚩 정리

한자어에는 두음 법칙을 철저히 적용하고 이에 따라서 표기하되, 외래어에는 두음 법칙을 적용하지 않는다. 북한에서는 한자어에도 두음 법칙을 적용하지 않는다.

연습문제

정답은 www.barunmal.com 의 "글세상"에 있습니다.

□ 다음 밑줄 친 부분의 표기가 <u>틀린</u> 것은?

(1) 등<u>용</u>문(登龍門), 화<u>룡</u>점정(畫龍點睛), 쌍<u>용</u>(雙龍)

(2) 파<u>렴</u>치(破廉恥), 몰<u>렴</u>치(沒廉恥), 청<u>렴</u>결백(淸廉潔白)

(3) 수<u>류</u>탄(手榴彈), 총<u>류</u>탄(銃榴彈), 석<u>류</u>(石榴)

(4) 살<u>륙</u>(殺戮), 도<u>륙</u>(屠戮), 주<u>륙</u>(誅戮)

(5) 위<u>염</u>(胃炎), 폐<u>염</u>(肺炎), 후두<u>염</u>(喉頭炎)

(6) 고<u>랭</u>지(高冷地), 수<u>랭</u>식(水冷式), 급<u>랭</u>각(急冷却)

(7) 실<u>낙</u>원(失樂園), 복<u>락</u>원(復樂園), 쾌<u>락</u>원(快樂園)

(8) 당해 <u>년</u>도(當該年度), 신<u>년</u>도(新年度), 연<u>년</u>생(年年生)

(9) 생산<u>량</u>(生産量), 추진<u>력</u>(推進力), 백분<u>률</u>(百分率)

(10) 승<u>낙</u>(承諾), 대<u>로</u>(大怒), 곤<u>란</u>(困難), 희<u>노</u>애락(喜怒哀樂)

수수께끼

여자의 '샘'에서 나오는 것은 무엇일까?

답 질투

제3일

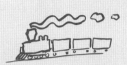

도우미와 지킴이의 거리
(어법에 맞는 표기법)

도우미는 관중 속에서 활동하지만, 지킴이는 관중 밖에서 일을 하니 도우미는 가깝고 지킴이는 멀다. 그래서 '도우미'는 '도움이'로 적지 않고, '지킴이'는 '지키미'로 적지 않는다. 관중(또는 언중)과 가까운 곳에 있는 사람은 소리대로 적어도 되지만 그렇지 않으면 어법에 맞게 적어야 한다.

말은 언중(言衆)에 밀착될수록 원래의 틀에서 벗어나, 하기 쉽고 쓰기 쉽게 바뀌는 경향이 있다. 친하지 않은 사람과는 틀에 박힌 어투를 쓰지만 사적으로 가까워지면 곧 틀에서 벗어난 어투를 쓴다. 거꾸로 '도우미'는 말이 먼저 언중이 좋아할 모양새를 갖추자 예상했던 대로 언중의 사랑을 받게 되었다. '도우미'의 성공을 모델로 삼아 '알리미, 깨우미' 같은 것이 나타났지만, 이것은 언중과 밀착하지 못해서 실패하고 말았다. 그런 점에서 보면 '도우미'는 '도움이'에서 벗어나 성공적으로 자립한 행운의 낱말이라고 할 수 있다.

낱말 안에 특별한 어법이 들어 있으면 반드시 그 어법에 맞추어 적어야 한다. 이런 낱말을 소리대로 적으면 안 된다. 낱말이 어떤 구성 요소로 되어 있는지 알 수 있도록 적는 것을 어법에 맞게 적는다고 한다.

낱말은 형태소라는 기본 요소로 이루어진다. 형태소란 의미가 있는 가장 작은 단위를 이르는 말인데, 낱말은 하나 또는 둘 이상의 형태소로 이루어져 있다. 어법에 맞게 적는다는 말은 이 형태소가 지닌 뜻을 분명하게 알 수 있도록 구별하여 적는다는 뜻이다.

실질 형태소와 형식 형태소의 구별

국어의 문장은 조사와 어미를 이용해서 문법적인 관계를 밝히는 방법으로 만들어진다. 따라서 조사와 어미의 형태가 드러나도록 표기하는 것이 어법에 맞게 표기하는 첫 번째 방법이다.

    ㉮ 꼬치 예쁘다.
    ㉯ 바베 반차늘 언저서 머거라.

위 두 예문을 읽으면 의미는 겨우 알 수 있지만 어떻게 해서 그런 의미가 생기는지 짐작하기 쉽지 않다. 그래서 이 말을 의미 단위에 따라서 구별하여 적을 필요가 있다. 예문 ㉮의 '꼬치'는 '꼬치, 꼬츨, 꼬체'로 바뀌는 것으로 보아서 '꽃'이라는 실질 형태소가 있다는 것을 알 수 있으므로 '꽃이, 꽃을, 꽃에'로 적어야 한다. 따라서 예문 ㉮는 '꽃이 예쁘다.'처럼 표기한다.

예문 ㉯의 '바베'는 '바베, 바블, 바비'처럼 바뀌는 것으로 보아 '밥'이라는 실질 형태소와 '에, 을, 이'라는 형식 형태소로 구별할 수 있다. '에, 을, 이'는 다른 형태소와 결합해도 마찬가지이다. 그래서 '밥에'로 표기하는 것이 바람직하다는 것을 알 수 있다. '반차늘'도 같은 방법으로 '반찬을'로 표기하는 것이 형태소를 드러내는 방법이다. '언저서'는 '언즈니, 언즈면, 언저라'처럼 변하므로 '얹-'에 '-어서'가 결합된 형태이다. '머거라'는 '먹어라, 먹으니, 먹고'로 변하는 것으로 보아 '먹-'과 '-어라'의 형태로 구분된다. 그러면 예문 ㉯는 '밥에 반찬을 얹어서 먹어라.'처럼 표기한다.

    ㉰ 꽃이 예쁘다.
    ㉱ 밥에 반찬을 얹어서 먹어라.

위 예문 ㉰와 ㉱를 보면 각 형태소가 정확하게 드러나 있기 때문에 예문 ㉮와 ㉯에 비해서 훨씬 정리되고 의미가 분명하게 드러난다. 이처럼 적는 것을 어법에 맞게 적는다고 한다.

낱말 안에서의 구별 표기

한 낱말 안에 둘 이상의 형태소가 들어 있으면 당연히 각 형태소를 드러내어 적는 것이 어법에 맞게 적는 것이다.

    ㉲ 느짜믈 자면 크니를 모태.

예문 ⑪를 읽고 금방 의미를 파악하기는 쉽지 않다. 그러나 이를 잘 분석하면 의미가 드러난다. '느짜믈'은 '늦잠을'로, '크니를'은 '큰일을'로, '모태'는 '못해'로 각 형태소를 드러내어 적을 수 있기 때문이다.

　　⑪ 늦잠을 자면 큰일을 못해.

예문 ⑪에서 '늦잠'은 한 낱말이지만 소리대로 적지 않고 그 안에 있는 두 형태소를 드러내어 적음으로써 낱말의 의미를 쉽게 이해할 수 있다. '큰일'도 마찬가지이다. 이처럼 한 낱말에 들어 있는 형태소는 분명하게 드러내어 적는 것이 어법에 맞게 적는 것이다.

(1) 실질 형태소의 결합 형태나 접두사가 드러나도록 적는다.

　　꽃잎, 밑바탕, 칼날, 흙집, 걸어가다, 돌아가다, 떨어지다, 늘어나다, 엎어지다, 틀어지다, 흩어지다, 헛웃음, 엇나가다

　　＊어원이 불분명하거나 본뜻에서 멀어진 것 : 나타나다, 부서지다, 드러나다, 바라보다, 부러지다, 쓰러지다, 자빠지다, 토라지다

(2) 실질 형태소와 접미사를 구별하여 적는다.

　　① 명사＋접미사('이')＝명사 : 바둑이, 삼발이, 외톨이, 겹겹이, 낱낱이

　　② 부사＋접미사('이')＝부사 : 일찍이, 더욱이, 곰곰이, 오뚝이, 해죽이

　　＊'이' 이외의 모음 접미사 : 고랑, 구렁, 꼬락서니, 모가지, 바가지, 소가지, 지푸라기, 싸라기, 이파리, 지붕 (예외 : 값어치, 벼슬아치, 반빗아치)

　　③ 어간＋접미사('이, 음')＝명사 : 높이, 깊이, 길이, 믿음, 울음, 앙갚음

　　④ 어간＋접미사('이, 히')＝부사 : 굳이, 많이, 실없이, 좋이, 밝히, 익히

　　＊'이, 음' 이외의 모음으로 시작하는 접미사 : 마감·마개·마중·무덤·올가미·비렁뱅이·올가미·주검(명사), 너무·도로·바투·자주·차마(부사), 나마·조차·부터(조사)

　　⑤ 어간＋접미사(자음으로 시작하는 것) : 낚시, 덮개, 굵다랗다, 넓적하다

　　＊겹받침의 끝소리가 드러나지 않는 것 : 널따랗다, 널찍하다, 얄따랗다, 얄팍하다, 짤막하다, 실컷

　　＊어원이 분명하지 않거나 본뜻에서 멀어진 것 : 넙치, 올무, 납작하다

　　⑥ 어간＋접미사(-이, -히, -리, -기, -우, -추, -으키, -이키, -애, -치, -뜨리, -트리)＝동사 : 쌓이다, 얽히다, 뚫리다, 옮기다, 돋우다, 낮추다, 일으키다, 돌이키다,

없애다, 놓치다, 부딪치다, 쏟뜨리다/트리다, 찢뜨리다/트리다

　＊ 본뜻에서 멀어진 것 : 미루다, 부치다, 고치다, 거두다, 드리다, 이루다

⑦ 어근＋접미사(거리다, 이다)＝동사 : 번쩍거리다, 팔랑이다

⑧ 어근＋(하다, 없다)＝형용사 : 반듯하다, 숱하다, 푹하다, 부질없다, 시름없다, 열없다

⑨ 어근＋접미사(이, 히)＝부사 : 깊숙이, 뾰족이, 반듯이, 딱히, 급히

⑩ '하다, 거리다가 붙는 어근'＋접미사(이, 히)＝명사 : 코납작이, 삐죽이, 오뚝이, 홀쭉이, 쌕쌕이, 살살이

　＊ '하다, 거리다'가 붙을 수 없는 어근에 접미사가 붙어 명사가 된 것 : 개구리, 기러기, 깍두기, 누더기, 동그라미, 딱따구리, 매미, 뻐꾸기, 얼루기

그러나 예외가 있다

낱말과 문장 안에서 모든 형태소를 구별하여 표기하는 것을 원칙으로 삼지만 예외가 있다. 크게 세 가지 예외가 있는데, 첫째는 한글의 글자꼴을 구성하기 위해서 어쩔 수 없이 구별 표기를 포기하는 경우이고, 둘째는 형태소를 드러내어 표기할 실익이 적은 형태소라면 구별하지 않겠다는 것이고, 셋째는 형태소를 드러내지 않는 것이 유리한 경우이다.

(1) 한글의 글자꼴 때문에 구별을 포기한 경우

　＊ 꽃이 핀다.
　＊ 어제 본 사람
　＊ 뭘 보니?

위 예에서 밑줄 친 '핀다', '본', '뭘'은 형태소가 다르기 때문에 각각 '피＋ㄴ다', '보＋ㄴ', '뭐＋ㄹ'로 구별해서 적어야 한다. 그런데 한글 표기상 'ㄴ다', 'ㄴ', 'ㄹ' 같은 표기가 불가능하다. 한글은 초성, 중성, 종성이 결합하여 하나의 글자가 되는 것이 원칙이기 때문이다. 이 원칙은 세종 임금께서 한글을 반포하실 때에 이미 정해 놓으신 것이므로 지금에 와서 고치기는 어렵다. 따라서 이런 경우에는 뒤의 형태소 초성 자음을 앞의 형태소의 종성(받침)으로 붙여 써야 하므로 그 부분의 형태소를 구별할 수 없다.

(2) 형태소를 드러낼 실익이 적은 경우

실익이 적다는 것은 형태소가 여러 낱말을 만드는 데 관여하지 않아서 생산성이 낮

아 구별해서 적을 필요가 없다는 것이다.

　무덤, 고랑, 지붕, 미쁘다

위 낱말은 원래 '묻+엄', '골+앙', '집+웅', '믿+브다'의 결합으로 된 것들이므로 '묻엄, 골앙, 집웅, 믿브다'처럼 적어야 한다. 그러나 '엄, 앙, 웅, 브다'는 특별히 구별해서 적어야 할 정도로 중요한 기능을 하지 않는다. 몇몇 동사를 명사로 만드는 데 쓰일 뿐 생산성이 극히 낮으므로 이런 형태소까지 다 구별하여 표기하면 오히려 형태소 표기가 혼란스러워질 수도 있다. 그래서 이런 형태소는 구별하여 표기하지 않는다(맞19~23 참조). 이렇게 해서 무시된 형태소가 매우 많다. 아래 낱말에 그런 형태소가 들어 있다.

　마감(막+암), 마중(맞+웅), 너머(넘+어), 올가미(옭+아미), 쓰레기(쓸+에기), 소가지(속+아지), 바가지(박+아지), 꼬락서니(꼴+악서니), 싸라기(쌀+아기), 이파리(잎+아리), 사타구니(샅+아구니), 모가치(몫+아치), 끄트머리(끝+으머리), 동그라미(동글+아미)

(3) 형태소를 드러내지 않는 것이 유리한 경우

대개 형태소를 구별하여 적고 있지만 특별한 경우에는 구별하지 않는 것이 유리하다. 사람들이 '도우미'를 '도움이'로 적지 않는 이유가 여기에 해당한다. 어떤 학자는 '도우미'가 신조어로서 '보조자'의 의미를 확고히 가지게 된 데는 '도움이'로 적지 않은 것도 큰 이유가 되었다고 판단하기도 한다. '도움이'라면 기본적으로 '돕는 사람'이라는 의미가 강하지만 '도우미'로 표기하면 그것을 직업으로 삼는 사람을 의미할 수 있다. '도우미'와 '도움이' 사이에는 상당한 차이가 있음을 사람들은 이미 느낀 것이다. 따라서 사람들은 어법에서 벗어나는 것을 무릅쓰면서까지 '도우미'를 고집한 것이다. 지금은 신조어가 아니지만 말이 만들어질 당시에는 이런 방식으로 신조어가 된 것이 있다.

　무녀리, 달구리, 올무, 넙치

'무녀리'는 '문+열+이'가 결합한 것이다. 따라서 어법에 맞추어 적는다면 '문열이'가 된다. 그러나 이렇게 적으면 문을 여는 사람의 의미가 두드러진다. 이를 어법에 벗어나게 '무녀리'로 적음으로써 '한배에서 맨 처음 태어난 새끼' 또는 '좀 모자란 사람'의 의미로 쓰기가 쉬워지는 것이다.

'달구리'는 '닭+울+이'가 결합한 것이다. 그러나 '닭울이'로 쓰면 닭이 우는 일의 의미가 두드러진다. '닭이 울 무렵'을 가리키기 위해서 어법에서 벗어나 '달구리'가 된 것이다.

'올무, 넙치'도 '옭무, 넓치'처럼 적는 것이 옳지만, 그렇게 '옭다, 넓다'의 개념이 선명하게 드러나면 새로운 의미의 낱말로 성장하는 데 바람직하지 않기 때문에 어법에서 벗어난 형태로 사용하게 되었다.

이런 예를 보면, 사람들이 신조어를 신선하게 받아들이는 것은 어법을 뛰어넘는 초법적인 형태에 매력을 느끼기 때문인 것 같다. 그렇다고 해서 새로운 낱말을 무조건 어법에서 벗어나게 만드는 것은 바람직하지도 않지만 언중이 이를 받아들이지도 않는다. '알리미, 깨우미'가 일부 사람들에게서 사용되다가 사라진 이유도 여기에 있다. 형태소를 드러내지 않는 것이 유리한지 유리하지 않은지는 언중이 판단한다. 언중의 언어 인식을 제대로 파악하여 신조어를 만들면 그 말은 생명력을 가지게 된다.

'이'가 드러나게 표기하는 것

칸막이, 바람막이, 물막이, 액막이, 꼬박이, 덧니박이, 판박이, 외톨박이, 외톨이, 국말이, 물말이, 계란말이, 떠돌이, 맴돌이, 소용돌이, 삼돌이, 지긋이, 반듯이, 버젓이, 너볏이

'이'가 드러나지 않게 표기하는 것

두루마기, 곁마기, 또바기, 딱따기, 쌕쌔기, 나이배기, 외돌토리, 두루마리, 굽도리, 잡도리, 목도리, 아랫도리, 지그시, 반드시, 넌지시, 너부시

정리

한글 표기는 소리대로 적되 어법에 맞게 적는 것을 원칙으로 한다. 신조어는 어법에서 벗어나 표기할 때 더 매력적으로 받아들여지기도 한다.

연습문제

정답은 www.barunmal.com 의 "글세상"에 있습니다.

1. 다음 문장은 이인직의 신소설 '혈의 누'에서 뽑은 것이다. (1)~(6) 번호를 붙여 밑줄 친 부분을 어법에 맞게 고쳐 적으라.

> 에구 ㉠ 깡감하여라. 저리 가도 길이 (1) 업스니 어디로 가면 길을 (2) 차질가. 나는 ㉡ 산아희라. ㉢ 다리심도 (3) 좃코 겁도 업는 사람이언마는 이러한 ㉣ 산빗탈에서 이 밤을 새고 사람을 (4) 차저다니려 하면 이 고생 (5) 이럿케 대단하거든 겁도 (6) 만코 ㉤ 단여보지 못하던 ㉥ 녜편네가 이 밤에 ㉦ 날을 차저다니느라고 ㉧ 오작 고생이 ㉨ 될가

2. 위 문장에는 그 밖에 잘못 적은 곳이 많이 있다. ㉠~㉨ 기호가 붙은 부분을 바로잡으라.

수수께끼

산골에 지팡이가 '노는' 이유는?

답 사람들이 게을러서

제4~5일

집 안에 있으면 집안사람, 바깥에 있으면 바깥양반?

(띄어쓰기)

집 안에 있는 사람이 다 집안사람이라면 잠깐 실례를 무릅쓰고 장롱 속이나 금고를 구경하러 들어온 사람도 집안사람이 되어 그와 함께 희희낙락 이야기를 주고받을 수 있게 되지 않겠는가? 하기는 그런 사람을 '양상군자'라고 대접(?)하는 경우도 없지 않지만, 그가 가고 난 자리를 보면 어김없이 집안사람들은 화가 나게 된다.

　㉠ 불이 나서 집 안 사람은 다 죽었다. 그러나 바깥 사람은 안 죽었다.
　㉡ 불이 나서 집안사람이 다 죽었다. 그러나 바깥양반은 안 죽었다.

　여러분은 이미 예문 ㉠와 ㉡에 등장하는 사람이 어떤 사람들인지 알고 있을 것이다. '집 안 사람'과 '집안사람'은 소릿값이 거의 같아 소리로 의미를 구별하기 어렵지만, 위처럼 글로 써 놓으면 의미가 확연히 다르다는 것을 알 수 있다. 이것이 띄어쓰기의 위력이다. '집 안 사람'에 나오는 '집, 안, 사람'은 모두 독립적으로 자기 의미를 그대로 가지고 있다. 그래서 건물인 집과 그 건물의 안, 그 안에 있는 사람이 구체적으로 인식된다. 그러나 '집안사람'에서는 그런 구체적인 건물, 안과 밖, 사람의 형상 등이 인식되지 않는다. 그리고 제3의 의미가 드러난다. '가족이나 가까운 일가'를 뜻하는 것이다. 이와 비슷한 예는 얼마든지 찾을 수 있다.

　㉢ 결혼식 날짜가 <u>코앞</u>으로 다가왔다.

㉠ 그런 사람은 이제 여기에 <u>발붙이지</u> 못하게 해라.

예문 ㉡의 '코앞'은 '코의 앞'인 장소를 나타내는 것이 아니라 '매우 가까운 장소나 시간'을 나타낸다. 예문 ㉢의 '발붙이다'는 실제로 발을 어느 곳에 붙이는 것이 아니라 '근거로 삼거나 의지하다'의 의미를 나타낸다. 띄어쓰기 여부가 낱말의 의미에 매우 결정적인 영향을 미치는 것이다. 사정이 이러니 여러분은 띄어쓰기를 제대로 하지 않을 수 없을 것이다.

띄어쓰기의 중요성

물론 모든 경우에 띄어쓰기가 그렇게 명쾌하게 의미를 바꿔 주는 것은 아니다. 어떤 것은 띄어쓰기를 하든 안 하든 의미 차이가 없어서 구태여 띄어 쓸 필요를 느끼지 않는 경우도 있다.

㉣ 나는 너를 <u>믿을 수</u> 없어.
㉤ 나는 너를 <u>믿을수</u> 없어.

예문 ㉣처럼 '믿을'과 '수'를 띄어 써야 하는 것이 원칙이다. 이것은 별개의 낱말이기 때문이다. 그러나 예문 ㉤처럼 붙여 써도 의미는 달라지지 않는다. 의미 차이가 없다면 구태여 띄어 쓸 필요가 없다. 이런 판단에 따라서 북한에서는 이를 붙여 표기하여 왔다. 그러나 최근에는 이를 띄어 쓴다. 왜냐하면 붙여 써서 이익이 없기 때문이다. 한글 맞춤법은 낱말과 낱말 사이를 꼭 띄어서 서로 구별해 적으라는 뜻으로 '문장의 각 단어는 띄어 씀을 원칙으로 한다(맞2).'라고 규정하여 놓았다.

㉥ 파리가면무도회를구경한다.
㉦ 엉엉울다가웃는사람은아까운사람이다.
㉧ 형과동생이싸우면형편없어진다.

위의 세 예문은 띄어쓰기를 하지 않고 어법에 맞게 써 놓은 것이다. 무슨 말인지 알 것도 같고 모를 것 같기도 하다. 예문 ㉥는 '파리 가면 무도회를 구경한다.'라고 볼 수도 있지만, '파리 가면무도회를 구경한다.'라는 뜻도 된다. 어떤 사람은 '파리가 면무도회를 구경한다.'라고 오해할지 모르겠다. 그러니 띄어쓰기를 해 놓아야 한다. 이는 마치 '아버지가 방에 들어가신다.'와 '아버지 가방에 들어가신다.'의 차이와 같은 구조이다.

예문 ㉒는 '엉엉 울다가 웃는 사람은 아까운 사람이다.'라고 하면 어안이 벙벙해질 것이다. 이것을 '아까 운 사람'으로 이해하면 우스개가 된다.

예문 ㉓도 '형과 동생이 싸우면 형편없어진다.'라고 해서는 아무 뜻도 없다. 이것을 '형 편 없어진다.'라고 이해하면 우스개가 된다. 이처럼 문장에서 띄어쓰기는 퍽 유용하고 중요한 요소라고 하지 않을 수 없다.

띄어쓰기가 당신의 능력을 대변할 경우도 있다

문장사 교육 중에 가끔 글짓기 실습을 시키는 경우가 있는데, 띄어쓰기를 정확하게 지켜서 글을 쓰는 사람을 보면 글의 내용을 떠나서 뭔가 능력 있는 사람일 것 같은 생각이 든다. 반대로 글은 재미있게 적었지만 띄어쓰기가 제대로 되지 않아 어수선하게 보이면, 글재주는 있지만 그 사람에게는 뭔가 결정적으로 부족한 부분이 있을 것 같은 인상을 받는다. 일종의 직업적 선입견인지 모르겠지만 어쨌든 깔끔하게 띄어쓰기를 한 사람치고 반듯하지 않은 사람을 아직 본 일이 없다. 띄어쓰기에서 그 사람의 능력이 드러나는 경우는 대체로 아래와 같은 부분이다.

　　＊ 네가 나 좋아하는거 알고 있어.
　　＊ 난 그를 한번도 본적 없어.
　　＊ 그로부터 한달반만에 그를 다시 보았다.
　　＊ 안만날땐 속이 편하더니.

위의 예문처럼 쓰는 사람을 보면 즉흥적으로 또는 감성적으로 사는 사람이라는 느낌이 든다. 그런데 아래와 같이 쓰는 사람을 만나면 좀 측은해진다. 띄어쓰기는 해야겠는데 어떻게 해야 되는지 몰라서 대충 하려다 보니 하필 붙여야 할 때 띄고 띄어야 할 때 붙이는 일이 벌어지는 것이다.

　　＊ 신고 해야할 지 안해야할 지 모르겠다.
　　＊ 나는 강 처럼 살거야.
　　＊ 어처구니 없게도 그가 나 보고 바보래.
　　＊ 이건 도저히 인정 할수 없는 일 이다.

이런 글을 보다가 다음과 같은 글을 만나면 정신이 맑아지고 상쾌해지면서 그 글을 쓴 사람을 만나고 싶은 충동이 일어난다.

* 그럴 듯하게 보이지만 속은 보잘것없을 거야.
* 그가 알은체하며 한번 만나고 싶다고 말했다.
* 어쩔 줄 몰라 하는 그를 내가 안심시켜 주었다.
* 있음 직한 일이다. 형만 한 아우 없단 말이 옳아.

여러분은 이 정도로 띄어쓰기를 할 수 있는 사람을 존경하고 싶지 않은가? 그렇다면 지금부터 조금 어렵고 복잡하지만 띄어쓰기의 세계로 깊이 들어가 보자.

반드시 붙여 써야 하는 경우

무조건 띄어 쓰는 것이 능사가 아니라는 것을 앞에서 보았다. 한 단어인 줄 모르고 띄어 썼다가 무식이 탄로나기도 하고, 어미를 띄어 써서 무식이 드러나기도 한다. 하나의 낱말인지 아닌지 판단하는 일은 조금 어려울 수도 있다. 그래서 평소에 국어 공부를 해 두어야 한다. '형편없다, 어처구니없다, 재미있다, 힘들다'가 한 낱말이라는 것을 알아야 띄어쓰기를 제대로 할 수 있다. 기본적으로 우리가 익혀야 할 띄어쓰기 규정을 익혀 놓는 것이 우선 필요할 터이니 그것부터 공부해 보자.

아래 세 경우는 한글 맞춤법에 따라서 반드시 붙여 써야 하는 경우이다. 띄어 쓰면 규정에 어긋난 표기가 되므로 이를 꼭 지켜야 한다.

① 조사는 그 앞말에 붙여 쓴다(맞41).
② 수를 적을 때에는 '만(萬)' 단위로 띄어 쓴다(맞44).
③ 성과 이름, 성과 호는 붙여 쓴다(맞48).

첫째, 조사는 언제나 그 앞말에 붙여 쓴다. 조사 앞에는 주로 명사, 대명사 또는 드물게 수사가 온다. 조사는 이런 말의 뒤에 붙여 적는다. 조사는 부사 뒤에도 오고, 동사나 형용사의 어미 뒤에도 오는데, 이 경우에도 붙여 쓴다. 심지어는 다른 조사 뒤에 조사가 오기도 한다. 이 경우에도 물론 앞의 조사에 붙여 써야 한다.

* 한 음절로 된 조사 : 가, 이, 를, 을, 는, 은, 만, 도, 과, 와, 랑, 나, 로, 에, 께, 뿐 등
* 두 음절 이상으로 된 조사 : 까지, 부터, 만큼, 조차, 처럼, 마저, 더러, 보고, 서껀, 밖에, 대로, 하고, 한테, 에게, 에서, 으로, 께서, 로서, 로써, 이랑, 이나, 이다, 커녕, 새로에

이 조사에서 '커녕'과 '새로에'는 앞에 조사가 오는 경우가 많다. 그래서 '대답은 커녕', '일하기는 새로에'처럼 띄어 쓰는 경향이 있는데, 모두 붙여 써야 한다.

둘째, 수를 적을 때에 '만(萬)' 단위로 붙여 쓴다는 말은 천(千) 단위 이하는 붙여 쓴다는 말이다. 즉 '3762조 4853억 9287만 8265' 또는 '삼천칠백육십이조 사천팔백오십삼억 구천이백팔십칠만 팔천이백육십오'처럼 쓴다는 말이다. 그러나 이것을 모두 숫자로만 표기할 때에는 세 자리마다 반점을 찍어 표기한다. 즉 '3,762,485,392,878,265'처럼 적는다.

셋째, 성과 이름, 성과 호는 습관적으로 하나의 단위로 인식하기 때문에 붙여 쓴다. '이순신, 김동기, 이충무공, 김백범'처럼 붙여 쓴다. 중국식 성과 이름도 붙여 쓴다.

덩샤오핑(鄧小平), 마오쩌둥(毛澤東), 장쩌민(江澤民), 저우언라이(周恩來)

그 밖의 언어로 적힌 성과 이름은 띄어 쓴다.

고이즈미 준이치, 다나카 가쿠에이, 헬렌 켈러, 조지 부시

그러나 성이나 이름 또는 호 등에 붙는 호칭어, 관직명 등은 띄어 쓴다(맞48).

노 대통령, 강 과장, 김영호 님, 정영길 박사, 여운형 선생, 박순천 여사

성과 이름, 성과 호를 분명히 구분할 필요가 있을 때에는 띄어 쓸 수 있다(맞48 다만). 성이 두 음절 이상으로 된 경우에는 성과 이름의 구별이 어려울 수 있기 때문에 이 경우에는 띄어 쓰는 것을 허용한다. 따라서 '황보 인, 남궁 선우'처럼 띄어 쓸 수 있다. 부모 성 함께 쓰기 운동 차원에서 두 성을 쓰는 경우에도 이 예외가 적용되어 '김이 혜정', '황보최 금희'처럼 쓸 수 있다.

붙여 쓰거나 띄어 쓰거나 다 괜찮은 경우

띄어 쓰는 것을 원칙으로 하되 편의상 붙여 써도 괜찮다고 허용한 규정에 따라서 붙여 쓸 수 있는 경우가 여기에 속한다. 다음은 붙여 쓰는 것이 허용된 것이다.

(1) 단위를 나타내는 명사로서 순서를 나타내는 경우나 숫자와 함께 쓰이는 경우에는 붙여 쓸 수 있다(맞43 다만).

단위 명사는 의존명사인 낱말이기 때문에 당연히 띄어 써야 한다. 다만 단위가 순서를 나타내는 경우에는 붙여 쓰는 것을 허용하겠다는 것이 맞춤법 규정이다. 다음

예에서 밑줄 친 낱말이 순서를 나타내는 단위 명사이다.

　　＊ 시간 순서 : 두시 오십분 삼십이초, 삼월 이십오일
　　＊ 번호 순서 : 육층 십오호, 구사단 칠연대, 구단, 십오번지, 제삼학년, 제일장, 제
　　　　　　　　일연구실('제'는 차례를 나타내는 접두사이다.)

단위를 나타내는 명사를 숫자와 함께 쓸 때는 숫자와 단위 명사를 붙여 쓸 수 있다. 그래서 '2005년 2월 25일', '10개에 1000원', '100미터'처럼 쓸 수 있다. 숫자와 어울리지 않고 말과 어울리면 '열 개에 천 원'처럼 띄어 쓴다.

(2) 단음절로 된 단어가 연이어 나타날 적에는 붙여 쓸 수 있다(맞46).

일반적으로 두 번 이상 단음절어가 연달아 나오면 붙여 쓸 수 있는 것으로 본다.

　　그때 그곳, 좀더 큰것, 이말 저말, 한잎 두잎

위와 같은 경우는 붙여 쓰는 것이 오히려 합리적인 것처럼 보인다. 그러나 단음절 낱말이 두 번 연달아 나와도 붙여 쓸 것인지 판단이 안 될 때가 있다. '좀 더 크게 말해라.'를 '좀더 크게 말해라.'처럼 '좀'과 '더'를 붙여서 써도 되는지 불분명하다. 국립국어원의 해설서에는 이 경우도 붙여 쓸 수 있다고 예시되어 있다. 시각적인 편리를 도모하기 위하여 만든 규정이므로 단음절어가 두 번 잇달아 나오는 경우에 통사적으로 문제가 없다면 붙여 쓰는 것이 좋다. 단음절어를 붙여 쓰는 것은 언제나 통사적으로 문제가 없는 경우에 한한다.

　　＊ 좀 더 좋은 집 → 좀더 좋은 집(○)
　　＊ 더 큰 이 새 집 문 앞 → 더 큰 이 새집 문앞(○), 더큰 이새 집문 앞(×)
　　＊ 꽤 큰 집 → 꽤 큰집(○), 꽤큰 집(×)

(3) 보조 용언은 띄어 쓰는 것을 원칙으로 하되, 경우에 따라서 붙여 씀도 허용한다(맞47).

이 규칙은 보조 용언이 보조 동사인 경우와 보조 형용사인 경우에 해당한다.

① 보조 동사는 보조적 연결 어미 '-아/-어'로 연결되어 있는 경우에 본동사와 붙여 쓸 수 있다.

　　＊ 불이 꺼져(꺼지- + -어) 간다. → 불이 꺼져간다.
　　＊ 내 힘으로 막아(막- + -아) 낸다. → 내 힘으로 막아낸다.
　　＊ 그릇을 깨뜨려(깨뜨리- + -어) 버렸다. → 그릇을 깨뜨려버렸다.

* 문을 열어(열- + -어) 놓아라. → 문을 <u>열어놓아라</u>.

* 이름을 잘 알아(알- + -아) 둬라. → 이름을 잘 <u>알아둬라</u>.

* 힘차게 뻗어(뻗- + -어) 나는 국력 → 힘차게 <u>뻗어나는</u> 국력

* 겨울로 접어(접- + -어) 들었다. → 겨울로 <u>접어들었다</u>.

보조적 연결 어미 가운데에서 '-고', '-게', '-지' 따위로 연결되는 보조 용언은 붙여 쓰지 않는다.

* 그를 보고 싶다. → 그를 <u>보고싶다</u>.(×)

* 왜 아이를 울게 하니? → 왜 아이를 <u>울게하니?</u>(×)

* 제발 그런 말은 하지 마라. → 제발 그런 말은 <u>하지마라</u>.(×)

보조 용언과 형태가 같지만 다음은 보조 용언이 아니므로 붙여 쓸 수 없다. 괄호 안처럼 '서'를 붙일 수 있는 경우는 뒤의 용언이 보조 용언이 아니고 동사 두 개가 대등하게 연결된 상태이므로 반드시 띄어 써야 한다.

* 종이를 찢어(서) 버렸다. - 종이를 찢은 뒤에 버렸다는 말

* 그림을 그려(서) 보았다. - 그림을 그린 다음에 그것을 감상했다는 말

② 보조 형용사가 의존 명사에 접미사 '-하다'나 '-싶다'가 붙은 것이면 본용언에 붙여 쓰는 것을 허용한다.

* 비가 올 듯하다. → 비가 <u>올듯하다</u>.

* 그 일은 할 만하다. → 그 일은 <u>할만하다</u>.

* 비가 올 성싶다. → 비가 <u>올성싶다</u>.

* 그가 나를 알은 척한다. → 그가 나를 <u>알은척한다</u>.

* 그는 학자인 양하고 다닌다. → 그는 <u>학자인양하고</u> 다닌다.

* 그렇게 될 듯싶다. → 그렇게 <u>될듯싶다</u>.

* 하마터면 큰일 날 뻔했어. → 하마터면 큰일 <u>날뻔했어</u>.

③ 보조 용언이 겹쳐 나타나는 경우에는 앞의 보조 용언만 본용언에 붙여 쓴다. 물론 모두 띄어 쓰는 것이 원칙이다.

* 이걸 기억해 두어 보아라. → 이걸 <u>기억해두어</u> 보아라.(○)

* 읽어 볼 만한 책이다. → 읽어볼 만한 책이다.(○)

* 일이 잘 되어 가는 듯하다. → 일이 잘 되어가는 듯하다.(○)

(4) 이름 이외의 고유 명사는 단어별로 띄어 쓰는 것을 원칙으로 하되, 단위별로 띄어 쓸 수 있다(맞49).

단위별로 띄어 쓴다는 것은 독립적인 것으로 인식되는 개념별로 띄어 쓴다는 말이다. 예컨대 '한국 대학교 문과 대학 국어 국문과'는 낱말별로 띄어쓰기를 한 것이다. 이것을 단위별로 띄어 쓴다면 먼저 '한국 대학교', '문과 대학', '국어 국문과'가 각 단위로 인식된다고 보고 '한국대학교 문과대학 국어국문과'로 적을 수 있다. 물론 단어별로 띄어쓰기를 해도 좋다.

학교나 기관이 다른 상위 기관에 속해 있음을 알리는 '부설, 부속, 직속, 산하' 따위는 기관을 나타내는 고유 명사라고 할 수 없다. 따라서 이런 말은 뒤에 오는 말과 떼어 놓아야 한다. 다만 사범 대학의 부속 고등 학교는 '부속고등학교'로 붙여 쓸 수 있다. 경우에 따라서는 이름 전체를 붙여 쓸 수도 있다.

* 대통령 직속 국가 안전 보장 회의 → 대통령 직속 국가안전보장회의

* 문화 관광부 산하 국립 국어원 → 문화관광부 산하 국립국어원

* 한국 대학교 사범 대학 부속 고등 학교 → 한국대학교 사범대학 부속고등학교

(5) 전문 용어는 단어별로 띄어 쓰는 것을 원칙으로 하되, 붙여 쓸 수 있다(맞50).

이는 전문 용어로 쓰인 모든 요소를 다 붙여 쓸 수 있다는 말이다. 법령 이름도 이 규정을 원용하여 붙여 쓸 수 있다.

* 종속적 연결 어미 → 종속적연결어미

* 해양성 기후 → 해양성기후

* 여름 채소 가꾸기 → 여름채소가꾸기

* 무릎 대어 돌리기 → 무릎대어돌리기

* 두 팔 들어 가슴 벌리기 → 두팔들어가슴벌리기

* 국어 기본법 → 국어기본법

그러나 관형사형이나 조사로 연결된 것은 하나의 단위로 인식하기 어렵기 때문에 붙여 쓰지 않는다.

＊ 간단한 도면 그리기 → 간단한도면그리기(×)

＊ 아름다운 노래 부르기 → 아름다운노래부르기(×)

＊ 민물고기와 바닷물고기 기르기 → 민물고기와바닷물고기기르기(×)

둘 이상의 전문 용어가 접속 조사로 이어질 때에는 각 전문 용어 단위로 붙여 쓸 수 있다.

＊ 기구 만들기와 기구 다루기 → 기구만들기와 기구다루기

＊ 도면 그리기와 도면 읽기 → 도면그리기와 도면읽기

띄어쓰기에서 헷갈리기 쉬운 것들

이렇게 규정을 익히더라도 실제로 글을 쓸 때에는 자주 헷갈린다. 그런 예를 모아 여기에 적어 놓으니 잘 분별하는 능력을 기르기 바란다.

(1) 조사인지 의존 명사 또는 부사인지 헷갈리는 경우

조사와 의존 명사의 형태가 같아 구별이 안 되는 경우가 있다. 예문에서 띄어쓰기가 된 것은 의존 명사나 부사이고 붙여 쓴 것은 조사이다.

① 대로 : 조사인지 의존 명사인지 헷갈린다.

＊ 이 그림대로 그릴 수 있겠니? (조사)

＊ 통지서가 오는 대로 나에게 연락해 다오. (의존 명사)

② 같이 : 조사인지 부사인지 헷갈린다.

＊ 세월은 꿈같이 흐른다. (조사)

＊ 우리 조금 뒤 같이 가자. (부사)

③ 밖에 : 조사인지 부사어('명사＋부사격조사'의 형태로)인지 헷갈린다.

＊ 내가 나설 수밖에 없겠군. (조사)

＊ 그 일 밖에 또 할 일이 있어야지. (부사어)

＊ 집 밖에 사람들이 많이 서 있다. (부사어)

④ 뿐 : 조사인지 의존 명사인지 헷갈린다.

    * 사람은 안 보면 그뿐이다. (조사)

    * 그저 기분이 좋을 뿐이다. (의존 명사)

⑤ 만 : 조사인지 의존 명사인지 보조 용언인지 헷갈린다.

    * 시간이 없으니 너만 오너라. (조사)

    * 우리 얼마 만에 만난 거야? (의존 명사)

    * 형만 한 아우 없는 법이다. (조사)

    * 알 만한 사람이 그럴 수 있어요? (보조 용언)

⑥ 만큼 : 조사인지 의존 명사인지 헷갈린다.

    * 과자를 이만큼 가져와라. (조사)

    * 자신의 잘못은 아는 만큼 고칠 수 있다. (의존 명사)

⑦ 조사 '커녕' : 조사 '은/는' 뒤에 붙기 때문에 헷갈린다.

    * 대답커녕 고개도 돌리지 않았다. (조사)

    * 보기는커녕 고개도 돌리지 않았다. (조사)

⑧ 조사 '새로에' : 조사 '은/는' 뒤에 붙기 때문에 헷갈린다.

    * 미워하기는새로에 싫은 소리 해 본 일도 없다. (조사)

    * 비바람은새로에 벼락이 떨어진다 해도 두렵지 않다. (조사)

(2) 어미의 형태를 오해하거나 어미와 의존 명사를 혼동하는 경우

    어미의 형태와 의존 명사의 형태가 같아서 쉽게 헷갈린다.

① 지 : 어미로 쓰이는 경우와 의존 명사로 쓰이는 형태가 같아서 헷갈린다. '-지, -ㄹ지, -ㄴ지, -는지, -을지' 모두 어미이다. 과거 시제를 나타내는 어미 '-ㄴ/-은' 뒤에 오는 '지'는 의존 명사이다.

    * 그가 하지 않았어. (어미)

    * 어떻게 가는지 몰라. (어미)

    * 비가 올지 모르겠는데. (어미)

    * 그가 온 지 열흘이 되었어. (의존 명사)

② 바 : 어미로 쓰일 때에는 '-ㄴ바'의 형태로 쓰인다.

    ＊ 내가 본바, 너에게 잘못이 더 많다. (어미)

    ＊ 네가 본 바를 그대로 말해라. (의존 명사)

③ 걸 : 어미일 때에는 '-ㄹ걸'의 형태로 쓰인다.

    ＊ 아마 내일 비가 올걸. (어미)

    ＊ 네가 할 걸('것＋을'의 준말) 가져와라. (의존 명사＋목적격조사)

④ 듯 : 어미일 때에는 어간에 붙고, 부사일 때에는 '-ㄹ 듯이'의 형태로 쓰인다.

    ＊ 구름에 달 가듯이 가는 나그네 (어미)

    ＊ 금방 해 줄 듯이 말하더라. (부사)

    ＊ 동지섣달 꽃 본 듯이 날 반겨 주오. (부사)

⑤ 데 : 어미일 때에는 '-ㄴ데, -는데, -던데, -은데'의 형태로 쓰이고, 그 앞에 '-시-, -겠-, -았-' 등이 붙기도 한다. 장소나 특정한 조건을 나타내는 경우에는 '데'가 의존 명사로 쓰인다.

    ＊ 내가 가는데 그가 나를 불렀어. (어미)

    ＊ 선생님이 널 부르시던데. (어미)

    ＊ 얼굴이 예쁜 데다 마음까지 착하다. (의존 명사)

    ＊ 네가 가는 데가 어디냐? (의존 명사)

    ＊ 빨리 달리는 데는 그를 따를 자가 없어. (의존 명사)

⑥ 망정 : '-ㄹ망정'의 형태로 쓰일 때에는 어미, '-니 망정이지', '-기에 망정이지' 처럼 쓰일 때에는 의존명사이다.

    ＊ 내가 죽을망정 네 주장은 받아들이지 않겠다. (어미)

    ＊ 내가 확인했으니 망정이지 하마터면 큰일 날 뻔했어. (의존 명사)

    ＊ 내가 확인했기에 망정이지 하마터면 큰일 날 뻔했어. (의존 명사)

⑦ 어미 '-리만큼'과 의존 명사 '리' : 어간 뒤에서는 '-리만큼'의 형태로 어미로 쓰이고, 관형사형 어미 뒤에서는 의존 명사로 쓰인다.

    ＊ 나를 미워하리만큼 그에게 잘못한 일이 없다. (어미)

  ＊ 그가 그런 말을 했을 <u>리</u> 없다. (의존 명사)

⑧ 어미 '-느니보다' : '-는 것보다'의 뜻이 있는 어미이다.

  ＊ 너를 보내<u>느니보다</u> 차라리 내가 가겠다. (어미)

(3) 접두사인지 관형사, 명사, 부사인지 헷갈리는 경우

접두사일 때에는 붙여 써야 하고, 관형사나 명사 또는 부사일 때는 띄어 써야 한다.

① 맨 : '가장'의 뜻으로 쓰일 때에는 관형사, '아무것도 지니지 않음'을 뜻할 때에는 접두사로 쓰인 것이다.

  ＊ 맨몸, 맨손, 맨입, 맨발, 맨주먹, 맨바닥, 맨바늘 (접두사)
  ＊ 맨 꼭대기, 맨 앞, 맨 돌뿐, 맨 여자밖에 없다. (관형사)

② 참 : 속성이 참되거나 품질이 우수한 것을 가리킬 때에는 접두사, 참답게 행동하는 경우는 관형사 또는 부사로 본다.

  ＊ 참사람, 참사랑, 참뜻, 참마음, 참말, 참모습, 참기름, 참빗, 참열매 (접두사)
  ＊ 그는 나의 참 친구이다. (관형사)
  ＊ 참 좋은 사람이야. (부사)

③ 겉 : 다른 명사와 함께 쓰일 때에는 접두사로 보고, 단독으로 쓰일 때에는 명사로 본다.

  ＊ 겉모습, 겉눈썹, 겉늙다, 겉돌다, 겉보기, 겉봉투, 겉웃음 (접두사)
  ＊ 사람이 속과 겉이 다르다. (명사)

④ 단 : 원래 그런 맛이 있는 음식 앞에서는 접두사, 음식의 맛이 달다는 것을 나타낼 때에는 '달다'의 관형사형으로 본다.

  ＊ 단팥죽, 단맛, 단물, 단배, 단비, 단술, 단무지 (접두사)
  ＊ 가장 단 고구마를 사 오너라. 단 물을 좀 마셔라. (관형사형)

(4) 동사인지 접미사인지 헷갈리는 경우

같은 형태가 동사로도 쓰이고 접미사로도 쓰이기 때문에 헷갈리기 쉽다. 구문을 보면서 판단해야 하므로 상당히 어렵고 때로는 판단을 할 수 없을 때도 있다.

① 받다 : 명사가 주고받을 수 있는 대상일 때에는 동사, 상대의 일방적인 행위에 당하는 경우에는 접미사이다.

> * 선물 받다, 우편물 받다, 고통 받다, 칭찬 받다, 사랑 받다, 미움 받다, 의심 받다 (동사)
> * 강요받다, 버림받다, 인정받다 (피동 의미 첨가 접미사)

② 되다 : 보어를 가질 수 있으면 동사, 단순히 '-하다' 대신에 붙어서 피동 의미('당하다'의 뜻)를 더하거나 명사, 어근, 부사를 형용사로 만드는 것이면 접미사이다.

> * 아직 사람 되려면 멀었어. 가수 되기가 하늘에 별 따기야. (동사)
> * 발전되다, 묵살되다, 생략되다, 걱정되다 (피동 의미 첨가 접미사)
> * 못되다, 안되다, 거짓되다, 참되다, 막되다, 숫되다 (형용사 파생 접미사)

③ 당하다 : 어떤 일을 겪는 경우에는 동사, 명사를 피동사로 만드는 것이면 접미사이다.

> * 불이익 당하지 않게 해라. 망국의 설움 당하고도 살았어. (동사)
> * 거부당하다, 거절당하다, 무시당하다, 문책당하다, 설득당하다, 이용당하다, 체포당하다, 혹사당하다 (피동사 파생 접미사)

④ 맞다 : 목적어를 취할 수 있으면 동사, 어근을 형용사로 만드는 것은 접미사이다.

> * 손님 맞을 준비 되었니? 매 맞기 싫다. (동사)
> * 궁상맞다, 방정맞다, 앙증맞다, 익살맞다, 쌀쌀맞다, 능글맞다, 지질맞다, 어긋맞다, 청승맞다 (형용사 파생 접미사)

⑤ 시키다 : 실제 목적어를 취할 수 있으면 동사, '할 수 있게 함'의 뜻이 보태어지면 접미사이다.

> * 그가 일 시키면 안 하겠어. 누가 아이에게 심부름 시켰지? (동사)
> * 공부시키다, 결혼시키다, 교육시키다, 복직시키다, 관람시키다, 오염시키다, 진정시키다, 집합시키다, 화해시키다 (사동사 파생 접미사)

(5) 어구와 복합어

관형사나 명사가 뒤에 붙어 합성어를 만드는 경우가 있어서 띄어 쓰면 구별하기 어렵다. 합성어로 인정되는 것을 눈에 익혀 놓자. 괄호 안에 있는 것은 합성어가 되지 않는 경우이다.

* 감 : 사윗감, 며느릿감, 신랑감, 색싯감, 옷감, 일감, 이야깃감, 장군감
* 꼴 : 눈꼴, 별꼴, 볼꼴, 사다리꼴, 세모꼴, 달걀꼴, 주제꼴 (사람 꼴)
* 첫 : 첫눈, 첫사랑, 첫얼음, 첫여름, 첫겨울 (첫 여행, 첫 만남)
* 된 : 된장, 된시앗, 된소리, 된침, 된풀, 된통, 된서방, 된밥 (된 일)
* 뒤 : 뒷가슴, 뒷골목, 뒷글, 뒷길, 뒷대문, 뒤뜰, 뒷마당, 뒷말, 뒷면, 뒷모습, 뒷발, 뒷부분, 뒷자락, 뒷주머니, 뒷줄, 뒷집, 뒤차, 뒤채, 뒤폭, 앞뒤 (뒤 글, 뒤 칸, 등 뒤)
* 못 : 못매, 못발길, 못별, 못사람, 못소리, 못시선, 못입, 못짐승 (못 사건)
* 밥 : 저녁밥, 새벽밥, 아침밥, 낮밥, 김밥, 무밥, 밤밥 (식당 밥이 맛있어.)
* 속 : 가슴속, 귓속, 땅속, 머릿속, 물속, 빗속, 뼛속, 잇속, 장삿속, 켯속 (구름 속, 눈 속, 숲 속, 피 속)
* 안 : 안감, 안날, 안달, 안뒷간, 안마당, 안방, 안벽, 안사돈, 안사람, 안손님, 안식구, 안주인, 안집, 안채, 안해, 세안, 손안, 울안, 집안, 해안 (방 안, 입 안, 집 안, 동네 안)
* 앞 : 앞가슴, 앞글, 앞길, 앞대문, 앞뜰, 앞마당, 앞말, 앞면, 앞모습, 앞바다, 앞발, 앞부분, 앞이마, 앞자락, 앞주머니, 앞줄, 앞집, 앞차, 앞채, 앞폭, 눈앞, 코앞 (앞 글, 앞 칸, 앞 문장, 집 앞, 발 앞)
* 옛 : 옛글, 옛길, 옛날, 옛말, 옛사람, 옛사랑, 옛시조, 옛이야기, 옛일, 옛적, 옛집, 옛터 (옛 친구, 옛 동산)
* 허튼 : 허튼계집, 허튼사람, 허튼소리, 허튼수작, 허튼짓, 허튼톱 (허튼 생각)

여러분은 어쩌면 띄어쓰기를 난공불락의 요새처럼 느낄지 모르겠다. 솔직히 말하면 띄어쓰기는 전문가라도 완벽하게 해결할 수 없는 지난한 문제이다. 국어에서 결코 완벽해질 수 없는 규정이 띄어쓰기 규정일 것이다. 따라서 띄어쓰기를 좀 틀리더라도 너무 기죽지 말고 틀린 경험을 토대로 하여 하나하나 익혀 나가기 바란다.

알아두어야 할 띄어쓰기

① 띄어쓰기에 따라서 의미가 달라지는 경우

- 김새다 : 흥이나 맥이 빠지다.
- 김 새다 : 틈으로 김이 빠져나가다.
- 누워먹다 : 편하게 놀고먹다.
- 누워 먹다 : 누워서 음식을 먹다.
- 눈부시다 : 아름답고 황홀하다. 매우 훌륭하다.
- 눈 부시다 : 밝거나 맑아서 눈이 어리어리하다.
- 멋모르다 : 일의 속내를 모르다.
- 멋 모르다 : 멋에 관해서 모르다.
- 물밑 : 은밀한 상태(물밑 협상)
- 물 밑 : 물이 바닥과 닿은 부분
- 손아래 : 나이나 항렬로 위인 관계
- 손 아래 : 손의 아래쪽에 해당하는 곳
- 알만 하다 : 알 정도의 크기이다.
- 알 만하다 : 알 것 같다.
- 집안 : 친척이나 가족
- 집 안 : 집의 경계 안
- 큰상(床) : 음식을 많이 차려서 주빈에게 내놓는 상
- 큰 상(床) : 크기가 큰 상
- 한번 : 시험 삼아서
- 한 번 : 한 차례

② 띄어 쓰나 붙여 쓰나 의미 차이가 없지만 붙여 쓰는 것들

강기슭, 강바닥, 관계없다, 논밭, 눈앞, 땅임자, 마음속, 멋없다, 물속, 빛내다, 산기슭, 성안, 세놓다, 손발, 앞뒤, 위아래, 이웃집, 일삼다, 장난삼다, 지나가다, 지난날, 창밖, 촌사람, 칼날, 코끝, 탕국물, 풀밭, 힘쓰다, 힘없다

③ 띄어 쓰나 붙여 쓰나 의미 차이가 없지만 띄어 쓰는 것들

땅 위, 바다 속, 바람 잡다, 방 안, 빛 보다, 사기 치다, 성 밖, 소리 나다, 숲 속, 여행 가다, 우리 집, 입 안, 자랑 삼다, 전세 살다, 친구 삼다, 호통 치다, 흉내 내다, 힘 있다

④ 다른 성분이 일부와 관련되면 띄어 써야 하는 낱말 (밑줄 친 부분만 관계가 있다.)

- 관계없다 – <u>아무 관계</u> 없다.
- 관계있다 – <u>깊은 관계</u> 있다.
- 꿈꾸다 – <u>무서운 꿈</u> 꾸다.
- 작은누이 – <u>가장 작은</u> 누이
- 남김없이 – <u>조금도 남김</u> 없이
- 나가자빠지다 – <u>밖으로 나가</u> 자빠지다.
- 말아먹다 – <u>밥을 말아</u> 먹었다.
- 맛있다 – <u>떫은 맛</u> 있다.
- 마음먹다 – <u>굳은 마음</u> 먹다.
- 먹고살다 – <u>죽을 먹고</u> 살다.
- 빛내다 – <u>밝은 빛</u> 내다.
- 쓸데없는 – <u>아무 쓸 데</u> 없는
- 일없다 – <u>어려운 일</u> 없다.
- 재미적다 – <u>사는 재미</u> 적다.
- 젊은이 – <u>퍽 젊은 이</u>
- 춤추다 – <u>우아한 춤</u> 추다.
- 침놓다 – <u>짧은 침</u> 놓다.
- 핀잔주다 – <u>고약한 핀잔</u> 주다.
- 해묵다 – <u>여러 해</u> 묵다.
- 화내다 – <u>불같은 화</u> 내다.

정리

띄어쓰기는 누구에게나 무척 어려운 문제이다. 그래서 띄어쓰기를 익숙하게 하는 정도에 따라서 그 사람의 국어 능력을 헤아릴 수 있다. 그러나 띄어쓰기 틀린 것을 너무 부끄럽게 생각할 필요는 없다.

연습^문제 ·

정답은 www.barunmal.com 의 "글세상"에 있습니다.

□ 다음 문장에서 띄어쓰기가 제대로 안 되었으면 바로잡으라.

(1) 이곳에 <u>온지</u> 10년이 되었다.

(2) 이 화장품은 바를 수 <u>있을 뿐더러</u> 먹을 수도 있다.

(3) 말이나 해 볼 걸. 이제 <u>돌아갈거나?</u>

(4) 밥은 <u>커녕</u> 죽도 못 먹는다.

(5) 반기기는 <u>새로에</u> <u>알은척도</u> 안 한다.

(6) 그는 모든 사람의 모범이 <u>되리만큼</u> 착실하다.

(7) 아무리 말해도 <u>알아들을세</u> 말이지.

(8) 내 눈으로 본 <u>바</u> 그가 틀림없었다.

(9) 거기 <u>걸어가는데는</u> 10분쯤 걸린다.

(10) 비가 <u>올둥말둥</u> 끄물거린다.

(11) 그러니 내가 일하기 <u>힘들 밖에.</u>

(12) <u>죽을 망정</u> 아첨하지는 않겠다.

(13) 곧 비가 <u>올텐데.</u>

(14) <u>형 만한</u> 아우 없는 법이다.

(15) 해가 <u>질듯말듯</u> 뉘엿거린다.

(16) 농구 <u>선수치고는</u> 키가 작지만 <u>그렇다손치더라도</u> 포기하지 마라.

(17) 도둑을 <u>잡을라 치면</u> 금방 사라진다.

(18) 아무렴, 그렇고 말고.

(19) 집이 <u>보일락 말락</u> 한다.

(20) <u>사느니보다</u> 죽음을 택하겠다.

우스개 이야기

입사 원서를 쓰던 영구가 지원서의 '**본적**'을 적는 난을 보고 빙그레 웃었다. 띄어쓰기를 갓 배워서 의기양양해진 영구가 '**본 적**' 옆의 빈 칸에 이렇게 적어 놓았다. "나는 당신을 본 적 없음."   (출처 : 인터넷 우스개 모음)

제6일

원숭이 똥구멍은 빨개
(용언의 활용형)

아이들이 부르는 노래 가운데에서 이런 가사를 들어본 적이 있을 것이다.

> 원숭이 똥구멍은 빨개
> 빨간 것은 사과
> 사과는 동그래
> 동그란 건 접시
> 접시는 하얘
> 하얀 것은 눈
>
> ……

　여기서 여러분은 '빨개, 동그래, 하얘'와 '빨간, 동그란, 하얀'의 표기에 대해서 아무 의심을 하지 않을 것이다. 그러나 왜 이렇게 말하는지 정확하게 아는 사람은 많지 않다. 앞의 셋은 종결형이고 뒤의 셋은 관형사형인데 모두 원래의 형태에서 벗어난 모양을 하고 있다. 아래의 어미 변화(이것을 활용이라고 한다.)를 눈여겨보기 바란다.

> 빨갛다 – 빨가니 – 빨간 – 빨개 – 빨갰다
> 동그랗다 – 동그라니 – 동그란 – 동그래 – 동그랬다
> 하얗다 – 하야니 – 하얀 – 하얘 – 하얬다

용언의 활용형을 정확하게 알면 이 문제가 자연스럽게 해결된다. 그러나 익히 알고 있다고 생각하는 용언의 활용형이 생각보다 쉽지 않은 경우가 있다. 아래 낱말의 활용형을 정확하게 아는지 검토해 보자.

> 바라다 – 바라니 – 바란 – 바라/바래? – 바랐다/바랬다
>
> 놀라다 – 놀라니 – 놀란 – 놀라/놀래? – 놀랐다/놀랬다
>
> 같다 – 같으니 – 같은 – 같아/같애? – 같았다/같앴다

위의 활용 가운데에서 어미 '바라, 놀라, 같아'는 맞지만 '바래, 놀래, 같애'는 틀렸다. 마찬가지로 아래 문장의 '바래요, 바램, 놀랬잖아, 같애요'도 '바라요, 바람, 놀랐잖아, 같아요'의 잘못이다.

> * 당신이 꼭 성공하기 바래요.
> * 이것이 너에 대한 나의 바램이야.
> * 어휴, 깜짝 놀랬잖아.
> * 날이 곧 샐 것 같애요.

규칙/불규칙 활용형

새삼스럽지만 활용형을 정확하게 아는 것이 중요하다는 것을 여기서 알 수 있다. 그래서 어간에 어미를 붙인 형태, 곧 활용형에 대해 알아본다. 일반적으로 어떤 어간이든 어미가 '-고, -게, -더라, -지'처럼 'ㄱ, ㄷ, ㅈ'으로 시작하는 경우에는 변화가 생기지 않는다. 그러나 어미가 'ㄴ, ㄹ, ㅁ, ㅂ, ㅅ, ㅓ, ㅏ'로 시작하면 어간 끝소리에 따라서 어간의 활용형에 변화가 생긴다. 변화가 생기는 활용을 불규칙 활용이라고 하고, 그런 낱말을 불규칙 용언이라고 하는데, 변화의 폭과 경우가 한결같지 않기 때문에 잘 익혀야 한다.

(1) 어간 'ㄹ'이 주는 것

어간의 끝 음이 'ㄹ'인 모든 용언은 어미가 'ㄴ, ㅂ, 마, 시, 세, 오'로 시작하면 'ㄹ'이 준다. 어간이 'ㄹ'로 끝나는 모든 용언에 해당하므로 불규칙 활용이라는 말을 쓰지 않는다.

> 갈다–갈아–갈면–가니–간–갑니다–가신다–가오–갑시다–가마–가세
>
> 놀다–놀아–놀면–노니–논–놉니다–노신다–노오–놉시다–노마–노세

(2) 어간 'ㅅ'이 줄어지는 것

　　어간의 끝 음이 'ㅅ'인 용언 가운데 일부는 어미가 모음으로 시작하면 'ㅅ'이 준다 ('ㅅ' 불규칙 활용).

　　　긋다－그어－그으니－그은－긋습니다－그으신다－긋소/그으오－그읍시다
　　　짓다－지어－지으니－지은－짓습니다－지으신다－짓소/지으오－지읍시다

　　어미 'ㅅ' 불규칙 용언에는 '－ㅂ니다' 대신에 '－습니다'가 붙어서 '짓습니다'로 활용하지 '지읍니다'로 활용하지 않는다.

　　'ㅅ' 불규칙 용언 : 낫다[優, 癒], 뭇다, 붓다, 잇다, 젓다, 잣다

　　'긋소/그으오'나 '짓소/지으오'는 서술형에서는 선택적으로 쓰이지만 청유형에서는 '그으오, 지으오'처럼 'ㅅ'이 준 형태로만 쓰인다.

　　　＊ 그곳에서 기술자들이 집을 짓소/지으오. (서술형)
　　　＊ 설계를 잘 해서 집을 꼭 튼튼하게 지으오. (청유형)

　　어간의 끝 음이 'ㅅ'이지만 규칙적으로 활용하는 동사가 많이 있다. '벗다, 빗다, 씻다, 솟다, 빼앗다, 뺏다, 웃다, 없다, 있다' 등이 이에 해당한다.

(3) 어간 'ㅎ'이 주는 것

　　어간의 끝 음이 'ㅎ'인 형용사 가운데 일부는 어미 '어'나 '아' 앞에서는 'ㅎ'이 줄면서 형태가 변하고, 'ㄴ, ㅁ'으로 시작하는 어미 앞에서는 'ㅎ'이 줄기만 한다('ㅎ' 불규칙 활용).

　　　말갛다－말개－말가면－말가니－말간－말갛습니다－말갛소－말갰다
　　　그렇다－그래－그러면－그러니－그런－그렇습니다－그렇소－그랬다

　　'ㅎ' 불규칙 형용사에는 어미 '－ㅂ니다'를 쓰지 않고 '－습니다'를 쓴다. 그래서 '말갑니다'로 활용하지 않고 '말갛습니다'로 활용한다. '－오'와 '－소'는 함께 쓰이나('빨가오/빨갛소, 말가오/말갛소), '－소'가 더 보편적이다.

　　'ㅎ' 불규칙 형용사 : －갛다, －겋다, －닿다, －랗다, －렇다, －맣다, －멓다, －얗다, －옇다'로 끝나는 모든 형용사

　　어간의 끝 음이 'ㅎ'인 모든 동사는 규칙 활용을 하고('넣다, 낳다, 놓다, 닿다, 땋다,

빨다, 쌓다, 찧다'), 일부 형용사('좋다, 많다, 닳다')도 규칙 활용을 한다.

(4) 어간 'ㅜ'가 주는 것

동사 '푸다'가 '어'로 시작하는 어미와 결합할 때에만 'ㅜ'가 준다('ㅜ' 불규칙 활용). 'ㅜ'로 끝나는 다른 동사는 규칙 활용을 한다.

푸다-퍼-퍼라-펐다('ㅜ' 줄어짐)
부수다-부수어/부숴-부수어라/부숴라-부수었다/부쉈다 (안 줄어짐)

(5) 어간 'ㅡ'가 주는 것

'ㅡ'로 끝나는 거의 모든 용언은 '어'나 '아'로 시작하는 어미 앞에서 'ㅡ'가 준다. 'ㅡ'로 끝나는 거의 모든 용언이 이처럼 활용하기 때문에 불규칙 활용이라는 말을 쓰지 않는다.

뜨다-떠-떠서-떴다
잠그다-잠가-잠가서-잠갔다
고프다-고파-고파서-고팠다
예쁘다-예뻐-예뻐서-예뻤다

(6) 어간 '르'가 바뀌는 것

어간의 끝 음절이 '르'인 것은 '어'나 '아'로 시작하는 어미 앞에서 'ㅡ'가 줄어든 뒤에 'ㄹ'이 앞 음절의 받침으로 변한다('르' 불규칙 활용).

다르다-달라-달라서-달랐다
누르다[壓]-눌러-눌러서-눌렀다
오르다-올라-올라서-올랐다
벼르다-별러-별러서-별렀다

'르' 불규칙 용언 : 가파르다, 바르다, 까부르다, 조르다, 치르다, 흐르다

아래 낱말은 '르'로 끝나더라도 'ㅡ'가 줄지 않고 오히려 '러'를 첨가한다('러' 불규칙 활용).

푸르다-푸르러-푸르러서-푸르렀다
누르다-누르러-누르러서-누르렀다
이르다[至]-이르러-이르러서-이르렀다

'푸르다'의 활용형 '푸르러, 푸르러서, 푸르렀다'는 '푸르르다'의 활용형과 같다. '푸르르다'를 표준어로 인정하게 되었기 때문이다.

(7) 어간 'ㄷ'이 'ㄹ'로 바뀌는 것

어간의 끝 음이 'ㄷ'인 낱말 가운데 일부는 모음으로 시작하는 어미 앞에서 'ㄷ'이 'ㄹ'로 바뀐다('ㄷ' 불규칙 활용).

걷다[步] - 걸으니 - 걸어서 - 걸었다 - 걷습니다
듣다[聽] - 들으니 - 들어서 - 들었다 - 듣습니다

'ㄷ' 불규칙 동사 : 걷다, 긷다, 눋다, 닫다[走], 묻다[問], 붇다, 싣다, 일컫다
'걷다[收, 卷], 곧다, 굳다, 닫다[閉], 돋다, 묻다[埋], 믿다, 받다, 벋다, 쏟다, 얻다' 등은 규칙 활용을 한다.

(8) 어간 'ㅂ'이 'ㅜ'로 바뀌는 것

어간이 'ㅂ'으로 끝나는 용언 가운데 일부는 모음으로 시작하는 어미 앞에서 'ㅂ'이 'ㅜ'로 바뀌는 활용을 한다('ㅂ' 불규칙 활용).

가깝다 - 가까워 - 가까우니 - 가까웠다
괴롭다 - 괴로워 - 괴로우니 - 괴로웠다
무겁다 - 무거워 - 무거우니 - 무거웠다

그러나 '곱다, 돕다, 곱디곱다'는 아래와 같이 활용한다.

곱다 - 고와 - 고와서 - 고왔다
돕다 - 도와 - 도와서 - 도왔다
곱디곱다 - 곱디고와 - 곱디고와서 - 곱디고왔다

'ㅂ' 불규칙 용언 : '가렵다, 굽다[燒], 귀엽다, 노엽다, 덥다, 돕다' 등 대부분의 용언이 불규칙 활용을 한다. 그러나 '곱다[曲], 굽다[曲], 씹다, 입다, 잡다, 접다, 집다' 등은 규칙 활용을 한다.

(9) 어미 '어'가 '여'로 바뀌는 것

동사 '하다'나 '하다'가 붙은 모든 용언에 '어'로 시작하는 어미가 붙으면 '어'가 '여'로 바뀐다('여' 불규칙 활용).

하다 – 하여/해 –하여서/해서 – 하였다/했다

착하다 – 착하여/착해 –착하여서/착해서 – 착하였다/착했다

위 예에서 보듯이 구어체에서는 대개 '하여, 하여서, 하였다'를 '해, 해서, 했다'로 줄여 사용한다.

📌 익혀 두어야 할 활용형

- 갈다–가니, 가네, 간, 갈아, 가오, 가세, 갈게, 갑니다, 가니/가느냐?
- 걷다–걸으니, 걷네, 걷는, 걸어, 걸으오/걷소, 걷세, 걷습니다, 걷니/걷느냐?
- 꺼멓다–꺼머니, 꺼머네, 꺼먼, 꺼메, 꺼멓소, 꺼멓습니다, 꺼머니/꺼머냐?
- 그렇다–그러니, 그러네, 그런, 그래, 그렇소, 그렇습니다, 그러니/그러냐?
- 긷다–길으니, 긷네, 긷는, 길어, 길으오/긷소, 긷세, 긷습니다, 긷니/긷느냐?
- 놀다–노니, 노네, 논, 놀아, 노오, 노세, 놀자, 놉니다, 노니/노느냐?
- 담그다–담그니, 담그네, 담가, 담그오, 담그세, 담급니다, 담그나/담그느냐?
- 덥다–더우니, 덥네, 더운, 더워, 덥소, 덥습니다, 덥니/더우냐?
- 따르다–따르니, 따르네, 따른, 따라, 따르오, 따릅니다, 따르니/따르느냐?
- 멀다–머니, 머네, 먼, 멀어, 머오, 멀게, 멉니다, 머니/머냐?
- 묻다–물으니, 묻네, 묻는, 물어, 물으오, 묻세, 묻습니다, 묻니/묻느냐?
- 바르다–바르니, 바르네, 바른, 발라, 바르오, 바릅니다, 바르니/바르느냐?
- 부수다–부수니, 부수네, 부순, 부숴, 부수오, 부숩니다, 부수니/부수느냐?
- 살다–사니, 사네, 산, 살아, 사오, 사세, 살지, 삽니다, 사니/사느냐?
- 서럽다–서러우니, 서럽네, 서러운, 서러워, 서럽지, 서럽습니다, 서럽니/서럽냐?
- 잇다–이으니, 잇네, 이은, 이어, 이으오/잇소, 잇습니다, 잇니/잇느냐?
- 잠그다–잠그니, 잠그네, 잠근, 잠가, 잠그오, 잠급니다, 잠그니/잠그느냐?
- 잡수다–잡수니, 잡수네, 잡순, 잡숴, 잡수오, 잡숩니다, 잡수니/잡수느냐?
- 좁다–좁으니, 좁네, 좁은, 좁아, 좁으오/좁소, 좁습니다, 좁니/좁으냐?
- 줍다–주우니, 줍네, 주운, 주워, 주우오/줍소, 줍세, 줍니다, 줍니/줍느냐?
- 찢다–찢으니, 찢네, 찢은, 찢어, 찢으오/찢소, 찢세, 찢니/찢느냐?
- 춥다–추우니, 춥네, 추운, 추워, 추우오/춥소, 춥니다, 춥니/추우냐?
- 하얗다–하야니, 하야네, 하얀, 하얘, 하얗소, 하야니/하야냐?

연습^문제

정답은 www.barunmal.com의 "글세상"에 있습니다.

1. 물음에 답하라.

(1) 밑줄 친 부분의 어간과 어미가 제대로 적힌 것은?
  ① 하늘을 <u>날으는</u> 새를 보라.
  ② 기분이 <u>좋면</u> 좋다고 말해.
  ③ 동생은 차에 짐을 <u>실고</u> 있다.
  ④ 이곳은 땅이 <u>거니</u> 소출이 많다.

(2) 밑줄 친 부분의 어간과 어미가 제대로 적힌 것은?
  ① 이걸 길게 <u>잇으면</u> 될 것 같다.
  ② 병이 좀 <u>낫으니</u> 곧바로 외출을 시작한다.
  ③ 머리를 <u>빗으면</u> 좀 단정해 보일 것이다.
  ④ 얼굴이 <u>붓으니</u> 이상하게 보인다.

(3) 밑줄 친 부분의 어간과 어미가 제대로 적힌 것은?
  ① 종이가 너무 <u>얇어도</u> 안 돼.
  ② 물길을 <u>막어야</u> 못자리를 만들 수 있다.
  ③ 침을 <u>뱉어야</u> 치료할 수 있다.
  ④ 도둑을 <u>잡어야</u> 경찰 체면이 서지.

(4) 활용형이 <u>틀린</u> 것은?
  ① 물을 퍼라. ② 집을 부서라.
  ③ 땅을 파라. ④ 칼을 **뺏어라.**

(5) 용언의 활용형으로 맞는 것은?
  ① 둥급니다 ② 까맙니다
  ③ 이웁니다 ④ 들읍니다

(6) 용언의 활용형으로 **틀린** 것은?

① 까맣습니다   ② 괴로와

③ 가까워   ④ 밤도와

(7) 용언의 원형과 활용형이 제대로 짝지어진 것은?

① 벌다/버십니다   ② 돌다/돌세

③ 졸다/졸으십니다   ④ 날다/날으면

(8) 용언의 원형과 활용형이 제대로 짝지어진 것은?

① 말갛다/말갑니다   ② 짓다/지으세

③ 불다/부니   ④ 묻다/물읍니다

(9) 다음 글에서 밑줄 친 부분이 **잘못** 표기된 것은?

① 옷을 <u>벗었다</u>.   ② 돈을 슬쩍 <u>빼내었다</u>.

③ 밤이 <u>새었다</u>.   ④ 고기를 <u>낚었다</u>.

(10) 밑줄 친 부분이 **틀린** 것은?

① <u>마지못해서</u>   ② <u>그러다마다</u>

③ <u>보자마자</u>   ④ <u>멀지않아</u>

2. 아래 예문에서 활용형을 잘못 쓴 것을 바로 잡으라.

> 영희야, 친절하게 도와 주어서 고마왔어. 처음 그 곳에 도착했을 때는 한편으로 마음이 몹시 설레였지만 다른 한편으로는 어찌 해야 할지 하늘이 노랬어. 주위 사람들이 조금은 두려웠고 아니꼬왔지만 네 덕에 어려움을 이기고 무사히 여기 오게 되니 기분이 푸르른 창공으로 올라가는 것 같애. 다음 만날 때까지 건강히 지내기 바래. 안녕.

제7일

뭐야? '뭬야'가 맞아?

(준말 표기)

한 때 사람들의 입에 무수히 오르내리던 말 '뭬야?'를 기억할 것이다. '여인천하'에서 경빈 박 씨로 출연한 탤런트 도지원의 서릿발 같은 눈초리가 지금도 눈에 선하다. 그런데 이 '뭬야'라는 말이 비표준말 또는 비속어로 오해받기도 했다. '뭬야'는 '무엇이야'의 준말로 엄연히 표준말이다. 이 말이 비속어처럼 느껴져서 품위 있는 사람이 써서는 안 되는 말로 의심받는 데는 그만한 이유가 있다. 원래 준말은 비속어는 아니더라도 본딧말에 비해서 품위가 좀 떨어지는 듯한 어감이 있기 때문이다.

* 네 맘대로 해! / 네 마음대로 해!
* 이걸 젤 좋아하는데. / 이걸 제일 좋아하는데.
* 멜 꼭 보내라. / 메일 꼭 보내라.
* 참 재밌는 이야기이다. / 참 재미있는 이야기이다.

그러나 요즘은 어감보다는 기능에 더 치우치는 경향이 있어서 본딧말보다 준말을 더 많이 쓰는 추세이다. 표준어 규정에도 본딧말을 비표준어로 돌리고 준말을 표준어로 삼은 것이 상당히 있다. 아래 낱말이 준말로서 표준말이 된 것이다. 괄호 안은 본딧말이던 것이 비표준어로 떨어진 것이다.

김(기음), 똬리(또아리), 무(무우), 뱀(배암), 빔(비음), 샘(새암)

이 밖에도 '하여'를 '해'로 줄여 쓰고, '것'을 '거'로 줄여 쓰며, '것이'를 '게'로 줄여 쓰는 것이 대세이니 준말을 본딧말에 비해서 저속하다고 하기는 어렵겠다. 한글 맞춤법에는 준말과 관련한 규정을 독립적으로 마련하고 준말 표기를 다양하게 인정하고 있다. 이 규정에 따라서 '뭬야'도 표준말이 된 것이다.

(1) 체언과 조사의 준말

체언은 실질 형태소이고 조사는 형식 형태소이므로 가능하면 이 두 형태소가 섞이는 것을 피하는 것이 형태소를 분리하여 표기하려는 한글 맞춤법 정신에 부합한다고 할 수 있다. 그러나 우리가 습관적으로 두 형태소를 광범위하게 줄여서 사용하기 때문에 규정으로 이를 인정하게 되었다.

① '체언+호격 조사'의 준말 : 체언에 호격 조사 '야'가 붙는 경우에 흔히 체언의 형태가 줄어지고 호격 조사가 '아'로 바뀐다.

　　기러기야–기럭아, 바둑이야–바둑아, 육손이야–육손아

② '체언+조사'의 준말 : 대명사에 조사가 붙는 경우에 흔히 체언이 줄어든다.

　　그것이–그게, 이것이–이게, 저것이–저게, 무엇이–무에/뭣이
　　그것을–그걸, 이것을–이걸, 저것을–저걸, 무엇을–뭣을/무얼/뭘
　　그것으로–그걸로, 이것으로–이걸로, 저것으로–저걸로, 무엇으로–뭣으로/무얼로/뭘로
　　그것은–그건, 이것은–이건, 저것은–저건
　　나는–난, 나를–날, 나에게–내게, 나의–내
　　너는–넌, 너를–널, 너에게–네게, 나의–네
　　저는–전, 저를–절, 저에게–제게, 저의–제

(2) 관형사와 체언과 조사의 준말

관형사와 체언, 또는 관형사와 체언과 조사를 한꺼번에 줄여 사용할 수도 있다.

　　그 애–걔, 이 애–얘, 저 애–쟤
　　그 애는–걔는, 이 애는–얘는, 저 애는–쟤는
　　그 애를–걔를, 이 애를–얘를, 저 애를–쟤를

아주 드물게 '계'를 '너'와 같은 이인칭 대명사로 상대를 낮추기 위해서 쓰는데, 이

경우의 '게'와 삼인칭 대명사 '걔'는 인칭이 다르다.

(3) 부사와 조사의 준말

부사에 조사가 붙은 형태를 줄일 수도 있다.

그리로–글로, 이리로–일로, 저리로–절로

그러나 '아래로'를 '알로'로 줄이는 것은 허용하지 않는다.

(4) 용언의 준말

용언은 어간과 어미의 결합 과정에서 매우 폭넓게 준다.

① 어간의 끝이 모음 'ㅏ, ㅓ, ㅐ, ㅔ, ㅕ'인 낱말

가다–가–갔다 (어미에서 '아'가 줄어짐. '자다, 사다, 파다, 나다')

서다–서–섰다 (어미에서 '어'가 줄어짐. '건너다')

개다–개–갰다 (어미에서 '어'가 줄어짐. '내다, 대다, 바래다, 배다, 패다, 재다, 채다')

세다–세–셌다 (어미에서 '어'가 줄어짐. '들레다, 메다, 베다, 헤다')

펴다–펴–폈다 (어미에서 '어'가 줄어짐. '켜다')

* 'ㅅ' 불규칙 용언이 활용하여 'ㅅ'이 줄어진 경우에는 '아', '어'가 줄지 않는다.

낫다–나아–나았다, 젓다–저어–저었다

* 어간이 줄어들어 'ㅐ'가 된 것 뒤에서는 'ㅓ'가 줄지 않는다.

파이다–패다–패어–패었다

짜이다–째다–째어–째었다

까이다–깨다–깨어–깨었다

* '하다'는 '여' 불규칙 용언이므로 '하여'가 되는데, 이것이 '해'로 준다.

하여–해, 하여라–해라, 하여서–해서, 하였다–했다

② 어간의 끝이 모음 'ㅗ, ㅜ, ㅚ'로 끝나는 낱말

꼬다–꽈–꽜다 ('ㅗ'와 'ㅏ'가 합해서 'ㅘ'로 바뀜. '쏘다, 보다, 오다')

쑤다–쒀–쒔다 ('ㅜ'와 'ㅓ'가 합해서 'ㅝ'로 바뀜. '주다, 두다, 추다')

괴다–괘–괬다 ('ㅚ'와 '어'가 합해서 'ㅙ'로 바뀜. '쇠다, 뵈다, 되다')

＊ '푸다'는 '퍼, 펐다'로 준다.

＊ '놓다'는 '놓아/놔, 놓았다/놨다'처럼 준다.

③ 어간의 끝이 모음 'ㅣ'로 끝나는 낱말 : 어간의 'ㅣ'와 어미 'ㅓ'가 합하여 'ㅕ'로 바뀐다.

> 가지다 – 가져 – 가졌다
> 견디다 – 견뎌 – 견뎠다
> 일으키다 – 일으켜 – 일으켰다

＊ '가지다', '디디다'는 '갖고/딛고, 갖지/딛지, 갖게/딛게'처럼 줄어질 수 있으나 어미 '어' 앞에서는 줄지 않는다. 따라서 '가져/디뎌'로 써야지 '갖어/딛어'로 쓰면 안 된다. 마찬가지로 '가지면/디디면, 가지니/디디니'처럼 써야 한다.

④ 접미사 '-이-'가 붙는 낱말 : 어간에 접미사 '-이'가 붙어 피동사나 사동사가 된 말은 아래와 같이 줄여서 쓸 수 있고 준말로 활용할 수 있다.

> 싸이다 – 쌔다 → 쌔어/싸여 – 쌨었다/싸였다
> 보이다 – 뵈다 → 뵈어/보여 – 뵈었다/보였다
> 누이다 – 뉘다 → 뉘어/누여 – 뉘었다/누였다
> 쓰이다 – 씌다 → 씌어/쓰여 – 씌었다/쓰였다

＊ '새삼스럽다'의 부사형 '새삼스러이'도 '새삼스레'로 줄여서 쓸 수 있다. '고생스러이/고생스레, 천연스러이/천연스레'도 마찬가지이다.

＊ '놓이다'를 '뇌다'로 줄여서 쓸 수도 있다. '뇌어/놓여, 뇌었다/놓였다'도 마찬가지이다.

＊ '뜨이어'의 준말로는 '띄어'만 인정하고, '뜨여'는 인정하지 않는다.

＊ '뜨이우다, 쓰이우다, 트이우다'는 '띄우다, 씌우다, 틔우다'로 준다.

(5) '-지 않다'의 준말

'-지 않다'는 '잖다'로 준다.

> 두렵지 않다 – 두렵잖다, 마렵지 않다 – 마렵잖다, 가렵지 않다 – 가렵잖다
> 예사롭지 않다 – 예사롭잖다, 외롭지 않다 – 외롭잖다
> 귀찮지 않다 – 귀찮잖다, 점잖지 않다 – 점잖잖다

하찮지 않다 – 하찮잖다, 많지 않다 – 많잖다

싫지 않다 – 싫잖다, 곯지 않다 – 곯잖다, 앓지 않다 – 앓잖다

(6) '–하지 않다'의 준말

'–하지 않다'는 '–찮다'로 주는 것이 원칙이지만, 일부 낱말은 '하'가 탈락하여 '–잖다'로 줄기도 한다.

① 아래의 것은 '–찮다'로 줄어든다.

의심하지 않다 – 의심찮다, 성실하지 않다 – 성실찮다

시원하지 않다 – 시원찮다, 대단하지 않다 – 대단찮다

만만하지 않다 – 만만찮다, 변변하지 않다 – 변변찮다

② 아래의 것은 '하'가 줄어든다.

깨끗하지 않다 – 깨끗지 않다 – 깨끗잖다

깔밋하지 않다 – 깔밋지 않다 – 깔밋잖다

거북하지 않다 – 거북지 않다 – 거북잖다

넉넉하지 않다 – 넉넉지 않다 – 넉넉잖다

섭섭하지 않다 – 섭섭지 않다 – 섭섭잖다

답답하지 않다 – 답답지 않다 – 답답잖다

갑갑하지 않다 – 갑갑지 않다 – 갑갑잖다

익숙하지 않다 – 익숙지 않다 – 익숙잖다

생각하지 않다 – 생각지 않다 – 생각잖다

못하지 않다 – 못지않다 – 못잖다

* 위의 어근에 '–하건대', '–하다'가 붙을 때에도 '하'가 생략될 수 있다.

생각하건대 – 생각건대, 생각하다 못해 – 생각다 못해

(7) 용언의 어간 '하'가 줄 적에는 뒤의 자음을 거센소리로 만든다.

간편하게 – 간편케, 연구하도록 – 연구토록, 다정하다 – 다정타, 허송하지 – 허송치, 무심하지 – 무심치, 사임하고자 – 사임코자, 청하건대 – 청컨대

그러나 '아니하다'는 '않다'로 줄고, '이러하게, 저러하지, 어떠하든지, 아무러하

지' 같은 것은 '이렇게, 저렇지, 어떻든지, 아무렇지'로 준다.

* 아래의 부사는 '하'가 줄어든 대로만 적는다.

> 결단코, 결코, 기필코, 무심코, 아무튼, 요컨대, 정녕코, 필연코, 하마터면, 하여튼, 한사코

* 아래 부사는 무엇이 줄어든 것이 아니므로 소리대로 적는다.

> 그토록, 이토록, 저토록, 종일토록, 평생토록

📌 널리 쓰이는 준말

가르치다 → 갈치다, 거머쥐다 → 검쥐다, 것 → 거, 그만두다 → 간두다/관두다, 고양이 → 괭이, 고을 → 골, 괴로움 → 괴롬, 구운밤 → 군밤, 귀뚜라미 → 귀뚜리, 그을음 → 글음, 그런데 → 근데, 까부르다 → 까불다, 끼어들다 → 껴들다, 나누이다 → 나뉘다, 나잇살 → 낫살, 나긋나긋하다 → 낫낫하다, 내디디다 → 내딛다, 내일 → 낼, 내일모레 → 낼모레, 노여움 → 노염, 노을 → 놀, 누구 → 뉘, 누이다 → 뉘다, 당초에 → 당최, 더러움 → 더럼, 도랑 → 돌, 도랑창 → 돌창, 도리어 → 되레, 동냥아치 → 동냥치, 되어가다 → 돼가다, 두어두다 → 둬두다, 뒤지다 → 뒤다, 들이밀다 → 디밀다, 디디다 → 딛다, 들입다 → 딥다, 때우다 → 때다, 때움 → 땜, 뜨음하다 → 뜸하다, 뜨이다/띄우다 → 띄다, 마구 → 막, 마을 → 말, 마음 → 맘, 매기다 → 매다, 매암 → 맴, 머무르다 → 머물다, 무슨 → 먼, 무엇하다 → 멋하다, 메우다 → 메다, 바꾸이다 → 바뀌다, 밤사이 → 밤새, 밤새움 → 밤샘, 백주에 → 백줴, 배알 → 밸, 복숭아 → 복사, 보아하니 → 봐하니, 보아주다 → 봐주다, 보이다 → 뵈다, 뵈옵다 → 뵙다, 부끄러움 → 부끄럼, 북돋우다 → 북돋다, 빼앗다 → 뺏다, 사나이 → 사내, 사닥다리 → 사다리, 사이 → 새, 산울타리 → 산울, 사립짝 → 삽짝, 서두르다 → 서둘다, 서투르다 → 서툴다, 시원찮다 → 션찮다, 숟가락 → 숟갈, 쉬이 → 쉬, 슬그머니 → 슬그니/슬그미, 시누이 → 시누/시뉘, 시새움 → 시샘, 싸움 → 쌈, 쌓이다 → 쌔다, 쏘이다 → 쐬다, 쓰이다/씌우다 → 씌다, 아이 → 애, 아니 → 안, 아이고 → 애고, 애초에 → 애최, 애매하다 → 앰하다, 이야기 → 얘기, 어두운 → 어둔, 어려이 → 어례, 어마나 → 어마, 어처구니 → 어이, 어지러움 → 어지럼, 어쩌면 → 어쩜, 어머니 → 엄니, 업신여김 → 업심, 엎드리다 → 엎다, 어이구 → 에구, 어이구머니 → 에구머니, 여기 → 예, 오누이 → 오누/오뉘, 오라비 → 오랍, 오두막 → 오막, 오달지다 → 오지다/올지다, 옷맵시 → 옷매, 오이 → 외, 오히려 → 외려, 요즈음 → 요즘, 우수리 → 우수, 울타리/우리 → 울, 움츠리다 → 움치다, 으스러지다 → 으서지다, 이리로 → 일로, 저절로/저리로 → 절

로, 저기 → 제, 조리로/조것으로 → 졸로, 조금 → 좀, 주인장 → 쥔장, 즈음 → 즘, 짜이다 → 째다, 째어지다 → 째지다, 찌꺼기 → 찌끼, 차이다 → 채다, 처음 → 첨, 커이다/키이다 → 키다, 트이다 → 틔다, 파이다 → 패다, 퍼이다 → 페다, 해거름 → 해름, 해어지다 → 해지다, 헤어지다 → 헤지다, 회두리 → 회

📌 줄여서 쓰지 않는 말(괄호 안의 말로 줄여 쓰지 않는다.)

갑작스러운(갑작스런×), 사랑스러운(사랑스런×), 자랑스러운(자랑스런×)

깨우다(깨다×), 돋우다(돋다×), 드리우다(드리다×), 떼이다(떼다)×, 바뀌었다(바꼈다×), 배우다(배다×), 새우다(새다×), 재우다(재다×), 아래로(알로×), 오늘내일(오늘낼×), 채우다(채다×), 치우다/치이다(치다×), 키우다(키다×), 태우다(태다×), 피우다(피다×)

* 이상에서 '우', '이' 등은 문법 요소이기 때문에 이것을 생략하면 어법상으로 혼란이 올 수 있다. 따라서 이를 생략하지 않는다.
* '외다/외우다'는 같은 뜻으로 쓰이므로 복수 표준어로 인정한다.

🚩 정리

한글 맞춤법은 광범위하게 준말 표기를 인정한다. 준말은 앞으로도 이보다 더 다양하게 나타날 가능성이 있다. 이미 준말로 인정하고 있는 많은 예가 여기에는 포함되지 않았다. 낱말은 표준어 문제로 다룰 것이다.

연습^문제

정답은 www.barunmal.com의 "글세상"에 있습니다.

1. 밑줄 친 준말 표기가 **틀린** 것은?

  ① 일이 그리 <u>간단찮다</u>.
  ② 너무 <u>마뜩잖게</u> 생각하지 마라.
  ③ 이렇게 하면 <u>괜찮찮을까</u>?
  ④ 일을 그리 <u>말끔찮게</u> 하면 안 되지.

2. 밑줄 친 부분의 준말 표기가 **틀린** 것은?

  ① 어서 <u>일로</u> 오너라.
  ② 너는 <u>졸로</u> 가 있어.
  ③ 물을 저 <u>알로</u> 흘려라.
  ④ 그러면 <u>뭘</u> 하지?

3. 밑줄 친 부분의 준말 표기가 **틀린** 것은?

  ① 그러면 안 <u>돼</u>.
  ② 온 지 얼마나 <u>됐니</u>?
  ③ 곧 열 시가 <u>돼지</u>.
  ④ 어서 어른이 <u>돼라</u>.

4. 밑줄 친 부분의 준말 표기가 **맞는** 것은?

  ① 옷이 너무 <u>째여서</u> 못 입겠다.
  ② 비가 온 뒤라 땅이 많이 <u>패였다</u>.
  ③ 네 치료 덕에 내 병이 다 <u>났어</u>.
  ④ 그가 벌써 강을 <u>건넜어</u>.

5. 밑줄 친 부분의 표기가 괄호 안 낱말의 본딧말이 <u>아닌</u> 것은?
   ① 조상 꿈이 <u>꾸이더라</u> (꾀더라).
   ② 방귀를 자주 <u>꾸이었다</u> (꿰었다).
   ③ 아기를 자리에 <u>누이어라</u> (뉘어라).
   ④ 곰이 눈에 <u>뜨이었다</u> (띄었다).

우스개 이야기

아내를 불륜 행위로 고소한 남자가 재판정에서 다음 차례를 기다리던 한 공무원을 폭행한 사건이 벌어졌다. 느닷없이 변을 당한 이 공무원이 그 남자에게 물었다.

공무원 : "왜 이러는 거요? 난 당신 사건과 관련이 없는 사람인데."

남자 : "당신이 저 여자 **정부**의 **대리**인이라고 했잖아!"

그 공무원은 새만금 사업 관련 재판에 **정부**를 **대리**하여 참석한 사람이었다.

제8일

동거인가? 결혼인가?

(합성법)

사전적으로 해석하면 '결혼'은 남녀가 부부로 사는 것이고, '동거'는 부부 아닌 사람이 부부처럼 사는 것이므로 이를 달리 정의한다면 결혼은 아이를 낳을 것을 전제로 하고, 동거는 아이를 낳지 않을 것을 전제로 하는 남녀의 동등한 결합이라고 할 수 있겠다. 동등한 결합이란 권리·의무를 동등하게 가지며 부부 생활 중에 생기는 것에 대해서는 권한을 동등하게 행사할 수 있다는 것을 의미한다. 밖에서 볼 때에는 결혼이나 동거나 별 차이가 없지만, 당사자에게는 큰 차이가 있다고 보아야 한다.

낱말이 서로 결합할 때에도 남녀의 결합처럼 동거 형태의 결합이 있고 결혼 형태의 결합이 있다. 동거 형태의 결합은 두 낱말이 서로 자신을 양보하지 않고 끝까지 자신을 내세우는, 오로지 함께 있는 것으로 만족하는 결합으로서 병렬 합성을 가리키고, 결혼 형태의 결합은 두 낱말이 적당히 양보하고 타협하여 새로운 의미를 만들어 내는(아이를 낳는) 결합으로서 주종 합성과 융합 합성을 가리킨다.

병렬 합성어, 주종 합성어, 융합 합성어

낱말이 결합하려면 동등한 자격이 있어야 한다. 곧 각 낱말이 독자적인 의미를 가지고 결합해야 한다는 말이다. 그러면 이들의 결합이 어떤 결과를 가져오는지 알아보자.

'마소, 앞뒤, 위아래'는 '말과 소, 앞과 뒤, 위와 아래'의 뜻을 그대로 가지면서 결합한 합성어이다. 이런 합성을 병렬 합성이라고 하고, 이렇게 해서 만들어진 합성어를 병렬 합성어라고 한다.

이에 비해 '돌다리, 국그릇, 눈사람, 밤낮, 손아래, 바지저고리'는 두 낱말이 합성하여 새로운 의미를 나타내는데, 이 가운데에서 '돌다리, 국그릇, 눈사람'은 '돌로 된 다리, 국을 담는 그릇, 눈으로 만든 사람'처럼 어느 한 형태소가 다른 형태소를 수식하거나 포함하는 관계, 곧 종속적인 관계에 있다. 이런 합성어를 주종 합성어라고 한다. 또 '밤낮, 손아래, 바지저고리'는 각 형태소의 의미와 전혀 다른 '늘, 나이나 항렬이 자기보다 낮음, 제구실을 못하는 사람' 같은 새로운 의미가 생긴다. 이를 융합 합성어라고 한다.

조어법 중의 합성법

새로운 낱말을 만드는 방법을 조어법(造語法)이라고 하는데, 새로 만들어진 낱말이 합성어이면 합성법(合成法), 파생어이면 파생법(派生法)이라고 한다. 파생법은 뒤에 공부하기로 하고 먼저 합성법을 공부한다.

두 낱말(실질 형태소)의 합성은 병렬 합성이든지 주종 합성이든지 융합 합성이든지 두 낱말을 나란히 붙여 놓으면 된다. 그러나 어떤 경우에는 두 형태소 가운데 하나가 변형되기도 하고, 두 형태소 사이에 새로운 음운이 첨가되기도 한다. 각각의 경우를 검토해 보자.

(1) 두 낱말이 그대로 결합하는 경우

다음의 예에서 보는 것처럼 두 낱말의 형태가 그대로 결합한다. 이것이 가장 기본적인 합성법이다.

가을-빛, 개-구멍, 귀틀-집, 단골-손님, 모개-흥정, 몸-집, 밑-바탕, 바늘-구멍, 베-틀, 불-꽃, 속-마음, 손-버릇, 안경-집, 오두막-집, 오지-그릇, 잠-투정, 치마-양반, 표고-버섯, 호박-엿

(2) 앞말의 끝 음절 받침이 'ㄹ'인 경우

경우에 따라서 'ㄹ'이 탈락하기도 하고 'ㄷ'으로 바뀌기도 한다. 이는 일부 합성어에 국한되어 나타나는 현상이다. 각 경우의 합성어를 예시하면 다음과 같다.

① 'ㄹ'이 탈락하는 경우(맞28)

마되(말+되), 무색(물+색), 무좀(물+좀), 부집게(불+집게), 화살(활+살)

② 'ㄹ'이 'ㄷ'으로 바뀌는 경우(맞29)

> 며칟날(며칠+날), 반짇고리(바느질+고리), 사흗날(사흘+날), 섣달(설+달), 숟가락(술+가락), 삼짇날(삼질+날), 이튿날(이틀+날), 푿소(풀+소)

(3) 앞말의 끝 음절에 받침이 없는 경우

이때 두 낱말 사이에서 소리가 덧나면 그 소리를 앞말의 받침으로 쓴다.

① 사잇소리 덧남(맞30) : 없던 소리가 두 명사 사이에서 덧나는 경우인데, '내+가'의 결합은 '내까'가 되어 이를 표기할 때에는 '냇가'로 적고, '비+물'의 결합은 '빈물'이 되는데 이를 표기할 때에는 '빗물'로 적는다. '나무+잎'의 결합도 '나문닢'으로 소리 나는 것을 표기하면 '나뭇잎'이 된다. 이처럼 두 명사 사이에서 새롭게 덧나는 소리를 사잇소리라 하고 그 사잇소리를 표기하기 위해서 'ㅅ'을 쓴다. 이 'ㅅ'을 사이시옷이라고 한다. 사이시옷을 붙이는 합성어를 예시하면 아래와 같다.

> 갓-길, 나룻-배, 나뭇-잎, 냇-물, 노랫-말, 뒷-짐, 머릿-돌, 뱃-길, 부챗-살, 소릿-값, 어깻-죽지, 엉덩잇-바람, 잇-몸, 자릿-수, 잿-더미, 찻-길, 찻-집, 텃-밭, 팻-감, 하룻-밤, 햇-볕

받침이 없는 데도 사잇소리가 덧나지 않는 경우가 있다. 아래의 합성어는 사잇소리가 덧나지 않은 것을 표준어로 본다. 사잇소리가 덧나는지 덧나지 않는지는 개별 낱말별로 결정되므로 하나씩 익혀 두어야 한다.

> 겨레-말, 동아-줄, 머리-글자, 머리-기사, 머리-소리, 바퀴-살, 설거지-물, 예사-소리, 터주-항아리

한자어 합성어에는 사잇소리가 나더라도 사이시옷을 붙이지 않는다. 두 음절로 된 다음의 여섯 한자어에는 예외적으로 사이시옷을 붙인다(맞30 제3호).

> 곳간, 셋방, 숫자, 찻간, 툇간, 횟수

② 'ㅂ' 소리 살아남 : '대+싸리'의 결합은 '댑싸리', '메+쌀'의 결합은 '멥쌀', '벼+씨'의 결합은 '볍씨'가 되는 것처럼 두 명사 사이에서 'ㅂ'이 덧나는 경우가 있다(맞31 제1호). '좁쌀, 햅쌀, 찹쌀, 욥쌀, 입쌀' 등도 모두 이런 조어법에 따라서 만들어진 합성어이다. 이 경우는 원래 '쌀'의 고어가 '뿔'로 첫소리가 'ㅄ'이었던 것이 'ㅆ' 소리로 쓰이다가 일부 받침이 없는 명사 뒤에서 과거에 있던 'ㅂ'음이 살아난

것이다. 마찬가지로 '씨', '때', '싸리'도 고어로는 'ㅄ', 'ㅲ', 'ㅄ리'였기 때문에 '볍씨, 입때, 접때, 댑싸리'로 합성되는 것이다. '잽싸다'도 이와 같은 합성법으로 만들어졌다.

③ 'ㅎ' 소리 살아남 : '머리+가락'이 결합하면 '머리카락'이 되고, '살+고기'의 결합은 '살코기'가 되며, '안+밖'의 결합은 '안팎'이 되는 것처럼 두 명사 사이에서 'ㅎ'이 덧나는 경우가 있다(맞31 제2호). '머리, 살, 안' 같은 명사는 원래 조사가 붙으면 'ㅎ'이 덧나는 특성이 있던 낱말이었다가 지금은 그런 성질이 없어졌는데, 특별하게 몇몇 단어와 결합할 때에는 새삼스럽게 'ㅎ'이 덧나서 뒤에 'ㄱ, ㄷ, ㅂ' 같은 초성을 거센소리로 바꾼다. 현재 그런 현상이 일어나서 합성어가 된 것은 '머리카락, 살코기, 안팎, 날파람, 마파람' 정도가 있다.

(4) 음운 생략

수사(數詞)와 수사가 결합할 때에는 기존 음운을 과감하게 생략한다.

> 한-둘(←하나둘), 두-셋(←둘셋), 서-넛(←셋넷), 너-덧(←넷다섯), 대-여섯(←다섯여섯), 두-서-넛(←둘셋넷), 예-닐곱(←여섯일곱), 일고-여덟(←일곱여덟)

통사적 합성과 비통사적 합성

두 실질 형태소가 결합할 때에 하나가 다른 것을 꾸미는 등 문법적 관계를 맺는 예가 많다. 이런 경우에 어법에 맞게 조직적으로 결합하는 것을 통사적 합성이라고 하고, 어법과 상관없이 우격다짐으로 결합하는 것을 비통사적 합성이라고 한다.

(1) 통사적 합성

명사와 명사의 합성, 명사형과 명사의 합성, 명사와 용언의 합성, 관형사와 명사의 합성, 관형사형과 명사의 합성, 부사와 용언의 합성, 부사와 부사의 합성, 용언과 용언의 합성처럼 문법적으로 정상적인 수식·피수식 관계나 병렬 관계를 형성하는 합성을 통사적 합성이라고 한다. 명사와 명사의 합성은 앞에서 설명하였으므로 여기서는 나머지 예를 예시한다.

① **명사형과 명사의 합성** : 용언에 명사형 어미가 붙어 명사처럼 사용되면 다른 명사와 쉽게 결합하여 합성어를 만들게 된다.

> 걸림-돌, 내림-굿, 누름-단추, 다림-줄, 도움-줄기, 두름-손, 디딤-돌, 맺

음-말, 모음-곡, 비빔-국수, 새김-칼, 싸움-판, 웃음-소리, 지름-길

② **명사와 용언의 합성** : 명사와 용언이 합성하면 낱말의 구조가 좀 복잡해진다. 명사가 동사의 목적어가 될 수도 있고, 명사가 동사나 형용사의 주어가 될 수도 있는데, 이를 결합하여 하나의 낱말로 쓰는 것이므로 그럴 만한 이유가 충분히 있어야 한다.

　ⓐ '있다/없다'와 결합 : 관계-있다/없다, 맛-있다/없다, 멋-있다/없다, 상관-있다/없다, 재미-있다/없다, 가-없다, 끝-없다, 버릇-없다, 볼품-없다, 빈틈-없다, 속-없다, 실-없다, 시름-없다, 쓸모-없다, 어처구니-없다, 얼-없다, 엉터리-없다, 주책-없다, 허물-없다, 힘-없다

　ⓑ '나다/내다'와 결합 : 고장-나다/내다, 골-나다/내다, 넌더리-나다, 동강-나다, 맛-나다, 모-나다, 바닥-나다, 바람-나다, 병-나다, 빛-나다/내다, 이름-나다, 재미-나다, 조각-나다, 쥐-나다, 짜증-나다, 철-나다, 피-나다, 혼-나다/내다, 화-나다/내다

　ⓒ '같다'와 결합 : 꿈-같다, 벼락-같다, 불꽃-같다, 실낱-같다, 쏜살-같다, 억척-같다, 찰떡-같다, 하나-같다, 한결-같다

　ⓓ '들다'와 결합 : 곁-들다, 길-들다, 깃-들다, 공-들다, 멍-들다, 물-들다, 역성-들다, 잠-들다, 철-들다, 편-들다, 힘-들다

　ⓔ 기타 : 값-싸다, 거울-삼다, 겉-늙다, 꽃-피다, 꿈-꾸다, 낯-설다, 낯-익다, 녹-슬다, 눈-감다, 눈-부시다, 눈-멀다, 도둑-맞다, 마음-먹다, 바람-맞다, 발-맞추다, 배-부르다, 벌-주다, 뼈-아프다, 사이-좋다, 살-찌다, 손-부끄럽다, 앞-서다, 욕-먹다, 움-트다, 일-삼다, 좀-먹다, 해-묵다, 힘-세다, 힘-입다

③ **관형사와 명사의 합성** : 관형사는 명사를 꾸미는 낱말이므로 원칙적으로 띄어 써야 한다. 그러나 붙여 써서 한 낱말을 만들 타당한 이유가 있으면 합성어로 본다. 다음은 모두 합성어로 본다.

　새사람, 온달, 입때, 접때, 첫걸음, 첫사랑, 한나절, 한동안, 한목숨, 한밑천, 한바탕, 한번, 한줄기, 그것(그거), 그날, 그달, 그동안, 그때, 그분, 그사이(그새), 그이, 그해, 어느새, 여러분, 이것(이거), 이곳, 이달, 이따위, 이때, 이번, 이분,

이해, 저것(저거), 저번, 저분, 저이, 저자, 저쪽

④ **관형사형과 명사의 합성** : 용언의 관형사형도 명사와 결합하여 합성어를 만들 수 있다. 이는 관형사와 명사가 합성어를 이루는 경우와 같다.

　㉠ '-ㄴ'을 활용한 관형사형과 결합 : 건넌-방, 구운-밤, 구린-내, 눈뜬-장님, 뜬-눈, 마른-하늘, 바른-길, 빈-손, 선-돌, 신-물, 쓴-맛, 잔-소리, 죽는-시늉, 지난-밤, 찬-바람, 큰-물, 흐린-소리

　㉡ '-ㄹ'을 활용한 관형사형과 결합 : 감칠-맛, 던질-낚시, 데릴-사위, 들-것, 디딜-방아, 무를-문서, 뺄-셈, 앉을-자리, 어질-병, 잡을-손, 죽을-힘, 지날-결, 참을-성

⑤ **부사와 용언의 합성** : 부사는 용언을 꾸미는 구실을 하므로 부사와 용언은 띄어 쓰는 것이 원칙이다. 다만, 두 낱말이 결합하여 하나의 낱말로 쓰일 수 있다면 합성어로 결합할 수 있다.

곧바르다, 곧추세우다, 따로나다, 똑같다, 똑떨어지다, 똑바르다, 마주나다, 못나다, 못되다, 못살다, 못생기다, 바로잡다, 박차다, 잘나다, 잘되다, 잘살다, 참되다

⑥ **관형사와 관형사의 결합** : 관형사는 언제나 명사를 꾸미기 때문에 둘 이상의 관형사가 한꺼번에 결합하기는 어렵다. 관형사의 결합은 수관형사를 비롯해 아주 제한된 경우에만 가능하다.

두서너, 두세, 몇몇, 서너, 이내, 한두

⑦ **부사와 부사의 합성** : 부사는 다른 부사를 꾸밀 수 있어서 띄어 쓰는 것이 원칙이지만 결합하여도 전혀 무리가 없다. 명사와 명사의 합성과 같이 쉽게 합성할 수 있다.

곧바로, 더욱더, 더더구나, 더한층, 또다시, 똑바로, 빨리빨리

⑧ **용언과 용언의 합성** : 동사나 형용사가 다른 동사나 형용사와 결합하는 데는 연결어미 '-어/-아'를 쓰는데, 이렇게 해서 두 용언이 결합하는 것이 가장 전형적인 통사적 결합이다. 이 결합 방식을 따르더라도 불규칙 활용을 하는 용언은 형태가 달라진다.

　㉠ 동사와 동사의 합성

* 규칙 활용 동사의 정식 결합(맞15 붙임1의 1호) : 갈아엎다, 굽어보다, 깎아내리다, 깔아뭉개다, 날아들다, 놓아먹이다, 늘어나다, 넘어지다, 닦아세우다
* 규칙 활용 동사가 줄어든 결합 : 건너지피다, 건네주다, 깨물다, 깨부수다, 꿰차다, 다녀가다, 매달다, 바라보다, 베돌다, 빼물다, 사들이다, 싸잡다, 자라나다, 지나가다, 짜내다, 켜내다, 타오르다, 파묻다
* 불규칙 동사의 결합 : 눌러앉다(누르-+앉다), 달라지다(다르-+지다), 달라나다(닫-+나다), 구워삶다(굽-+삶다), 걸어가다(걷-+가다), 떠돌다(뜨-+돌다), 우러러보다(우러르-+보다), 이어받다(잇-+받다), 커지다(크-+지다)

ⓛ 형용사와 동사의 합성
* '-아/-어 하다' 형식의 결합 : 기뻐하다(기쁘-+하다), 미워하다(밉-+하다), 부러워하다(부럽-+하다), 서러워하다(서럽-+하다), 슬퍼하다(슬프-+하다), 싫어하다(싫-+하다), 좋아하다(좋-+하다), 추워하다(춥-+하다)
* '-아/-어 지다' 형식의 결합 : 굵어지다(굵-+지다), 까매지다(까맣-+지다), 꺼메지다(꺼멓-+지다), 더러워지다(더럽-+지다), 말개지다(말갛-+지다), 멀게지다(멀겋-+지다), 보얘지다(보얗-+지다), 부예지다(부옇-+지다), 비뚤어지다(비뚤-+지다), 파래지다(파랗-+지다), 퍼레지다(퍼렇다+지다), 하얘지다(하얗-+지다), 허예지다(허옇-+지다)

ⓒ 형용사와 형용사의 결합 : 형용사는 같은 형용사끼리 결합하되 연결 어미로 '-나'와 '-디'가 사용된다. '-고'로 연결된 형용사는 합성어가 되지 않는다(멀고 먼 곳, 길고 긴 여행).

　　기나길다, 머나멀다, 길디길다, 넓디넓다, 다디달다, 높디높다, 맑디맑다, 맵디맵다, 묽디묽다, 시디시다, 쓰디쓰다, 얕디얕다, 자디잘다, 좁디좁다, 짜디짜다, 차디차다, 춥디춥다, 크나크다, 크디크다, 푸르디푸르다, 희디희다

(2) 비통사적 합성

용언이 명사 또는 다른 용언과 결합할 때에 반드시 용언의 어미가 적절한 활용형을 취하여야 하는데(명사 앞에서는 명사형이나 관형사형), 어떤 경우에는 어미를 쓰지 않고 어간과 곧바로 결합하는 경우가 있다. 이런 결합을 비통사적인 합성이라고 한다.

① 어간과 명사의 결합 : 용언의 어간에 곧장 명사가 결합하는 경우

가물-철, 검-독수리, 검-버섯, 곱-자, 깎-낫, 꺾-쇠, 꺾-자, 노느-몫, 누비-옷, 늙-바탕, 늦-부지런, 늦-잠, 덮-밥, 먹-성, 묵-밭, 밉-상, 비비-송곳, 비-손, 솟-대, 익-반죽, 접-낫, 접-바둑, 째-못, 후리-채

② **어간과 용언의 결합** : 용언의 어간에 다른 용언이 결합하는 경우로서, 불규칙 활용을 하는 어간은 결합할 때에도 불규칙 활용을 한다.

　㉠ 규칙 활용하는 어간과 결합 : 감싸다, 감사납다, 걷잡다, 검붉다, 굳세다, 굶주리다, 길둥글다, 깔보다, 낮잡다, 넓둥글다, 높푸르다, 늦되다, 둥글넓적하다, 무르익다, 부르짖다, 비비꼬다, 섞사귀다, 세차다, 약빠르다, 오르내리다, 잡죄다, 지르신다, 지르잡다, 희맑다

　㉡ 불규칙 활용하는 어간과 결합 : 가마아득하다(가맣-+아득하다), 노라발갛다(노랗-+발갛다), 쓰다듬다(쓸-+다듬다), 어녹다(얼-+녹다), 우짖다(울-+짖다), 푸돌다(풀-+돌다), 하야말갛다(하얗-+말갛다)

　㉢ 부사와 명사가 결합한 합성어 : 부사는 명사와 결합하는 성질이 없는데 예외적으로 명사와 결합하여 합성어가 되기도 한다.

　　깜박불, 깩소리, 끽소리, 똑딱단추, 반짝경기, 통통배

　㉣ 실질 형태소의 어원이 불분명한 합성어 : 결합하는 두 실질 형태소 가운데에서 한 형태소의 어원이 불분명한 경우에도 합성어로 다룬다(맞15의 붙임2의 제2호, 맞27의 붙임2).

　　드러나다, 바라보다, 부러지다, 부서지다, 사라지다, 쓰러지다, 어처구니없다, 업신여기다, 자라나다, 자빠지다 (이상 맞15 붙임2의 2호), 골병, 골탕, 끌탕, 며칠, 아재비, 오라비, 업신여기다, 부리나케(이상 맞27의 붙임2)

③ **첩어** : 같은 형태나 비슷한 형태, 상대되는 형태가 결합하여 의미를 형성하게 되면 합성어가 된다.

　㉠ 같은 형태끼리 결합

　　가물가물, 구불구불, 나긋나긋, 더듬더듬, 도란도란, 멀뚱멀뚱, 무럭무럭, 반듯반듯, 부들부들, 빙글빙글, 아장아장, 어슬렁어슬렁, 웅성웅성, 절레절레, 종알종알, 주렁주렁, 터덜터덜, 푸석푸석, 허위허위

ⓛ 비슷한 형태의 결합

갈팡질팡, 그럭저럭, 논틀밭틀, 는실난실, 본숭만숭, 시난고난, 알뜰살뜰, 애
면글면, 얼기설기, 오순도순, 우물쭈물, 쥐락펴락, 진둥한둥, 콩켸팥켸, 티격
태격, 허겁지겁, 휘뚜루마뚜루, 흔전만전, 흥청망청

ⓒ 상대되는 의미 형태소의 결합

들락날락, 들랑날랑, 들쑥날쑥, 들쭉날쭉, 붉으락푸르락, 새콤달콤, 엎치락뒤
치락, 오르락내리락, 오락가락, 오나가나, 오면가면, 쥐락펴락

ⓒ 한자와 토박이말의 결합 : 같은 뜻을 가진 한자어와 토박이말이 결합하여 합성
어를 이루기도 한다.

고(苦)되다, 기(機)틀, 담장(墻), 뒷배(背), 온전(全), 족(足)발, 팻(牌)말

📌 고급 합성어 만들기

우리가 아래와 같은 합성어를 자유자재로 만들고 이를 폭넓게 사용한다면 국어는 우수한 언
어로 성장할 것이다.

고기잡이배, 고른층쌓음, 굽갈리장수, 귀접이천장, 김매기틀, 꽃샘추위, 난부자든거지,
난거지든부자, 내림턱열장끼움, 내림턱주먹장맞춤, 눈석임물, 당감잇줄, 매죄료장수, 먼
산바라기, 멍석말이춤, 모래막이숲, 문버팀쇠, 물만밥, 물샐틈없다, 배둥근끌, 배잡이줄,
배흘림기둥, 벌레잡이잎, 볼기긴살, 볼멘소리, 불견딜감, 소나무잎떨림병, 신기료장수,
알낳이닭, 여러해살이풀, 오막살이집, 오이소박이김치, 온데간데없다, 입술가벼운소리,
잔다리밟다, 재넘이바람, 재문은떡, 젖먹이동물, 피비린내, 활벌이줄

📌 상징적인 합성어

눈물받이, 문안침, 선떡부스러기, 노구메정성, 눈물정성, 처녀수(處女水), 소녀바람, 지리산포
수, 쥐포육장수

연습문제

정답은 www.barunmal.com 의 "글세상"에 있습니다.

1. (1)군과 (2)군은 합성어가 된 것과 안 된 것이다. 같이 '없다'가 쓰였는데, 왜 (1)군은 합성어가 되었고, (2)군은 합성어가 못 되었는지 설명하라.

   (1) 관계없다, 끝없다, 맛없다, 멋없다, 버릇없다, 빛없다, 상관없다, 속없다, 실없다, 시름없다, 아낌없다, 어김없다, 어림없다, 염치없다, 재미없다, 주책없다, 틀림없다, 하염없다, 하잘것없다, 허물없다, 힘없다

   (2) 보람 없다, 이름 없다, 필요 없다, 거리낌 없다, 꾸밈 없다, 할 수 없다

2. 병렬 합성어는 주로 대응하는 형태소를 결합하여 두 형태소의 의미를 아우르는 뜻으로 쓰인다. 그런데 대응되는 형태소를 결합했지만 무늬만 병렬 형태소이지 새로운 의미를 나타내는 융합 형태소로 쓰이는 것이 있다. 아래에서 찾아 그 뜻과 쓰임새를 설명하라.

   > 밤낮, 안팎, 손발, 앞뒤, 위아래, 이것저것, 오나가나, 죽살이

3. 통사적 합성어는 합성어 상태와 어구 상태 사이에 의미가 달라야 한다. 아래의 합성어 상태와 어구 상태의 차이를 설명하라.
   (1) '물속'과 '물 속'
   (2) '땅속'과 '땅 속'
   (3) '창밖'과 '창 밖'
   (4) '문안'과 '문 안'
   (5) '밥맛없다'와 '밥맛 없다'
   (6) '바람맞다'와 '바람 맞다'
   (7) '물먹다'와 '물 먹다'
   (8) '새사람'과 '새 사람'
   (9) '한동네'와 '한 동네'
   (10) '눈뜬장님'과 '눈 뜬 장님'

4. 다음 합성어 가운데에서 (1)군은 사이시옷을 붙이고 (2)군은 사이시옷을 붙이지 않는 합성어이다. 왜 (2)군의 합성어에는 사이시옷을 붙이지 않는지 설명하라.

(1) 갓길, 나룻배, 나뭇잎, 냇물, 노랫말, 뒷짐, 머릿돌, 뱃길, 부챗살, 소릿값, 잇몸, 자릿수, 잿더미, 찻길, 찻집, 팻감, 하룻밤, 햇볕

(2) 갈퀴눈, 개구멍, 겨레말, 나무다리, 대그릇, 동아줄, 머리글자, 머리기사, 머리소리, 바퀴살, 사이시옷, 설거지물, 소리마디, 예사소리, 터주항아리

5. 다음 합성어는 분명히 사잇소리가 나는데도 사이시옷을 붙이지 않는 이유를 설명하라.

개수(個數), 대가(代價, 對價), 시가(市價), 이과(理科), 전세방(傳貰房), 초점(焦點),

치과(齒科), 호수(戶數), 화병(火病), 화증(火症)

우스개 이야기

선생님이 "정신을 차리지 않으면 보아도 보이지 않고 들어도 들리지 않는다."라고 열변을 토하다가, 입을 벌리고 빙그레 웃는 사오정을 발견하고 물었다.

선생님 : "사오정, 보아도 보이지 않으면 어떻게 해야지?"
사오정 : "흐흐흐, 보아는 만지면 알 수 있어."

제9일

호동이는 씨름을 하나, 방송을 하나?

(파생법)

약관에 거구를 쓰러뜨리고 모래판에서 포효하던 강호동을 본 것이 상당히 오래 전의 일인 것 같다. 그때 몇 번 "호동, 호동!" 하며 호동이를 응원하는 말을 듣고 우리 아이가 "아빠, 포동 왕자가 씨름해?"라고 물어서 한바탕 웃은 일이 있다. 우리 아이는 당시 'ㅎ'과 'ㅍ'을 제대로 구별하지 못했기 때문이다. 그런데 놀랍게도 그 호동이가 텔레비전에 나와서 억센 경상도 사투리를 귀가 따갑게 써 가면서 사람을 웃기는 일을 하고 있었다. 내가 놀라서 "아니, 저 호동이가 그 호동이야?"라고 물었더니 그렇다는 것이었다.

강호동이 씨름을 배워서 씨름판에 있으면 씨름 선수 강호동이고, 우스개를 잘해서 방송에 나와 여러 사람을 즐겁게 하면 연예인 강호동이다. 요즘 강호동을 씨름 선수라고 생각하는 사람은 없을 것이다. 그러나 과거 씨름하던 강호동이 사라진 것은 아니다. 다만 방송인으로서 방송 활동을 하고 있을 뿐이다.

파생법의 원리가 바로 이와 같다. 한 낱말이 새롭게 모자를 쓰거나 옷을 입거나 신발을 신으면 과거의 낱말과는 다른 일을 하게 된다. 의미나 용도가 달라진다는 말이다. 이렇게 달라진 낱말을 파생어라고 하고, 낱말이 달라지게 만드는 기능을 하는 모자, 옷, 신발을 접사라고 한다. 낱말이 접사와 결합하여 의미나 용도가 달라지더라도 원래 그 낱말이 가지고 있던 뜻은 그대로 유지된다. 그런 점에서 접사는 낱말을 변형시키는 기능을 할 뿐이다. 합성어로 결합하는 두 실질 형태소가 병렬 합성이든 주종 합성이든 융합 합성이든 형태소끼리 의미를 공유하는 것과 달리, 파생어에서는 어근의 의미만 살고 접사는 그 의미를 조금 바꾸는 기능밖에 하지 않는다.

접사의 종류

호동이를 다른 사람으로 만든 것은 씨름과 연예의 두 직업이다. 낱말을 새롭게 파생시키는 접사에도 접두사와 접미사 두 종류가 있다. 접두사는 낱말의 앞에 붙어서 새 낱말을 파생시키고 접미사는 낱말의 뒤에 붙어서 새 낱말을 파생시킨다. 대체로 접두사는 그 낱말의 의미를 바꾸는 능력을 발휘하고, 접미사는 그 낱말의 품사나 기능을 바꾸는 능력을 발휘한다.

(1) 접두사

접두사는 낱말의 앞에 붙어서 낱말의 의미, 용도, 외연 등을 제한하는 기능을 수행한다. 접두사의 능력에 따라서 여러 낱말 앞에 오기도 하고 단 몇 단어 앞에만 오기도 한다. 어떤 접두사는 단 하나의 낱말 앞에만 쓰이기도 한다.

① 강- : 낱말이 부자연스럽거나 억지스러움을 나타내기도 하고, 오로지 그것뿐임을 나타내기도 하는 접두사

    강-다짐, 강-더위, 강-마르다, 강-바람, 강-샘, 강-술, 강-추위

② 강(强)- : 낱말이 매우 세거나 무리하거나 무릅씀을 나타내는 접두사

    강-심장, 강-타자, 강-펀치, 강-행군

③ 날- : 낱말이 익지 않았거나 가공하지 않았거나 마르지 않았거나 지독함을 나타내는 접두사

    날-가죽, 날-강도, 날-고기, 날-김치, 날-도둑, 날-벼락, 날-장구

④ 돌- : 낱말이 품질이 낮거나 야생의 것임을 나타내는 접두사

    돌-감, 돌-미나리, 돌-배, 돌-팥

⑤ 들- : 낱말에 '몹시, 대단하게, 무리하여'의 뜻을 보태는 접두사

    들-까부르다, 들-끓다, 들-두드리다, 들-떠들다, 들-볶다, 들-쑤시다

⑥ 맨- : 낱말에 무엇을 덧붙이지 않음을 뜻하게 하는 접두사

   맨-눈, 맨-땅, 맨-머리, 맨-몸, 맨-바닥, 맨-발, 맨-손, 맨-주먹

⑦ 알- : 낱말이 덮어 싼 것이 없거나 아주 작거나 알짜임을 나타내게 하는 접두사

   알-거지, 알-궁둥이, 알-땅, 알-몸, 알-부자, 알-섬, 알-추녀, 알-토란

⑧ 치- : 낱말에 '위로'의 뜻을 나타내게 하는 접두사

   치-감다, 치-닫다, 치-뜨다, 치-먹다, 치-밀다, 치-받다, 치-솟다

⑨ 한- : 낱말이 크다는 것을 나타내거나, 한창 성함을 나타내게 하는 접두사

   한-가운데, 한-걱정, 한-고비, 한-근심, 한-낮, 한-밤, 한-여름

⑩ 암-/ 수 - : 암컷이나 수컷을 나타내기 위해 쓰이는 접두사. 이 접두사는 뒤에 오는 명사 가운데에서 일부를 거센소리로 바꾸는 특성이 있다. 그리고 수컷 가운데에는 '수-' 대신에 '숫-'을 쓰는 것이 3개 있다.
   * 거센소리로 바뀌는 낱말 9개 : 암/수-강아지, 암/수-캐, 암/수-컷, 암/수-키와, 암/수-탉, 암/수-탕나귀, 암/수-톨쩌귀, 암/수-퇘지, 암/수-평아리
   * 예사소리로 나는 것(위의 9개 낱말 외) : 암/수-고양이, 암/수-곰, 암/수-글, 암/수-놈, 암/수-동무, 암/수-범, 암/수-비둘기, 암/수-용, 암/수-제비
   * '숫-'을 쓰는 것 : 암/숫-양, 암/숫-염소, 암/숫-쥐
⑪ 참- : '진짜, 품질이 우수한 것'의 의미를 나타내는 접두사

   참뜻, 참말, 참사랑, 참숯, 참열매, 참깨, 참나무, 참외, 참빗

보통의 접두사는 실질 형태소 앞에 오는 것만으로 파생어를 생성시키는데, 일부는 실질 형태소의 형태를 바꾸는 것이 있다. '새-'와 '시-', '휘-', '날-'은 실질 형태소의 첫소리를 거센소리로 바꾼다. 그리고 일부 실질 형태소는 접두사에 'ㅂ'을 첨가하기도 한다.

   새-카맣다, 시-커멓다, 휘-파람, 날-파람, 냅-뜨다, 몹-쓸, 부릅-뜨다, 칩-뜨다, 휩-쓸다

(2) 접미사

접미사는 낱말의 품사를 바꾸는 기능을 많이 한다. 품사를 바꾸지 않으면 낱말의 의미나 문법 기능을 바꾼다.

① **전성 명사** : 동사나 형용사에 명사화 접미사가 붙어서 명사가 된 파생어. 대표적인 명사화 접미사별로 파생된 낱말을 보이면 다음과 같다.

　㉠ –ㅁ/–음 : 맞춤, 묶음, 물음, 받침, 살림, 삶, 얼음, 울음, 웃음

　㉡ –이 : 넓이, 달맞이, 떡볶이, 부피, 살림살이, 지킴이, 더위, 무게

　㉢ –개/–게 : 날개, 병따개, 마개, 베개, 지우개, 지게, 집게

② **전성 관형사** : 지시 대명사에 접미사 '–까짓'이 붙어서 관형사가 된 것

　　그–까짓, 네–까짓, 이–까짓, 요–까짓, 저–까짓, 제–까짓

③ **전성 부사** : 용언, 지시 대명사, 명사 등에 부사화 접미사를 붙여 부사로 파생된 것. 대표적인 부사화 접미사로 파생된 낱말을 예시하면 다음과 같다.

　㉠ –이 : 많이, 굳이, 가까이, 괴로이, 바삐, 슬피, 낱낱–이, 곰곰–이

　㉡ –껏 : 마음–껏, 목청–껏, 정성–껏, 힘–껏

　㉢ –다지 : 고–다지, 그–다지, 요–다지, 이–다지, 저–다지

　㉣ –씩 : 며칠–씩, 얼마–씩, 조금–씩

　㉤ –만치 : 고–만치, 그–만치, 요–만치, 이–만치, 저–만치

　㉥ –으로/–로 : 고의–로, 공–으로, 그길–로, 꾀꾀–로, 때–로, 모–로, 새–로, 실–로, 억지–로, 정말–로, 진실–로, 참–으로

　㉦ –에 : 기왕–에, 단김–에, 대번–에, 애초–에, 얼결–에, 한목–에, 한번–에

④ **전성 조사** : 명사나 용언에 접미사가 붙어 조사가 된 것

　　같이, 나마, 밖에, 부터, 조차

⑤ **전성 동사** : 명사나 부사에 접미사가 붙어 동사가 된 것

　㉠ 명사가 동사로 된 것 : 공부–하다, 달거리–하다, 말–하다, 밥–하다, 빨래–하다, 사랑–하다, 생각–하다, 싸움–하다, 일–하다, 절–하다, 거부–당하다, 결혼–시키다, 무시–당하다, 성–싶다, 힘–닿다

　㉡ 형용사가 동사로 된 것 : 넓–히다, 늙–히다, 맑–히다, 밝–히다, 붉–히다, 좁–히다, 높–이다, 벌–이다

ⓒ 부사가 동사로 된 것 : 잘-하다, 못-하다, 안-하다, 글썽-이다, 꾸벅-이다, 반짝-이다, 번뜩-이다, 출렁-이다, 펄럭-이다

⑥ 전성 형용사 : 명사에 접미사가 붙어 형용사가 된 파생어

* '-스럽다' 계열 : 근심-스럽다, 맛깔-스럽다, 복-스럽다, 사랑-스럽다, 여성-스럽다, 의견-스럽다, 익살-스럽다, 죄-스럽다, 청승-스럽다

> **'-답다'와 '-스럽다'의 구별**
>
> 사람이 마땅히 발휘할 자신의 특성을 발휘할 경우에 '-답다'를 붙이고('사내는 사내답고, 아줌마는 아줌마다워야 한다'), 다른 특성을 발휘할 경우에는 '-스럽다'를 쓴다(남자가 여성스럽게 말하고, 어린이가 어른스럽게 행동한다).

* '-답다' 계열 : 꽃-답다, 남자-답다, 아들-답다, 사내-답다, 여성-답다, 여행-답다, 옷-답다, 정-답다, 참-답다

* '-겹다' 계열 : 눈물-겹다, 시름-겹다, 역-겹다, 정-겹다, 철-겹다, 흥-겹다, 힘-겹다

* '-롭다' 계열 : 보배-롭다, 새-롭다, 슬기-롭다, 의초-롭다, 이-롭다, 해-롭다, 활기-롭다

* '-맞다' 계열 : 익살-맞다, 청승-맞다

* '-지다' 계열 : 구석-지다, 그늘-지다, 기름-지다, 덩굴-지다, 뒤-지다, 방울-지다, 너울-지다, 비탈-지다, 언덕-지다, 주름살-지다, 후미-지다

* '-쩍다/적다' 계열 : 맥-쩍다, 멋-쩍다, 별미-쩍다

* '-차다' 계열 : 기운-차다, 기장-차다, 보람-차다, 살-차다, 알-차다, 앞-차다, 자랑-차다, 줄기-차다, 활기-차다, 힘-차다

* '-하다' 계열 : 삭막-하다, 순수-하다, 진실-하다, 확실-하다, 듯-하다, 만-하다, 법-하다, 뻔-하다, 척-하다, 체-하다

⑦ 새로운 의미나 기능이 추가된 파생어 : 접미사가 붙어 의미가 달라진 것

㉠ 명사에 뜻이 첨가되어 다시 명사가 된 파생어

가난-뱅이, 걸레-질, 고집-쟁이, 구경-꾼, 귀염-둥이, 나이-배기, 대푼-짜리, 몸-매, 모양-새, 문-지기, 보름-째, 부인-네, 빛-깔, 사장-님, 삼촌-뻘, 새벽-녘, 시골-내기, 심술-꾸러기, 아침-께, 여름-내, 중간-치, 해-포

ⓛ 동사에 접미사가 붙어 다시 동사가 된 파생어

　　* 피동의 기능 첨가 : 걸-리다, 날-리다, 떨-리다, 막-히다, 부딪-히다, 불
　　　-리다(부르-+-리), 실-리다(싣-+-리), 안-기다, 읽-히다, 잘-리다(자
　　　르-+-리), 쫓-기다, 파-이다

　　* 사동의 기능 첨가 : 걸-리다(걷-+리), 녹-이다, 먹-이다, 벌-리다, 보-
　　　이다, 불-리다(부르-+-리), 삭-이다, 삭-히다, 살-리다, 새-우다, 세-
　　　우다(서-+이우), 썩-이다, 썩-히다, 일-구다, 재-우다(자-+이우), 죽-이
　　　다, 줄-이다, 태-우다(타-+이우), 피-우다

　　* 강조의 기능 첨가 : 깨-뜨리다, 깨-트리다, 넘어-뜨리다, 넘-치다, 떨어-
　　　뜨리다, 떨-치다, 밀-치다, 부딪-치다, 뻗-치다, 흩-뜨리다

ⓒ 형용사에 접미사가 붙어 다시 형용사가 된 파생어

　　* '-다랗다' 계열 : 곱-다랗다, 굵-다랗다, 기-다랗다, 깊-다랗다, 널-따
　　　랗다, 높-다랗다, 얄-따랗다, 작-다랗다, 좁-다랗다, 짤-따랗다, 커-다
　　　랗다

　　* '-스름하다/-스레하다' 계열 : 가느-스름하다/-스레하다, 둥그-스름하
　　　다/-스레하다, 푸르-스름하다/-스레하다

⑧ 어근에 접미사가 붙어 파생어가 된 것 : 낱말이 아닌 것이라도 접미사가 붙어서 하
　　나의 낱말로 파생되기도 한다.

　　㉠ '-거리다/대다' 계열 : 궁싯-거리다/대다, 기웃-거리다/대다, 두리번-거리다
　　　/대다, 빈둥-거리다/대다, 알랑-거리다/대다, 어슬렁-거리다/대다, 웅성-거
　　　리다/대다, 찰랑-거리다/대다, 휘청-거리다/대다

　　㉡ '-그리다' 계열 : 가든-그리다, 간동-그리다, 간종-그리다, 뭉뚱-그리다, 옹
　　　송-그리다, 응등-그리다, 찡-그리다

　　㉢ '-답다/땁다' 계열 : 실-답다, 아름-답다, 아리-땁다

　　㉣ '-뜨리다/트리다' 계열 : 망가-뜨리다/트리다, 무너-뜨리다/트리다, 미끄러-
　　　뜨리다/트리다, 부서-뜨리다/트리다, 우그러-뜨리다/트리다, 헝클어-뜨리다/
　　　트리다

　　㉤ '-롭다' 계열 : 괴-롭다, 까다-롭다, 날카-롭다, 대수-롭다, 따사-롭다, 번
　　　거-롭다, 애처-롭다, 외-롭다, 주저-롭다

ⓗ '- 맞다' 계열 : 능글-맞다, 능청-맞다, 데퉁-맞다, 밉살-맞다, 방정-맞다, 쌀쌀-맞다, 앙증-맞다, 어긋-맞다, 지질-맞다, 징글-맞다

ⓢ '- 스럽다' 계열 : 갑작-스럽다, 거추장-스럽다, 매몰-스럽다, 매정-스럽다, 새삼-스럽다, 쑥-스럽다, 영절-스럽다, 을씨년-스럽다, 호들갑-스럽다

ⓞ '- 스름하다/-스레하다' 계열 : 가무-스름하다/-스레하다, 불그-스름하다/-스레하다, 희읍-스름하다/-스레하다

ⓩ '- 이다' 계열 : 끈적-이다, 뒤척-이다, 법석-이다, 움직-이다

ⓒ '- 쩍다/적다' 계열 : 객-쩍다, 괘다리-적다, 괘달머리-적다, 귀살-쩍다, 수상-쩍다, 퉁어리-적다, 해망-쩍다

ⓚ '- 하다' 계열 : 갸륵-하다, 거나-하다, 거룩-하다, 거-하다, 구수-하다, 넉넉-하다, 듬직-하다, 딱-하다, 말끔-하다, 삐딱-하다, 수두룩-하다, 시시-하다, 싸-하다, 씩씩-하다, 아늑-하다, 어둑-하다, 용-하다, 우세-하다, 의건모-하다, 쩨쩨-하다, 착-하다, 초라-하다, 탐탁-하다, 훌륭-하다

ⓔ 기타 : 걸-낭(囊), 내리-막, 느리-광이, 늘-보, 늙-다리,.두르-풍(風), 막-장, 먹-새, 먹-보, 미치-광이, 보름-치, 오르-막, 울-보, 째-보

(3) 한자어 접두사, 접미사

한자어 가운데에서 관형사로 쓰이는 것과 접두사로 쓰이는 것이 구별되지 않고, 명사로 쓰이는 것과 접미사로 쓰이는 것이 구별되지 않아 띄어쓰기를 할 때에 띄어 써야 할지 붙여 써야 할지 헷갈릴 때가 많이 있다. 원래 한자어가 우리말이 아니기 때문에 정확하게 구별하여 사용하기는 어렵지만 어느 정도 구별되는 한에서 예시하면 다음과 같다.

① 접두사로 쓰이는 한자어

가-(假), 강-(强), 경-(輕), 고-(古, 高), 구-(舊), 귀-(貴), 난-(難), 대-(大, 對), 무-(無), 미-(未), 반-(反), 본-(本), 부-(不, 副), 불-(不), 비-(非), 생-(生), 선-(先), 소-(小), 신-(新), 외-(外), 재-(再, 在), 저-(低), 정-(正), 제-(第), 최-(最), 친-(親)

② 접미사로 쓰이는 한자어

-감(感), -객(客), -과(課), -광(狂), -난(難), -년(年), -단(團), -당(當), -댁(宅), -도(度), -력(力), -로(路), -료(料), -률(律, 率), -문(文), -별(別), -비(費), -성(性), -순

(順), −식(式), −여(餘), −용(用), −율(律, 率), −전(戰, 展), −점(店), −제(制, 祭, 製, 劑), −족(族), −증(症, 證), −집(集), −차(次), −체(體), −판(板, 版), −학(學), −형(型), −회(會)

③ 아래의 한자어는 주로 관형사로 쓰이므로 뒤의 한자어와 띄어 써야 한다.

각(各), 고(故), 귀(貴), 근(近), 당(當), 만(滿), 매(每), 모(某), 별(別), 성(聖), 순(純), 약(約), 전(全, 前), 총(總), 타(他), 현(現)

④ 아래의 한자어는 명사로 쓰이므로 뒤의 한자어와 띄어 써야 한다.

간(間), 겸(兼), 내(內), 대(對), 등(等), 말(末), 번(番), 시(時), 예(例), 중(中), 초(初), 편(便), 하(下), 후(後)

이렇게 구분을 해 놓더라도 실제 사용할 때에는 헷갈리기 쉽다. 같은 한자가 접두사로 쓰이기도 하고 관형사로 쓰이기도 하는가 하면 접미사로 쓰이기도 하고 명사로 쓰이기도 하는데, 접두사와 접미사는 반드시 어근에 붙여 써야 하고 관형사와 명사는 반드시 띄어 써야 하니 외자로 된 한자어가 우리를 곤혹스럽게 하는 것은 두말할 나위가 없다. 더욱 곤란한 것은 관형사나 명사이지만 다른 한자어와 합성된 경우에는 합성어가 되었으니 붙여 써야 하므로 이것과 접두사와 접미사로서 붙여 쓴 것을 분간해 내기가 여간 어렵지 않다. 그것은 일반인에게만 어려운 것이 아니라 전문가에게도 어렵다. 그래서 한자어에서 꼭 접두사와 관형사, 접미사와 명사를 구별해야 하느냐고 볼멘소리를 하게 된다. 외자로 된 한자를 무조건 붙여 쓴다면 조그만 불편을 덜기 위해서 원칙을 훼손하는 것이 되어 이제까지 쌓아올린 모든 원칙이 흔들리게 될 것이다. 그러니 힘이 들더라도 구별하여 써야 한다. 아래에 몇 한자어의 띄어쓰기 구별 기준을 예시하였다. 나머지는 국어사전을 찾아보면서 구별 기준을 터득하기 바란다.

* 간(間) : 둘 이상의 사이를 나타낼 때에는 명사 (동네 간, 국가 간), 시간이나 정도를 나타낼 때에는 접미사 (얼마간, 이틀간), 어떤 집을 나타낼 때에도 접미사 (마구간, 대장간, 뒷간)
* 말(末) : 어떤 시기의 끝 부분을 가리킬 때에는 명사 (학기 말, 고려 말), 몇몇 낱말과 어울리면 합성명사를 이루기도 함 (세기말 현상)
* 상(上) : 무엇의 위를 가리킬 때에는 명사 (출발선 상에), 무엇을 기준이나 근거로 삼아 말하는 경우에는 접미사 (계획상, 이론상)
* 성(聖) : 사람의 이름에 성인임을 나타낼 때는 관형사 (성 베드로), 어떤 낱말에 성스러

움을 보탤 때에는 접두사(성삼위께 영광)

* 시(時) : 어떤 동작을 하는 경우나 때를 가리킬 때에는 명사(도착 시까지, 합격 시에는), 일반적인 시간을 가리킬 때에는 몇몇 명사와 함께 합성명사를 이룸(표준시, 지방시)

* 전(前) : 이전을 가리킬 때에는 관형사(전 국무총리, 전 대통령), 앞을 가리킬 때에는 몇몇 낱말과 함께 합성명사를 이룸(전근대적, 전반생, 전세기, 전의식, 전해)

* 전(全) : '모든'의 뜻으로 쓰일 때에는 관형사(전 세계, 전 인류), 몇몇 낱말과 어울려 결합할 때에는 합성어를 이룸(전내기, 전무식, 전미련하다, 전반사, 전속력, 전천후)

* 중(中) : 어떤 동작을 하는 가운데나 동안을 나타낼 때에는 명사(회의 중, 이야기 중), 몇몇 낱말과 결합하여 합성어를 이룸(무심중, 무의식중, 은연중, 부재중, 부지중)

* 차(次) : '차례'나 '번' 또는 '어떤 기회에 겸해서'의 뜻으로 쓰일 때에는 의존 명사(수십 차에 걸쳐, 갔던 차에 들렀다), '무엇을 하려고'의 뜻으로 쓰일 때에는 접미사(사업차, 연수차, 방문차)

* 총(總) : '모두 합하여'의 뜻일 때에는 관형사(총 25명), '온통, 전체적으로'의 뜻일 때에는 접두사(총공격, 총생산량, 총영사관)

* 하(下) : 언제나 명사(이런 조건 하에서, 그런 미명 하에서)

'간(間)'의 독립성과 파생, 합성

한자어 '간'은 독립적으로 명사로 쓰이기도 하고 파생어나 합성어를 만들기도 한다.

① 시간을 나타내는 낱말 뒤에 쓰일 때에는 접미사로 본다. – 파생어

경각간, 그간, 금명간, 다년간, 달장간, 당분간, 돌차간, 얼마간, 망념간, 며칠간, 몽매간, 별안간, 불원간, 불일간, 삽시간, 수일간, 수주간, 순망간, 순식간, 어언간, 열흘간, 염회간, 일순간, 일주간, 임석간, 잠시간, 조만간, 조차간, 졸사간, 십 년간, 백 일간, 50초간

② 둘 또는 그 이상의 관계를 나타낼 때에는 독립된 명사로 본다. – 명사

한국과 일본 간의 분쟁, 서울과 지방 간의 차이, 지역 간의 격차, 국가 간의 무역, 동네 간의 경쟁, 회원 간의 친목, 친구 간의 우정, 남편과 아내 간의 계약, 옳고 그르고 간에, 죽든지 살든지 간에

③ 관계를 나타내는 낱말 뒤에는 '간'은 명사로 본다. – 합성어

고부간, 남매간, 내외간, 모자간, 부부간, 부자간, 숙질간, 형제간, 자매간, 재종간, 조손간,

사제간, 노사간, 빈부간, 가부간, 개컬간, 다소간, 다자간, 당락간, 도농간, 도캐간, 동남간, 동북간, 피차간, 하여간, 한동기간, 부지불식간, 불호간, 비몽사몽간, 빙탄간, 상신간, 상친간, 서남간, 서북간, 양국간, 양단간, 양미간, 양일간, 여항간, 연사간, 위불위간, 유무간, 유무죄간, 이불리간, 이해간, 잘잘못간에, 족부족간, 존시간, 종항간, 좌우간, 죽밥간, 죽식간, 지호간

　＊ '서로간, 국제간, 상호간'은 부적절한 용법이다.

④ 집을 나타낼 경우에는 접미사로 본다. ─ 파생어

곳간, 나뭇간, 대문간, 대장간, 두엄간, 뒷간, 마구간, 방앗간, 부질간, 빨랫간, 세수간, 숙설간, 아랫간, 연자맷간, 외양간, 윗간, 의지간, 자빗간, 장독간, 장설간, 잿간, 정주간, 툇간, 푸줏간

　＊ 집안간 : 가까운 일가 사이 [그와는 집안간이다.]
　＊ 집안 간 : 집안들끼리의 관계 [집안 간에도 교류가 많다.]

정리

파생법은 실질 형태소에 형식 형태소가 결합한 것으로 실질 형태소의 본래 의미는 변하지 않고 형식 형태소로 인해 품사가 바뀌거나 낱말의 쓰임새가 변하는 것이 특징이다. 파생어를 만들어 내는 형식 형태소에는 접두사와 접미사가 있다. 접두사와 접미사를 합해서 접사라고 한다.

연습문제

1. 다음 파생어를 보고 실질 형태소와 형식 형태소를 구분하여 표시하라.

   (1) 쐐기, 꿰미, 지름, 부채, 베개, 지게

   (2) 깨뜨리다, 넘치다, 부딪치다, 세우다, 안기다, 재우다, 피우다

   (3) 높이, 슬피, 어여삐, 굳이, 조용히, 고요히, 멀리, 가까이, 되게

   (4) 일찍이, 곰곰이, 더욱이, 생긋이, 오뚝이, 해죽이

   (5) 나날이, 따님, 미닫이, 바느질, 주줄이, 틈틈이, 하느님

2. 다음 중 파생어의 표기가 <u>틀린</u> 것은?

   (1) 객－쩍다, 괘다리－쩍다, 귀살－쩍다, 귀살머리－쩍다

   (2) 딴기－쩍다, 수상－쩍다, 짓－쩍다, 해망－쩍다

   (3) 곱－다랗다, 굵－다랗다, 기－다랗다, 넓－다랗다

   (4) 얄－따랗다, 짤－따랗다, 참－따랗다, 잔－따랗다

   (5) 귀－머거리, 굽－돌이, 귀뚜라－미, 두드러－기

3. 다음 한자어의 띄어쓰기가 옳은 것은?

   (1) 귀회사, 당회사, 연수차, 공사중

   (2) 재회시, 표준시, 동네간, 국가간

   (3) 총공격, 총회원, 전국무총리, 전세계

   (4) 공연전, 난리후, 이론상, 출발선상

   (5) 학기말, 세기말, 학년말, 학기초

   (6) 개인별, 조건하, 십년간, 기차편

제10일

'새터민'과 '먹거리'
(신조어 인식에 관하여)

이 책 원고를 마무리하는 시점에서 통일원이 '탈북자'라는 낱말을 대체할 새로운 말로 '새터민'을 쓰기로 했다고 발표했다. '탈북자'에 부정적인 의미가 있어 탈북자의 사회생활에 걸림돌이 되기 때문인데, 실무자의 설명에 따르면 '새로운 터전에서 삶의 희망을 갖고 사는 사람'을 뜻하는 희망적이고 비정치적인 낱말로서 '새터민'이 선정되었다고 했다. 그러나 이 용어는 '탈북자'를 대체할 수 있는 말이 아님을 쉽게 알 수 있다. 왜냐하면 아직 '새 터'에서 정착하지 못한 탈북자(예컨대 중국이나 동남아를 떠도는 탈북자나 갓 한국에 들어온 탈북자)에게는 적용하기 곤란할 뿐 아니라, 탈북자가 아니라도 새로운 터전에 둥지를 틀고 사는 사람을 '새터민'이라고 못할 것도 없기 때문이다. 새 말을 만들려는 의도는 좋지만 섣불리 만들어 공표한 느낌을 지울 수 없다.

우리에게 새로운 낱말이 필요할 때에 그것을 만들어 내는 우리 사회의 낱말 생산 능력과 노력 그리고 그것을 확산하고 수용하는 과정이 부끄러울 정도로 비국어적이고 비문화적이라는 점은 언제나 내 마음을 무겁게 만든다. 이런 낱말은 먼저 탈북자를 돕는 사람들이 만들어 내야 바람직하고, 그 다음으로는 이들을 취재하는 기자들이 만들어 낼 수 있어야 하며, 이들과 정치적으로나 학문적으로나 관련이 있는 전문가가 만들어 낼 수 있어야 한다. 낱말은 그것이 필요한 사람, 그것을 자주 사용해야 할 사람이 만드는 것이 바람직하기 때문이다.

83

신조어 만들기

새로 사물이 생기면 그에 맞추어 낱말이 생기게 마련이다. 사물의 모양이 달라지면 그에 맞추어 낱말도 새롭게 태어난다. 지금 풍부한 낱말을 가지고 있는 민족은 그들의 생활이 그만큼 다양하고 풍성했음을 의미한다. 때로는 이민족의 침입을 받고 그 압제 속에서 살았더라도 언어에서는 압제자의 언어가 자신들의 언어 발전에 풍부한 자양분이 될 수도 있다. 그런 점에서 그 민족의 언어는 그 민족의 삶의 이력서라고 할 수 있다.

우리말에는 일찍이 중국어가 압도적으로 많이 유입되었고, 몽골, 만주, 일본 등에서 유입된 것이 조금씩 섞여 있다. 그런데 일본어의 유산은 감정적으로 받아들이기 힘든 점이 있어서 우리말에서 일부 뽑아 버린 일이 있다. 근대 민족주의가 형성되면서 우리에게도 국어에 의미가 생기기 시작했고, 그래서 말과 글을 연구하고 정리하고 발전시키려고 노력하기 시작하였다. 그 결과 우리말로 새로운 낱말을 만드는 시도도 하였지만 새로운 낱말을 만들어 내려고 할 때 우리가 부딪치지 않을 수 없는 문제가 우리에게 있었다. 그것은 첫째로 우리 자신이 우리말 자산을 모르고 있다는 점이고, 둘째로 우리 자신이 우리말에 대해서 자신감을 갖지 못했다는 점이며, 셋째로 우리가 우리말 조어 능력을 상당 부분 상실했다는 점이다. 그 결과 최선의 노력을 해서 새로운 낱말을 만들더라도 그것이 사람들에게 쉽게 받아들여지지 않거나, 조어법 논란에 휘말려 폐기되거나, 처음부터 사람들의 관심을 끌지 못하였다.

해방 이후 지속적으로 전개해 온 국어 순화 노력의 결과 일본어 찌꺼기가 상당히 많이 정리되었지만 정작 우리가 새롭게 만들어 놓은 낱말은 별로 눈에 띄지 않는다. 최근에 만들어진 '걸림돌, 동아리, 갓길, 나들목, 내려받기' 정도가 사람들에게 널리 쓰이는 것 같다. 우리의 낱말 생산 능력이 퍽 부족하다고 보아지며, 이에 비하면 새로운 한자어와 외래어의 등장은 가히 폭발적이었다. 대부분 일본인이 만들어 놓은 것이나 서양인들이 쓰는 것을 그대로 들여왔기 때문에 이런 낱말에 대해서 우리가 이바지한 바는 전혀 없다. 안타깝지만 이것이 우리의 현실이며 이런 현실은 우리에게 어떤 극적인 반전의 계기가 주어지지 않는한 좀처럼 개선되지 않을 것 같다.

그러나 우리 사회의 어느 분야에서는 우리말 조어력을 놀라울 정도로 잘 활용하여 새로운 말을 만들어 내기도 했다. 텔레비전에서 자연 생태와 관련된 프로그램을 보면 우리말로 된 동식물 이름이 자주 나오는 것을 볼 수 있다. 그리고 그런 이름을 국어사전에서 찾아보면 동식물 이름으로 버젓이 등록되어 있는 것을 보게 된다. '팔랑나비, 부전나비, 하늘다람쥐, 점박이꽃게, 검은가슴물떼새, 늘보주머니쥐' 같은 동물 이름과 '각시붓꽃, 수염며느리밥풀, 하늘나리, 애기골무꽃' 같은 식물 이름이 그것이다. 이 이름들은 자연스럽게 생긴 낱말이 아니고 의도적으로 만든 것들이다. 만들어진 지 아직 100년이 되지 않은 신조어인데 전문 영역에서 훌륭하게 사용하고 있고, 일반에게도 상당히 많이 알려져 널리 사용되고 있다. 근대 학문을 하는 다른 분야에서는 우리말로 이름을 지어 놓은 곳이 없는데 유독 동식물 이름에서는 참으로 멋지게도 우리말 이름을 지어서 그대로 사용하고 있다. 동식물의 신조어 성공 사례를 보면 우리말 조어력의 한계만 탓하던 사람들이 부끄러움을 느낄 것이다.

우리말은 다음절어이므로 형태소를 덧붙이는 방법으로 새로운 낱말을 얼마든지 만들어 낼 수 있다. 동식물에 우리말 이름을 붙이려고 노력한 분은 나비 박사로 알려진 석주명 (1908~1950) 선생이다. 일본에서 농업 분야를 연구하면서 나비에 관심을 가졌던 그는 귀국하여 농업학교나 농업연구소에서 근무하면서 우리나라 나비를 채집하기 시작했다. 그리고 그 나비에 이름을 붙이되 일본식 이름이 아닌 우리식 이름을 붙였다. 그가 '부전나비'라는 이름을 붙이면서 이런 말을 했다고 한다.

"나비의 날개가 부전처럼 보여서 부전나비라고 했다."

이렇게 말해도 사람들은 오히려 '부전이 뭐지?' 하며 별로 감동하지 않을 것이다.

우리가 우리말 자산을 모르면 새로운 낱말을 만드는 데 결정적인 어려움을 겪게 될 것이다. 부전은 원래 어린 여자아이들이 노리개로 차던 것인데 그 모양이 비슷해서 장구의 줄을 고르도록 끼워 놓은 사피(斜皮)를 가리키기도 하고, 사진틀의 모서리에 끼우는 세모꼴 거멀장을 가리키기도 하는데, 석주명 선생은 나비의 날개 모양에서 부전을 떠올렸기 때문에 그 나비를 부전나비라고 부르기로 한 것이다. 이런 석주명 선생의 신조어 만들기를 대한곤충학회에서 받아들여 공식적인 나비 이름으로 사용하게 되었고, 그 결과 오늘날 '작은홍띠점박이푸른부전나비'라는 국어 낱말에서 가장 긴 나비 이름이 탄생하는 계기가 되었다. 그리고 곤충뿐 아니라 여러 동식물 이름을 짓는 데도 이 방법이 원용되어 수많은 토박이말 동식물 이름이 만들어졌다.

'먹거리' 논쟁

한쪽에서 이렇게 어렵사리 국어 낱말을 만들어 사용하는 곳이 있는가 하면 다른 한쪽에서는 우리말을 조어법이라는 칼로 재단하여 없애는 곳이 있다. 그렇게 해서 사라질 위기에 처한 낱말이 '먹거리'이고, 그 말을 죽인 곳은 바로 '국립국어원'이다. 이에 대해 새삼스럽게 문제를 제기하는 것은 우리가 앞으로 우리말 신조어를 만들 때에 무엇을 걱정하고 무엇을 대범하게 넘겨야 하는지 설명하기 위해서이다.

'먹거리'는 식품업을 하는 어떤 분이 우리말 살리기 차원에서 이 말을 만들었다고 하면서 자신이 만든 식품과 함께 보급하기 시작했고, 이에 많은 사람들이 동의하여 일반에게 널리 사용되는 시점에 이르렀다. 그런데 국어학자들이 이 말이 조어법에 맞지 않으니 쓰면 안 된다고 이의를 제기하고 나섰고, 결국 국립국어원이 '표준국어대사전'을 편찬하면서 조어법에 맞지 않는다는 '먹거리'를 버리고 조어법에 맞는다는 '먹을거리'를 취하여 사전에 올림으로써 이제 '먹거리'는 쓰면 안 되는 말이 되고 말았다.

그러나 이 과정에서 우리가 놓친 것이 있다. '먹거리'가 그 사람이 만든 말이라고 단정하고 그것이 조어법에 맞지 않으니 쓰면 안 된다고 한 국어학자들의 판단에 문제가 있는 것이다. '먹거리'는 그 사람이 머리를 써서 만든 신조어가 아니고 오래 전부터 일부 지역에서 사용하던 낱말이다(우연히 일치할 수는 있다). 지금도 전라도와 경상도 남부 지역이나 섬 지역에 사는 노인들에게서 이 말을 자연스럽게 들을 수 있다.

"오매, 해필 먹거리도 없는디 어째야 쓰까?"

이 말은 30여 년 전에 시골에서 한 할머니에게서 처음 들은 말이다. 그 때 이 말을 아무런 의심을 하지 않고 '먹을 만한 반찬이나 음식 재료'의 의미로 받아들였다.

여기서 문제로 제기하려는 것은 이 낱말을 누가 만들었느냐 또는 오래 전부터 있던 말이냐 아니냐가 아니다. 우리가 신조어를 어떻게 받아들이고 이를 보편화할 것인가를 논의하려는 것이다. 새로운 낱말은 누군가가 만들고 그것이 여러 사람에게 수용되면서 생명력을 갖게 된다. 때로는 한 시점에서 사람들에게 받아들여졌더라도 상황이 바뀌면 쓰이지 않기도 한다. 그래서 한 낱말이 생명력을 확보하는 데는 상당한 세월이 필요하다. '먹거리'는 어떤 과정을 거쳤더라도 일단 사람들이 사용하기 시작했고 널리 쓰이고 있었던 것만은 사실이다. 이미 낱말로서 언중에게 사용되는 것을 조어법에 맞지 않다고 문제 삼는 것이 옳은지 검토하지 않으면 안 된다.

결론부터 말하면 낱말의 생성은 조어법을 초월한다고 생각한다. 조어법이란 이미 생성된 낱말에서 일정한 법칙성을 귀납적으로 찾아내어 정리한 것일 뿐, 그것이 낱말을 생성하는 법이 될 수는 없다. 낱말을 생성하는 법이 될 수 없다면 생성된 낱말을 조어법으로 죽이면 안 된다. 거꾸로 조어법을 생성된 낱말에 맞추어야 한다. 조어법이 낱말 생성의 길은 제시할 수 있지만, 개개 낱말의 생성 원칙이 될 수는 없다.

국립국어원이 '먹거리'를 틀린 말이라고 단정하고 '먹을거리'를 표준말로 올린 근거는 '동사의 어간이 관형사형 어미에 매개되지 않고 곧바로 명사와 결합할 수 없다.'라는 조어법 원리에 있다. 통사적으로는 당연히 어간이 어미 없이 곧바로 명사에 붙을 수 없다. '어미의 존재 이유가 바로 동사나 형용사를 명사나 대명사에 이어주기 위함이 아닌가? 볼거리, 입을 거리, 마실 거리처럼 쓰는 것이 정상인데 왜 먹거리라고 해야 하나? 당연히 먹을거리라고 해야지.' 이것이 국어학자들의 생각이다. 그러나 낱말의 생성에는 그런 통사적 원칙을 뛰어넘게 해주는 초법적인 논리가 있다. 낱말 생성이라는 절대적으로 숭고한 목적을 위해서는 그런 제약을 뛰어넘을 수도 있다는 것이 바로 그 논리이다.

우리말에는 이미 동사나 형용사의 어간이 곧바로 명사에 붙어서 만들어진 낱말이 한 바구니쯤 있다. '깎낫, 꺾쇠, 노느몫, 덮밥, 밉상, 잡좆, 죽살이, 째못, 접바둑, 눅거리(북한 어휘)' 같은 낱말이 생성된 것은 그렇게 해도 의미가 드러나기 때문이다. 이것을 구태여 조어법에 맞추어 '깎는낫, 꺾은쇠, 노늘몫, 덮은밥, 미운상, 잡을좆, 죽고살이, 째는못, 접을바둑, 눅은거리'처럼 만들면 낱말로서의 생명력이 급격히 떨어질 뿐 아니라 불필요하게 음절이 늘어나는 비효율을 감수해야 한다. 거꾸로 '던질낚시, 데릴사위, 잡을손, 건넌방, 앉은굿, 죽는시늉' 등을 '던지낚시, 데리사위, 잡손, 건너방, 앉굿, 죽시늉'처럼 쓰면 의미가 전달되지 않는다.

이런 판단은 이미 언중이 했기 때문에 어떤 것은 어간이 곧바로 명사와 결합하였고 어떤 것은 어미를 매개로 하여 결합하였다. 이것을 조어법으로 재단하여 모처럼 생명력을 키워 가고 있는 낱말을 죽이는 것은 결코 우리가 할 일이 아니다. 다행히 국립국어원이 '먹거리'를 표준어로 인정하고 표준국어대사전에 '먹거리'를 "사람이 살아가기 위하여 먹는 온갖 것"을 뜻하는 말로 올려놓음으로써 이 논쟁은 끝이 났다. 앞으로도 국어학자들이 사회에서 사용하는 새로운 말을 열린 자세로 대해 줄 것을 기대한다.

신조어와 비속어

최근에 급속하게 퍼지고 있는 낱말 가운데에서 '얼짱'이라는 말이 있다. '얼'은 '얼굴'을 의미하는 것 같은데 '짱'은 어디서 온 것인지 분명하지 않지만 '장(長)'과 연관된 것 같다. 그러나 '얼짱'은 '얼굴이 매우 잘생긴 사람'을 가리키는 말임은 분명하다. '얼굴짱'이 줄어들어 '얼짱'이 된 것이다. 이와 함께 '몰카, 디카'도 널리 쓰이고 있다. '몰래 카메라, 디지털 카메라'의 약자라고 한다. '몰래 카메라'는 카메라 이름이나 종류가 아니라 사진을 찍히는 사람이 자기가 사진 찍히는 사실을 모르게 찍을 때에 쓰는 말이어서 실체가 없는 말이다. 다만, 그렇게 찍는 데 쓰인 카메라를 가리키는 경우도 있는 것 같다. 이 경우라면 남을 감시하기 위해서 설치하는 카메라는 모두 '몰래 카메라' 또는 '몰카'라고 이름을 붙여서 문제될 게 없다. 약간의 문제가 없는 것은 아니지만 이런 낱말이 새로 만들어져 쓰이는 것은 환영할 만한 일이다. 우리가 우리말 조어에 적극적으로 나서고 있다는 증거가 될 만하기 때문이다.

이와는 조금 다르지만 '막가파, 먹자골목, 떴다방' 같은 것도 일부에서 사용한다. 촌철살인(寸鐵殺人)이라는 말이 있는데, 이런 낱말을 만들어 퍼뜨리는 사람이야말로 '촌철살인의 조어력'이 있는 사람들이라고 생각한다. 비록 조어법과는 매우 동떨어진 조어지만 달리 만들어 쓸 방법이 생각나지 않는다면 이런 조어도 긍정적으로 검토할 만하다. 국어 전문가들의 머리에서는 결코 만들어질 수 없는 이런 낱말의 출현이야말로 우리 언중의 풍부한 조어 능력을 보여 주는 증거라고 할 만하다. 다만 그런 조어력을 더 긍정적이고 적극적으로 새로운 낱말을 만들어 내는 데도 활용해 주기를 기대한다.

그런데 이런 말을 비속어라는 말로 재단하여 못마땅하게 여기는 분위기가 있는 것 같다. 그들이 왜 이런 말을 비속어로 처리하는지 알 수 없다. 우리가 이것을 저속하게 사용하지 않으면 비속어가 되지 않는다. 선입견을 버리고 낱말의 효용성을 객관적으로 보면서, 사용하고 싶은 사람은 사용하도록 내버려두었으면 좋겠다. '디카'는 '디지털 카메라'의 준말로서 훌륭하게 사용할 수 있는 말이고, '떴다방'은 경제 용어로도 사용해 볼 만한 낱말이라고 생각한다. 학자들이나 기업인들이 이런 말을 긍정적으로 잘 사용해 주기 바란다.

영문 간판, 영문 광고

2002년 11월에 유수한 두 기업(은행 한 곳과 회사 한 곳)을 상대로 소송을 제기한 일이 있다. 은행은 국가가 출자해서 만들어서 성장시켜 준 기업이고, 회사는 국가 기관이었다가 공사로 바뀐 뒤에 민영화한 기업이다. 소송을 제기한 이유는 국민 기업이라고 할 수 있는 두 기업이 멀쩡한 국어 이름을 버리고 영어 이름을 사용하고 영문 간판으로 건물을 도배한 것을 응징하기 위해서였다. 이에 대한 판결이 2004년 10월에 선고되었는데, 결과는 두 기업이 영문만으로 간판을 달거나 광고문을 작성한 것은 법 위반이라는 것이었다.

그 판결이 있은 후 지방자치단체와 여러 공공기업에서 전화가 왔다. 상표와 상호의 차이가 무엇인지, 자신들이 만든 계열사 이미지 통합용 영문 간판을 달 수 없는지 묻는 것이었다. 특히 공무원들은 상표와 상호의 차이에 대해서 집중적으로 물었다. 왜냐하면 상표는 영문을 쓸 수 있으므로 그 상표를 간판으로 내거는 것은 막을 수 없다는 판단 때문이었다.

실무적으로 이런 문제를 명료하게 해결해 줄 수 있는 지침이 있어야겠다는 생각을 했지만 정작 기업들의 반응은 놀랍도록 냉소적이었다는 점이 가슴 아팠다. 그들은 한결같이 국제화 시대에 영문 간판이 무엇이 문제냐는 것이었다. 그리고 일부 국민도 그들의 생각에 동조하는 것 같았다. 우리의 가장 무서운 적은 언제나 우리 자신이라는 말을 새삼 느낄 수 있었다.

한국 기업이 우리말로 이름을 짓는다고 해서 국제화에 뒤처진다는 논리가 성립할 리 없고, 우리나라 안에서 한글 간판을 단다고 해서 국제화하지 않은 기업이라고 할 수 없을 것이다. 도대체 국제화가 무엇인데 이를 위해서 먼저 상호부터 영어로 바꿔야 한다고 호들갑을 떠는지 이해할 수 없다. 상호 말고 상표라는 것이 있고 특정 상품에만 붙이는 상표 말고 그 회사를 상징하는 상표가 있다. 요즘 이미지 통합이라는 개념을 도입하여 같은 계열사의 상표를 하나로 통합하는 게 유행인데, 이 상표를 가지고도 얼마든지 세계 사람들에게 자기 회사를 알릴 수 있다. 그런데 굳이 이름을 영어로 바꾸고 이걸 영문으로 써서 우리나라 안에 있는 건물에 내걸어야 하는지 묻고 싶다.

'KT, KT&G, KB, SK, LG, TG' 등 영문 간판을 옥외에 자랑스럽게 내걸고, "Let's KT!"나 "Think Star!" 같은 영문 광고를 하는 것은 누구를 위한 것인가? 그들의 말대로 그렇게 해서 기업에 이익이 돌아가고 사원들의 월급이 올라간다면 기업의 이익과 사회의 이익, 사원의 이익과 국민의 이익이 배치되는 경우가 바로 이런 경우일 것이다. 기업 이익을 위해서 사회 이익을 훼손하는 그들에게 돌을 던지고 싶다.

한국인은 국내에서 국어와 한글로 행복하게 생활할 수 있어야 한다. 그걸 누구도 침해 해서는 안 된다. 자신의 능력을 기르기 위해서, 출세하기 위해서 영어를 배우고 사용하는 것을 누가 막으랴. 그러나 그것을 모든 한국인에게 강요하는 것은 옳지 않다. 한국인이 한국에서 한국어로 행복을 누리며 사는 것은 한국인의 기본권이고 생존권이다. 따라서 국가는 한국인에게 이런 권리를 빼앗으려는 시도가 일어나지 않도록 막아야 할 의무가 있다. 꼭 외적을 막는 것만 국가의 의무가 아니다.

그런데 국가가 길러 낸 기업들이 앞장서 국어를 훼손하는 일을 하고 있다. 한국통신공 사, 담배인삼공사, 서울시개발공사, 대한주택공사 등이 그들이다. 이걸 그대로 보고 있으 라니 복장 터질 일이 아닌가? 사기업도 아닌 공기업이 민영화 후 처음으로 하는 일이 바 로 회사 이름을 영어로 바꾸고 영문으로 회사를 광고하는 일이다. 돈 몇 푼 벌겠다고, 자 기 식구들 잘 먹고 잘사는 데 쓰일 돈을 벌겠다고 국어를 훼손한단 말이다. 그런데 국가 는 그걸 당연한 듯이 바라본다는 말이다. 이걸 어찌 통탄하지 않을 수 있으리오.

우리말로 상호를 짓기 어려운 것은 익히 알고 있다. 그래서 굳이 영어로 짓겠다면 상호 를 한글로 적는 성의만이라도 보여야 할 것이다. 그것이 국민에게 그들이 할 수 있는 최 소한의 예의가 아니겠는가? 그리고 법을 지키는 자의 자세가 아니겠는가? 'KT, KT&G, KB, SK, LG, TG' 등으로 자신을 선전하는 회사들, 영문으로 광고를 도배하 는 회사들의 각성을 재삼 요청한다.

 조어 기법

새로운 의미를 드러내기 위하여 사용되는 조어 기법 일곱 가지를 제시한다. 새로운 낱말이나 이름을 만들 때에 여기서 영감을 얻을 수 있을 것이다.

① **기능 표현 기법** : 어떤 기능이 있는지, 무엇에 활용하는지 드러내는 방법
- ●합성어 보기
  누룩곰팡이, 메주콩, 따발총, 돋보기안경, 쥘손, 액막이연, 타작마당, 밥그릇, 술집, 동자 옷, 나들이옷, 등글개첩, 모래막이숲, 문안침, 내림굿, 불깃, 살림망, 활벌이줄, 귀밝이술, 쇠죽가마, 구름판, 빨랫방망이

② 상징 표현 기법 : 사물의 특성을 활용하는 기법

●합성어 보기

칼날, 대쪽, 찰떡궁합, 웃음꽃, 어깨보증, 따끔나리, 몽둥이세례, 벙어리장갑, 벼락같이, 감쪽같다, 생파리같다, 부엉이살림, 멍텅구리배, 쏜살같다, 물밀듯이, 우렁잇속, 개똥번역, 구메농사, 빚두루마기

③ 행위 본뜨기 기법 : 동작을 활용하는 방법

●합성어 보기

들창, 미닫이문, 씻김굿, 비비송곳, 볶음밥, 꿈틀운동, 비틀걸음, 주먹다짐, 무릎맞춤, 돌단춤, 떠돌이별, 소박이김치, 듣보기장사, 목매기송아지, 배흘림기둥, 물만밥

④ 모양 본뜨기 기법 : 생김새나 색깔을 활용하는 방법

●합성어 보기

바늘잎, 붓꽃, 대접젖, 장작윷, 뾰족지붕, 흰나비, 눈깔사탕, 들창코, 굴도리, 솟을대문, 팔각정, 개구리헤엄, 말뚝잠, 앉은뱅이저울, 말굽자석, 쇠코잠방이

⑤ 성질 본뜨기 기법 : 사물의 내적 성질이나 특징에 착안하여 그에 맞는 이름을 붙이는 방법

●합성어 보기

궂은일, 참사람, 거짓말, 허튼계집, 고양이소, 말고기, 산들바람, 건들바람, 단비, 피비린내, 건땅

⑥ 의미 결합 기법 : 두 의미를 결합하는 방법

●합성어 보기

앞뒤, 아래위, 집안, 안마당, 마음속, 텃밭, 나뭇잎, 달빛, 햇무리, 아침노을, 배추김치, 명란젓, 두릅나물, 오지그릇, 안마당, 쇳물

⑦ 변화 결합 기법 : 한 의미를 강화하거나 약화하는 방법

●합성어 보기

시커멓다, 해말갛다, 대낮, 대들보, 한가운데, 들부수다, 맨땅, 민며느리

위의 일곱 가지를 하나씩 이용하거나 두셋을 아울러 이용해서 낱말을 만들면 좋은 결과를 얻을 수 있을 것이다.

정리

신조어는 새로운 낱말이 필요한 사람이 언어적 영감을 통해서 만드는 말이 므로 때로는 조어법을 초월하여 만들어질 수 있다. 따라서 신조어를 조어법 으로 재단하는 것은 바람직하지 않다. 한국어 어휘의 다양성을 확보하기 위 하여 손쉬운 외래어 차입에만 의존할 것이 아니라 다양한 방법으로 국어 낱 말 만들기를 시도해야 한다.

우스개 이야기

선생님이 현대 문학 설명을 하면서 한 작품의 줄거리를 이야기하다가 아래와 같은 설명 을 하였다.

선생님 : "그래서 주인공은 히스테리가 몹시 심한 아내를 안에 둔 채 문을 닫고 첩을 박았 던 거야."

그러자 블랑카가 말했다

블랑카 : "선생님, 그 주인공 나빠요!"

선생님 : "블랑카는 여자 친구가 너를 의심하면서 귀찮게 굴어도 참을 거니?"

블랑카 : "아니오. 하지만 저는 절대로 첩을 두지 않을 거예요. 아내 대신에 첩을 사랑하 는 사람은 나빠요."

선생님 : ???

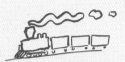

제11일

'사돈'은 살고, '미쟁이'는 죽고

(표준어)

사돈이 살았다고 하니 마치 어느 권력자의 사돈이 검찰 조사를 면했거나 법원의 유죄 판결에서 빠졌다는 인상을 주는 것 같아 조금 신경이 쓰이지만, 우리 사회에서 그런 일이 다반사로 일어났던 것이 사실이니 그냥 제목으로 붙였다. '미쟁이'가 죽었다는 말이 뒤에 붙으니 '유전무죄, 무전유죄'를 연상시켜 제목으로서는 퍽 괜찮은 것 같기도 하다.

더 오해하지 않게 하기 위해서 제목을 설명해야 할 것 같다. 1988년에 제정하여 공포한 표준어 규정에 새로운 표준어로 '주초' 대신 '주추', '깡총깡총' 대신 '깡충깡충', '귀염동이' 대신 '귀염둥이', '오똑이' 대신 '오뚝이'를 쓰기로 결정했지만 '사돈'은 '사둔'으로 바꾸지 않고 그대로 사용하기로 했다. 또 '그림쟁이, 멋쟁이, 담쟁이'는 모두 그대로 표준어로 인정했지만 '미쟁이'는 '미장이'로 바꿨다. 그래서 '사돈'은 살고 '미쟁이'는 죽었다고 한 것이다.

제목이 상징적으로 나타내고 있지만 표준어란 한 국가 사회에서 특정 시기에 특정한 이유로 선택하여 사람들에게 쓰도록 규범으로 강제하는 언어를 가리키는 말이다. 즉 표준어는 시기와 언어 환경에 따라서 달라질 수 있다는 말이다. 우리의 표준어는 1933년에 한글 맞춤법 통일안이 만들어진 시기에 처음으로 사정하기 시작하여 1988년에 표준어 규정을 만들면서 거의 마무리 단계에 이르렀다. 아직 완전하지는 않지만 66년 만에 표준어의 꼴이 잡혔다고 해도 지나친 말이 아니다. 그러니 이제 우리는 표준어와 비표준어를 구별할 줄 알아야 지식인의 반열에 오를 수 있고, 표준어가 어떤 기준으로 결정되는지 알아야 국어를 어느 정도 아는 사람이라고 말할 수 있다.

표준어의 의미

어떤 낱말이 표준어인지 아닌지 판단하는 기준으로 표준어 규정은 아래와 같은 원칙을 제시하고 있다.

> 표준어는 교양 있는 사람들이 두루 쓰는 현대 서울말로 정함을 원칙으로 한다(표준어 사정 원칙 제1항).

즉 현대 교양인이 두루 쓰는 서울말을 표준어의 기준으로 삼겠다는 말이다. 그런데 이 원칙의 의미는, 어떤 말이 제시된 세 가지 가운데에서 어느 하나에만 해당하면 표준어가 된다는 것을 의미하는 것이 아니고 세 가지를 모두 충족시켜야 한다는 것을 의미한다. 그런 의미에서 위 세 가지 조건은 매우 엄격한 것이라고 할 만하다. 이를 통해서 우리는 표준어 정책이 우리말을 고급화하는 데 역점을 두고 있다고 추측할 수도 있다.

개괄적으로나마 표준어의 기준을 밝히고 그에 따라서 표준어를 사정하는 것은 의미가 있는 일이다. 우선 방만하게 표현되는 각 지역의 언어를 정리할 수 있는 좋은 기회가 바로 표준어 사정 작업이고, 국어의 원래 발전 방향이나 지향점과 가장 가까운 언어를 표준어로 삼는 것은 국어 발전에도 도움이 된다. 그런 점에서 국가가 표준어를 정하는 것은 의미가 있는 일이다.

일단 표준어가 정해지면 이 언어는 교육을 통해서 전파된다. 서울 사람이라고 해서 다 표준말을 하는 것은 아니다. 표준말은 누구나 교육을 통해서 습득하게 된다. 이런 점에서 표준어는 교육 받은 자들의 언어라는 말이 옳다. 그렇다면 당연히 표준어는 비표준어에 비해서 우월한 언어가 될 것이다. 이것이 표준어의 우월성이다.

표준어가 정해지면 모든 국민이 이를 배우고 이 언어로 다른 지역 사람들과 수월하게 의사소통을 할 수 있게 된다. 각자의 방언으로는 의사소통에 어려움을 겪던 사람들이 표준어를 사용하면 어려움을 해소할 수 있게 된다. 따라서 표준어는 모든 국민이 배우고 사용할 수 있는 언어이다. 이것이 표준어의 보편성이다.

지역별로 다양한 표현 또는 달리 사용하는 낱말이 있는데, 이 가운데에서 위 원칙에 가장 맞는 표현이나 낱말을 선정함으로써 표준어는 국어의 기준 언어가 된다. 모든 공무원은 표준어를 사용하게 되고 국가의 모든 문서는 표준어로 작성되며, 정부는 모든 발표를 표준어로 하게 된다. 그리고 일단 확정된 표준어는 일정 기간 강제적으로 통용된다. 국가 권력이 표준어에 규범성을 부여하는 것이다.

이러한 이유로 국민이 표준어를 배우는 것은 자기 발전을 위해서나 각 지역과 계층 간의 원활한 의사소통과 교류를 위해서나 필수적이다. 표준어의 이런 중요한 가치를 감안하더라도 우리가 간과하면 안 될 것이 방언의 중요성이다. 표준어는 방언 가운데에서 국가가 필요에 따라서 인정한 특수한 방언일 뿐이다. 표준어를 위해서 또는 국민 통합을 위해서 표준어를 제외한 모든 방언이 우리 주위에서 사라져야 한다고 생각하는 것은 언어와 인간의 관계를 모르는 전체주의자의 망발이다.

표준어를 떠받치고 있는 것은 각 지역의 방언이다. 표준어 속에 녹아 있는 국어 정신이 있다면 그 정신은 서울 방언에서 따온 것이고, 그 정신은 다른 방언에도 그대로 녹아 있게 마련이다. 그래서 표준어가 이루지 못하는 부분을 방언이 이루어 내고 이것을 표준어가 수용하는 과정을 반복해야 진정한 의미의 한국어 표준어가 생성될 수 있다.

학자에 따라서는 표준어를 아주 순수한 언어로 보고 이를 지키기 위해서 하급 언어의 침투를 막아야 한다고 주장하기도 한다. 그러나 표준어는 순수한 언어로 존재하는 것이 아니라 서울 방언에서 추상적으로 형성해 낸 언어일 뿐이고, 서울 방언은 수많은 방언과 영향을 주고받으면서 형성되어 온 언어이다. 따라서 방언이 사라지면 서울 방언도 없고, 서울 방언이 없는데 표준어가 있을 리 없다. 표준어를 방언의 상대 개념으로만 인식할 것이 아니라 오히려 모든 방언을 아우를 수 있는 큰 틀의 표준어 개념이 확립되도록 노력해야 할 것이다.

표준어의 변화

언어학자들은 언어를 곧잘 유기체에 비유한다. 유기체란 환경에 따라서 자신을 변화시키면서 삶을 유지하는 생물이다. 언어도 마찬가지로 언어 환경의 변화에 따라서 끊임없이 변한다고 보고, 그 변화의 끝에 언어의 죽음이 있다고 본다. 표준어도 언어의 일반적인 속성에서 벗어나지 않는다. 표준어도 끊임없이 형태 변화, 의미 변화를 거치면서 때로는 세력이 약해져서 다른 낱말에게 표준어 자리를 내놓게 되기도 하고, 심하면 생명을 잃기도 한다.

표준어의 근거가 되는 서울말도 이런 변화에서 벗어날 수 없다. 특히 우리처럼 지역 간

인구 이동이 극심하고 정치적으로 불안정한 사회에서는 표준어가 안정되기보다는 극심하게 변할 가능성이 높다. 특히 서울말을 쓰는 교양 있는 사람을 서울에서조차 찾기 쉽지 않고, 서울에는 점점 시골 출신으로 2대 또는 3대째 서울에 사는 사람의 수가 급격히 늘어나고 있기 때문에 본래부터 서울말을 써 온 세력은 날이 갈수록 더 위축될 수밖에 없다. 상황이 이러하기 때문에 서울말의 변화는 불가피하고 결국 표준어의 변화도 불가피한 것이다.

눈을 지방으로 돌려 보면 표준어가 얼마나 추상적인 언어인지 쉽게 알 수 있다. 지방에 사는 한국인은 대부분 교육을 통해서 표준어를 배우게 된다. 지방 사람들은 서울말을 쓰는 교양 있는 서울 사람들에게서 표준어를 배우는 것이 아니라 문자로 기록된 표준어를 그 지역 사람들에게서 배워서 다시 그 지역 사람들에게 가르치는 것이다. 따라서 이들은 살아 있는 서울말을 접하지 못한다. 그러니 표준어를 배워서 구사한다고 해도 그들은 방언과 표준어 사이에 있는 제삼의 언어를 사용하게 된다. 이런 언어를 쓰는 사람들이 점점 더 서울로 진출하여 각자가 익힌 제3의 언어를 사용하면서 서울말에 영향을 미치게 됨으로써 표준어의 변화를 촉진하게 된다. 그래서 어느 시점에서 보면 우리의 언어가 기존의 표준어에서 매우 멀리 벗어나 있음을 알게 된다. 이 때 우리는 표준어를 바꿔야 할 필요성을 느낀다.

1988년과 1990년에 발표된 표준어 규정과 표준어 모음(약 1400 낱말 대상)은 이런 현상을 수용하여 새롭게 표준어 사정을 한 결과물이다. 여기에는 기존에 표준어로 인정하고 사용했던 것을 비표준어로 돌리고, 비표준어이던 것을 표준어로 삼은 것이 많이 포함되어 있다. 이는 1933년에 '현재 중류 사회에서 쓰는 서울말'과 1988년에 '현대 교양 있는 사람들이 두루 쓰는 서울말' 사이에 차이가 생겼음을 의미하기도 하지만, 1933년의 서울 방언이 꾸준히 다른 방언의 영향을 받아 변형되었다고도 볼 수 있다. 그러나 표준어 규정에는 이런 사정의 변화가 어떻게, 어느 정도, 어떤 과정을 거쳐 이루어졌는지 설명하지 않았기 때문에 우리는 관념적으로 생각할 수밖에 없다. 즉 언어의 세력 관계에 따라서 어떤 낱말은 새로 표준어가 되고 어떤 낱말은 표준어에서 도태되었다고 생각하는 것이다. 이런 것을 구별할 수 있으면 표준어를 안다고 할 수 있다.

(1) 모음조화를 깨뜨리는 것과 안 깨뜨리는 것

깡충깡충, 싹둑싹둑, 오뚝이, 홀쭉이, 쌍둥이, 주춧돌, 보퉁이, 오순도순, 아서라 –

바동바동, 도란도란, 알랑거리다, 울렁거리다

(2) 'ㅣ' 모음 역행동화를 일으키는 것과 안 일으키는 것

서울내기, 시골내기, 꼬챙이, 냄비, 동댕이치다

아기(애기×), 아비(애비×), 어미(에미×), 손잡이(손잽이×)

(3) '-장이'와 '쟁이'의 구별

미장이, 사기장이, 갓장이

노래쟁이, 멋쟁이, 환쟁이, 양복쟁이

(4) 단모음 표기와 겹모음 표기

괴팍하다, 미루나무, 케케묵다, 허우대, 허우적거리다, 으레

강퍅하다, 콩켸팥켸, 비계, 계집, 계시다, 에계계, 핑계, 허위허위

(5) '수-'와 '숫-'의 쓰임새 이해

수곰, 수고양이, 수놈, 수비둘기, 수소, 수캉아지, 수캐, 수탉, 수탕나귀, 수톨쩌귀, 수퇘지, 수평아리

숫양, 숫염소, 숫쥐

(6) '윗-', '위-', '웃-'의 쓰임새 이해

윗니, 윗도리, 윗몸, 윗수염

위짝, 위채, 위층

웃국, 웃기, 웃돈, 웃어른, 웃옷, 웃통

(7) 한자어 계열과 토박이말 계열의 표준어

겸상, 부항단지, 양파, 어질병, 총각무, 칫솔

꼭지미역, 늙다리, 박달나무, 솟을무늬, 잔돈, 푼돈

(8) 단수 표준어

귀고리, 귀지, 더부룩하다, 상판대기, 천장 등

(9) 복수 표준어

네/예, 가엾다/가엽다, 서럽다/섧다, 들락날락/들랑날랑, 모쪼록/아무쪼록, 옥수수/강냉이, 우레/천둥, 철따구니/철딱서니/철딱지 등

새로운 표준어 확립

이제 우리가 알아야 할 표준어를 공부할 때가 되었다. 1988년에는 어떤 낱말을 표준어로 인정했을까? 표준어 사정 원칙에 정해 놓은 것을 하나하나 검토해 보자.

(1) 발음의 변화에 따른 표준어 교체

언어 환경의 변화에 따라서 발음이 변하는 것은 당연한 현상이다. 표준어 규정은 이런 현상에 따라서 뚜렷하게 변화가 있다고 판단한 것을 정리했다.

① 거센소리를 새로 표준어로 삼은 것(표사3) : 끄나풀, 나팔꽃, 살쾡이, 칸, 털어먹다

원래 '끄나불, 나발꽃, 삵괭이, 간, 떨어먹다'를 표준어로 삼았으나 거센소리 발음이 득세하였음을 인정하여 거센소리를 표준어로 삼았다.

'삵괭이'는 '삵'과 '괭이'의 합성어로서 '살쾡이'로 발음될 수 없지만 현실적으로 그렇게 발음되는 점을 감안하여 '살쾡이'를 표준어로 인정한다.

'칸'은 빈 공간을 나타낼 때에 거센소리로 사용되는 점을 인정한 것이다. 다만, 집의 의미로 쓰이는 '뒷간, 초가삼간, 윗간' 등에서는 그대로 '간'으로 쓰인다.

현대 국어에서 '털다'와 '떨다'의 의미가 분화되는 것을 감안하여 재물을 다 없앤다는 뜻으로 '털다', '털리다', '털어먹다', '털어가다'를 인정하고, 붙어 있는 것을 떼어낸다는 뜻으로 '떨다', '떨어내다'를 인정한다.

② 예사소리를 표준어로 삼은 것(표사4) : 가을갈이, 거시기

원래 '가을카리, 거시키'가 표준어였으나 예사소리가 세력을 얻게 되자 예사소리를 표준어로 삼았다.

③ 어원과 달리 발음되는 것도 세력이 강하면 어원을 무시하고 발음대로 표준어를 삼는다(표사5 본문). : 강낭콩, 사글세

'강낭콩'은 어원이 분명하지만 사람들이 이를 인식하지 않고 쓰는 현실을 반영하였다. 어원이 확실하지만 현실을 반영하여 어원 표기를 포기한 것은 매우 이례적이고 예외적이다.

사글세의 어원이 불분명한데 일반에서 '삭월세(朔月貰)'라고 쓰는 것이 마땅치 않다고 보고 소리대로 표준어를 확정했다.

④ 음성 모음으로 바뀐 것들(표사8) : 깡충깡충, 발가숭이, 오뚝이, - 둥이, 주추/주춧돌, 보퉁이, 아서/아서라

'깡충깡충, 발가숭이, 오뚝이'는 모음조화에 따라서 양성 모음과 서로 어울리던

것이 음운 변화에 따라서 음성 모음화한 것이다. 같은 발음 변화에 따라서 이미 표준어로 인정된 것으로 '홀쭉이'가 있다. 그러나 '깡총하다'는 '깡충하다'로 바꾸지 않았다. 거기까지 음운 변화가 일어나지 않았다고 보기 때문이다.

'- 둥이, 주추, 주춧돌'은 어원상으로는 마땅히 양성 모음으로 써야 하지만 현실적으로 음성 모음으로 소리 나므로 현실을 따른 것이다.

'보통이, 앗아/앗아라'도 음성 모음으로 바뀐 것을 표준어로 삼는다. 그러나 일부에서 음성 모음으로 소리내는 '삼춘, 사둔, 부주/부줏돈'은 본래대로 '삼촌, 사돈, 부조/부좃돈'을 표준어로 삼기로 했다(표사8 다만).

⑤ 'ㅣ' 모음 역행 동화를 일으킨 것들(표사9) : - 내기, 냄비, 동댕이치다

일부에서는 'ㅣ' 모음 역행 동화가 광범위하게 일어난다. '손잡이, 먹이다, 아기, 온종일' 등이 '손잽이, 멕이다, 애기, 왼종일'처럼 쓰이는 경향이 있다. 그러나 'ㅣ' 모음 역행 동화는 조금만 노력하면 피할 수 있는 변화이므로 이를 인정하지 않는 것이 표준어 규정의 정신이다. 다만, 위의 세 경우는 워낙 세력이 강하기 때문에 동화된 상태를 표준어로 인정한 것이다. '껍데기(←껍더기), 꼬챙이(←꼬창이)'를 인정한 것도 이와 같은 이유에서다.

어떤 일을 주로 하는 사람을 '- 쟁이'라고 하는데 이는 기술자를 나타내는 접미사 '- 장이'가 변한 것이다. 그런데 표준어 규정에서는 '- 장이'와 '- 쟁이'를 구별하여 둘 다 표준어로 삼았다. 즉 전통적인 수공업을 하는 전문 기술자[匠人]를 가리키는 접미사로 '- 장이'를 쓰고, 그 밖의 일을 주로 하거나 그 사물을 자주 사용하는 사람 등을 가리키는 접미사로 '- 쟁이'를 쓰게 했다. 그래서 아래와 같은 쓰임새 분화가 일어났다(표사9 붙임2).

수공업 기술자	그 외의 사람이나 사물을 홀하게 이르는 말
미장이	멋쟁이/노래쟁이/그림쟁이/환쟁이
유기장이	소금쟁이/담쟁이덩굴
갓장이	갓쟁이/양복쟁이
사기장이	발목쟁이/골목쟁이

⑥ 단모음으로 바뀐 것들(표사10) : 괴팍하다, 미루나무, 케케묵다, 허우대, 허우적허우적, 으레

'괴팍하다'와 '미루나무'는 좀 엉뚱하게 바꾼 경우라고 할 만하다. '괴팍하다'는 한자어로서 '괴곽(乖愎)하다'가 변한 것인데, 본래의 한자어가 있는데도 이를 무리하게 바꿔 문제가 생겼다. 예컨대 '강퍅하다, 퍅성'은 그대로 '퍅'으로 발음하고 '괴팍하다'만 단모음으로 표준어를 삼은 것은 아무래도 납득하기 어렵다. '미루나무'도 '미류(美柳)나무'로 잘 쓰던 것을 일부에서 단모음 현상이 나타난다고 해서 서둘러 표준어를 바꾼 것인데 같은 맥락에서 납득하기 어렵다.

'케케묵다, 허우대, 허우적허우적, 으레'를 표준어로 삼은 것은 문제될 게 없다. 일정한 형태를 고집할 이유가 없는 것은 소리에 가깝게 하는 것이 옳기 때문이다. '콩켸팥켸'도 단모음으로 바꾸는 것이 옳았을 텐데 이를 포함하지 않은 것이 아쉽다.

⑦ 모음의 발음이 바뀐 것들(표사11) : 미수, 상추, 주책, 지루하다, 튀기, 호루라기

모음이 바뀐 것을 바뀐 대로 표준어로 삼은 것은 특별히 문제가 될 게 없어 보인다. '주착(主着)'이나 '지리(支離)하다'가 한자어이기는 하지만 그 의미와 상관없이 쓰이고 있으므로 현실대로 써도 무리가 없어 보인다.

(2) 본딧말과 준말 선택

본딧말과 준말은 같은 말이다. 따라서 본딧말이 표준어라면 준말도 표준어로 보는 것이 자연스럽다. 그러나 표준어를 정할 때는 무작정 준말을 다 인정하는 것이 옳지 않을 수도 있다. 왜냐하면 준말은 본딧말에 비해서 격이 떨어지기도 하고, 준말의 형태가 다른 말의 형태와 겹치는 경우가 생길 수 있기 때문이다. 따라서 특별한 문제가 없는 준말에 한해서 인정하는 것이 옳다. 그런데 우리 표준어 규정은 준말을 표준어로 인정하는 데 그치지 않고 본딧말을 비표준어로 삼는 데까지 나아가서 퍽 당혹스럽기도 하다.

① 준말만 표준어로 인정한 경우(표사14) : 똬리, 무, 김, 뱀, 빔, 샘, 생쥐, 장사치

국어사전에만 나와 있고 현실적으로 거의 쓰이지 않는 낱말을 정리한다는 취지에서 이 규정을 두었다고 한다. 그러나 몇몇 낱말을 제외하고는 국어학자들의 독단이 개입되어 있음을 부인할 수 없다. '무우'가 '무'로 대체되었을 때에 느낀 당혹감이나 불편은 많은 국민에게 표준어 규정의 문제점을 드러내는 좋은 예가 된 적이 있다. 지금도 '무 축제'라고 하면 무슨 말인지 알아듣기 어렵다. 그러나 '무우 축제'라고 하면 금방 이해할 수 있다. 이론적으로 말한다면 본딧말을 버리고 준말만 인정하는 규정은 표준어를 천박하게 만들 수도 있다는 점에서도 비판을 받을

소지가 있다.

② 본딧말을 표준어로 인정한 경우(표사15) : 궁상떨다, 귀이개, 낚인찍다, 뒤웅박, 마구잡이, 수두룩하다, 죽살이, 퇴박맞다

③ 본딧말과 준말을 모두 표준어로 삼은 경우(표사16) : 노을/놀, 막대기/막대, 망태기/망태, 시누이/시뉘/시누, 오누이/오뉘/오누, 외우다/외다, 이기죽거리다/이죽거리다, 찌꺼기/찌끼, 거짓부리/거짓불, 머무르다/머물다, 서두르다/서둘다, 서투르다/서툴다

　본딧말과 준말은 특별한 문제(지나치게 경박한 의미가 드러나는 등)가 없다면 양쪽 다 인정하는 것이 바람직하다. 규정에 제시한 것은 일반적으로 둘 다 쓰일 뿐 아니라 어감에서도 저속한 느낌이 없기 때문에 표준어로 삼는 데 문제가 없다.

　'머무르다, 서두르다, 서투르다'는 뒤에 자음으로 시작하는 어미가 올 때에만 준말을 인정한 것은 옳게 판단한 것이다. 모음으로 시작하는 어미가 오면 '머물러, 서둘러, 서툴러'처럼 불규칙 활용을 해야 하기 때문이다.

(3) 비슷한 용도의 낱말 형태 통일

　특별히 구별해서 사용해야 할 이유가 없어졌다고 인정될 때 두 가지 형태를 하나의 형태로 통일하는 것이 바람직하고 표준어를 정하는 목적에도 부합된다.

① 의미 구별이 없어진 것(표사6) : 돌, 빌리다, 둘째, 셋째, 넷째

　'돌'과 '돐'을 구태여 구별할 필요가 없다고 보고 '돌'만 표준어로 삼았고, 과거에 '빌다'와 '빌리다'를 구별하여 쓰던 것을 모두 '빌리다'로 통합해서 쓰기로 하였다. 이렇게 함으로써 '빌다'를 오로지 '乞, 祝'의 의미로만 쓸 수 있게 되었다.

　차례를 나타내는 말은 '첫째, 둘째, 셋째, 넷째'처럼 써서 일관성을 유지하도록 했다. 다만 '열한째' 이후는 '열두째', '스물한째' 이후는 '스물두째'가 된다. '열둘째'는 '열두 개째'의 뜻으로 쓰고, '스물둘째'는 '스물두 개째'의 뜻으로 쓴다.

② 수컷을 이르는 접두사는 '수-'로 통일(표사7) : 수고양이, 수곰, 수게, 수글, 수꿩, 수나비, 수나사, 수놈, 수사돈, 수소, 수용, 수은행나무, 수제비, 수호랑이

　이에 대해서는 두 가지 예외가 있다. 하나는 다음 9개 낱말은 '수-' 뒤에 오는 자음이 거센소리로 바뀐다(표사7 다만1).

　수캉아지, 수캐, 수컷, 수키와, 수탉, 수탕나귀, 수톨쩌귀, 수퇘지, 수평아리

다른 하나는 다음 세 단어에 한해서 '숫-'을 쓴다 (표사7 다만2).

숫양, 숫염소, 숫쥐

③ 위를 나타내는 '윗-'과 '웃-'은 '윗-'으로 통일한다 (표사12).

종래 '웃목'과 '윗목'이 함께 쓰였는데 '아래'의 상대 개념으로 명백하게 '위'를 나타내는 경우에는 '윗-'을 쓰고, 그런 상대적 개념이 없이 막연히 쓰일 때에는 '웃-'을 쓴다. '웃-'을 쓰는 낱말의 의미를 하나하나 찾아보면 이 '웃-'이 '아래'와 짝을 이루는 것이 아님을 알 수 있다. 또 '윗-'을 쓸 자리에서 뒤 첫소리가 된소리나 거센소리이면 '윗-'을 쓰지 않고 '위-'를 쓴다.

㉠ '윗-'을 쓰는 경우 : '아래'의 상대 개념인 경우에 '윗'을 쓴다.

윗니, 윗도리, 윗동, 윗머리, 윗몸, 윗벌, 윗변, 윗수염, 윗입술, 윗자리

㉡ '위-'를 쓰는 경우 : 명사의 첫소리가 된소리나 거센소리면 '위-'를 쓴다.

위짝, 위쪽, 위채, 위층, 위치마, 위턱, 위팔

㉢ '웃-'을 쓰는 경우 : '아래'와 '위'의 관계가 없으면 '웃-'을 쓴다.

웃국, 웃기, 웃돈, 웃비, 웃어른, 웃옷, 웃통

＊ '웃통'은 '아래통'의 반대로 쓰는 '위통'과 달리 '윗옷'의 의미로 쓰기 때문에 '우통'으로 쓰지 않는다.

④ 한자 '구(句)'가 붙어서 된 단어는 '귀'로 읽는 것을 허용하지 않는다. 반드시 '구'로 읽어야 한다 (표사13).

구절(句節), 구두점(句讀點), 경구(警句), 단구(短句), 대구(對句), 문구(文句), 성구(成句), 시구(詩句), 어구(語句), 인용구(引用句), 절구(絕句)

＊ '글귀(-句)'와 '귀(句-)글', '말귀(-句)'는 표준어로 인정한다.

(4) 고유어 계열과 한자어 계열 선택

같은 뜻으로 쓰이는 고유어 계열 낱말과 한자어 계열 낱말이 있을 경우에 표준어 규정은 세력 관계에 따라서 어느 쪽을 표준어로 인정하거나 부정하는 태도를 취한다.

① 고유어 계열만 표준어로 삼은 것 (표사21) : 꼭지미역, 늙다리, 마른갈이, 박달나무,

밥소라, 솟을무늬, 외지다, 움파, 잔돈, 푼돈, 흰말

'총각미역, 노닥다리, 건갈이, 배달나무, 식소라, 솟을문, 벽지다, 동파, 잔전, 푼전, 백말' 같은 한자어 계열을 비표준어로 처리하였다.

② 한자어 계열만 표준어로 삼은 것(표사22) : 개다리소반, 겸상, 부항단지, 산줄기, 심돋우개, 양파, 어질병, 총각무, 칫솔

'개다리밥상, 맞상, 뜸단지, 멧줄기, 불돋우개, 둥근파, 어질머리, 알타리무, 잇솔' 같은 고유어 계열을 비표준어로 처리하였다.

'알타리무'는 '알타리김치'와 함께 아직도 일반에서 널리 쓰이고 있으므로 표준어로 인정하는 것이 좋을 것 같은데 아쉽다.

(5) 비슷한 발음의 단수 표준어(표사17)

음이 비슷하고 뜻도 같은 낱말을 모아 그 가운데에서 하나만 표준어로 삼고 나머지는 비표준어로 삼았다. 표준어 제도가 필요한 곳이 바로 이런 부분일 것이다.

    ㉮ 귀고리, 귀지, 꼭두각시, 냠냠거리다, 댑싸리, 더부룩하다, 멸치, 봉숭아, 뺨따귀, 상판대기, 시름시름, 아궁이, 아내, 어중간, 우두커니, 잠투정, 재봉틀, 짓무르다, 짚북데기, 코맹맹이, 흉업다

    ㉯ 천장(천정×), 쪽(짝×)

    ㉰ 너(네×), 넉(너/네×), 서(세/석×), 석(세×)

    ㉱ -던(-든×), -던가(-든가×), -던걸(-든걸×), -던고(-든고×), -던데×), -던지(-든지×)

    ㉲ -려고(-ㄹ려고×/ -ㄹ라고×), -려야(-ㄹ려야×/ -ㄹ래야×)

    ㉳ -습니다(-읍니다×)

예 ㉮에 예시한 표준어를 잘 익혀야 한다. 특히 '상판대기'를 표준어로, '쌍판대기'를 비표준어로 삼은 것은 불필요한 된소리를 인정하지 않겠다는 표준어의 지향점을 나타내 보인 것이다.

예 ㉯의 '천장'을 '천정'으로 쓰는 것은 인정되지 않지만 '천정부지(天井不知)'로 쓰는 것은 인정하고, 방향을 나타내는 경우에는 '쪽'만 인정하고 '짝'을 인정하지 않지만 '아무짝'으로 쓰는 것은 인정한다.

예 ㉰의 수관형사는 상당히 주의해야 한다. 규정에 예시된 바로는 '너'와 '서'를 수

관형사로 쓸 수 있는 낱말이 '돈, 말, 발, 푼'에 한정되어 있고, '넉'과 '석'을 수관형사로 쓸 수 있는 낱말이 '냥, 되, 섬, 자'로 한정되어 있다. 예시되지 않은 단위, 곧 '그루, 닢, 대, 동, 두름, 마리, 매, 모금, 뭇, 묶, 벌, 새, 손, 쌈, 움큼, 잎, 자밤, 접, 죽, 줄, 줌, 짐, 쪽, 채, 켤레, 축, 타래, 판, 홉' 따위에 어떤 수관형사를 붙여야 할지 확정되지 않았다. 따라서 이들에 대해서는 폭넓게 수관형사를 쓸 수 있다고 보는 것이 옳다.

예 ㉣는 한글 맞춤법에서도 규정한 사안이다. 선택의 의미가 있으면 '든' 계열을 사용하고, 과거 회상의 시제 의미가 있으면 '던' 계열을 쓰게 되어 있다.

예 ㉤는 어미의 표준화를 위해서 바람직한 선택이다.

예 ㉥는 기본 형태소를 무시한 결정이다. 받침이 없는 경우에 사용하는 종결어미가 '-ㅂ니다'라면 받침이 있는 경우의 종결어미는 당연히 '-읍니다'여야 한다. 이는 '-니/-으니', '-면/-으면'처럼 우리 음운 현상의 기본이다. 그런데 유독 '-읍니다'만 비표준어로 묶어 도태시킨다는 것은 아무리 현실적인 실익을 따지더라도 동의할 수 없다. '영희는 밥을 먹읍니다.'와 '영희는 밥을 먹습니다.'에도 화용론상의 의미 차이가 있다고 보아야 한다. 설령 의미 차이를 인정하지 않더라도 가장 원칙적인 활용 형태를 비표준어로 보는 것은 생뚱하기 이를 데 없다.

(6) 비슷한 발음의 복수 표준어(표사18, 19)

발음이 비슷한 두 형태가 일반적인 음운 현상으로 설명할 수 있고 세력이 비슷하면 복수 표준어로 인정하였다. 표준어에 대한 열린 시각이 반영된 것으로 볼 수 있다.

㉮ 네/예, 쇠-/소-
㉯ 괴다/고이다, 꾀다/꼬이다, 쐬다/쏘이다, 죄다/조이다, 쬐다/쪼이다
㉰ 거슴츠레하다/게슴츠레하다, 고까/꼬까, 고린내/코린내, 교기(嬌氣)/갸기, 구린내/쿠린내, 꺼림하다/께름하다, 나부랭이/너부렁이

예 ㉮는 매우 전향적인 규정이다. 긍정적으로 대답할 때에 서울 사람들이 주로 쓰는 '네'를 복수 표준어로 인정한 것이나, 소와 관련된 어휘를 만들 때 사용되는 접두사로서 지방에서 많이 쓰는 '소-(소고기, 쇠기름, 소머리, 소뼈 등)'를 인정한 것은 바람직한 결정이다.

예 ㉯의 낱말은 사전에 따라서 본딧말과 준말로 처리하거나 바른 말과 틀린 말로 처

리하던 것을 세력이 비슷하다고 보고 복수 표준어로 인정하였다. '뇌다/모이다, 뵈다/보이다, 뀌다/꾸이다, 바뀌다/바꾸이다'도 준말과 본딧말 관계인 복수 표준어이다.

예 ㉰에서 예시하지 않았지만 '고리다/코리다, 구리다/쿠리다' 등도 예사소리와 거센소리 관계인 복수 표준어이다.

(7) 뜻이 같은 단수 표준어(표사25)

뜻이 같은 낱말이 둘 이상 있을 때에 그 가운데에서 어느 하나가 현저히 널리 쓰인다면 그 낱말만 표준어로 삼는다.

> ㉮ 까다롭다, 까치발, 담배꽁초, 대장일, 뒤통수치다, 떡보, 똑딱단추, 부각, 부스러기, 빠뜨리다, 샛별, 속말, 손목시계, 손수레, 술고래, 신기롭다, 쌍동밤, 쏜살같이, 안절부절못하다, 알사탕, 애벌레, 언뜻, 언제나, 열심히, 전봇대, 주책없다
>
> ㉯ 목메다(목맺히다×), 아주(영판×), 붉으락푸르락(푸르락붉으락×), 쥐락펴락(펴락쥐락×)
>
> ㉰ −게끔(게시리×), −에는(엘랑×), −지만/−지마는(지만서도×)

예 ㉮에 제시한 표준어를 잘 익혀 두어야 한다. '술고래'만 인정하고 '술보'는 비표준어로 삼은 것은 '밥보, 떡보'와의 관계를 생각할 때 지나치다는 느낌이 든다. '술고래'에 비해서 세력이 약하더라도 합성어로서 존속시킬 가치는 있다고 본다.

예 ㉯에 '목맺히다'를 비표준어로 삼았는데 그렇다면 '목이 맺히다'도 쓰지 말아야 할 것이다.

예 ㉰는 조사와 어미를 정리한 것으로서 바람직한 결정이다.

(8) 뜻이 같은 복수 표준어(표사26)

뜻이 같으면서 형태가 다른 몇 개의 낱말이 있을 때에 세력이 크게 차이 나지 않는다면 모두 표준어로 삼았다. 바람직한 결정이다.

> ㉮ −거리다/−대다, −뜨리다/−트리다, −스레하다/−스름하다, −다마다/−고말고, −(으)세요/−(으)−셔요, −이에요/−이어요
>
> ㉯ 가엾다/가엽다, 게을러빠지다/게을러터지다, 관계없다/상관없다, 극성떨다/극성부리다, 들락거리다/들랑거리다, 모내다/모심다, 변덕스럽다/변덕맞다, 불사르다/사르다, 서럽다/섧다, 성글다/성기다, 쓸쓰레하다/쓸쓰름하다, 어림잡다/

어림치다, 여쭈다/여쭙다, 을러대다/을러메다, 의심스럽다/의심쩍다, 장가들다/장가가다, 추어올리다/추어주다, 한턱내다/한턱하다, 혼자되다/홀로되다, 흠가다/흠나다/흠지다

㉐ 곰곰/곰곰이, 다달이/매달, 되우/된통/되게, 들락날락/들랑날랑, 멀찌감치/멀찌가니/멀찍이, 모쪼록/아무쪼록, 아무튼/어쨌든/어떻든/하여튼/여하튼, 어저께/어제, 얼렁뚱땅/엄벙뗑, 여태/입때(×여직), 여태껏/이제껏/입때껏(×여직껏), 일찌감치/일찌거니, 제가끔/제각기, 좀처럼/좀체(×좀체로), 차차/차츰

㉑ 것/해, 녘/쪽, 만큼/만치, 쪽/편, 척/체

㉒ 가락엿/가래엿, 가물/가뭄, 감감무소식/감감소식, 꼬리별/살별, 나귀/당나귀, 넝쿨/덩굴(덩쿨×), 벌레/버러지, 보조개/볼우물, 수수깡/수숫대, 시늉말/흉내말, 신/신발, 옥수수/강냉이, 우레/천둥, 자물쇠/자물통, 중신/중매, 책씻이/책거리, 철따구니/철딱서니/철딱지

예 ㉖에서 제시한 접미사, 어미, 조사의 복수 표준어를 인정해서 언어생활이 많이 편리해질 것으로 본다.

예 ㉐~㉒에 제시한 복수 표준어는 대부분 이미 그렇게 쓰이고 있는 것을 규정으로 확인한 것이다. 다만 '옥수수/강냉이'처럼 새롭게 표준어로 인정한 것이라든지, '철따구니/철딱서니/철딱지', '들락날락/들랑날랑', '멀찌감치/멀찌가니', '얼렁뚱땅/엄벙뗑', '일찌감치/일찌거니', '제가끔/제각기', '좀처럼/좀체'처럼 비슷한 형태를 복수 표준어로 삼은 것은 바람직하다.

어떤 것이 표준어일까?

오도방정/오두방정, 어리숙하다/어리숭하다, 더풀더풀/더펄더펄, 아등바둥/아등바등, 이그러지다/이즈러지다/이지러지다, 오무리다/오므리다, 까무라치다/까무러치다, 문칮문칮/문칫문칮, 너댓/너덧/네댓, 세넷/서넛, 수둑수둑하다/수득수득하다, 으시대다/으스대다, 시라소니/스라소니, 찌프리다/찌푸리다

각자 가지고 있는 국어사전을 이용해서 표준어를 가리자.

연습문제

정답은 www.barunmal.com의 "글세상"에 있습니다.

1. 괄호 속의 낱말 가운데에서 바른 말을 고르라.

    (1) 옷을 그렇게 (깡총하게, 깡충하게) 입으면 보기 싫다.

    (2) 그렇게 말랐으니 너더러 (홀쪽이, 홀쭉이)라고 놀리지.

    (3) 귀가 간지러워서 (귀이개, 귀개)를 찾고 있다.

    (4) 우리가 물이라면 (새암, 샘)이 있을 텐데.

    (5) 바람이 부니 수평선에 커다란 (놀, 노을)이 일었다.

    (6) 다 해어진 옷 (너부렁이, 너부렝이)만 잔뜩 널려 있다.

    (7) 어제 그와 다툰 일이 (께름직하다, 께름칙하다).

    (8) 그가 내 부탁을 (야멸치게, 야멸차게) 거절했다.

    (9) 그가 갑자기 (웃통, 우통)을 벗고 나에게 달려들었다.

    (10) 무김치를 담그는 데는 (총각무, 알타리무)가 최고야.

    (11) 아저씨가 뜸을 뜨려고 (부항단지, 뜸단지)를 가져왔다.

    (12) 어머니와 손님이 (겸상, 맞상)으로 식사를 했다.

    (13) 이렇게 (외진, 벽진) 곳에서 혼자 살다니.

    (14) 저런 (상판대기, 상판때기)로 누구를 사귀겠다는 거야.

    (15) 오늘 쌀을 (너, 넉, 네) 되 팔아왔더라.

    (16) (가려야, 갈려야, 갈래야) 갈 수 없는 고향이 저기 보인다.

    (17) 그 애 얼굴이 어찌나 (예쁘든지, 예쁘던지).

    (18) 눈을 그렇게 (치뜨지, 칩뜨지) 마라.

    (19) 요즘도 (꼭두각시, 꼭둑각시) 노릇을 하는 사람이 있나?

    (20) 나도 네가 잘 되기를 (바라고, 바래고) 있다.

    (21) 그런 말을 하다니, 너도 참 (주책이다, 주책없다).

    (22) 그 사람 성질이 참 (괴퍅하다, 괴팍하다).

    (23) 목수는 구했는데 (미쟁이, 미장이)를 아직 못 구했어.

    (24) 봄이면 (아지랭이, 아지랑이)가 철길 위에 나타난다.

    (25) 우리 집에 (수고양이, 수코양이)가 한 마리 있다.

(26) 용에도 암수가 있는데 이것은 (수용, 숫용)의 그림이다.

(27) 홍부가 다리를 고쳐 준 제비는 (수제비, 숫제비)였다.

(28) 이 자리를 (빌려, 빌어) 인사 말씀 드립니다.

(29) 참으로 (지리한, 지루한) 장마가 끝났군.

(30) 그는 어디까지나 이익을 좇는 (장사아치, 장사치)야.

(31) 그는 술이라면 사족을 못 쓰는 (술보, 술부대, 술고래)야.

(32) 네 말을 들으니 (목이 메어, 목이 맺혀) 말을 못하겠다.

(33) 포도 (덩굴, 덩쿨)이 길게 뻗어 있다.

(34) 그에게서는 (여태껏, 여직껏) 아무 소식도 없다.

(35) 그런 (철딱지, 철때기) 없는 소리는 집어치워라.

(36) 이런 사람은 (좀체, 좀체로, 좀해선) 만나기 어려운데.

(37) 사람은 (추어올리면, 추켜올리면) 좋아한다.

(38) 나를 봐도 (알은체, 아는체)하지 말게.

(39) 배의 돛대 위에 (용총줄, 이어줄)을 매었다.

(40) 여기에는 한결같이 (시골나기, 시골내기)뿐이다.

2. 아래 표현 가운데에서 비표준어를 골라 표준어로 고치라.

(1) 니가 날 사랑한다면 무어라도 해 주겠구만.

(2) 나는 이런 일에는 몹시 서툴어서 그만두겠어.

(3) 영희는 김치를 담지 않고 시장에 들려 사 온다.

(4) 제발 서울엘랑 가지 마세요.

(5) 아이들 라면 먹게시리 해 주고 와라.

(6) 기쁘기야 하지만서도 걱정이 앞서네요.

(7) 나에게서 멀찌거니 떨어져 있게.

(8) 잘한다고 추켜세웠더니 정말 잘하더라.

(9) 어찌 할지 몰라 안절부절하고 있는데 그가 도와 주었어.

(10) 물건을 살려면 제대로 사야지.

3. 아래 낱말 짝 중에서 표준어로 이루어진 짝이 아닌 것을 찾으라.

(1) 곰살맞다/곰살궂다
(2) 굽신거리다/굽실거리다
(3) 맹숭맹숭/맨송맨송
(4) 부시시/부스스
(5) 섬칫하다/섬뜩하다
(6) 소근소근/소곤소곤
(7) 응큼하다/엉큼하다
(8) 이크/이키
(9) 이쁘다/예쁘다
(10) 흐리멍텅하다/흐리멍덩하다

우스개 이야기

앵무새가 물어오는 종이 제비로 점을 치는 사람이 영구에게 점을 보라고 권했다. 그러자 영구가 점쟁이에게 물었다.

영구 : "내가 수수께끼를 내어 아저씨가 맞히면 점을 볼게요."
아저씨 : "그래, 좋아. 내 봐."
영구 : "제비가 제비를 뽑으면 무엇이 나오게요."

앵무새로만 제비를 뽑게 했던 아저씨, 순간 당황한 빛이 역력했다.

아저씨 : "글쎄, 뽑아 봐야겠지."
영구 : "에이, 바보. 제비가 제비 뽑으면 새끼 제비지."

제 **12**일

첫눈에 반했다는데
(표준 발음)

여러분은 첫눈에 반했다는 말이 무슨 뜻인지 모를 것이다. 처음 본 여자에게 넋을 빼앗긴 것이 아니냐고 하겠지만 그런 게 아니다. 좀처럼 눈 구경을 못하던 대만 여성이 한국에 와서 생애 처음으로 눈 구경을 했다. 책에서만 보던 눈이 하늘에서 쏟아져 내리더니 이내 세상을 하얗게 바꿔놓고 마는 것을 본 그 여성은 그만 그 정경에 매료된 나머지 한국에서 살기로 작정했다. 그래서 그 여성이 한 말이 "첫눈에 반했어요."였다.

'첫눈'에는 뜻이 두 가지 있다. 하나는 사물을 처음으로 대했을 때 받는 느낌이나 인상을 나타내는 뜻이고, 다른 하나는 그해에 처음으로 내린 눈을 가리키는 뜻이다. 이렇게 보면 그 대만 여성이 본 눈은 '첫눈'이 아니라 '첫 눈'일 가능성이 크다. 그러나 눈이란 그 여성이 본 것과 달리 오래 전부터 내렸을 테니 그 여성이 본 눈이 '첫 눈'일 수는 없다. 그래서 도리 없이 '첫눈'이라고 쓰되 '첫눈'을 자신이 처음으로 본 눈의 뜻으로도 해석하지 않을 수 없다.

여기서 나는 '첫눈'이 옳은지 '첫 눈'이 옳은지 따지려고 하는 게 아니라 '첫눈'의 두 가지 뜻을 나타내는 발음이 똑같다는 사실을 말하려는 것이다. 원래 사람의 얼굴에 있는 '눈[眼]'은 짧게 소리 내고, 하늘에서 내리는 '눈[雪]'은 길게 소리 낸다. 아마 여러분은 다 이렇게 내고 있을 것이다. 그런데 '첫눈'의 '눈' 발음은 모두 짧게 소리 내므로 이 두 경우를 소리로 구별할 길이 없다. 표준어 규정의 표준 발음법에 따르면 긴소리 낱말이라도 그것이 다른 낱말과 복합어를 이루면서 다른 낱말의 뒤에 붙게 되면 긴소리 발음이 나지 않는다고 한다. 즉 '눈[雪]'이 긴소리 낱말이지만 '첫눈'처럼 다른 형태소의 뒤에 붙게 되면 긴소리가 짧은 소리로 바뀐다는 것이다('눈사람'의 '눈'은 길게 발음한다).

이처럼 우리는 표준어의 형태를 아는 것만으로 그치지 않고 표준 발음을 정확하게 알아야 말을 바로 할 수 있게 되었다. 표준 발음법의 옳고 그름을 차치하고 우선 표준 발음법이 있다는 점을 무시할 수 없게 되었다. 그래서 지금부터는 표준 발음법에 대해서 알아보기로 한다.

표준 발음 원칙

표준어 사정을 거쳐 표준어가 된 낱말에 대해서 표준 발음을 확정하기 위해서 표준 발음법을 정했다. 표준어의 발음에 대해서 간단히 말하면, 표준어가 현대 교양 있는 사람들이 두루 쓰는 서울말을 기본으로 형성되었기 때문에 당연히 그들의 발음이 기본이 된다. 즉 현대 교양 있는 사람들이 두루 쓰는 서울말의 발음을 표준 발음으로 하는 것이 원칙이다. 다만 교양 있는 사람들이 쓰는 서울말 가운데에도 전통적인 발음에서 벗어나는 현상(예컨대 모음의 장단 구별이 모호해지는 현상)은 수용하지 않고 장단 발음을 살려서 발음법을 삼는 태도를 취했다. 이런 원칙을 선언적으로 규정한 것이 아래의 규정이다.

> 표준 발음법은 표준어의 실제 발음을 따르되, 국어의 전통성과 합리성을 고려하여 정함을 원칙으로 한다(표준 발음법 제1항).

국어의 전통성과 합리성을 고려한다는 것은 무조건 서울말의 발음 관행에 의지하지 않겠다는 것으로 당연한 태도라고 할 수 있다. 왜냐하면 일단 형성된 표준어는 모든 국민의 언어이기 때문에 이것을 서울말의 변화에 따라서 수시로 바뀌도록 내버려둘 수는 없기 때문이다. 이런 것들을 구별할 수 있으면 표준 발음을 안다고 할 수 있다.

(1) 같은 형태의 말에 긴소리와 짧은소리가 있다.

> 감, 공, 눈, 발, 밤, 성, 수, 실, 애, 일, 종, 줄, 천, 한

이들을 국어사전에서 찾아보자.

(2) 동사와 형용사의 어간에도 긴소리와 짧은소리가 있고, 활용하면 긴소리가 짧은소리로 바뀌는데 일부는 바뀌지 않는다. (113~114쪽 참조)

(3) 받침은 대표 소리로 난다.

닦다[닥따], 동녘[동녁], 옷[옫], 있다[읻따], 젖[젇], 솥[솓], 뱉다[밷따], 앞[압], 덮다[덥따]

(4) 겹받침 가운데에는 소리 나지 않는 것이 있다.

닭[닥], 여덟[여덜], 밟고[밥꼬], 넓고[널꼬], 읊지[읍찌], 굵다[국따]

(5) 받침은 모음으로 시작하는 조사와 어미, 접미사에 연음된다.

꽃이[꼬치], 앞에서[아페서], 읊어라[을퍼라], 늙은[늘근], 깊이[기피], 넓이[널비]

(6) 받침은 실질 형태소 앞에서는 대표 소리로 바뀐 뒤에 연음된다.

젖어미[저더미], 헛웃음[허두슴], 앞앞이[아바피], 겉옷[거돋]

(7) 구개음화 현상이 일어난다.

굳히다[구치다], 닫히다[다치다], 묻히다[무치다], 같이[가치], 끝이[끄치], 굳이[구지]

(8) 자음접변 현상이 폭넓게 일어난다.

옷맵시[온맵씨], 앞마당[암마당], 밟는[밤는], 없네[업네], 값 매기다[감 매기다]

(9) 일부에서 'ㅣ' 모음 순행 동화 현상이 일어난다.

되어[되여], 피어[피여], 아니오[아니요], 책이오[책이요]

(10) 경음화 현상이 폭넓게 일어난다.

국밥[국빱], 옷고름[온꼬름], 곱돌[곱똘], 옆집[엽찝], 신고[신꼬], 삼다[삼따], 핥다[할따]

한자어에서도 경음화 현상이 일어나는 것이 있다.

성과(成果)[성꽈], 공적(公的)[공쩍], 백지장[백찌짱] 등

(11) 합성어에서 소리 첨가 현상이 폭넓게 일어난다.

솜이불[솜니불], 색연필[생년필], 학여울[항녀울], 들일[들릴], 물약[물략], 제3연대[제삼년대], 냇가[낻까], 콧날[콘날], 뱃머리[밴머리], 나뭇잎[나문닙]

소리의 길이

모음의 장단을 구별하는 것을 원칙으로 한다. '발[足]/발[簾], 눈[眼]/눈[雪], 밤[夜]/밤[栗], 성(城)/성(姓)' 따위는 모음의 발음 길이로 구별한다. 긴 모음은 낱말의 첫 음절에서만 실현되는 것을 원칙으로 했다(밑줄 친 음절의 모음을 길게 발음한다).

㉮ <u>눈</u>보라/첫눈, <u>말</u>씨/참말, <u>밤</u>나무/알밤, <u>많</u>다/수많은, <u>멀</u>리/눈멀다, <u>벌</u>리다/떠벌리다(표발6 본문)

㉯ <u>반신반</u>의(半信半疑), <u>재삼재</u>사(再三再四), <u>선남선</u>녀(善男善女), <u>전신전</u>화(電信電話)(표발6 다만)

㉰ <u>반</u>반(半半), <u>간</u>간이(間間一), <u>영</u>영(永永), <u>서</u>서히(徐徐一), <u>시</u>시비비(是是非非)

㉱ 보아 → <u>봐</u>, 되어 → <u>돼</u>, 두어 → <u>둬</u>, 하여/<u>해</u>, 쇠어 → <u>쇄</u>, 괴어/<u>괘</u>, 쌓이다/<u>쌔</u>다, 누이다 → <u>뉘</u>다, 트이다 → <u>틔</u>다(표발6 붙임)

㉲ 오아 → 와, 지어 → 져, 치어 → 쳐, 가아 → 가, 서어 → 서, 켜어 → 켜(표발6 붙임의 다만)

예 ㉮는 긴소리가 첫 음절에 있고, 둘째 음절 이하에서는 짧은소리로 바뀜을 나타내고 있다.

예 ㉯는 둘째 이하 음절에서도 분명하게 긴소리 발음이 나는 것은 그대로 인정한다는 원칙에 따라서 셋째 음절에서도 긴소리 발음이 나는 것을 예시한 것이다.

예 ㉰는 같은 한자로 된 것이지만 첫째 음절에서만 긴소리로 발음되고 둘째 음절에서는 긴소리 발음이 되지 않음을 나타내는 예이다.

예 ㉱는 활용 형태가 줄어든 경우에 긴소리가 나는 것을 인정한 예이다. 접미사가 붙은 것도 줄어들면 긴소리 발음이 난다.

예 ㉲는 활용 형태가 줄어든 것이라도 긴소리로 바뀌지 않음을 예시한 것이다.

㉳ <u>감</u>다 → 감으니, <u>꼬</u>다 - 꼬아, <u>넘</u>다 → 넘어서, <u>떼</u>다 → 떼어야, <u>밟</u>다 → 밟으면, <u>신</u>다 → 신어라, <u>쏘</u>다 → 쏘아라, <u>안</u>다 → 안아, <u>알</u>다 → 알았어, <u>옮</u>다 → 옮아, 울

다 → 울었다, 웃다 → 웃어라, 죄다 → 죄어라 (표발7 제1호)

㉑ 끌다 → 끌어, 벌다 → 벌어서, 썰다 → 썰었다, 없다 → 없으니, 작은 → 작아, 멀다 → 멀어, 얻은 → 얻어서, 엷은 → 엷어, 걸치다 → 걸쳐 (표발7 제1호의 다만)

㉒ 감다 → 감기다, 밟다 → 밟히다, 안다 → 안기다, 알다 → 알리다, 쏘다 → 쏘이다, 울다 → 울리다, 죄다 → 죄이다, 넘다 → 넘기다, 떼다 → 떼이다 (표발7 제2호)

㉓ 끌다 → 끌리다, 더럽다 → 더럽히다, 벌다 → 벌리다, 웃다 → 웃기다, 썰다 → 썰리다, 없다 → 없애다 (표발7 제2호의 다만)

㉔ 밀다 → 밀물, 써다 → 썰물, 쏘다 → 쏜살같이, 작다 → 작은아버지 (표발7 제3호)

예 ㉕는 긴소리 모음이 있는 동사에 모음 어미가 와서 활용하면 긴소리가 사라지는 현상이 있음을 원칙으로 한다는 것을 나타낸 것이다.

예 ㉑는 모음 어미가 와서 활용을 하더라도 예외적으로 긴소리가 사라지지 않는 낱말을 예시한 것이다.

예 ㉒는 동사에 피동 접사, 사동 접사가 결합하면 긴소리가 사라지는 것을 원칙으로 함을 나타낸 것이다.

예 ㉓는 피동 접사나 사동 접사가 붙더라도 긴소리가 사라지지 않는 예외적인 낱말을 예시한 것이다.

예 ㉔는 긴소리 동사라도 합성어가 되는 과정에서 긴소리가 사라지는 예를 보인 것이다.

한자의 소리

한자 중에는 긴소리로 발음될 때와 짧은소리로 발음될 때 의미가 달라지는 것이 있다.

㉮ 강(强) : 긴 발음인 경우에는 '힘을 들이어, 억지로, 무리하게'의 의미를 나타내고 (强姦, 强勸, 强賣, 强迫, 强要, 强占, 强制, 强調, 强行, 强行軍), 짧은 발음인 경우에는 '센, 좋은'의 의미를 나타낸다 (强權, 强大, 强力, 强點, 强打, 强暴, 强打者, 强펀치).

'강압(强壓)'은 같은 글자이지만 '강'이 긴소리이면 '강제로 행사하는 압력'의 의미가 되고, '강'의 소리가 짧으면 '센 압력'이 된다. '강권(强勸, 强權), 강점(强占, 强點)'도 '억지로'의 뜻인지 '센'의 뜻인지에 따라서 '강'의 소리가 길거나 짧아진다.

ᄂᆏ 장(長) : 긴 발음인 경우에는 '맏이, 어른'의 뜻을 나타내고(長男, 長女, 長老, 長成, 長孫, 長子), 짧은 발음인 경우에는 '긴, 나이가 많은'의 뜻을 나타낸다(長年, 長短, 長髮, 長點, 長調, 長波, 長篇).

긴소리에 대한 단상

낱말의 첫소리에서만 긴소리를 내게 한 원칙은 지나친 제약이 될 가능성이 크다. '눈사람'의 '눈'은 길게, '함박눈'의 '눈'은 짧게 소리 내야 한다는 것은 지나친 제약일 뿐 아니라, '선거 연설'에서는 '연'을 길게 발음하다가 '기조연설'에서는 이를 의식적으로 짧게 발음해야 하고, '선거 운동'에서는 '선'을 길게 발음하다가 '총선거'에서는 짧게 발음해야 한다는 것은 도무지 납득하기 어렵다. 특히 합성어의 성립에 이견이 있을 경우에는 문제가 더욱 복잡하다. 예컨대 '허리 운동'으로 쓰면 '운'을 길게 정상적으로 발음해야 하지만 이것을 합성어로 보고 '허리운동'으로 붙여 쓰면 '운'을 짧게 발음해야 한다. 이는 몇몇 합성어에서 나타난 단음화 현상을 섣불리 보편적인 원칙으로 삼았기 때문에 나타난 부작용이다. 첫소리에서만 긴소리를 인정할 것이 아니라 첫소리에서 긴소리가 나는 것이라도 첫소리 외에서는 짧아지는 것을 허용하는 정도로 규정을 완화할 필요가 있다.

받침의 발음 (표발8~16)

자음 19자가 받침으로 쓰이면 모두 제 소리가 나는 것이 아니고 대표음으로만 소리 난다. 그래서 받침으로 나는 소리는 'ㄱ, ㄴ, ㄷ, ㄹ, ㅁ, ㅂ, ㅇ'의 7개뿐이다(표발8). 그러나 받침 뒤에 모음으로 시작하는 조사나 어미, 접미사가 오면 모든 받침이 비로소 제 소리가 난다(표발13). 겹받침은 두 음소 가운데에서 하나만 소리 난다(표발10). 다만 겹받침 뒤에 모음으로 시작하는 조사나 어미가 오면 두 음이 다 제 소리대로 난다(표발14).

㉮ 닦다[닥따], 동녘[동녁], 옷[옫], 있다[읻따], 젖[젇], 쫓다[쫃따], 솥[솓], 뱉다[밷따], 앞[압], 덮다[덥따]

㉯ 넋[넉], 넋과[넉꽈], 앉다[안따], 여덟[여덜], 넓다[널따], 외곬[외골], 핥다[할따], 없다[업따]

㉰ 밟다[밥따], 밟소[밥쏘], 밟지[밥찌], 밟는[밤는], 밟게[밥께], 밟고[밥꼬], 넓죽하다[넙쭈카다], 넓둥글다[넙뚱글다]

115

㉣ 닭[닥], 흙과[흑꽈], 맑다[막따], 맑지[막찌], 맑습니다[막씀니다], 늙지[늑찌], 삶[삼], 젊다[점따], 읊고[읍꼬], 읊다[읍따], 굵다랗다[국따라타]

㉤ 맑게[말께], 묽고[물꼬], 얽거나[얼꺼나], 늙고[늘꼬], 늙게[늘께], 늙거나[늘꺼나]

㉥ 놓고[노코], 좋던[조턴], 쌓지[싸치], 많고[만코], 않던[안턴], 닳지[달치]

㉦ 각하[가카], 밝히다[발키다], 맏형[마텽], 넓히다[널피다], 꽂히다[꼬치다], 앉히다[안치다], 못하다[모타다]

㉧ 닿소[다쏘], 많소[만쏘], 끊습니다[끈씀니다], 싫소[실쏘], 놓는[논는], 쌓네[싼네]

㉨ 않는[안는], 않네[안네], 뚫네[뚤레], 뚫는[뚤른]

㉩ 낳은[나은], 놓아[노아], 쌓이다[싸이다], 많아[마나], 않은[아는], 닳아[다라], 싫어도[시러도], 싫을[시를], 끊임없이[끄니멉씨]

예 ㉮는 받침이 대표음으로 나는 경우를 예시한 것이다. 'ㄲ, ㅋ'은 'ㄱ'으로 소리 나고, 'ㅅ, ㅆ, ㅈ, ㅊ, ㅌ'은 'ㄷ'으로 소리 나고, 'ㅍ'은 'ㅂ'으로 소리 난다.

예 ㉯와 ㉰는 겹받침인 경우에 두 받침 가운데에서 하나만 소리 난다는 것을 보이고 있다. 같은 'ㄼ' 받침은 낱말에 따라서 'ㄹ'만 소리 나기도 하고 'ㅂ'만 소리 나기도 한다. 따라서 낱말별로 발음을 익혀 두어야 한다. 겹받침이 있는 동사나 형용사의 활용형에 관한 규정이 이곳 말고도 여러 곳에 있는데, 특히 제11항, 제25항의 규정에 유의해서 'ㄺ, ㄼ, ㄿ' 받침 뒤에 자음 어미가 올 때에 두 받침 가운데 어떤 받침이 소리 나는지 정확하게 익혀 두어야 한다.

예 ㉣와 ㉤는 겹받침 'ㄺ, ㄼ, ㄿ'의 발음에 관한 것이다. 두 받침 가운데에서 어느 하나만 소리 난다는 것을 알 수 있다. 어떤 받침이 소리가 나고 어떤 받침이 사라지는지 개별 낱말을 보면서 익혀야 한다.

예 ㉥와 ㉦는 'ㅎ'소리가 일부 자음('ㄱ, ㄷ, ㅂ, ㅈ')의 앞이나 뒤에 올 때에 그 자음을 거센소리로 만듦을 보인 것이다. '못하다'는 '못'이 대표음 [몯]으로 바뀐 뒤 'ㅎ'과 결합하여 [모타다]로 발음된다.

예 ㉧는 'ㅎ'소리 뒤에 'ㅅ'이 오는 경우 'ㅅ'이 된소리로 바뀌고, 'ㄴ'이 뒤에 오면 'ㅎ'이 'ㄴ'으로 바뀌는 것을 예시한 것이다.

예 ㉨는 'ㄶ'이나 'ㅀ' 뒤에 'ㄴ'이 오는 경우 'ㅎ'소리가 탈락하는 것을 예시한 것이다.

예 ㉩는 'ㅎ' 뒤에 모음이 오는 경우 'ㅎ'소리가 탈락하는 것을 예시한 것이다. '찧다'도 여기에 예시된 원리에 따라서 발음한다.

모음 앞에서의 받침 발음 (표발13~16)

받침 뒤에 모음으로 시작하는 조사, 어미, 접미사 등 형식 형태소가 오면 받침이 뒤의 모음과 결합하여(이런 현상을 '연음'이라고 한다) 제 소리를 낼 수 있게 된다. 그러나 모음으로 시작하는 실질 형태소 앞에서는 대표음으로 소리 난다.

⑦ 벗아[버사], 낮에[나제], 젖을[저즐], 꽂아[꼬차], 빛을[비츨], 부엌에[부어케], 밭은[바튼], 무릎에[무르페]

㉯ 넋이[넉씨], 닭을[달글], 밟을[발블], 곬이[골씨], 값을[갑쓸], 없어[업써], 여덟이[여덜비], 옭아[올마]

㉰ 젖어미[저더미], 맛없다[마덥다], 겉옷[거돋], 헛웃음[허두슴], 앞앞이[아바피], 무릎오금[무르보금]

㉱ 값어치[가버치], 값있는[가빈는], 넋 없이[너겁씨], 닭 앞에[다가페]

㉲ 디귿이[디그시], 지읒을[지으슬], 치읓에[치으세], 키읔으로[키으그로], 티읕은[티으슨], 피읖에게[피으베게], 히읗에서[히으세서]

예 ㉰는 받침 뒤에 모음으로 시작하는 실질 형태소가 오면 받침이 대표음으로 소리 나는 것을 예시한 것이다. '밭 아래'처럼 새로운 낱말이 오면 당연히 받침은 대표음으로 소리 난다. 다만, '맛있다'는 '마디따'와 '마시따'를 다 인정한다. 일반에서 '마시따'로 연음해서 소리 내는 경향이 짙기 때문이다. '멋있다'도 '머디따'와 '머시따'를 다 인정한다.

예 ㉱는 겹받침 뒤에 모음으로 시작하는 실질 형태소가 온 경우에 겹받침 가운데 소리 나는 한 받침만 연음되는 것을 나타낸다. '넋 없이', '닭 앞에'처럼 새로운 낱말이 올 때에는 당연히 겹받침 가운데 소리 나는 한 받침만 연음된다. 겹받침 가운데에서 어느 받침이 소리 나는지에 관해서는 표준 발음법 제10항에서 밝혔다. '달걀'의 경우는 '닭알'이 변한 것인데 'ㄹ'과 'ㄱ' 모두 제 음을 냈음을 알 수 있다. 표준 발음법의 이론으로 보면 예외적인 현상이다.

한글 자모의 이름 뒤에 모음으로 시작하는 조사가 오면 위와 같이 특별한 방법으로 소리 내도록 했다(표발16). 실제 발음을 따라가다 보니 이제까지의 모든 발음 원칙이 완전히 무너지고 말았다. 이는 한글 자모의 이름에 대한 우리의 인식에 문제가 있었기 때문이라고 보아야 한다.

소리의 동화

음소와 음소가 만나면 상대의 영향을 받아 소리가 변하는 경우가 있는데, 이를 소리의 동화라고 한다. 특정 자음이 특정 모음 앞에서 변하는 경우가 있고(이에는 구개음화 현상이 있다), 특정 자음이 특정 자음 앞이나 뒤에서 변하는 경우가 있으며(이에는 자음접변 현상이 있다), 'ㅣ' 모음이 앞의 모음을 바꾸는 경우('ㅣ' 모음 역행 동화 현상이라고 한다)가 있다. 표준 발음법에서는 앞의 두 음운 현상은 전면적으로 인정하지만 'ㅣ' 모음 역행 동화 현상은 부분적으로만 인정한다.

(1) 구개음화 현상(표발 17)

㉮ 곧이듣다[고지듣따], 굳이[구지], 미닫이[미다지], 땀받이[땀바지], 밭이[바치], 혀훑이[벼훌치], 같이[가치]

㉯ 굳히다[구치다], 닫히다[다치다], 묻히다[무치다]

(2) 자음접변 현상 1(표발 18)

㉮ 먹는[멍는], 깎는[깡는], 몫만[몽만], 긁는[긍는], 흙만[흥만]

㉯ 닫는[단는], 옷맵시[온맵씨], 빗만[빈만], 쫓는[쫀는], 붙는[분는], 놓는[논는]

㉰ 밥물[밤물], 앞마당[암마당], 밟는[밤는], 읊는[음는], 없는[엄는], 값매기다[감매기다]

예 ㉮는 대표음이 [ㄱ]으로 소리 나는 받침이 'ㄴ, ㅁ' 앞에서 [ㅇ]으로 동화된 것을 예시한 것이다.

예 ㉯는 대표음이 [ㄷ]으로 소리 나는 받침이 'ㄴ, ㅁ' 앞에서 [ㄴ]으로 동화된 것을 예시한 것이다.

예 ㉰는 대표음이 [ㅂ]으로 소리 나는 받침이 'ㄴ, ㅁ' 앞에서 [ㅁ]으로 동화된 것을 예시한 것이다. 이런 현상은 낱말과 낱말 사이에서도 광범위하게 일어난다. '국 마시다'가 [궁 마시다]로, '옷 마르다'가 [온 마르다]로, '입 놀리다'가 [임 놀리다]로 소리 나는 것이 그 예이다.

(3) 자음접변 현상 2(표발 19)

㉱ 담력[담녁], 침략[침냑], 강릉[강능], 항로[항노], 대통령[대통녕]

㉲ 막론[망논], 백리[뱅니], 협력[혐녁], 십리[심니]

예 ㉃는 'ㅁ, ㅇ' 뒤에 오는 'ㄹ' 음이 [ㄴ]으로 동화되어 소리 나는 경우를 예시한 것이다.

예 ㉤는 'ㄱ, ㅂ' 뒤에 오는 'ㄹ' 음이 [ㅁ]으로 동화되어 소리 나는 경우를 예시한 것이다.

(4) 자음접변 현상 3 (표발 20)

㉦ 난로[날로], 신라[실라], 천리[철리], 광한루[광할루], 대관령[대괄령]

㉧ 칼날[칼랄], 물난리[물랄리], 줄넘기[줄럼끼], 핥는지[할른지]

㉨ 닳는[달른], 뚫느라고[뚤르라고], 핥느니[할르니]

㉩ 의견란[의견난], 임진란[임진난], 생산량[생산냥], 결단력[결딴녁], 공권력[공꿘녁], 동원령[동원녕], 상견례[상견녜], 횡단로[횡단노], 이원론[이원논], 입원료[이붠뇨], 구근류[구근뉴]

예 ㉦는 'ㄴ'이 그 뒤에 오는 'ㄹ' 때문에 [ㄹ]로 동화된 경우를 예시한 것이다. 예 ㉧는 'ㄴ'이 그 앞에 온 'ㄹ'의 영향으로 [ㄹ]로 동화된 경우를 예시한 것이다.

예 ㉨는 'ㄴ'이 'ㅀ, ㄾ' 뒤에 올 때에도 [ㄹ]로 동화됨을 예시한 것이다.

예 ㉩는 'ㄴ'이 'ㄹ'에 동화되지 않고 오히려 'ㄹ'이 'ㄴ'에 동화되어 [ㄴ] 소리로 변한 경우를 예시한 것이다. 이것은 일반적인 동화와 정반대의 동화로서 주목할 필요가 있다. 여기에 예시된 모든 낱말은 기존 단어에 '-란, -량, -력, -령, -로, -론, -례, -료, -류' 같은 접미사가 붙어서 된 파생어이다. 이런 경우에 기존 단어의 발음을 유지하는 것을 우선으로 하기 때문에 뒤에 오는 접미사의 'ㄹ'이 기존 단어의 받침 'ㄴ'에 동화되는 것이다.

예 ㉦에 있는 '광한루, 대관령'에도 '-루', '-령' 같은 접미사가 붙어 있지만 '광한', '대관'이 기존의 낱말이 아니기 때문에 일반적인 동화에 따라서 [광할루], [대괄령]으로 소리 나게 된 것이다.

이상 세 가지 이외의 자음접변 현상은 인정하지 않는다. 즉 '감기'를 [강기]로 발음하거나 '옷감', '꽃밭'을 '옥깜', '꼽빹'으로 발음하는 것 따위의 동화는 인정하지 않는다 (표발 21).

자음접변에 대한 단상

'ㄴ'이 'ㄹ' 앞에서 'ㄹ'로 변하는 자음접변이 잘 지켜지지 않는 경우가 있다. 예를 들면 지하철 역 이름이 된 '선릉'을 '설릉'으로 발음하는 사람보다 '선능'으로 발음하는 사람이 더 많다. 외래어에서는 더 헷갈린다. '온라인'을 '올라인'으로 발음해야 하는지 '온나인'으로 발음해야 하는지. 어떤 이는 글자대로 마치 영어 발음하듯이 '온라인'이라고 하기도 한다. 표준 발음법을 아직 규범화하기에 어려운 점이 있음을 알 수 있다.

(5) 'ㅣ' 모음 순행 동화 (표발 22)

되어[되어/되여], 피어[피어/피여], 이오[이오/이요], 아니오[아니오/아니요]

원칙적으로 'ㅣ' 모음 순행 동화는 인정하지 않는다. 왜냐하면 조금만 주의하면 정확하게 발음할 수 있기 때문이다. 그러나 위의 경우에는 예외적으로 'ㅣ' 모음 순행 동화 현상을 인정했다. 특별한 실익이 있는 것 같지 않은데도 지나치게 현실 발음에 영합한 면이 있다.

된소리되기 (표발 23~28)

어떤 받침은 뒤에 오는 자음을 된소리로 만드는데, 이를 된소리되기라고 한다. 이 음운 현상도 자음접변 현상처럼 매우 폭넓게 일어난다.

(1) 대표음이 'ㄱ, ㄷ, ㅂ'인 받침 뒤에서는 자음이 된소리로 바뀐다 (표발 23).

국밥[국빱], 삯돈[삭똔], 닭장[닥짱], 옷고름[옫꼬름], 있던[읻떤], 꽃다발[꼳따발], 낯설다[낟썰다], 밭갈이[받까리], 곱돌[곱똘], 덮개[덥깨], 옆집[엽찝], 넓죽[넙쭉], 읊기[읍끼], 값진[갑찐]

(2) 'ㄴ, ㅁ' 받침과 된소리되기 (표발 24)

신고[신꼬], 껴안다[껴안따], 앉고[안꼬], 얹다[언따], 삼고[삼꼬], 더듬지[더듬찌], 닮고[담꼬], 젊지[점찌]

어간이 'ㄴ, ㅁ' 받침일 때 그 뒤에 오는 어미의 첫소리 'ㄱ, ㄷ, ㅅ, ㅈ'이 된소리로 바뀌는 예를 보인 것이다. 대체로 어간과 어미 사이에서는 이런 현상이 일어나고, 어간과 접미사 사이에서는 이런 현상이 일어나지 않는다 (표발 24 다만).

감-기다, 남-기다, 숨-기다, 신-기다

위와 같은 파생어에서는 된소리가 나지 않음을 알 수 있다. 그러나 명사화 접미사 '-기'가 붙으면 된소리되기 현상이 나타난다.

신기[신끼], 남기[남끼], 숨기[숨끼], 감기[감끼]

주의할 것은 '감다, 남다, 숨다' 등에 있던 긴소리가 '감기다, 남기다, 숨기다'에서는 짧은소리로 바뀌었다가, '감기, 남기, 숨기'에서는 다시 나타난다는 점이다. 긴소리 발음과 된소리 발음 사이에 어떤 관계가 있음을 알 수 있다.

(3) 어간의 'ㄼ, ㄾ' 받침과 된소리되기 _(표발 25)

넓게[널께], 섧지[설찌], 떫지[떨찌], 핥다[할따], 훑소[훌쏘] (표발25)

위 예는 어간의 받침 'ㄼ, ㄾ' 뒤에 결합되는 어미의 첫소리 'ㄱ, ㄷ, ㅅ, ㅈ'이 된소리로 바뀌는 것을 예시한 것이다. 같은 'ㄼ' 받침이라도 '밟지'는 [밥찌]로 발음된다. 그리고 명사와 조사 사이에서는 된소리되기 현상이 일어나지 않기 때문에 '여덟과'는 [여덜과], '여덟도'는 [여덜도]로 발음한다.

(4) 한자어의 된소리되기 _(표발 26)

갈등[갈뜽], 절도[절또], 말살[말쌀], 물주[물쭈], 물질[물찔], 몰상식[몰쌍식], 불세출[불쎄출]

한자어에서 나타나는 된소리 경향을 예시한 것이다. 대체로 'ㄹ' 받침 뒤에서 된소리가 나타나지만 규칙적이지는 않다. '결과, 물건, 불복, 설계, 열기, 절기, 출고, 팔경, 활보' 등에서는 된소리가 나타나지 않는다. 그리고 같은 음이 겹치는 경우, 즉 '별별(別別), 허허실실(虛虛實實), 절절(切切)하다' 등에서도 'ㄹ' 받침 뒤의 첫소리가 된소리로 변하지 않는다. 한자어는 각 낱말 단위로 된소리 발음이 되는지 안 되는지 판단하므로 국어사전을 이용해서 된소리 발음 낱말을 확인하는 수밖에 없다.

한자어는 'ㄹ' 받침이 아니더라도 광범위하게 된소리되기 현상이 나타난다. 이를 다 예시하기는 어렵지만 일부 제시하면 아래와 같은 것이 있다.

① 받침이 없는데도 된소리가 나타나는 경우

개수(個數)[개쑤], 백지장(白紙張)[백지짱], 부사격(副詞格)[부사격], 사건(事件)[사껜], 수적(數的)[수쩍], 시적(詩的)[시쩍], 이과(理科)[이꽈], 중부권(中部圈)[중부꿘], 화병(火病)[화뼝]

'효과(效果)'는 [효꽈]로 발음하는 것을 인정하지 않는 것으로 되어 있으나 현실적으로 이를 [효과]로 발음하는 것은 쉽지 않다. 최소한 두 발음을 허용한 뒤에 표준 발음을 확정하는 것이 옳을 것이다.

② 'ㄴ' 받침 아래서 된소리가 나타나는 경우

단점(短點)[단쩜], 선가(船價)[선까], 산기(産氣)[산끼], 전과(戰果, 轉科, 全課)[전꽈], 전적(全的)[전쩍], 한자(漢字)[한짜]

'생산적(生産的)'은 예사소리이다.

③ 'ㅁ' 받침 아래서 된소리가 나타나는 경우

감가(減價)[감까], 선심성(善心性)[선심썽], 엄격(嚴格)[엄격], 염가(廉價)[염까], 염증(炎症, 厭症)[염쯩], 점수(點數)[점쑤], 점자(點字)[점짜], 함수(函數)[함쑤]

④ 'ㅇ' 받침 아래서 된소리가 나타나는 경우

공과(工科)[공꽈], 공권(公權)[공꿘], 공적(公的)[공쩍], 궁기(窮氣)[궁끼], 동적(動的)[동쩍], 동점(同點)[동쩜], 상장(賞狀)[상짱], 성과(成果)[성꽈], 성적(性的)[성쩍], 송장(送狀)[송짱], 신경성(神經性)[신경썽], 영자(英字)[영짜], 영적(靈的)[영쩍], 용건(用件)[용껀], 용자례(用字例)[용짜례], 정적(靜的)[정쩍]

'본능적(本能的)', '영웅적(英雄的)'은 예사소리이다.

위에 제시한 것은 한자어에서 발생하는 된소리 발음 극히 일부 낱말에 지나지 않는다. 각 낱말의 된소리 발음 여부는 낱말별로 습득하지 않으면 안 된다. 한자어의 발음법도 표준 발음법에 규정할 필요가 있다.

(5) 합성어의 된소리되기 (표발 28)

문 – 고리[문꼬리], 눈 – 동자[눈똥자], 신 – 바람[신빠람], 산 – 새[산쌔], 물 – 동이[물똥이], 발 – 바닥[발빠닥], 굴 – 속[굴쏙], 그믐 – 달[그믐딸], 아침 – 밥[아침빱], 잠 – 자리[잠짜리], 등 – 불[등뿔], 창 – 살[창쌀], 강 – 줄기[강쭐기]

이는 합성어에서 사잇소리가 나타나는 경우로서, 뒤 형태소의 첫소리가 된소리로 바뀌는 것은 합성 원리에 따라서 일어나는 당연한 현상이다. 물론 합성어 가운데에서도 된소리되기 현상이 일어나지 않는 것도 많이 있다. 예컨대 '불고기, 봄김치, 굴김치, 물방아, 물장구, 발장구, 발장단, 양념절구, 옴개구리' 등은 예사소리로 발음된다.

소리의 첨가

합성어나 파생어에서는 두 형태소가 결합하는 곳에서 새로운 소리가 첨가되는 경우가 있다. 첨가되는 소리를 사잇소리라고 하는데, 이 사잇소리를 발음하는 방법에 관해서 표준 발음법은 두 경우를 규정하고 있다. 하나는 사이시옷이 붙어 있지 않은 합성어와 파생어 가운데에서 나타나는 사잇소리 발음 형태이고, 다른 하나는 사이시옷이 붙은 낱말의 발음 형태이다.

(1) 'ㄴ' 첨가 (표발 29 본문)

㉮ 솜 – 이불[솜니불], 홑 – 이불[혼니불], 막 – 일[망닐], 삯 – 일[상닐], 맨 – 입[맨닙], 꽃 – 잎[꼰닙], 내복 – 약[내봉냑], 한 – 여름[한녀름], 남존 – 여비[남존녀비], 신 – 여성[신녀성], 색 – 연필[생년필], 직행 – 열차[지캥녈차], 늑막 – 염[능망념], 콩 – 엿[콩녇], 담 – 요[담뇨], 눈 – 요기[눈뇨기], 영업 – 용[영엄뇽], 식용 – 유[시굥뉴], 국민 – 윤리[궁민뉼리], 밤 – 윷[밤뉻]

㉯ 검열[거멸/검녈], 금융[그뮹/금늉], 이죽이죽[이주기죽/이중니죽], 야금야금[야그먀금/야금냐금], 욜랑욜랑[욜랑욜랑/욜랑뇰랑]

예 ㉮는 두 형태소 사이에 'ㄴ'을 첨가해서 소리 내는 경우를 보인 것이다. 대체로 두 형태소 가운데 뒤 형태소의 첫소리에 'ㅣ' 모음이 섞여 있는 경우에 나타남을 알

소리의 첨가에 대한 단상

소리의 첨가 현상은 너무 광범위하게 일어나기 때문에 일정한 논리로 설명하기 어려운 점이 있다. 최근 국립국어원이 조사해 보니 '영영(永永)'을 표준 발음대로 '영:영'이라고 소리 낸 사람은 2.5%에 지나지 않고, 소리를 첨가하여 '영:녕'으로 소리 낸 사람이 무려 53.4%에 이르렀다고 한다. 이 외에도 인사말을 표준 발음대로 소리를 첨가하여 '인산말'이라고 하지 않고 정상적으로 '인사말'이라고 발음한 사람이 3.9%에 지나지 않았다니 현실음과 표준음 사이에는 상당한 거리가 있는 것 같다. 이런 점을 보아 표준 발음법은 규범으로서보다는 권장 규정으로서 기능하는 것이 현재로서는 더 적절할 것이라는 생각이 든다.

수 있다. '학여울', '야옹야옹'도 [항녀울], [야옹냐옹]으로 발음한다.

예 ⑭는 'ㄴ'을 첨가하지 않을 수도 있는 낱말을 보인 것이다. 이 가운데에서 '검열, 금융'은 복합어가 아니므로 소리가 첨가될 이유가 없어 보인다. 그런데도 'ㄴ'을 첨가해서 발음하는 경향이 강하기 때문에 이를 허용하기 위해서 여기에 넣은 것이다.

(2) 'ㄹ' 첨가(표발 29 붙임 1)

들 – 일[들릴], 솔 – 잎[솔립], 설 – 익다[설릭따], 물 – 약[물략], 불 – 여우[불려우], 서울 – 역[서울력], 물 – 엿[물렫], 휘발 – 유[휘발류], 유들 – 유들[유들류들]

'송별연, 절약, 월요일, 등용문, 삼일절, 육이오 전쟁, 금요일, 목요일' 등은 모두 사잇소리 첨가 없이 발음한다.

(3) 낱말 간의 소리 첨가(표발 29 붙임 2)

한 단어가 아닌 경우에도 소리의 첨가를 허용한다. 물론 한 마디로 발음하지 않고 끊어서 발음할 때에는 소리 첨가가 일어나지 않는다.

한 일[한닐], 옷 입다[온닙따], 서른여섯[서른녀섣], 3연대[삼년대], 먹은 엿[머근녇], 할 일[할릴], 잘 입다[잘립따], 스물여섯[스물려섣], 제1연대[제일련대], 먹을 엿[머글렫]

(4) 사이시옷의 발음(표발 30)

㉮ 냇 – 가[내까/낻까], 샛 – 길[새낄/샏낄], 빨랫 – 돌[빨래똘/빨랟똘], 콧 – 등[코뜽/콛뜽], 깃 – 발[기빨/긷빨]

㉯ 콧 – 날[콘날], 아랫 – 니[아랜니], 툇 – 마루[퇸마루], 뱃 – 머리[밴머리]

㉰ 베갯 – 잇[베갠닏], 깻 – 잎[깬닙], 나뭇 – 잎[나문닙], 도리깻 – 열[도리깬녈], 뒷 – 윷[뒨뉻]

위 규정은 합성어에서 나는 사이시옷을 붙이는 방법을 제시한 한글 맞춤법 제30항 제1호에 따라서 사이시옷을 붙여 놓은 합성어를 어떻게 발음할지 규정한 것이다. 따라서 발음이 먼저 있고 그에 따라서 사이시옷을 붙인 것인데, 이 형태를 처음 본 사람들이 혹시 발음을 잘못할 것을 우려해서 이 규정을 두었다고 보면 된다.

연습문제

정답은 www.barunmal.com의 "글세상"에 있습니다.

1. 밑줄 친 음의 길이가 나머지와 <u>다른</u> 것을 고르라.

(1) ① 눈을 <u>감</u>고 조용히 생각해라.
　② 눈을 <u>감</u>으면 떠오르는 곳이 바로 그곳이다.
　③ 피곤하니 눈이 저절로 <u>감</u>긴다.
　④ 잠깐 눈을 <u>감</u>았다 떠라.

(2) ① 경찰서로 도둑을 <u>끌</u>고 갔다.
　② 도둑으로 몰려 관청으로 <u>끌</u>려갔지.
　③ 시간을 자꾸 <u>끌</u>어도 소용이 없어.
　④ <u>끌</u>로 나무에 구멍을 파려 한다.

(3) ① 돈 문제로 그와 사이가 <u>벌</u>어지고 말았다.
　② 꽃을 찾아오는 것이 <u>벌</u>이 아닌가?
　③ 바람이 부니 촛불이 흔들려 <u>벌</u>불이 졌다.
　④ 요즘은 <u>벌</u>어먹을 방도가 없네.

(4) ① 곧 <u>밀</u>물이 들면 어살에도 물이 찰 것이다.
　② 부엌의 <u>밀</u>문을 열고 나가면 뒤꼍이 나온다.
　③ 모두 그를 회장으로 <u>밀</u>고 있는 것 같다.
　④ 목욕탕에 가서 때를 <u>밀</u>어 달라고 했다.

(5) ① 눈보라를 뚫고 그가 돌아왔다.
　② 오늘 첫<u>눈</u>이 내렸다.
　③ 아무리 <u>눈</u>치가 없기로서니 그렇게 말을 못 알아들어?
　④ 함박<u>눈</u>이 펑펑 쏟아져 내렸다.

2. 물음에 맞는 답을 고르라.

(1) 밑줄 친 음절의 첫소리가 나머지와 <u>다른</u> 것은?
　① 대관<u>령</u>(大關嶺)　　　　② 동원<u>령</u>(動員令)
　③ 훈<u>령</u>(訓令)　　　　　　④ 국무총리<u>령</u>(國務總理令)

(2) 낱말의 밑줄 친 음절에 사잇소리가 개입하는 경우가 있는 것은?
　① 절<u>약</u>(節約)　　　　　② 검<u>열</u>(檢閱)
　③ 등<u>용</u>문(登龍門)　　　④ 송별<u>연</u>(送別宴)

우스개 이야기

스님이 목욕탕에 갔다.

때를 밀다가 등을 밀어줄 사람이 필요하다는 생각이 들었다. 이리저리 둘러보니 중학생쯤 되어 보이는 까까머리 아이가 혼자 때를 밀고 있었다.

스님 : "애, 너 내 등 좀 밀어 다오."

까까머리 아이가 불만스러운 표정으로 중얼거렸다.

아이 : "아이시, 저나 나나 까까머리 주제에 왜 반말이야."

그 불평을 들은 스님이 '이놈이 내가 저와 같은 또래로 착각하는 모양이군.' 이렇게 생각하고 아이가 다가오자 그의 귀에 대고 말했다.

스님 : "야, 까까머리라고 다 같은 게 아냐. 나는 중이야."

그러자 아이가 스님의 뺨을 찰싹 때리면서 말했다.

아이 : "야 인마, 난 중삼이야."

스님이 긴소리 발음을 못해서 수난을 당했다는 이야기이다.

제13~14일

낱말에도 족보가 있다

(품사)

고스톱이라는 오락을 해 본 사람이 있을 것이다. 이 오락을 하려면 먼저 족보를 읊어야(?) 한다. 3, 4, 5로 날 것인지, 3, 5, 7로 날 것인지 결정해야 하고, 먹고 쌌을(?) 때에 어떻게 할 것인지, 광박·피박의 조건, 열 끝짜리로 3점을 났을 때 어떻게 처리할 것인지, 판에 있는 화투짝을 모조리 쓸어버렸을 때와 자기가 방금 낸 것을 다시 쓸어 왔을 때의 처리, 흔들었을 때에 몇 배로 점수를 계산할 것인지 등등 아주 많은 규칙이 이 족보를 읊으면서 결정되고 그에 따라서 판이 시작되는 것이다. 판을 벌일 때마다 족보를 읊는 이유는 규칙이 지역이나 사람들 사이에서 조금씩 다르기 때문이다. 그런데 사실 족보라는 것이 이런 오락에 쓰이는 낱말이 아닌데 하필 오락을 하면서 족보라는 말을 거기에 붙였는지 궁금하다. 어쩌면 오락에 참여하는 사람을 모두 일가로 보고 모두 우러러 받들어야 할 족보와 오락의 규칙을 동렬에 놓은 결과일 것이다.

말을 만드는 데 참여하는 낱말에게도 족보가 있다. 그 낱말이 어느 무리에 속하는지, 같은 무리 중에서도 어떤 파에 속하는지, 다른 낱말과 친인척 관계가 있는지 없는지 등등을 분간할 수 있는 내용을 적은 족보가 있고, 그것이 어떤 규칙에 따라서 말을 만들어 내는지 말해 주는 족보가 있다. 전자의 족보를 품사라고 하고 후자의 족보를 문법이라고 한다.

이제부터는 이제까지 배운 낱말을 품사 족보와 문법 족보에 따라서 말로 엮어 나가는 방법을 배워 보자.

품사의 종류

낱말은 성질이 공통된 것끼리 모아서 품사라는 이름으로 분류한다. 사물이나 개념의 이름을 나타내는 것이면 명사, 이름 대신에 사용하는 것이면 대명사, 수를 가리키는 말이면 수사, 움직임을 나타내는 말이면 동사, 상태를 나타내는 말이면 형용사, 명사를 꾸미는 데 사용되는 말이면 관형사, 동사와 형용사를 꾸미는 말이면 부사, 독립적으로 누구를 부르거나 감탄하는 의미로 쓰이는 말이면 감탄사라고 한다. 국어에서는 이 분류에 따라서 9가지 품사를 인정하고 다른 것은 품사로 인정하지 않는다. 이것을 다시 문법적 기능에 따라서 나누면 명사, 대명사, 수사는 체언이 되고, 동사와 형용사는 용언이 되며, 관형사와 부사는 수식언이 되고, 조사는 관계언, 감탄사는 독립언이 된다.

모든 낱말은 아래의 족보에 따라서 소속이 결정된다.

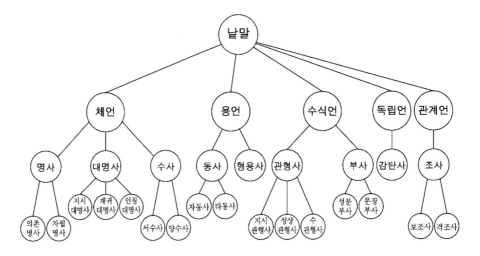

체언

문장에서 주체가 되는 자리에 나타날 수 있는 품사를 모아서 체언(體言)이라고 한다. 체언은 문장의 주어, 목적어, 보어의 주체가 되는데 이런 기능을 할 수 있는 품사로 명사, 대명사, 수사가 있다. 체언은 조사와 결합하여 문장 안에서 일정한 성분 구실을 하며, 극히 예외적인 경우를 제외하고는 어떤 경우에도 형태가 변하지 않는다.

(1) 명사

사람이나 사물의 이름을 나타내는 품사를 명사(名詞, 이름씨)라 한다. 명사는 조사만 붙으면 주어, 목적어, 보어, 부사어, 관형어 등 다양한 성분의 주체 노릇을 할 수 있다. 명사는 무엇을 가리키는 이름인지에 따라서 고유 명사(固有名詞)와 보통 명사(普通名詞), 유정 명사(有情名詞)와 무정 명사(無情名詞), 구체 명사(具體名詞)와 추상 명사(抽象名詞)로 나눈다. 또 명사가 독립적으로 쓰이는지 다른 품사의 도움을 받아야 하는지에 따라서 자립 명사(自立名詞)와 의존 명사(依存名詞)로 나누고, 혼자서 완전한 의미가 있는지 다른 품사의 도움을 받아야 의미가 생기는지에 따라서 실질 명사(實質名詞)와 형식 명사(形式名詞)로 나눈다.

① 명사의 종류

　㉠ 고유 명사(한 사물에만 적용) : 김민수, 지리산, 대한민국, 한국대학교

　㉡ 보통 명사(일반 사물, 개념에 적용) : 꽃, 사람, 학교, 나라, 돈, 물, 조직

　㉢ 유정 명사(생명이 있음) : 사람, 동물, 꽃, 나무, 벌레, 새

　㉣ 무정 명사(생명이 없음) : 쇠, 물, 바람, 들, 바다, 달, 집

　㉤ 구체 명사(실물이 있음) : 쇠, 사람, 꽃, 바다, 새, 밥, 바람, 물, 불

　㉥ 추상 명사(실물이 없음) : 꿈, 사랑, 성공, 의지, 자랑, 힘, 슬기

　㉦ 자립 명사(자립성이 있음) : 하늘, 이름, 땅, 눈, 자리, 축구

　㉧ 의존 명사(자립성이 없음) : 바, 수, 것, 데, 따름, 마리, 켤레, 두름

　㉨ 실질 명사(의미가 있음) : 하늘, 길, 땅, 자리, 야구, 성공

　㉩ 형식 명사(의미가 없음) : 바, 수, 것, 통, 만, 지

② 고유 명사의 성질 : 고유 명사는 단 하나의 사물을 가리키도록 되어 있는 명사이므로 다른 명사에 비해 여러 제약이 따른다.

　첫째로, 고유 명사에는 복수 표시를 할 수 없다. '지리산들, 서울대학교들' 같은 표현은 근본적으로 불가능하다. 다만, 동명이인이 있는 경우에 이름이 같은 모든 사람을 가리키기 위해서 예외적으로 복수 표현이 쓰일 수 있다.

　둘째로, 고유 명사 앞에는 명사가 복수임을 전제로 하여 사용되는 관형사가 올 수 없다. 즉, '여러, 모든, 많은, 몇몇' 등처럼 복수를 전제로 하는 관형사를 고유 명사 앞에 붙일 수 없다. 같은 이유로 고유 명사 뒤에 명사가 복수임을 전제로 하는 조사 '마다'는 붙일 수 없다.

③ 의존 명사의 성질 : 의존 명사는 반드시 관형어를 앞세워야 한다. 관형어가 있으면 완전한 명사 구실을 하는 것이 있고, 뒤에 특별한 조사를 붙여야 완전해지는 것이

있다.

첫째, 관형어와 어울리면 완전한 명사가 되는 것에는 '한 마리, 두 켤레, 입을 것, 말한 바, 그럴 수' 등에 쓰인 의존 명사가 있는데, 이것의 뒤에는 다양한 격조사가 붙을 수 있다.

둘째, 뒤에 특별한 조사만 취하는 의존 명사가 있는데, '두말 할 나위, 헤어진 지, 그럴 리' 따위에는 주격조사를 붙이는 것이 보통이고, '넘어지는 바람에, 자기 나름대로, 웃는 통에, 하는 김에' 등은 주로 부사격조사가 붙는 의존 명사이며, '웃을 따름이다, 그 때문이다, 했을 뿐이다, 갔기에 망정이지, 10년 만이다, 하고 말 터이다'는 서술격조사가 붙는 의존 명사이다. 이처럼 일부 의존 명사는 자기에 맞는 관형사와 조사를 앞뒤에 붙이는 특징이 있다.

(2) 대명사

대명사(代名詞)는 명사를 갈음하여 사용하기 위한 품사이다. 사람을 가리키는 대명사를 인칭(人稱) 대명사라고 하고, 사물을 가리키는 대명사를 지시(指示) 대명사라고 한다. 대명사도 조사의 도움을 받아서 주어, 목적어, 관형어, 부사어가 될 수 있다.

① 인칭 대명사 : 사람을 가리키는 대명사로 주로 사람 이름 대신에 쓰인다. 말하는 사람의 이름 대신 쓰는 대명사를 일인칭 대명사라고 하고, 말을 듣는 상대방의 이름을 대신해서 쓰는 대명사를 이인칭 대명사라고 하며, 제삼자의 이름을 대신해서 쓰는 대명사를 삼인칭 대명사라고 한다. 특별히 누구를 지정하지 않고 쓰는 부정칭(不定稱) 대명사, 알 수 없는 사람을 가리키는 미지칭(未知稱) 대명사도 있다.

㉠ 일인칭 대명사 : 나, 저, 소인, 짐, 과인, 쇤네, 우리, 저희

㉡ 이인칭 대명사 : 너, 자네, 그대, 게, 당신, 선생, 너희, 여러분

㉢ 삼인칭 대명사 : 그, 저, 그이, 그분, 이분, 이이, 저이, 저분, 저희

㉣ 부정칭 대명사 : 아무, 아무개

㉤ 미지칭 대명사 : 누구

인칭 대명사에 주격조사 '가'가 붙을 때에는 인칭 대명사의 형태가 바뀌기도 한다. 아래 예문에서 밑줄 그은 부분이 인칭 대명사가 바뀐 모습이다.

㉮ 내가 그에게 선물을 보냈다.

㉯ 그 일은 제가 하겠습니다.

㉡ 네가 나를 좀 도와야겠다.

㉣ 누가 그런 말을 하더냐?

　　예문 ㉮의 '내'는 일인칭 대명사 '나'가 주격조사 '가' 앞에서 바뀐 것이고, 예문 ㉯의 '제'는 일인칭 대명사 '저'가 바뀐 것이다. 예문 ㉢의 '네'는 이인칭 대명사 '너'가 바뀐 것이고, 예문 ㉣의 '누'는 미지칭 대명사 '누구'가 바뀐 것이다. 일인칭 대명사 '나와 저', 이인칭 대명사 '너' 뒤에 관형격조사 '의'가 붙는 경우에는 대명사와 조사가 함께 어우러져 각각 '내, 제, 네'로 줄어든다.

② 재귀 대명사 : 한 문장 안에서 앞에 나온 주어를 다시 가리킬 때에 쓰는 대명사를 재귀(再歸) 대명사라고 한다. 아래 예문의 밑줄 친 대명사가 앞에 있는 주어를 가리키는 재귀 대명사에 속한다.

　　㉮ 영호는 자기가 무슨 짓을 했는지 모르는 것 같다.

　　㉯ 어머니께서는 언제나 당신보다 자식을 걱정하셨다.

　　㉢ 영수가 저를 보고도 알은척하지 않았다고 화를 내더군.

　　㉣ 아이들은 저희끼리 잘 논다.

　　㉤ 사람들은 제 욕심만 차린다.

③ 지시 대명사 : 사람 이외에 사물이나 장소의 이름을 대신해서 가리키는 데 쓰는 대명사를 지시 대명사라고 한다. 여기에는 '이것, 저것, 그것, 여기, 저기, 거기, 그곳, 이곳, 저곳' 등이 있고, 부정칭 대명사로는 '아무것', 미지칭 대명사로는 '어디, 무엇, 언제' 등이 있다.

(3) 수사

　　수량 또는 차례를 나타내는 명사를 특별히 수사(數詞)라고 한다. 수사를 명사의 일종으로 보아도 무리가 없겠지만 명사와 문법적으로 조금 다른 특징이 있기 때문에 별도의 품사로 본다. 수사도 명사나 대명사와 마찬가지로 문장에서 조사의 도움을 받아 체언 노릇을 한다. 수사에는 수량을 나타내는 양수사(量數詞)와 차례를 나타내는 서수사(序數詞)가 있다.

① 양수사 : '하나, 둘, 스물, 쉰, 백, 오천'처럼 수와 양을 나타낼 때 사용한다.

② 서수사 : '첫째, 둘째, 셋째, 열두째, 서른한째, 오백스물두째, 제일, 제이'처럼 차례를 나타낼 때 사용한다.

③ 수사의 문법적 특징 : 수사에는 복수 표현이 붙을 수 없다.

(4) 체언의 복수 표시

　수사를 제외한 체언에는 복수 표시를 할 수 있다. 굴절어인 영어에서는 복수를 나타내기 위해서 별도의 형태가 필요할 때도 많지만, 교착어인 우리말에서는 복수의 기능을 하는 접미사를 명사나 대명사에 붙여서 복수 표시를 한다. 복수 표시를 하는 데 쓰이는 접미사에는 '-들'과 '-희', '-네' 등이 있다.

① '-들' : 접미사 '-들'은 여러 품사 뒤에 붙어서 독특한 방법으로 복수 표시를 한다. 전형적인 복수 표시는 명사와 대명사 뒤에 붙어서 그 명사나 대명사를 복수형으로 만드는 것이지만, 그 밖에도 여러 가지가 있다. 아래 예문을 검토해 보자.

　　㉮ 사람들이 많이 모여 있다.
　　㉯ 우리들은 그 안에 동의하지 않았다.
　　㉰ 참 잘들 노는구나.
　　㉱ 아직 자고들 있네.
　　㉲ 어서 오시게들.

　예문 ㉮는 단수 명사와 대명사 뒤에 붙어서 복수로 만드는 경우를 예시한 것이다. 그러나 무정 명사는 '-들'을 붙여 복수로 표시하지 않는다. '열 권의 책들', '많은 돌들'처럼 쓰지 않고 '열 권의 책', '많은 돌'로 쓴다.

　예문 ㉯는 복수 명사나 복수 대명사 뒤에 붙어서 복수형임을 강조하는 경우를 예시한 것이다. '모두들, 저희들, 너희들'처럼 사용하기도 한다. 이 용법은 습관적으로 허용하는 것이다.

　예문 ㉰는 부사나 부사어에 '-들'을 붙여 동작의 주체가 여럿임을 나타내는 경우이다. '어서들 오게.', '너무들 하는군.', '빨리들 달려라.', '어렵게들 살더라.', '예쁘게들 생겼다.'처럼 사용한다.

　예문 ㉱는 연결 어미 뒤에 '-들'을 붙임으로써 그 동작의 주체가 여럿임을 나타내는 경우이다. '아직도 일하고들 있더냐?', '그래 천천히 읽어들 보아라.', '여기에 올려들 놓아라.', '무척 좋아들 하는구나.'처럼 사용한다.

　예문 ㉲는 일부 종결 어미 뒤에 '-들'을 붙임으로써 그 동작의 주체가 여럿임을 나타내는 경우이다. '그럼 즐겁게 놀게들.', '빨리 떠나세들.'

② '-희' : '저'와 '너' 뒤에 붙어 두 대명사를 복수형으로 만들어 준다. '-희'는 다른 명사나 대명사에 붙지 않는다. '-희'를 붙여 복수형이 되었더라도 그 뒤에 다시 '-들'을 붙여 쓸 수 있다. '너희들, 저희들' 처럼 써도 괜찮다.

③ '-네' : 일부 명사 뒤에 붙어서 그 명사와 한 무리가 된 사람들을 모두 가리키는 데 쓰인다. 때로는 그 사람의 집안이나 가족을 나타내기도 한다.

> ㉮ 요즘은 부인네 세상이야.
> ㉯ 김 서방네 집에서 전갈이 왔어요.

예문 ㉮의 '-네'는 그 명사의 범주에 든 모든 사람을 가리키는 데 쓰인 것이다. '아낙네, 여인네, 동갑네, 그네, 너네' 등도 이와 같은 용도로 쓰인 예다. 복수 대명사에 '-네'를 붙이는 것은 별 효과가 없다. 따라서 '우리네, 너희네' 같은 표현은 쓸 필요가 없다. '너네'가 아직 사전에 오르지 못했지만 쓸 수 없는 말은 아니라고 본다. '-네'가 붙은 낱말 뒤에 다시 '-들'을 붙이는 것도 문제가 되지 않는다.

예문 ㉯의 '-네'는 그 명사가 속한 가족이나 집안 사람을 모두 가리킨다. '순희네, 아주머니네, 삼촌네' 등이 이에 속하는 용법이다. 이렇게 형성된 낱말 뒤에는 '-들'을 붙이지 않는다. '순희네들, 아주머니네들' 같은 표현은 쓸 수 없다.

(5) 체언과 조사

체언은 불변의 의미와 형태가 있으면서 조사의 도움을 받아 문장의 여러 성분으로서 활동한다. 체언이 주어, 목적어, 보어, 부사어, 관형어, 서술어, 독립어 등으로 쓰이기 위해서는 반드시 그에 맞는 조사를 써야 한다. 조사가 없으면 체언은 문장에서 제 구실을 충분히 할 수 없다. 상황에 따라서 조사가 생략되기도 하지만 그것은 어디까지나 생략된 것일 뿐, 조사가 없는 것은 아니다. 체언을 잘 사용하려면 조사를 정확하게 붙여야 한다. 조사에 대한 설명은 뒤에서 한다.

용언

체언은 형태가 변하지 않고 그 뒤에 조사가 붙는 데 비해서 용언(用言)은 형태가 고정되지 않고 상황에 따라서 끊임없이 변한다. 용언이란 '활용하는 말'이라는 뜻이고, 활용(活用)은 낱말이 문장에서 변하면서 쓰인다는 말이다. 용언의 모든 낱말은 변하지 않는 부분인 어간(語幹)과 변하는 부분인 어미(語尾)로 이루어지는데, 변하는 부분인 어미가 문법적 기능에 맞추어 변하는 것을 '활용'이라고 한다. 용언은 성질에 따라서 동작을 품고 있는 동사와 상태를 품고 있는 형용사로 나눈다. 그리고 동사와 형용사에 따라서 활용하는 범위도 조금 다르다.

(1) 동사

사물의 구체적인 움직임을 나타내는 것이 동사(動詞)이다. 동작은 일회적으로 일어날 수도 있지만('감다, 뜨다, 죽다' 따위), 지속적으로 일어날 수도 있다('매다, 묶다, 살다, 있다, 자다' 따위). 때로는 일회적 동작이 연속적으로 일어나는 것을 포함하는 경우('가다, 오다, 먹다' 따위)도 있다. 일회성 동사와 지속성 동사 사이에는 현재 진행형의 의미에 차이가 생긴다.

㉮ 눈을 감고 있다.
㉯ 그가 넥타이를 매고 있다.
㉰ 밥을 먹고 있다.

예문 ㉮는 감는 행위를 천천히 한다는 의미가 아니라 감은 행위를 한 뒤에 그대로 있는 행위가 이어짐을 나타낸다. 즉 '감은 상태'로 있음을 의미한다. 이에 비해서 예문 ㉯는 매는 행위가 지속됨을 나타내기도 하고 맨 상태가 지속됨을 나타내기도 한다. 예문 ㉰는 먹는 행위가 지속됨을 나타낸다. 이런 차이는 매우 미세하여 모국어 화자는 거의 인식하지 못하고 사용하지만, 한국어를 외국어로 배우는 사람들에게는 난해할 수도 있다.

① **동사의 종류** : 동사를 문법적 기준에 따라서 몇 가지로 분류할 수 있다. 형태상으로 규칙 동사와 불규칙 동사와 불완전 동사, 동작이 미치는 범위에 따라서 자동사와 타동사, 움직임의 주체에 따라서 능동사와 피동사, 움직임의 성질에 따라서 주동사와 사동사, 기능상으로 본동사와 보조 동사 등으로 나눌 수 있다.

㉠ 규칙 동사(어간, 어미 안 바뀜) : 가다, 갚다, 낳다, 닫다, 먹다, 배다, 빗다, 서다, 잡다

㉡ 불규칙 동사(어간, 어미 바뀜) : 갈다, 눕다, 말갛다, 바르다, 싣다, 잇다, 잠그다, 푸르다

㉢ 불완전 동사(활용형이 제한됨) : 가라사대, 데리고, 다오

ㄹ 자동사(동작이 주어에만 미침) : 가다, 남다, 닳다, 마르다, 숨다, 자라다, 피다, 흐르다

ㅁ 타동사(동작이 대상에 미침) : 갈다, 내다, 대다, 말리다, 숨기다, 잡다, 파다, 훑다

ㅂ 능동사(주어가 행동함) : 가다, 묶다, 보다, 쓰다, 웃다, 차다, 패다, 흐르다

ㅅ 피동사(제삼자가 행동함) : 감기다, 걷히다, 끌리다, 담기다, 묶이다, 밀리다, 부딪히다, 씹히다, 잊히다

ㅇ 주동사(주어가 스스로 함) : 감다, 담다, 막다, 먹다, 묶다, 밀다, 씹다, 얽다, 차다, 치우다, 타다, 품다, 피우다

ㅈ 사동사(주어가 남에게 시킴) : 달리다, 먹이다, 살리다, 세우다, 신기다, 입히다, 재우다, 죽이다, 태우다

ㅊ 본동사(독자적으로 서술어가 됨) : 감다, 깎다, 낚다, 묶다, 자라다, 잡다

ㅋ 보조 동사(본동사의 보조자임) : (−어)가다, (−어)오다, (−어)놓다, (−어)대다, (−어)버리다, (−어)보다, (−어)지다, (−어)하다, (−는)체하다, (−지)아니하다

② **동사의 특징** : 동사는 문법적으로 볼 때 주어의 서술어로서 가장 완벽한 기능을 수행하는 품사이다. 서법, 시제, 높임법, 피동법, 사동법, 부정법 등 문법의 모든 변화를 다 수용하고 모든 규칙이 다 적용되는 완벽한 서술어이다. 그래서 서술어에 관한 규칙은 동사를 기준으로 하여 설명하게 된다.

③ **특수한 동사** : 동사 가운데는 특수한 목적어를 취하거나, 자동사로서 목적어를 취하는 것도 있고, 어떤 동사는 능동사와 타동사로 두루 쓰이기도 한다.

ㄱ 동족 목적어를 취하는 동사 : 걸음을 걷다, 꿈을 꾸다, 뜀을 뛰다, 삶을 살다, 울음을 울다, 웃음을 웃다, 임을 이다, 잠을 자다, 짐을 지다, 춤을 추다

ㄴ 목적어를 취하는 자동사 : 길을 가다, 정원(/마당)을 거닐다, 하늘(/공중)을 날다, 전세(/사글세)를 살다, 보초(/보증/중매)를 서다

ㄷ 자동사와 타동사로 두루 쓰이는 동사 : 움직이다(기차가 움직이다/ 기차를 움직이다), 만나다(그와 만나다/ 그를 만나다), 닮다(아버지와 닮다/ 아버지를 닮다), 생각하다(기쁘게 생각하다/친구를 생각하다), 견디다(추위에 견디다/ 추위를 견디다)

위 ㄴ에 예시된 자동사는 형식적으로나마 목적어를 취하고 있기 때문에 이 경우에 한해서 타동사로 분류한다.

(2) 형용사

사물의 상태나 모양을 나타내는 품사가 형용사(形容詞)이다. 형용사는 형태에 따라서 규칙 형용사와 불규칙 형용사, 기능에 따라서 본형용사와 보조 형용사로 나눈다.

① 형용사의 종류

　　㉠ 규칙 형용사(어간과 어미가 변하지 않는 것) : 굳다, 굵다, 낮다, 당차다, 많다, 맑다, 얇다, 없다, 있다, 좋다

　　㉡ 불규칙 형용사(어간이나 어미가 변하는 것) : 곱다, 기쁘다, 까맣다, 넉넉하다, 덥다, 무르다, 빠르다, 잘다

　　㉢ 본형용사(독자적으로 서술어가 됨) : 동그랗다, 예쁘다, 기쁘다, 슬프다, 힘차다

　　㉣ 보조 형용사(본형용사나 본동사를 도움) : (-고)싶다, (-듯)하다, (-뻔)하다, (-지)아니하다

② 형용사의 특징 : 형용사는 지금 보이는 상태나 모양을 나타내므로 기본적으로 연속성이 있다는 점에서 동사에서 사용되는 진행형을 형용사에서는 쓸 수 없다. 또 형용사는 누구의 의도에 따라 의미가 변하지 않으므로(변한다면 '동사'가 된다) 변화를 전제로 하는 명령형이나 청유형과 어울릴 수 없다. 이렇게 보면 형용사를 사용하는 데는 동사에 비해서 문법적으로 여러 제약이 있음을 알 수 있다.

(3) 보조 용언

독자적으로 서술어 노릇을 하지 못하고 본용언(본동사와 본형용사)을 도와서 뜻을 보태는 기능을 하는 용언을 말한다. 보조 용언은 보조적 연결 어미를 매개로 하여 본용언과 연결된다. 보조적 연결 어미에는 '-아(-어)', '-고', '-게' 등이 있다.

① '-아(-어)'에 연결되는 보조 용언 : (-아/-어)가다, (-아/-어)나다, (-아/-어)내다, (-아/-어)놓다, (-아/-어)대다, (-아/-어)두다, (-아/-어)드리다, (-아/-어)들다, (-아/-어)버리다, (-아/-어)보다, (-아/-어)쌓다, (-아/-어)오다, (-아/-어)주다, (-아/-어)지다

② '-게', '-고', '-지'에 연결되는 보조 용언 : (-게)되다, (-게)하다, (-고)싶다, (-지)말다, (-지)못하다, (-지)아니하다, (-지)않다

③ 관형어 뒤에 연결되는 보조 용언 : (-ㄹ)듯하다, (-ㄹ)만하다, (-ㄹ)법하다, (-ㄹ)뻔하다, (-ㄹ)성싶다, (-는)양하다, (-는)척하다, (-는)체하다

④ 보조 용언의 특징 : 보조 용언도 낱말이므로 본용언과 띄어 쓰는 것이 원칙이나 위

①과 ③에 예시된 보조 용언은 본용언에 붙여 쓰는 것이 허용되어 있다(맞47 본문). 또한, 위 ③에 예시된 보조 용언은 아래와 같이 조사를 끼워서 분리해서 사용할 수도 있다.

> (-ㄹ)듯도 하다, (-ㄹ)만은 하다, (-ㄹ)법이야 하다, (-ㄹ)뻔도 하다, (-ㄹ)성은 싶다, (-는)양을 하다, (-는)척까지 하다, (-는)체만 하다

⑤ 보조 용언의 부정 : 보조 용언을 부정할 때에는 아래와 같이 통사적 방법으로 부정을 한다. '안'이나 '못'을 쓰는 부정문과는 의미 차이가 있다.

> * 일이 잘 되어가지 않는다. (안 되어 간다)
> * 나는 너를 보고 싶지 않다. (안 보고 싶다)
> * 비가 올 듯하지 않다. (안 올 듯하다)
> * 일이 좋게 되지 않았다. (안 좋게 되다)

⑥ 보조 용언의 높임 : 보조 용언이 있는 서술어에 높임의 선어말 어미 '-시-'를 붙일 때에는 보조 용언에 붙인다.

> * 아버지께서 신문을 읽어 보셨다. (읽으셔 보았다 ×)
> * 선생님께서 휴지를 찢어 버리셨어요. (찢으셔 버렸어요 ×)
> * 여기 앉아서 구경해요. (여기 앉으셔서 구경하시어요. ○)

위 예문의 '앉아 구경하다'가 본용언과 보조 용언이 아니고 대등한 두 용언의 결합이므로 두 용언에 모두 높임의 선어말 어미 '-시-'를 붙여야 한다.

⑦ 보조 용언의 대용(代用) : 본용언은 대용할 수 있지만 보조 용언은 대용할 수 없다.

> * 영희가 종이를 찢어 버렸다. 영수도 그래 버렸다.
> * 얼른 영화를 보고 싶다. 나도 그러고 싶다.
> * 오늘 오후에 비가 올 듯하다. 저녁에도 그럴 듯하다. 그럴 것 같다.

위 예문에서 알 수 있듯이 본용언은 다른 동사로 대용할 수 있지만 보조 용언은 그럴 수 없다.

⑧ 보조 용언의 연속 사용 가능성 : 보조 용언은 본용언과 같은 동사를 사용할 수 있다.

> * 여기를 보아 보세요.

＊ 찢어진 옷을 버려 버렸다.

＊ 목표 지점에 거의 다 가 간다.

(4) 용언의 활용

　용언은 활용하는 품사이므로 실제 언어에 사용하는 형태는 어미의 형태만큼이나 다양하게 변한다. 어미의 종류와 형태는 뒤에 배우겠지만 종결 어미, 연결 어미, 전성 어미에 따른 수많은 어미가 있고 각 어미를 붙일 때마다 용언의 형태가 바뀔 것이다.

　어간에 어미를 붙이는 것을 활용이라고 하는데, 일반적으로 어떤 어간에 어떤 어미를 붙이는가는 그 낱말이 문장 안에서 맡은 기능에 따라 결정된다. 예를 들면 동사 '가다'가 문장의 서술어로 쓰이면서 의문 기능을 포함해야 한다면 '가니?'가 되고, '사람'을 수식하는 기능을 해야 한다면 '가는'이 될 것이며, 조건을 나타내야 한다면 '가면'이 될 것이다.

＊ 너 학교에 <u>가니</u>?

＊ 저기 <u>가는</u> 아이가 네 친구니?

＊ 지금 <u>가면</u> 늦지 않을까?

　이처럼 어간에 특정 어미를 붙여서 문장 안에서 다양한 기능을 수행하게 할 수 있다. 어미는 기능을 하도록 만드는 문법 형태소이므로 어간에 기능을 구현해 주기 위하여 규칙적으로 첨가된다. 그런데 어떤 어간에 어미가 첨가될 때에는 어간이나 어미의 형태가 변하는 경우가 있는데 이런 변화를 불규칙 활용이라고 한다.

① **불규칙 활용** : 용언의 불규칙 활용에는 어간의 끝 음이 탈락하는 경우('ㄹ' 탈락, 'ㅅ' 탈락, 'ㅎ' 탈락, 'ㅡ' 탈락, 'ㅜ' 탈락)와 어간의 끝 음절이 바뀌는 경우('ㄷ'이 'ㄹ'로 바뀜), 어간의 끝 음절과 어미가 함께 바뀌는 경우('ㅂ'이 어미 'ㅡ', 'ㅓ'와 어울려 'ㅜ', 'ㅝ'로 바뀜, '르'가 어미 'ㅓ'와 어울려 'ㄹㄹ'로 바뀜), 특정 어미의 형태가 바뀌는 경우('하다'에 붙은 어미 'ㅓ'는 'ㅕ'로 바뀜, '르' 뒤에 오는 어미 '어'가 '러'로 바뀜) 등이 있다.

② **불완전 활용** : 동사 가운데에는 활용형이 극히 제한된 것이 있다. 수많은 어미 가운데에서 특정 어미 한두 개만 붙고 다른 어미는 붙지 않는 것이 있는데 이를 불완전 동사라 하고, 이런 동사의 활용을 불완전 활용이라고 한다.

　다음 동사가 불완전 동사이고 오른쪽에 적힌 정도로만 활용하는 것이 특징이다.

* 가로다 – 가로되, 가론	* 다그다 – 다그면, 다가
* 더불다 – 더불어	* 데리다 – 데리고, 데리러, 데려
* 서슴다 – 서슴지	* 연달다 – 연달아
* 종잡다 – 종잡지, 종잡기, 종잡을	* 비롯하다 – 비롯한, 비롯하여

수식언

체언이나 용언을 꾸미는 말을 수식언이라고 한다. 수식언은 처음부터 꾸미는 기능을 하기 위해서 태어났기 때문에 독립적으로는 쓰이지 않고 반드시 꾸밈을 받는 말 앞에 온다. 수식언에는 체언을 꾸미는 관형사와 용언을 꾸미는 부사가 있다.

(1) 관형사

체언을 꾸미는 기능을 하는 품사가 관형사이다. 관형사에는 조사가 붙지 않고, 형태가 변하는 일도 없다. 또 관형사가 다른 관형사를 꾸미는 일은 없다. 관형사가 연달아 있더라도 모든 관형사는 체언을 꾸밀 뿐 앞의 관형사가 뒤의 관형사를 꾸미지는 않는다.

① 관형사의 종류 : 관형사는 의미에 따라서 세 가지로 나눌 수 있다. 사물을 가리키는 지시 관형사, 사물의 성질을 나타내는 성상 관형사, 사물의 수량을 나타내는 수 관형사가 그것이다.

㉠ 지시 관형사 : 대상을 단순히 가리키는 관형사를 지시 관형사(指示冠形詞)라고 한다. '이, 저, 그, 다른, 아무, 아무런, 어느, 어떤, 이만, 저만, 그만, 이런, 저런, 그런, 딴, 무슨, 웬' 등이 이에 속한다.

㉡ 성상 관형사 : 대상의 성질이나 상태를 제한하는 관형사를 성상 관형사(性狀冠形詞)라고 한다. '갖은, 고얀, 그까짓, 대모한, 맨, 모든, 모모한, 몹쓸, 뭇, 바로, 새[新], 애먼, 어인, 어쩐, 여느, 옛, 오랜, 온, 이까짓, 저까짓, 전(全, 前), 전전(前前), 총(總), 한' 등 대부분의 관형사가 이에 속한다.

㉢ 수 관형사 : 사물의 수량을 나타내는 관형사를 수 관형사(數冠形詞)라고 한다. '한, 두, 두서너, 석, 넉, 엿, 여남은, 몇, 여러, 제이(第二), 전(全), 총(總)' 등이 이에 속한다. 수 관형사는 수사와 철저히 대응되어 만들어졌다. 다음의 대응을 눈여겨보기 바란다.

* 하나 – 한, 둘 – 두, 한둘 – 한두, 셋 – 세/서/석, 넷 – 네/너/넉, 두서넛 – 두서너, 서넛 – 서너, 다섯 – 댓, 여섯 – 엿, 첫째 – 첫('너덧, 너더댓, 네다섯, 네댓, 대여섯, 예닐곱, 일고여덟/일여덟'은 수사와 수 관형사로 공용한다.)

② **관형사와 관형사형** : 사람들이 흔히 혼동하는 것이 관형사와 관형사형 그리고 관형어의 개념이다. 이 기회에 확실하게 이들 개념을 이해하기 바란다. 관형사란 처음부터 체언을 꾸미기 위해서 태어난 낱말을 가리킨다. 관형사는 체언을 꾸미는 일 외에 다른 일을 하지 못한다. 그래서 관형사에 속한 낱말은 형태에 변화가 없다. 만일 형태에 변화가 있으면 다른 품사에 속하는 낱말이 된다.

이에 비해서 관형사형은 동사나 형용사에 관형사형 어미를 붙여 체언을 수식할 수 있게 한 일시적인 형태이다. 따라서 관형사형에 속한 낱말은 모두 동사나 형용사이지 관형사가 아니다.

관형어는 문장 구성상 체언을 꾸미는 모든 성분을 아우르는 개념이다. 관형사를 비롯해서 관형사형, 관형사구, 관형사절 등을 아울러서 관형어라고 한다.

그런데 동사나 형용사에서 관형사로 전성된 것이 있다. 이것은 태생은 동사나 형용사이지만 워낙 체언을 수식하는 데만 전념하기 때문에 관형사로 등록되었는데 이것들과 관형사형의 구별이 조금 모호할 경우도 있다.

㉠ 동사나 형용사에서 관형사로 전성된 것 : 주로 체언을 꾸미는 데만 사용하기 때문에 관형사로 다루는 것이다. 아래의 것들이 이에 속한다. 이것들은 국어사전에 독립된 관형사로 올라 있다.

갖은, 긴긴, 그런, 이런, 저런, 다른, 빌어먹을, 아무런, 어떤, 어쩐, 예수남은, 여남은, 몹쓸

㉡ 관형사형으로 다루는 것 : 체언을 꾸미기는 하지만 관형사로서 확정되었다고 보기 어려워 동사나 형용사의 관형사형으로 다루는 것에는 아래와 같은 것이 있다. 이것들은 국어사전에 기본형의 형태로 올라 있다.

기나긴('기나길다'의 관형사형), 머나먼('머나멀다'의 관형사형), 세상없는('세상없다'의 관형사형), 그러한('그러하다'의 관형사형), 웬만한('웬만하다'의 관형사형)

③ **관형사의 띄어쓰기** : 관형사는 독립한 낱말이기 때문에 뒤에 오는 체언과 띄어 써

야 한다. 그런데 관형사와 접두사는 형태가 같아서 띄어쓰기할 때 헷갈리므로 이에 관해서 확실히 알아둘 필요가 있다.

㉠ '한'의 띄어쓰기 : '한'이 수의 의미로 '하나'를 뜻할 때에는 관형사로 보고 띄어 써야 한다. 그러나 수의 의미가 없으면 접두사로서 붙여 쓴다. 접두사 '한-'은 '큰, 정확한, 한창인, 같은, 시험 삼아'의 뜻이 있다.

> ㉮ 국수를 한 그릇 먹었다.
> ㉯ 시험을 한 번 보았다. (여러 번이 아님)
> ㉰ 시험을 한번 보았다. (시험 삼아서 보았다.)

　명확하게 수의 개념이 들어 있는 예문 ㉮, ㉯의 '한'은 관형사이므로 띄어쓰기를 해야 한다. 그러나 수의 개념이 들어 있지 않은 예문 ㉰의 '한'은 접두사이므로 붙여 써야 한다. 이와 같이 띄어 쓰는 경우와 붙여 쓰는 경우가 다르게 해석되는 것으로는 '한가지/한 가지, 한곳/한 곳, 한군데/한 군데, 한사람/한 사람, 한술/한 술, 한자리/한 자리, 한잔/한 잔, 한판/한 판, 한차례/한 차례' 등이 있다.

㉡ '첫'의 띄어쓰기 : '첫'은 처음으로 하거나 처음 있는 일에 쓰는 관형사이므로 띄어 써야 한다.

> 첫 여행, 첫 소식, 첫 경험, 첫 연설, 첫 출마, 첫 만남, 첫 취직, 첫 사업

　다만, 특정한 명사와 어울리거나 특정한 경우에 처음 있는 일에 국한해서 쓰이면 합성어를 형성하게 되어 붙여 쓴다. '첫'이 합성어를 이룬 낱말은 아래와 같다.

> 첫가을, 첫걸음, 첫겨울, 첫국, 첫국밥, 첫길, 첫나들이, 첫날, 첫날밤, 첫눈, 첫닭, 첫대, 첫대목, 첫대바기, 첫더위, 첫돌, 첫딸, 첫마디, 첫말, 첫맛, 첫머리, 첫모, 첫물, 첫밭, 첫발, 첫발자국, 첫밥, 첫배, 첫봄, 첫사랑, 첫사리, 첫새벽, 첫서리, 첫선, 첫소리, 첫손, 첫손가락, 첫솜씨, 첫수, 첫술, 첫아기, 첫아들, 첫아이, 첫얼음, 첫여름, 첫이레, 첫인사, 첫인상, 첫입, 첫 자리, 첫잠, 첫정, 첫젖, 첫제사, 첫차, 첫추위, 첫출발, 첫판, 첫해, 첫행보, 첫혼인

㉢ '온'의 띄어쓰기 : '온'은 '전부' 또는 '모두'를 나타내는 관형사이므로 띄어 써야 한다.

> 온 국토, 온 나라, 온 고을, 온 동네, 온 세상, 온 시간, 온 정성, 온 집안

다만, 특정한 명사와 어울려서 합성어를 만들 때에는 붙여 쓴다. '온'이 합성어를 이룬 낱말은 다음과 같다.

　　온갖, 온골, 온공일, 온공전, 온달, 온몸, 온밤, 온새미, 온쉼표, 온음, 온음정, 온음표, 온이, 온장, 온점, 온종일, 온채, 온챗집, 온통, 온폭, 온품

ⓔ　'전(全)'의 띄어쓰기 : '전(全)'은 '온'과 같은 의미의 관형사이므로 띄어 써야 한다.

　　전 기간, 전 인류, 전 임원, 전 국민, 전 국토, 전 주민, 전 세계, 전 우주

　　다만, 다른 낱말과 어울려 합성어를 이루는 경우에는 붙여 쓴다. 합성어의 예는 아래와 같다.

　　전(全)국, 전(全)내기, 전(全)미련하다, 전반사(全反射), 전색맹(全色盲), 전속력(全速力), 전인구(全人口), 전자동(全自動), 전(全)짬

ⓜ　'전(前)'의 띄어쓰기 : '전(前)'은 '이전의'를 뜻하는 관형사이므로 띄어 써야 한다.

　　전 경험, 전 국무총리, 전 대통령, 전 사장, 전 회의, 전 회사, 전 회장

　　그러나 특정 낱말과 어울려 합성어를 이루는 경우에는 붙여 쓴다. 붙여 쓰는 낱말은 아래와 같다.

　　전(前)날, 전(前)남편, 전(前)다리, 전(前)달, 전반생(前半生), 전반신(前半身), 전(前)사내, 전서방(前書房), 전세기(前世紀), 전세월(前歲月), 전(前)어머니, 전(前)해

　　위 낱말 가운데에서 '전남편, 전사내, 전서방'은 '지금의 남편 바로 앞의 남편'의 의미로 쓸 때만 한 낱말로 사용할 수 있다. 모든 사전이 풀이한 대로 '그전 남편' 또는 '먼저의 남편'의 뜻으로 쓰려면 '전 남편, 전 사내, 전 서방'처럼 띄어 써야 한다. 이는 사람들이 이혼을 많이 하기 때문에 생긴 새로운 문제점이라고 할 수 있는데, 사전의 뜻풀이가 아직 이를 따르지 못해서 문제가 생긴 것이다.

ⓗ　'총(總)'의 띄어쓰기 : '총(總)'은 '모든' 또는 '모두 합한'의 뜻으로 쓰는 관형사이므로 띄어 써야 한다.

　　총 기간, 총 대원, 총 상품, 총 시간, 총 인원, 총 회원

다만, 특정 명사와 어울려 합성어가 된 때에는 붙여 쓴다. 합성어가 된 낱말을 예시하면 다음과 같다.

> 총결산(總決算), 총공격(總攻擊), 총계정(總計定), 총대장(總大將), 총동원(總動員), 총망라(總網羅), 총본산(總本山), 총사령관(總司令官), 총사령부(總司令部), 총사직(總辭職), 총선거(總選擧), 총소득(總所得), 총수량(總數量), 총수입(總收入), 총역량(總力量), 총연장(總延長), 총영사(總領事), 총예산(總豫算), 총인구(總人口), 총적량(總積量), 총지출(總支出), 총지휘(總指揮), 총책임자(總責任者), 총천연색(總天然色), 총통화(總通貨), 총파업(總罷業), 총판매(總販賣)

ⓐ 관형사형 '지난'의 띄어쓰기 : '지난'은 동사이므로 뒤에 오는 체언과 당연히 띄어 써야 한다.

> 지난 경기, 지난 시간, 지난 선거, 지난 세월, 지난 일

다만, 특정 명사와 어울려서 특정 시점에 해당하는 것임을 나타낼 때에는 합성어가 되어 붙여 쓴다. 합성어가 된 것을 예시하면 아래와 같다.

> 지난가을, 지난겨울, 지난날, 지난달, 지난밤, 지난번, 지난봄, 지난여름, 지난해

(2) 부사

용언을 꾸미는 품사를 부사라고 한다. 부사는 다른 부사를 꾸밀 수도 있다('가장 먼저 온 사람'에서 '가장'이 '먼저'를 꾸밈). 일반적으로 용언을 꾸미는 부사를 성분 부사라고 하고, 용언 이외에 주어와 서술어를 포함하는 절 전체를 꾸미거나 단순히 낱말과 낱말 또는 문장과 문장을 이어 주는 구실을 하는 부사를 문장 부사라고 한다.

① 성분 부사의 종류 : 용언을 꾸미거나 제약하는 구실을 하는 부사를 성분 부사(成分副詞)라고 한다. 성분 부사는 성질에 따라서 다시 몇 가지로 나눌 수 있다.

　ㄱ 성상 부사(性狀副詞) : 용언의 성질이나 상태를 직접 제약하는 부사이다. 성상 부사에는 '가장, 먼저, 더구나, 덜, 매우, 무척, 일찍, 잘' 등 일반적으로 우리가 부사라고 하는 것이 대부분 성상 부사에 속한다. 성상 부사는 다른 성상 부사를 꾸미기도 한다.

　ㄴ 상징 부사(象徵副詞) : 사물의 동작이나 소리를 나타내는 데 사용하는 부사이다.

사물의 동작을 나타내는 의태(擬態) 부사와 소리를 나타내는 의성(擬聲) 부사가 있다. 의태 부사에는 '굼틀굼틀, 데굴데굴, 버르적버르적' 등이 있고, 의성 부사에는 '꼬끼오, 덜컹덜컹, 삐걱빼각' 등이 있다. 상징 부사는 대체로 첩어로 형성된 점이 특징이다.

ⓒ 지시 부사(指示副詞) : 장소나 시간 또는 사물을 가리키어 한정하는 부사이다. '이리, 저리, 요리' 등이 이에 속한다. 지시 부사는 성상 부사나 상징 부사를 꾸미는 경우가 많다.

  * 무슨 일로 사람들이 <u>이리</u> 많이 모였을까?
  * 손을 <u>이리</u> 불쑥 <u>저리</u> 불쑥 내밀기만 한다.

ⓔ 부정 부사 : 용언을 부정하는 데 쓰이는 부사이다. '안, 못, 아니' 등이 부정 부사에 속한다. 서법에 따라서 부정 부사를 사용할 수 있거나 없게 되는데 평서법, 감탄법, 의문법에서는 문제가 없으나 명령법과 청유법에서는 부정 부사를 사용할 수 없다.

  * 일하는 데 힘이 <u>안</u> 든다.
  * 일을 더는 <u>못</u> 하겠다. (하지 마라./ 하지 말자.)
  * 너도 여기에 <u>못</u> 들어가는구나. (들어가지 말자.)
  * 왜 학교에 <u>안</u> 갔니? (가지 마라./ 가지 말자.)

② **문장 부사의 종류** : 특정 용언을 꾸미지 않고 문장 전체를 꾸미거나 접속 기능이 있는 부사를 문장 부사(文章副詞)라고 한다.

ⓐ 양태 부사(樣態副詞) : 문장 전체에 대한 화자(話者)의 의도나 심적 태도를 드러내는 데 사용하는 부사를 가리킨다. '설마, 과연, 제발, 정말, 결코, 모름지기, 응당, 마땅히, 당연히' 등이 이에 속한다. 양태 부사는 뒤에 오는 서술어와 호응이 잘 되어야 한다.

  * <u>설마</u> 그가 그런 말을 <u>했을까</u>? / <u>했을 리 없지</u>.
  * <u>과연</u> 네 말이 <u>맞구나</u>. / <u>맞을까</u>?
  * <u>제발</u> 내 부탁을 들어 <u>주게</u>. / <u>주면 좋겠다</u>.
  * <u>정말</u> 그가 <u>그랬어</u>? / <u>그랬구나</u>.

* 결코 거기 가지 않겠어. / 가지 마라. / 갈 리 없어.
* 모름지기 우리는 일해야 한다. / 일해야 겠지.
* 응당 내가 해야 할 일이야. / 해야겠지.

    ⓛ 접속 부사(接續副詞) : 낱말과 낱말 또는 문장과 문장을 이어 주는 부사이다. '및, 즉, 그러나, 그러므로, 다만, 단지, 따라서' 등이 이에 속한다.

* 금강 및 영산강 개발 개획
* 사랑 즉 남에게 자신을 내어 주는 기쁨을 아는가?
* 그를 찾아 나섰다. 그러나 결국 그를 찾지 못했다.
* 나는 죽지 않는다. 다만 사라질 뿐이다.
* 그 집 음식 맛이 좋다. 따라서 언제나 손님이 붐빈다.

③ 전성 부사 : 원래 부사가 아닌 낱말이 그대로 또는 어떤 접미사가 붙어서 부사로 바뀐 것을 전성 부사(轉成副詞)라고 한다. 전성 부사가 되는 품사로는 명사, 형용사, 동사가 있다.
    ㉠ 명사 전성 부사 : 참으로, 멋대로, 일일이, 틈틈이, 집집이, 낱낱이
    ⓛ 형용사 전성 부사 : 널리, 느긋이, 느루, 되우, 되게, 매우, 멀리, 바투, 밝히, 빨리, 자주, 천천히, 넉넉히, 뾰족이
    ⓒ 동사 전성 부사 : 너무, 도로, 차마, 비로소

독립언

    문장에서 다른 단어나 구절과 호응 관계가 없이 독립적으로 쓰이는 단어를 독립어라고 하며, 감탄사가 여기에 속한다. 감탄사에는 아래와 같은 낱말이 있다.

    아이고, 아이코, 어이구, 어이쿠, 아아, 아뿔싸, 얼씨구, 이키, 이키나, 허허

정리

    모든 낱말은 자신이 속한 품사 족보에 따라서 활동한다. 따라서 낱말의 품사를 아는 것은 그 낱말의 의미를 아는 것만큼이나 중요하다.

연습^문제

1. 밑줄 친 '들'의 용법이 적절하지 <u>않은</u> 것은?

   ① 사람<u>들</u>은 만물의 영장이다.

   ② 저<u>들</u>에게 무엇을 기대할 수 있겠니?

   ③ 어서<u>들</u> 오세요.

   ④ 어디에<u>들</u> 갔지?

2. 다음 밑줄 친 낱말이 관형사가 <u>아닌</u> 것은?

   ① <u>마른</u> 나무에 꽃이 피겠는가?

   ② <u>다른</u> 사람을 소개해 주게.

   ③ <u>바로</u> 오늘 너를 만나기로 했지.

   ④ <u>아무런</u> 일도 일어나지 않을 거야.

3. 밑줄 친 어휘 가운데에서 체언이 <u>아닌</u> 것은?

   ① 기다리는 <u>사람</u>이 많다.   ② 저기 선 <u>나무</u>에 묶어 놓아라.

   ③ 우리는 <u>그렇게</u>는 못 한다.   ④ 그 소식은 <u>아무</u>도 믿지 않았다.

4. 밑줄 친 어휘가 지시 대명사가 <u>아닌</u> 것은?

   ① <u>이것</u>을 가지고 가라.

   ② <u>그것</u>은 네 것이 아니다.

   ③ 아무거나 마음에 드는 <u>것</u>을 가져라.

   ④ 철수야, <u>이리</u> 오너라.

5. 밑줄 친 어휘가 수사인 것은?

   ① 사과 <u>한</u> 개를 먹었다.   ② 밥 <u>두</u> 그릇을 담았다.

   ③ 그는 일꾼을 <u>하나</u> 샀다.   ④ 친구 <u>몇</u> 분을 만났다.

6. 보조 용언이 들어 있지 <u>않은</u> 문장은?

   ① 아버지께서 돌아오셨다.

   ② 책을 책꽂이에 꽂아 두어라.

   ③ 날씨가 따뜻하니 눈이 내리지 않는다.

   ④ 홧김에 그의 편지를 찢어버렸다.

7. 밑줄 친 부분이 보조 용언이 <u>아닌</u> 것은?
　　① 곧 비가 올 <u>듯하다</u>.
　　② 그가 우리 곁을 떠나 <u>버렸다</u>.
　　③ 우리는 거기서 헤어져 <u>돌아갔다</u>.
　　④ 지금 만나고 <u>싶다</u>.

8. 밑줄 친 낱말 가운데 명사와 명사로 이루어진 합성어는?
　　① <u>손질</u>을 잘 했는데도 고장이 났어.
　　② <u>지우개</u>가 없어 글씨를 지우지 못했다.
　　③ 유능한 <u>일꾼</u>이 더 많이 필요하다.
　　④ 스님들은 왜 <u>누비옷</u>을 입고 다닐까?

9. 밑줄 친 부사 가운데에서 다른 세 개와 구별되는 것은?
　　① 꽃이 <u>시나브로</u> 시들어 갔다.
　　② 그는 <u>시난고난</u> 앓다가 결국 죽었다.
　　③ 우리는 <u>결코</u> 그런 일을 하지 않았다.
　　④ 그는 <u>무척</u> 다정한 사람이었어.

10. 밑줄 친 부사 가운데에서 다른 세 개와 구별되는 것은?
　　① 아이가 <u>데굴데굴</u> 구르며 운다.
　　② 풀이 <u>파릇파릇</u> 돋아난다.
　　③ 눈이 <u>여기저기</u> 쌓여 있다.
　　④ 구름 사이로 햇빛이 <u>언뜻언뜻</u> 비친다.

11. 밑줄 친 낱말이 관형사가 <u>아닌</u> 것은?
　　① <u>저</u> 사람이 방금 너를 찾았다.　　② <u>바로</u> 오늘이 내 생일이다.
　　③ <u>오늘</u> 날씨는 좀 흐릴 것 같다.　　④ <u>이</u>는 참 아름다운 일이다.

12. 밑줄 친 부분이 대명사가 <u>아닌</u> 것은?
　　① <u>우리</u>가 거기에 가기로 했어.
　　② 여기가 <u>우리</u> 집이야.
　　③ 짐승이 <u>우리</u>를 보고 꼬리를 흔들었다.
　　④ 짐승이 <u>우리</u>에서 나와 돌아다니고 있다.

13. 밑줄 친 낱말이 잘못 활용된 것은?

   ① 사람은 나이가 들면 늙는다.

   ② 오늘은 등산하기에 무척 알맞는 날씨이다.

   ③ 날이 밝는 대로 길을 떠나야지.

   ④ 그는 언제나 맞는 말만 한다.

14. 밑줄 친 복수형이 적절한 것은?

   ① 아프리카 초원에는 수많은 동식물들이 산다.

   ② 가구점에는 여러 가구들이 놓여 있다.

   ③ 너희들이 그렇게 과격한 줄 몰랐다.

   ④ 도시에는 높은 건물들이 즐비하다.

15. 밑줄 친 부분의 활용이 맞는 것은?

   ① 식당에 아이를 데리지 마세요.

   ② 달리기를 이 지점에서 비롯하자.

   ③ 닫다가[走] 중지하면 아니 닫는 것보다 못하다.

   ④ 불행이 연달아 생기니 극복하기 힘들다.

수수께끼

칼을 쥔 여자가 독한 마음으로 남자를 힘껏 노렸다.

그러자 남자가 피를 토하고 쓰러졌다.

여자가 어떻게 했기에 남자가 피를 토하고 쓰러졌을까?

답 '노리다'는 서 있는 것을 칼로 갈기어 베는 행위를 가리키는 동사
이다. 따라서 여자가 남자를 칼로 베었기 때문에 피를 토하고 쓰
러진 것이다.

제15일

달이 떴니? 달은 떴니?

(조사)

여러분은 '달이 떴니?' 와 '달은 떴니?' 에서 어떤 차이를 느끼는지 모르겠다. 혹시 어떤 차이를 느꼈다면 여러분은 한국어가 모국어라고 말할 수 있는 사람이다. 우리말은 '하찮은' 것 같은 조사 하나가 문장의 전체적인 의미나 느낌을 송두리째 바꾸는 경우가 많다. 그러므로 이제부터 조사를 하찮은 것으로 여기지 말기 바란다.

혹시 위의 두 문장이 주는 의미의 차이를 확실하게 구별하지 못하겠다면 아래의 두 문장을 읽으면서 조사 '이' 와 '은' 으로 문장의 의미가 어떻게 달라지는지 확인해 보기 바란다.

㉮ 사람이 누워서 잔다.
㉯ 사람은 누워서 잔다.

예문 ㉮는 사람이 실제 누워서 자는 모습을 연상할 수 있다. 즉 누워서 자는 모습을 보면서 그런 문장을 만든 것이다. 이를 묘사문이라고 한다. 보이는 대로 적은 문장이라는 말이다. 이에 비해서 예문 ㉯는 일반적으로 사람이란 누워서 자는 동물이라는 말이다. 나무는 서서 자고, 개는 엎드려서 자는데 사람은 누워서 잔다는 것이다. 이를 설명문이라고 한다. 주어의 특성, 상태 등을 드러내 주는 문장이라는 말이다. 이런 엄청난 차이가 조사 하나를 달리 붙임으로써 생긴다는 것은 조사의 기능이 얼마나 결정적이고 광범위한지 증명하는 데 부족함이 없을 것이다. 그래서 우리는 조사에 대해서 여러 가지를 경건한 마음으로 배우지 않으면 안 된다.

아래 물음에 대답할 수 있으면 조사를 안다고 할 수 있다.

• 주격조사 '가/이'와 보조사 '는/은'의 차이를 알고 적절하게 사용할 수 있는가?

• 서술격조사 '이오'와 '이요'의 차이를 알고 적절하게 사용할 수 있는가?

• 부사격조사 '에서, 에게서, 한테, 한테서'와 '로부터'의 차이를 알고 적절하게 사용할 수 있는가?

• 부사격조사 '에'와 '에서'의 차이를 알고 적절하게 사용할 수 있는가?

• 보조사 '까지, 마저, 조차'의 차이를 알고 사용할 수 있는가?

• 목적격조사 '를'과 관형격조사 '의'를 써야 할 곳과 쓰지 말아야 할 곳을 구별할 수 있는가?

조사의 종류

조사(助詞)는 체언에 붙어서 체언과 다른 성분 간의 문법적 관계를 나타내는 의존 형태소이다. 이는 기능에 따라서 격조사(格助詞), 접속 조사(接續助詞), 보조사(補助詞)로 나눈다.

(1) 격조사

체언을 주어, 서술어, 목적어, 보어, 관형어, 부사어, 독립어가 되게 하는 조사를 격조사라고 한다. 격조사를 다른 격으로 전용할 수는 없다.

① 주격조사 : 체언을 주어가 되게 하는 조사가 주격조사이다. 주격조사에는 '가'와 '이'가 있다. '가'는 받침이 없는 체언에 붙고, '이'는 받침이 있는 체언에 붙는다. 주격조사의 원형이 '가'인지 '이'인지는 분명하지 않다. 받침이 없는 체언 뒤에서도 '이'가 쓰이기도 하는 것으로 보아, '이'가 주격조사의 원형이라고 할 수 있지만 속단하기는 어렵다. 둘 중에 하나가 원형이라면 다른 하나는 그 이형태(異形態)가 된다.

주격조사 가운데에는 체언을 높이기 위해서 사용하는 '께서', 인격체가 아닌 체언에 붙어서 주어를 만드는 '에서', 사람의 수를 나타내는 명사에 붙어서 주어를 만드는 '서'가 있다. 각 용례를 제시하면 아래와 같다.

> ㉮ 선생님<u>께서</u> 교실에 들어오셨다.
> ㉯ 정부<u>에서</u> 그를 유공자로 표창하였다.
> ㉰ 혼자<u>서</u>는 하기 어려우니 둘이<u>서</u> 하자.

주격조사 '가'는 일인칭 대명사 '나', '저'와 이인칭 대명사 '너', 미지칭 대명사 '누구'의 형태를 변화시켜 '내가, 제가, 네가, 누가'처럼 쓰이게 한다. 이에 관한 예시는 인칭 대명사에서 하였으므로 여기에서는 생략한다.

② 서술격조사 : 체언을 서술어가 되게 하는 조사로서, '이다'와 그 활용형이 모두 서술격조사이다. 체언에 받침이 없으면 '이다'의 '이'가 생략되기도 한다. 서술격조사는 문장의 서술어로서 종결형에만 쓰이는 것이 아니고 연결형이나 전성형 등 일반 용언과 같은 방식으로 다양하게 사용된다. 몇 가지 예문을 소개한다.

> ㉮ 대한민국의 수도는 서울<u>이오</u>.
> ㉯ 우리는 다정한 형제<u>요</u>.
> ㉰ 이것은 사과<u>요</u>, 저것은 배<u>요</u>.
> ㉱ 이건 좋은 옷<u>이지만</u>, 값이 비싸다.
> ㉲ 여기가 내 고향<u>이라면</u> 좋겠다.
> ㉳ 나는 네 형<u>일</u> 뿐, 네 부모는 아니다.
> ㉴ 동생<u>인</u> 피고가 형<u>인</u> 원고를 때렸다.
> ㉵ 여기가 좋은 곳<u>임</u>을 이제야 알았다.

예문 ㉮의 '이오'는 종결형으로 쓰인 서술격조사이다.

예문 ㉯의 '요'는 받침이 없는 체언 뒤에 붙는 종결형 서술격조사이다. '이오'가 원형이지만 받침이 없는 체언 아래에서는 '요'로 줄어들고, 받침이 있는 체언에서는 '요'로 줄어들지 않는다.

예문 ㉰의 앞에 있는 '요'는 연결형 서술격조사이고, 뒤의 '요'는 종결형 서술격조사이다. 연결형 서술격조사는 받침이 없는 체언 아래에서는 '요', 받침이 있는 체언 아래서는 '이요'로 실현된다. 그러나 종결형 서술격조사는 '이오'로 실현된다(맞15 붙임2, 붙임3).

예문 ㉱와 예문 ㉲에 쓰인 '이지만, 이라면'은 모두 연결형 서술격조사이다. 일반 용언에 붙는 연결형 어미가 '이다'의 어미로 쓰이면 모두 연결형 서술격조사가 된다.

예문 ㉥와 예문 ㉦에 쓰인 '일, 인'은 관형사형 서술격조사이다. 일반 용언에 붙는 관형사형 어미가 '이다'의 어미로 사용되면 관형사형 서술격조사가 된다.

예문 ㉧에 쓰인 '임'은 명사형 서술격조사이다. 일반 용언에 붙는 명사형 어미 '-ㅁ'이 '이다'의 어미로 사용되면 명사형 서술격조사가 된다.

③ 목적격조사 : 체언을 동사의 목적어가 되게 하는 조사로서 '를'이 이에 속하고, 받침이 있는 체언 뒤에는 '을'이 쓰인다.

④ 관형격조사 : 체언을 관형어가 되게 하는 조사로서 '의'가 이에 속한다. 우리는 관형격조사를 붙이는 데 익숙하지 않기 때문에 대체로 이를 생략한다. 그리고 인칭대명사 '나, 저, 너'와 '의'가 결합하면 '내, 제, 네'로 축약하여 쓰는 것이 일반적이다. 아래 예를 검토해 보자.

> ㉮ 우리도 책임<u>의</u> 일부를 져야 할 거다.
> ㉯ 집(<u>의</u>) 밖에서 손님이 소리쳤다.
> ㉰ <u>나의 고향</u>/<u>내 고향</u>, <u>저의 사정</u>/<u>제 사정</u>, <u>너의 일</u>/<u>네 일</u>

예문 ㉮는 정상적으로 관형격조사 '의'를 사용한 예이다. '모임의 성격', '믿음의 본질'처럼 사용하는 경우가 일반적인 관형격조사의 용법이다.

예문 ㉯는 관형격조사를 붙이는 것보다 생략하는 것이 더 자연스러운 예이다. 대체로 관형격조사가 없더라도 앞의 명사가 뒤의 명사를 꾸민다고 인정되는 경우에는 구태여 관형격조사를 붙일 필요가 없다. '우리의 친구', '책의 표지', '컴퓨터의 가격' 등에 쓰인 관형격조사 '의'는 생략하는 것이 더 자연스럽다.

예문 ㉰의 '나의, 저의, 너의'는 '내, 제, 네'로 줄여서 쓰는 것이 더 자연스럽다.

⑤ 부사격조사 : 체언을 부사어가 되게 하는 조사로서 부사어의 성격에 따라 다양한 조사가 사용된다. 여기에는 '에, 에게, 에서, 로(/으로), 로서(/으로서), 로써(/으로써), 더러, 처럼, 한테, 보고, 께, 와(/과), 함께' 등이 있다. 예문을 보면서 부사격조사의 종류와 쓰임새를 익혀 보자.

> ㉮ 그는 집<u>에</u> 있다. / 그는 학교<u>에</u> 갔다.
> ㉯ 돈을 호주머니<u>에</u> 넣었다.

㉐ 책을 <u>동생에게</u> 주었다. / <u>선생님께</u> 보고했다.

㉑ <u>학교에서</u> 공부한다. / 돈을 <u>주머니에서</u> 꺼냈다.

㉒ <u>학교로</u> 가자. / <u>콩으로</u> 메주를 쑨다. / <u>전화로</u> 말했다.

㉓ <u>나더러</u> 거기까지 가라고?

㉔ 아이가 <u>어른처럼</u> 말을 한다.

㉕ 그는 자기 <u>아버지와</u> 닮았다.

예문 ㉐에 쓰인 부사격조사 '께'는 '에게'의 존댓말로서 체언을 높이기 위해서 쓰인다. 예문의 '선생님'처럼 높임의 접미사 '-님'이 있을 때에는 조사도 반드시 '께'를 써서 높임을 일치시켜야 한다.

예문 ㉒에 쓰인 '학교로'의 '로'와 예문 ㉖에 쓰인 '학교에'의 '에'는 의미 차이가 있다. '로'는 단순히 목표를 그쪽으로 잡았음을 의미하고, '에'는 그 용도에 맞는 일을 하기 위하여 그쪽으로 가는 것을 의미한다. 따라서 학생이나 선생이 수업을 위해서 간다면 '학교에'를 써야 하고, 수업과 관련이 없을 때에는 '로'를 쓸 수 있다. 또 출발할 때에는 '로'가 어울리고, 도착할 때에는 '에'를 써야 한다. '집으로 도착해 보니' 같은 표현이 불가능한 이유가 여기에 있다.

⑥ 호격조사 : 사람이나 사물 뒤에 붙어서 그것을 부르는 의미를 나타내는 조사로서 '야(/아), 여(/이여), 시여(/이시여)' 등이 있다. 체언에 받침이 있으면 괄호 안의 이 형태를 호격조사로 사용한다.

㉮ <u>철수야</u>, 이리 오너라. / <u>영국아</u>, 여기 좀 보아라.

㉯ <u>바다여</u>, 잠잠해지소서. / <u>조국이여</u>, 영원하시라.

㉰ <u>예수님이시여</u>, 나를 구원하소서.

⑦ 체언과 격조사의 축약 : 주격조사 '가(/이)'나, 목적격조사 '를(/을)', 부사격조사 '-에게'는 체언과 어울러 줄어든 형태소로 사용되기도 한다.

㉮ <u>그게</u> 이렇게 변했다니.

㉯ 사고로 <u>머릴</u> 크게 다쳤단다.

㉰ 뒷일은 <u>제게</u> 맡기십시오.

예문 ㉮의 '그게'는 '그것이'의 준말이다. '이것이, 저것이'는 '이게, 저게'로 각

각 줄어든다. 예문 ㉮의 '머릴'은 '머리를'의 준말이다. '이걸, 저걸, 그걸'은 '이 것을, 저것을, 그것을'의 준말이다. 예문 ㉰의 '제게'는 '저에게'의 준말이다. '내 게, 네게'는 '나에게, 너에게'의 준말이다. 이처럼 체언과 조사가 어울러서 줄어진 형태로 사용되기도 한다.

(2) 접속 조사

체언과 체언 또는 절과 절을 같은 자격으로 이어 주는 기능을 하는 조사로서 '와(/과), 하고(/이하고), 랑(/이랑), 며(/이며), 에다, 다(/이다), 나(/이나)' 등이 있다.

㉮ 나와 그분과는 막역한 사이다.
㉯ 영희하고 수영이하고 단짝이 되었다.
㉰ 우리는 야구랑 등산이랑 탁구를 했다.
㉱ 옷이며 돈이며 장신구며 모두 가져갔다.
㉲ 밥에다 떡에다 술에다 잔뜩 먹었다.
㉳ 사람들은 사랑이다 연애다 이별이다 따위에만 관심을 둔다.
㉴ 나는 사과나 감이나 배를 좋아하는 편이다.

(3) 보조사

조사로서 여러 격으로 두루 쓰이면서 일정한 뜻을 보태어 주는 것을 보조사라고 한다. 특수 조사라고도 하는데, 보조사에 따라서 체언에 첨가해 주는 의미가 다르다.

① 는(/은) : 가장 대표적인 보조사로서 주격, 목적격, 부사격으로 쓰이면서 체언을 정의하거나 다른 것과 비교하여 선택 또는 제외하는 의미를 보탠다.

㉮ 사과는 과일의 하나이다. / 사람은 누워서 잔다. (주격)
㉯ 국수는 먹지만 밥은 먹지 않겠다. (목적격)
㉰ 오늘은 드디어 비가 올 것 같다. (부사격)
㉱ 미국에는 가지 않으려 한다. (부사격)
㉲ 나도 그렇게는 할 수 있다. (부사격)

② 도 : 이미 어떤 것이 포함되고 그 위에 추가함을 나타내기도 하고, 둘 이상의 체언을 아우르기도 하며, 양보의 의미와 의외임을 강조하는 의미, 놀라움이나 실망의 뜻을 체언에 보태는 보조사이다.

㉮ 너도 이제 많이 자랐구나. (주격)

㉯ 놀지만 말고 책도 읽어라. (목적격)

㉰ 집에도 자주 놀러 오너라. (부사격)

㉱ 밥도 먹고 라면도 먹었다. (목적격)

㉲ 부엌도 좋으니 바람만 피하게 해 주세요. (주격)

㉳ 낫 놓고 기역자도 모르는 사람이야. (목적격)

㉴ 너는 뉴스도 못 들었니? (목적격)

㉵ 안타깝게도 우리가 경기에서 졌다. (강조)

③ 나(/이나) : 관형사 이외의 다양한 형태에 붙어서 불만스러운 선택, 양보, 최고의 선택, 어림하여 짐작함, 놀람이나 강조, 선택에 구애되지 않음, 비교 등의 의미를 보태는 보조사이다.

㉮ 날씨도 추운데 눈이나 왔으면 좋겠다. (주격)

㉯ 나더러 밥이나 짓고, 빨래나 하란 말이오? (목적격)

㉰ 제발 시험이나 잘 봐야 할 텐데. (목적격)

㉱ 자기가 최고나 되는 것처럼 행동한다. (보격)

㉲ 지금 몇 시나 되었을까? (보격)

㉳ 벌써 책을 두 권이나 읽었어? (부사격)

㉴ 지금이나 그때나 별로 달라진 게 없어. (부사격)

㉵ 제발 살아서나 왔으면 좋겠는데. (부사격)

④ 만 : 다른 것을 배제하고 그것만 한정하거나, 무엇을 강조하거나, 비교하는 의미를 보태는 보조사이다.

㉮ 너만 들어와라. (주격)

㉯ 보기만 해도 가슴이 뛴다. (목적격)

㉰ 선생님은 나만 나무라신다. (목적격)

㉱ 형만 한 아우 없다. (부사격)

㉲ 주인의 허락을 받아야만 들어갈 수 있다. (부사격)

⑤ **마저** : 무엇이 이미 포함되었고 그 위에 포함되지 않기를 바라는 것이 포함된 것을

나타내는 보조사이다.

    ㉮ 너마저 나를 떠나겠나고? (주격)

    ㉯ 집문서마저 빚쟁이의 손으로 넘어갔다. (주격)

    ㉰ 노름으로 퇴직금마저 다 잃고 말았다. (목적격)

⑥ **라도**(/이라도) : 최선은 아니지만 차선의 선택은 됨을 나타내는 보조사이다.

    ㉮ 그런 일은 어린애라도 할 수 있다. (주격)

    ㉯ 옷이라도 변변히 입고 나와야지. (목적격)

    ㉰ 이렇게라도 말을 하고 나니 속이 후련해진다. (부사격)

⑦ **부터** : 어떤 일이나 상태에 관련된 일의 시작임을 나타내는 보조사. '까지' 와 대응하는 보조사이다.

    ㉮ 우리부터 솔선수범해야 한다. (주격)

    ㉯ 일은 오늘부터 시작한다. (부사격)

    ㉰ 비행기가 생기고부터 세계는 하루하루 가까워진다. (부사격)

⑧ **까지** : 어떤 일의 끝 또는 이미 포함된 것에 더 포함함을 나타내는 보조사로, '부터' 와 대응하는 보조사이다.

    ㉮ 너까지 나를 안 믿니? (주격)

    ㉯ 비가 오고 바람까지 부니 몹시 쓸쓸하다. (주격)

    ㉰ 나는 서울까지 간다. (부사격)

    ㉱ 그렇게까지 할 필요가 있나요? (부사격)

⑨ **뿐** : 그것 외에는 더 없음을 나타내는 보조사이다.

    ㉮ 믿는 것은 오직 실력뿐이다.

    ㉯ 깨어진 바가지는 집에서뿐 아니라 밖에서도 샌다.

⑩ **나마**(/이나마) : 아쉬운 대로 인정함을 나타내는 보조사이다.

    ㉮ 돈으로나마 잘못에 대해서 배상하겠다.

    ㉯ 전화로나마 통화했으니 다행이지.

조사의 중복

격조사와 보조사는 겹쳐서 사용할 수 있다.

(1) 격조사＋보조사

㉮ 서울에서도 / 에서만 / 에서부터 데모가 일어났다.

㉯ 팥으로는 / 으로도 메주를 못 쑤지.

㉰ 엉덩이에만 / 에까지 주사를 놓는 이유가 뭐야?

㉱ 시골에서라도 환경 운동을 일으켜야 한다.

(2) 보조사＋격조사

㉮ 여기까지가 서울이다.

㉯ 이것까지를 옮겨 놓아라.

(3) 보조사＋보조사(＋격조사)

㉮ 이 일까지만 해 주겠다.

㉯ 여기서부터는 검문을 자주 한다.

㉰ 그마저도 못 한다니 고민이야.

㉱ 부녀자까지라도 동원하지 않을 수 없다.

조사의 생략

격조사는 대개 생략할 수 있으나 부사격조사 가운데에는 생략할 수 없는 조사가 있다. 그리고 보조사도 생략할 수 있는 것과 없는 것이 있다. 형태가 같은 조사라도 생략할 수 있는 것과 그렇지 않은 것이 있다.

(1) 격조사의 생략 여부

격조사는 생략된 조사가 다른 조사로 오해될 소지가 없을 때에 생략할 수 있다. 대체로 주격조사, 목적격조사, 보격조사를 생략하는 것이 자연스럽다. 괄호 안에 들어 있는 조사는 생략할 수 있다.

㉮ 우리(가) 학생(이) 되었으니 가방(을) 들고 학교(에) 가자.

㉯ 나는 학교에서 놀았어. / 영수(가) 학교에서 놀고 있다.

㉰ 너 책(을) 가방에 넣었니?

㉱ 어머니가 쌀로 밥(을) 지으셨다.

㉲ 영희(가/에게) 돈 주었니?/ 영희(에게서) 돈 받았니?

㉳ 영호(야), 어디 가니?/ 김 선생님, 어디 가세요?

(2) 접속 조사의 생략

체언이 연속해 있으면 앞의 체언이 뒤의 체언을 수식하게 된다. 접속 조사는 두 체언의 그런 관계를 동격으로 인식시켜 주기 위해서 쓰는 것이므로 생략하면 안 된다. 다만, 동격이 분명한 경우에는 생략할 수 있다.

㉮ 우리 학교와 너희 학교가 겨루게 되어 있어.

㉯ 우리는 사과(와) 감(과) 배를 먹었다.

(3) 보조사의 생략

일반적으로 보조사는 특별한 의미를 보태 주기 위해서 사용하므로 생략할 수 없다. 경우에 따라서 보조사 '는/은'을 생략할 수 있는데, 이는 이 보조사의 사용이 보편화되어 있기 때문이다.

㉮ 이 나무(는) 백양나무야.

㉯ 우리(는) 거기에 갈 거야.

조사의 변별

앞에서 격조사 '가(/이)'와 보조사 '는(/은)'의 차이를 잠깐 설명했는데, 이처럼 기능이 비슷한 조사 가운데 쓰임새가 다른 것이 몇 가지 있다. 이에 관해서 설명해 보겠다.

(1) 격조사 '가(/이)'와 보조사 '는(/은)'의 차이

① 알려 주고 싶은 것이 주어이면 '가(/이)', 서술어이면 '는(/은)'

㉮ 김치 주식회사가 수출상을 받았다. (누가 수출상을 받았나? 받은 주체가 의문임)

㉯ 된장 주식회사는 공로상을 받았다. (된장 주식회사는 어땠나? 주체의 서술어가 의문임)

② 묘사문에는 '가(/이)', 설명문에는 '는(/은)'

㉮ 사람이 침대에 누워서 잔다. (실제 침대에 누워서 자고 있음)

㉯ 사람은 침대에 누워서 잔다. (일반적으로 그렇다는 이야기임)

③ 종속문에서는 '이(가)'

㉮ 바람이 심하게 불면 나무가 뽑힌다.

㉯ 그들이 그리로 오기에 나는 거기에서 떠났다.

㉰ 내일 이 세상이 멸망한다 하더라도 오늘 사과나무를 심겠다.

④ 다른 것과 비교하는 내용이면 '는(/은)', 그렇지 않으면 '가(/이)'

㉮ 모두가 반대해도 나는 찬성할 거야.

㉯ 영화는 안 보고 싶어도 연극은 보고 싶다.

(2) 부사격조사 '에'와 '에서'의 차이

① 도착하는 곳이면 '에', 떠나는 곳이면 '에서'

㉮ 그들은 방금 집에 왔다 / 갔다.

㉯ 그들은 벌써 집에서 떠났다.

② 머무는 곳이면 '에', 활동하는 곳이면 '에서'

㉮ 그들은 서울에 머물렀다.

㉯ 그들은 서울에서 장사를 했다.

③ 넣는 경우이면 '에', 꺼내는 경우이면 '에서'

㉮ 호주머니에 손을 집어넣었다.

㉯ 호주머니에서 열쇠를 꺼냈다.

④ 움직임이 없으면 '에', 움직임이 있으면 '에서'

㉮ 산에 나무가 있다.

㉯ 산에서 새가 운다.

(3) 부사격조사 '에'와 '에게'의 차이

유정 명사 뒤에 붙으면 '에게', 그 밖에는 '에'를 붙인다.

㉮ 영수에게 편지를 썼다.

㉯ 정부에 항의를 표했다.

㉰ 영희가 달려가다가 전봇대에 부딪쳤다.

㉱ 영희가 숙제를 안 했다고 선생님한테 맞았다.

㉲ 남의 집에 들어가려다가 개에게 물렸다.

(4) 부사격조사 '에서', '에게서', '로부터'의 차이

① 출발점이 유정 명사이면 '에게서', 그 밖의 경우에는 '에서'를 쓴다.

㉮ 동생에게서 선물이 왔다. (으로부터×)

㉯ 집에서 편지가 왔다. (으로부터×)

② 주어가 단체인 경우에 '에서'를 쓴다.

㉮ 집에서 선물을 보내왔다. (집이×)

㉯ 정부에서 인구 통계를 발표했다. (정부가○)

③ '에서'를 쓸 자리에 '로부터'를 써도 좋을 경우가 있다.

㉮ 물은 금강산에서 흘러내린다. (금강산으로부터○)

㉯ 하늘에서 눈이 내린다. (하늘로부터○)

㉰ (그가) 정부로부터 표창장을 받았다. (정부에서○)

㉱ 갑자기 눈에서 눈물이 흘렀다. (눈으로부터×)

(5) '부터'와 '로부터'   '부터'는 보조사로서 주어나 목적어 또는 부사어가 될 수 있는 체언 뒤에 붙고, '로부터'는 부사격조사로서 그곳이 출발점이 될 수 있는 체언 뒤에 쓰인다.

㉮ 너부터 이야기해라.

㉯ 먼저 학교부터 가야 하지 않겠니?

㉰ 학교로부터 입학 통지서가 도착했다.

㉱ 삼일 운동은 독립 선언으로부터 시작했다.

㉲ 그들은 곧바로 독립 선언부터 시작했다.

(6) '까지', '조차', '마저'   모두 이미 어떤 것이 포함된 뒤에 그 위에 더함을 나타내는

데 더하는 것이 화자에게 어떤 성격을 가지느냐에 따라서 구별된다.

'까지'는 포함되는 범위의 극한을 사실적으로 가리킨다. '도'와 비슷하나 좀더 강하게 극한을 표현할 때에 쓰인다.

'조차'는 일반적으로 예상하기 어려운 것이 포함되어 화가 나거나 무시하고 싶거나 싫음을 나타내며 주로 부정 표현에 쓰인다.

'마저'는 남겨 두고 싶은 마지막 것, 또는 포함시키고 싶지 않은 것이 포함되어 걱정되거나 안타까움을 나타내는 데 쓰인다.

    ㉮ 그의 결혼식에 대통령까지 참석했어.

    ㉯ 이제는 거짓말까지 하는구나.

    ㉰ 그는 제 이름조차 못 쓴다.

    ㉱ 항복은 생각조차 할 수 없었다.

    ㉲ 그들은 여행조차 할 수 없게 했다.

    ㉳ 막내아들마저 노모를 떠났다.

    ㉴ 이제 양식마저 다 떨어졌다.

예문 ㉮, ㉯는 일반적으로 있을 수 있는 일 가운데에서 가장 극한적인 것을 예시한 것이다. 올 수 있는 사람으로서 '대통령', 할 수 있는 말로서 '거짓말'이므로 사실적인 표현에 약간의 강조가 들어 있는 것이다.

예문 ㉰, ㉱, ㉲에는 화자의 무시, 꺼림, 불평, 분노 등의 감정이 포함되어 있다.

예문 ㉳, ㉴는 화자의 안타까움, 걱정, 좌절감이 배어 있다. '마저' 대신에 '까지'를 쓰면 그런 감정이 사라지게 된다. '마저' 대신에 '조차'를 쓰면 화자의 감정이 '걱정, 좌절감'에서 '분노, 불평'으로 옮겨감을 알 수 있다.

정리

우리말은 조사와 어미가 부지런히 몸을 놀려 쌓아올린 탑이다. 조사는 체언에 들러붙어 용언을 부여잡는 손이고, 어미는 그 용언에 들러붙어 말을 세우는 발이다. 어찌 조사와 어미를 가벼이 다루랴.

연습^문제

정답은 www.barunmal.com의 "글세상"에 있습니다.

1. 다음 물음에 답하라.

(1) 밑줄 친 조사가 옳지 <u>않은</u> 것은?
① 고향에서 떠난 지<u>가</u> 5년이 되었다.
② 우리도 이 문제를 풀 수<u>까지</u> 있습니다.
③ 봄이 왔네<u>그려</u>.
④ 봄이 왔다<u>마는</u> 여전히 춥다.

(2) 밑줄 친 조사가 옳지 <u>않은</u> 것은?
① 그럴 턱<u>이</u> 없다.
② 자기 딴<u>에는</u> 확신이 있었겠지.
③ 돕지는 못할 섬<u>인데</u> 훼방이라니.
④ 더 말할 나위<u>도</u> 없다.

(3) 밑줄 친 조사가 잘못 쓰인 것은?
① 그렇게 하시지<u>요</u>.
② 그는 나를 바라보았다. 그<u>러고는</u> 이렇게 말했다.
③ 그러고<u>만</u> 서 있지 말고 들어와.
④ 그래서<u>도</u> 갈 수 없다.

(4) 밑줄 친 조사가 잘못 쓰인 것은?
① 우리는 서울<u>에서</u> 행복하게 살고 있습니다.
② 새들이 산<u>에서</u> 울고 있습니다.
③ 많은 벌레가 이 숲<u>에</u> 살고 있습니다.
④ 지친 사람들이 자리<u>에</u> 앉았습니다.

(5) 보조사 '는/은'이 <u>부적절하게</u> 사용된 것은?

    ① 읽어<u>는</u> 보아라.

    ② 날씨<u>는</u> 맑다.

    ③ 사람<u>은</u> 생각하는 갈대이다.

    ④ 곧 태양<u>은</u> 떠오르겠지.

(6) 보기의 괄호 안에 들어갈 조사의 순서가 맞는 것은?

> ──── | 보기 | ────
>
> (1) 어머니(　　) 돌아가시고 안 계신다.
>
> (2) 일을 그렇게(　　) 무리하게 할 필요는 없다.
>
> (3) 우리는 죽음(　　) 두려워하지 않는다.

    ① 까지, 조차, 마저

    ② 조차, 까지, 마저

    ③ 마저, 까지, 조차

    ④ 마저, 조차, 까지

2. 다음 문장의 밑줄 친 부분에 무슨 문제가 있는지 설명하라.

    (1) 들국화는 특별히 신기한 꽃은 물론 아니다. 그러나 <u>인가를</u> 멀리 떨어진 산중에 외로이 피어 있는 그 기품이 그윽하고……

    (2) 우리는 인생을 비교할 때 <u>비를</u> 비교하기도 한다. 인생의 운명이 험난할 때 폭풍우를 연상하게도 되고 때로는 잔잔히 내리는 비를 연상하게도 된다.

    (3) 그럼에도 불구하고 나는 왜 그러한 <u>어머니에게</u> 죽여 주고 싶은 충동을 느끼게 되었을까?

    (4) 눈 쌓인 저녁 <u>무렵을</u> 그 추운 <u>허공을</u> 종소리가 달려온다. 종소리는 얼어 가면서 모든 것의 귓속으로 떨어진다.

(5) 따라서 한 권 책을 가지고 여러 사람이 돌려 보는 수밖에 없었고, 또는 문맹인이 많았기 때문에 자연히 한 사람이 읽되 소리를 내어 읽어 여러 사람을 들리는 경우가 많았을 것이다.

(6) 이토록 부지런한 사람들이 간고하게 살아야 하는 우리나라 경제 사정을 새삼 뉘우치면서 차를 내렸다.

3. 밑줄 친 부분의 조사의 타당성 여부를 설명하라.

(1) 차제에 운전면허마저 따려다 그만두었거늘, 손수 운전의 불편이나 사고 염려보다는 남의 눈을 먼저 의식한 탓이다.

(2) 형이 사법 시험에 합격하더니 동생마저 행정 고시에 합격했다.

(3) 기름이 떨어져 오도 가도 못하게 되었는데 이제는 식량까지 떨어졌다.

(4) 어디에서 바람이 들어온다. 아내는 방문을 닫는 것을 잊었나 보다.

(5) 벽에 걸려 있는 달력을 보니, 때는 음력 초순, 밤에는 초승달이 뜰 날이었다.

우스개 이야기

사오정이 중국 연변에서 온 친척에게서 선물로 받은 사향을 팔려고 경동 시장에 갔다. 상인이 사오정의 사향을 이리저리 보며 냄새를 맡더니 고개를 저으며 말했다.

상인 : "싸고 싼 사향도 냄새가 나는 법인데⋯⋯."

사오정 : "아저씨, 이건 무지 비싼 거예요."

제16일

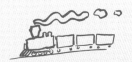

울고 가야 하나? 울며 가야 하나?

(어미)

$\overset{\text{O}}{\underset{}{}}$래 된 노래이지만 아직 중년층에서 많이 불리는 노래가 있다. '울고 넘는 박달재' 가 그것인데, 그 노랫말의 일부를 옮기면 이렇다.

> 천둥산 박달재를 울고 넘는 우리 임아
> 물항라 저고리가 궂은 비에 젖는구나

여기서 박달재를 넘는 순간에 '임'이 울었을까 울음을 그쳤을까? 울음을 그쳤다면 어디 쯤에서 그쳤을까? 박달재에 오르는 동안에는 울었지만 재빼기에 이르러 울음을 그친 뒤에 재를 넘을 때에는 안 울었을까?

이 노랫말을 곧이곧대로 해석한다면 재빼기에 이르기 전에 울음을 그친 뒤에 마음을 추슬러서 재를 넘기 시작한 것이 된다. 그러나 노래가 우리에게 주는 정서는 결코 그렇지 않다. '임'은 눈물을 뿌리면서(연거푸 뒤를 돌아보았을지도 모른다.) 재를 넘어야 한다. 그렇 다면 이 노랫말은 잘못되었다. '울며 넘는'으로 고쳐야 한다.

어미에는 그 나름의 기능이 있는데 '-며'는 하나의 행동을 시작하여 끝나지 않은 상태 에서 다른 행동을 시작할 때에 사용한다. 이에 비해서 '-고'는 하나의 행동이 끝난 뒤에 새로운 행동을 시작할 때에 쓴다. 따라서 위의 노랫말에 '-며'를 쓰는 것이 슬픔을 극대 화할 수 있어 좋다. 이런 주장에 대해 어떤 이가 '넥타이를 매고 출근했다.'에서는 '-고'

가 행위의 종료를 의미하지 않는데 왜 '-고'를 행위의 종료에만 사용한다고 하느냐고 반문해 온 사람이 있었는데, '넥타이를 매고'도 행위의 종료를 의미한다. '맨 행위'가 종료된 이후 '맨 상태'가 지속되는 것이다. 다만, '-고'가 '있다'와 결합하면 행위가 완료되지 않고 지속되는 것을 가리키지만 이 경우에는 새로운 동작의 시작은 없는 점이 '-며'와 다르다. 이렇게 보면 어미를 잘 사용하는 것도 우리말을 정확하게 사용하는 데 매우 중요하다는 것을 알 수 있다.

어미에는 참으로 다양한 기능이 있다. 아래 기능을 이해하면 어미를 안다고 할 수 있다.
- 동사나 형용사를 명사처럼 만들어 주는 기능 (명사형 어미)
- 동사나 형용사를 관형사처럼 만들어 주는 기능 (관형사형 어미)
- 동사나 형용사를 부사처럼 만들어 주는 기능 (부사형 어미)
- 문장을 종결하는 기능 (평서, 의문, 감탄, 명령, 청유, 약속)
- 낱말이나 어구 또는 문장을 연결하는 기능 (대등하게, 종속적으로)
- 높임법을 실현하는 기능 (어말 어미와 선어말 어미에서)
- 시제를 실현하는 기능 (어말 어미와 선어말 어미에서)
- 어미 '-고'와 '-며'의 차이를 이해하는가?

어미의 종류

용언의 어간에 붙어서 용언이 문장에서 문법적 기능을 수행하게 해 주는 형태소를 어미라고 한다. 어미는 종류에 따라서 수식, 연결, 전성 등의 문법적 기능과 서법, 시제, 높임법 등을 실현하는 기능을 수행한다. 어미에는 낱말의 끝에만 붙는 어말 어미와 어말 어미 앞에만 붙는 선어말 어미가 있다.

(1) 어말 어미

우리가 보통 어미라고 하면 어말 어미를 가리키는 것으로 이해한다.

비가 <u>오니</u> 우산을 <u>가져가라고</u> <u>알리어라</u>.

위 문장에서 '오니, 가져가라고, 알리어라'가 용언인데 이것을 분해하면 '오+니, 가져가＋라고, 알리＋어라'로 나눌 수 있다. 여기서 '-니, -라고, -어라'가 어미인데, 선어말 어미와 구별하기 위해서 어말 어미라고 부른다.

(2) 선어말 어미

언제나 어간과 어말 어미 사이에 오기 때문에 어말 어미의 앞에 있는 어미라는 뜻으로 선어말 어미(先語末語尾)라고 부른다.

> 내일 비가 <u>오겠으니</u> 우산을 <u>가져가시라고</u> <u>말씀드리었습니다</u>.

위 문장에서 '오겠으니, 가져가시라고, 말씀드리었습니다'가 용언인데, 이것을 분해하면 '오＋겠＋으니, 가져가＋시＋라고, 말씀드리＋었＋습니다'로 나눌 수 있다. 여기서 '-겠-, -시-, -었-' 따위가 어말 어미 '-으니, -라고, -습니다'의 앞에 있음을 알 수 있다. 이처럼 어말 어미 앞에 오는 어미를 선어말 어미라고 한다.

어말 어미의 기능

어말 어미는 크게 세 가지 기능이 있다. 첫째는 문장을 맺는 기능을 하고, 둘째는 낱말이나 구절 사이를 연결하는 기능, 셋째는 체언이나 용언을 수식하게 하는 기능이 그것이다.

(1) 문장의 종결 기능

일부 어미는 문장의 서술어에서 그 문장을 끝맺는 기능을 한다. 이런 어미를 종결 어미라고 한다. 종결 어미는 서법에 따라서 다르고, 높임법에 따라서 달라진다.

① 서법에 따른 종결 어미의 사용 : 서법이란 청자(聽者)에 대한 화자(話者)의 태도를 나타내는 방법으로서 평서법, 의문법, 감탄법, 명령법, 청유법이 있다.

평서법은 청자에게 상황을 서술하는 형식이고, 의문법은 청자에게 묻는 형식이며, 감탄법은 청자를 의식하지 않고 화자 자신의 감정을 표현하는 형식이며, 명령법은 청자에게 지시하는 형식이고, 청유법은 청자에게 요청 또는 권유하는 형식이다.

흔히 국어에서는 이 다섯 가지 형식을 서법으로 인정하나 학자에 따라서는 화자가 청자에게 약속하는 약속법도 서법에 포함하기도 한다.

㉠ 평서법에 쓰이는 어말 어미 : -다, -ㄴ다, -네, -는다, -ㅂ니다/-습니다, -오/-소

ⓛ 의문법에 쓰이는 어말 어미 : ―(으)냐, ―느냐, ―니, ―는가, ―ㅂ니까/―습니까, ―오/소

ⓒ 감탄법에 쓰이는 어말 어미 : ―구나, ―구려, ―도다

ⓔ 명령법에 쓰이는 어말 어미 : ―라/―아라/―어라, ―게, ―(으)오, ―(으)십시오

ⓜ 청유법에 쓰이는 어말 어미 : ―자, ―세, ―(읍)시다

ⓗ 약속법에 쓰이는 어말 어미 : ―마

② 종결 어미의 결합 제약 : 주어의 인칭에 따라서 종결 어미가 제약을 받는 경우도 있고, 부정문을 만들 때에 종결 어미의 사용에 제약이 생길 때도 있다. 또 종결 어미 가운데에는 형용사이기 때문에 명령법이나 청유법에 사용할 수 없는 경우도 있다. 이런 종결 어미의 결합 제약을 몇 가지 예시하면 다음과 같다.

㉮ 우리는/너는(나는/그는) 함께 공부하자.

㉯ 너는(우리는/나는/그는) 저리 비켜라.

㉰ 내 손을 안 잡아라.

㉱ 어서 안 가자.

㉲ 너희 모두 즐거워라.

㉳ 우리 모두 기쁘자.

예문 ㉮, ㉯는 주어와 종결 어미 사이에 호응이 안 되는 경우이다. 명령이나 청유는 상대를 향하여 하는 것이므로 일인칭이나 삼인칭에는 쓸 수 없다. 만일 주어가 일인칭이거나 삼인칭이면 서법을 바꿔야 한다.

예문 ㉰, ㉱는 부정 부사와 종결 어미가 호응하지 않는 경우이다. 부정 부사 '안, 못'은 명령형과 청유형 서법에는 호응하지 않는다. 명령형과 청유형을 부정하려면 '―지 마라', '―지 말자' 어구를 사용해야 한다.

예문 ㉲, ㉳는 형용사가 명령형과 청유형 어미와는 호응하지 않는 경우이다. 원래 형용사는 현재의 상태나 모습을 나타내므로 그것을 명령하거나 청하는 것은 불가능하다.

(2) 낱말이나 구절의 연결 기능

어미 가운데에는 낱말과 낱말을 연결하는 기능을 하는 것이 있고, 또 어떤 것은 어구와 어구, 절과 절을 연결하는 데 쓰이는 것도 있다. 이처럼 연결 기능을 맡는 어미를

연결 어미(連結語尾)라고 한다. 연결 어미에는 두 요소를 대등하게 연결하는 기능을 하는 것이 있고, 한 요소를 다른 요소에 종속되도록 연결하는 기능을 하는 것이 있으며, 한 요소가 다른 요소의 보조가 되도록 연결하는 기능을 하는 것이 있다. 이 세 가지를 각각 대등적 연결 어미, 종속적 연결 어미, 보조적 연결 어미라고 한다.

① 대등적 연결 어미 : 두 요소를 대등한 자격으로 연결하는 어미를 대등적(對等的) 연결 어미라고 한다. '-고, -며, -(으)나, -지만, -다만' 등이 두 요소를 대등하게 연결해 주는 어미이다.

　　㉮ 기쁘고 즐거운 날.
　　㉯ 지구는 태양을 돌고, 달은 지구를 돈다.
　　㉰ 기러기가 울며 날아간다.
　　㉱ 키는 크나 속이 없다.
　　㉲ 날씨가 춥지만 바람은 불지 않는다.
　　㉳ 산은 높다만 물은 깊지 않다.

　예문 ㉮에서는 '-고'가 두 낱말 '기쁘다'와 '즐겁다'를 대등하게 연결하고 있고('기쁜' 그리고 '즐거운'의 뜻임), 예문 ㉯의 '-고'도 앞뒤 절을 대등하게 연결한다. 예문 ㉰에서는 '-며'가 '울다'와 '날아간다'를 대등하게 연결하고 있다('운다' 그러면서 '날아간다'의 뜻임). 예문 ㉱의 '-나'는 '키는 크다'와 '속이 없다'를 대등하게 연결하고 있다('키는 크다' 그러나 '속이 없다'의 뜻임). 예문 ㉲의 '-지만'은 '날씨가 춥다'와 '바람은 불지 않는다'를 대등하게 연결하고 있다. 예문 ㉳의 '-다만'은 '산은 높다'와 '물은 깊지 않다'를 대등하게 연결하고 있다.

　예문 ㉮~㉰의 어미는 같은 범주에 속하는 요소를 나열하고, 예문 ㉱~㉳의 어미는 의미가 상반되는 요소를 나열한다.

② 종속적 연결 어미 : 뒤에 오는 용언의 조건, 이유, 전제, 목적 등이 되도록 두 요소를 연결하는 어미를 종속적(從屬的) 연결 어미라고 한다. '-면, -아/-어, -아서/-어서, -아야/-어야, -더라도, -(으)러, -려고' 등이 종속적 연결 어미에 속한다.

　　㉮ 해가 지면 금방 어두워진다. (조건)
　　㉯ 방이 차서 보일러를 틀었다. (이유)
　　㉰ 네가 와야 내가 떠나지. (전제)

㉱ 돈을 벌려고 해외로 나갔다. (목적)

㉲ 힘이 들더라도 노력해 봐라. (양보)

예문 ㉮의 어미 '-면'은 어두워지는 조건으로 해가 짐을 내세우기 위해서 사용한 것이고, 예문 ㉯의 '-서'는 보일러를 튼 이유를 내세우기 위해서 사용한 것이다. 예문 ㉰의 어미 '-아야'는 떠나는 전제 조건을 내세우기 위해서 사용한 것이고, 예문 ㉱의 어미 '-려고'는 해외로 나간 목적을 내세우기 위해서 사용한 것이다. 이처럼 앞의 용언을 뒤의 용언에 종속시키기 위해서 사용하는 어미가 종속적 연결 어미이다. 어미에 따라서는 조건이나 전제 또는 이유로 두루 사용하기 때문에 딱히 어떤 의미로만 사용해야 한다고 고정할 필요는 없다. 종속절은 문장 구성상으로 보면 주절의 부사절 기능을 한다고 볼 수 있다.

③ **보조적 연결 어미** : 본용언과 보조 용언을 연결하는 어미를 보조적(補助的) 연결 어미라고 한다.

㉮ 요리사가 요리를 먹어 보았다.

㉯ 문제가 별로 어렵지 않았다.

㉰ 원하면 떠나게 해라.

㉱ 우리는 벌써 전쟁을 잊고 있다.

위 예문에서 사용한 '-어, -지, -게, -고'가 본용언과 보조 용언을 연결하는 보조적 연결 어미이다.

④ **연결 어미의 결합 제약** : 연결 어미에 따라서는 종속절과 주절의 주어가 항상 같을 것을 원하는 것이 있고, 시제를 붙일 수 없는 것이 있는가 하면, 연결 어미가 있어서 주절이 구성상 제약을 받는 경우가 있다. 이처럼 연결 어미를 둘러싸고 형성되는 어미와 주절 사이의 제약을 제대로 잘 지키는 것을 논리적 호응이라고 한다.

㉮ 내가 책을 읽으려고 (그가) 도서관에 갔다.

㉯ 나는 점심을 먹(었)고 도서관에 갔다.

㉰ 그는 노래도 잘하거니와 공부도 잘하느냐?

예문 ㉮는 주절의 주어가 종속절의 주어와 같아야 하는 문장이다. 연결 어미 '-으려고'가 왔기 때문이다. 만일 연결 어미가 '-고'였다면 주절의 주어가 종속절의 주어와 같을 필요가 없다.

예문 ㉯는 점심을 먹은 시기가 도서관에 간 시기보다 앞서므로 당연히 '먹고'를 과거형으로 써야 한다. 그러나 연결 어미 '-고'로 연결된 경우에는 주절의 시제와 자동으로 일치되므로 구태여 종속절에서 시제를 드러낼 필요가 없다. 그래서 과거 시제 선어말 어미 '-었-'이나, 미래 시제 선어말 어미 '-겠-'을 쓸 수 없다.

예문 ㉰의 '-거니와'는 주절의 의문 '잘하느냐?'와 어울리지 않는다. '-거니와' 대신에 '-는데', '-고', '-더니' 등을 쓰면 된다.

(3) 용언의 전성 기능

용언이 명사, 관형사, 부사와 같은 기능을 하게 만들어 주는 어미가 있는데 이를 전성 어미(轉成語尾)라고 부른다. 전성 어미에는 명사형 어미, 관형사형 어미, 부사형 어미가 있다.

① **명사형 어미** : 용언을 명사처럼 쓰이게 해 주는 어미를 명사형 어미라고 한다. '-ㅁ/-음'과 '-기'가 있다.

> ㉮ 우리가 너를 만나려 함은 너의 아버지 일 때문이다.
> ㉯ 하루에 책 한 권씩 읽기를 권한다.
> ㉰ 고객을 진심으로 받듦으로써 고객의 신임을 얻었다.

위 예문은 모두 용언에 명사형 어미 '-ㅁ'과 '-기'를 붙여서 명사절로 만든 것에 조사를 붙여 문법적 기능을 하게 한 것인데, 예문 ㉮는 명사절이 보조사 '은'의 도움을 받아 주어가 된 것이고, 예문 ㉯는 명사절이 목적어가 된 것이며, 예문 ㉰는 명사절에 부사격조사를 붙여 부사어로 만든 것이다. 이처럼 명사형 어미는 용언에 붙어서 그 용언을 명사처럼 사용하도록 만드는 구실을 한다.

> ㉱ 우리가 그림을 함께 그림으로써 사람들에게 감동을 줄 수 있다.

예문 ㉱에 적힌 두 개의 그림을 분석하면 앞의 '그림'은 동사 '그리다'에 접미사 '-ㅁ'이 붙어서 명사가 된 것이고, 뒤의 '그림'은 동사 '그리다'에 명사형 어미 '-ㅁ'이 붙어서 명사형이 된 것이다. 즉 앞의 것은 명사이고, 뒤의 것은 동사이다. 따라서 뒤의 '그림' 앞에 부사어 '함께'가 올 수 있다. 형태가 같아도 명사와 동사(명사형)로 전혀 다른 기능을 한다는 점을 이해해야 한다.

② **관형사형 어미** : 용언을 관형사처럼 쓰이게 해 주는 어미를 관형사형(冠形詞形) 어

미라고 한다. '-ㄴ(/-은), -는, -ㄹ(/-을)'이 있다.

    ㉮ 거기에 간 사람이 누구였지?

    ㉯ 토끼를 잡은 사람은 영호였다.

    ㉰ 네가 하는 일이 무어냐?

    ㉱ 사랑할 사람과 사랑 받을 사람.

    ㉲ 좋은 사람과 나쁜 사람을 구별해야 한다.

위 예문에서 볼 수 있듯이 관형사형 어미에는 시제가 개입되어 있다. 예문 ㉮와 ㉯의 '간', '잡은'에는 과거 시제가 있고, 예문 ㉰의 '하는'에는 현재 시제가 있으며, 예문 ㉱의 '사랑할, 사랑 받을'에는 미래 시제가 있다. 이처럼 관형사형 어미는 형태에 따라서 시제를 동반한다. 그러나 예문 ㉲처럼 형용사에 붙는 관형사형 어미에는 시제가 없다. 동사와 형용사에 어떤 관형사형 어미가 붙으며 시제에 따라서는 어떻게 달라지는지 표를 보며 검토하자.

	현재	과거	미래	현재	미래	회상(回想)
동사(받침 없음)	-는	-ㄴ	-ㄹ			-던
(받침 있음)	-는	-은	-을			-던
형용사(받침 없음)				-ㄴ	-ㄹ	-던
(받침 있음)				-은	-을	-던

이 표에서 보듯이 어미 '-ㄴ'과 '-은'은 동사일 때에는 과거 시제를 나타내고, 형용사일 때에는 현재 시제를 나타낸다는 점에 유의해야 한다. 그리고 '-는'은 형용사에 붙지 않고 동사에만 붙는 어미라는 점도 알아둘 필요가 있다. '알맞는, 걸맞는'처럼 형용사에 어미 '-는'을 쓰면 안 되는 이유가 여기에 있다. 예외적으로 형용사 '없다'에만 '-는'을 붙인다.

③ **부사형 어미** : 용언을 부사 노릇을 하게 만들어 주는 어미를 부사형 어미라고 한다. 부사형 어미에는 '-아/-어, -게'가 있다.

    ㉮ 이 옷이 더 좋아 보인다.

    ㉯ 아무래도 집을 좀 크게 지어야겠다.

    ㉰ 그들은 우연히 만나서 결혼하게 되었다.

㉒ 이걸 먹어도 됩니까?

부사형 어미는 보조적 연결 어미와 형태가 같아서 혼동하기 쉽다. 어미 뒤에 오는 동사가 보조 용언인지 아닌지 판단하는 것이 혼동을 막을 수 있는 유일한 길이다.

선어말 어미의 기능

선어말 어미는 어말 어미 앞에서 동사의 시제, 상, 서법, 높임법 등을 실현하는 기능을 한다. 선어말 어미는 종류에 따라서 무슨 기능을 하는지 확인해 보자.

(1) '-시-' 주체를 높이기 위해서 쓰이는 선어말 어미이다. 선어말 어미가 여럿 쓰일 때에 가장 먼저 나오는 것이 '-시-'이다.

  ㉮ 어서 오시오.
  ㉯ 곧 오시겠지.
  ㉰ 지금쯤 오시었겠지.

위 예문 ㉮~㉰에 쓰인 '-시-'가 모두 주체를 높이기 위해서 쓰인 선어말 어미이다. 예문 ㉯의 '시-' 뒤에 쓰인 '-겠-'이나 예문 ㉰의 '-시-' 뒤에 쓰인 '-었-'도 모두 선어말 어미이다. 같은 선어말 어미가 여럿 쓰일 때에는 언제나 이 순서로 쓰인다.

(2) '-었-/-았-' 과거 시제를 나타내는 선어말 어미이다. 선어말 어미 '-시-'와 함께 쓰이면 언제나 '-시-' 뒤에 쓰인다. 어간의 모음에 따라서 '-었-'과 '-았-'은 교체된다.

(3) '-겠-' 미래 시제나 주어의 의지를 나타내는 선어말 어미이다. 선어말 어미 '-었-/-았-'과 함께 쓰이면 언제나 '-었-/-았-'의 뒤에 쓰인다.

(4) '-더-' 과거의 일을 회상하는 의미를 나타내는 선어말 어미이다. 다른 선어말 어미 '-시-, -었-, -겠-'과 함께 쓰일 수 있는데 위치는 '-더-'를 맨 끝에 둔다.

(5) '-옵-/-오-', '-사옵-/-사오-', '-자옵-/-자오-' 공손을 나타내는 선어말 어미이다. '-옵-/-오-'는 '-시-' 뒤에 쓰이고, '-사옵-/-사오-'는 '-었-/-았-'이나 '-겠-' 뒤에 쓰인다.

  ㉮ 이것을 보시옵고 말씀해 주소서.

173

ⓝ 제가 책을 가지고 가오니 양해해 주시기 바랍니다.

ⓓ 진실을 밝혔사옵나니 선처해 주시옵기 바라나이다.

ⓡ 저는 회사를 그만두겠사오니 허락해 주시기 바랍니다.

ⓜ 제가 듣자오니 그 댁에 경사가 있다고 하더이다.

ⓑ 임금님의 명을 받자옵고 급히 청국으로 떠났나이다.

형태가 비슷한 어미와 조사의 변별

(1) 연결 어미 '-고'와 '-며'의 변별　'-고'는 한 행동과 다른 행동을 나열하는 기능이 주가 되며, 나열 순서에 따라 일어난 시간의 순서가 정해진다. '-며'는 하나의 행동이 진행하는 동안 또 다른 행동이 시작되어 두 행동이 동시에 진행되는 경우에 사용한다. 두 형용사를 나열하는 때에는 '-고'와 '-며'가 동시에 쓰이고, 서술격 조사 '이다'로 연결될 때에는 '이며'를 사용한다.

ⓐ 남편은 밥을 먹고 출근했다.

ⓑ 그는 라디오를 들으며 밥을 먹었다.

ⓒ 그는 선생이며 가수이다.

예문 ⓐ와 ⓑ에서 사용한 어미 '-고'와 '-며'의 차이는 앞에서 설명한 바와 같다. 예문 ⓒ는 체언 서술어를 대등하게 나열하기 위해서 '-며'가 사용된 예를 보이고 있다. 이때 '-고'를 쓰는 것은 자연스럽지 못하므로 '-고'를 쓰면 뒷부분의 주어가 바뀌는 것이 자연스럽다.

(2) 어미 '-므로'와 조사 '으로'　'-므로'는 이유나 원인을 나타내는 어미이고, '으로'는 수단이나 방법을 나타내는 조사이다. 어미는 어간 뒤에 붙고, 조사는 체언 뒤에 붙는다.

ⓐ 공부를 열심히 하므로 성공하게 될 거야.

ⓑ 공부를 열심히 함으로(써) 부모님 은혜에 보답해라.

예문 ⓐ에서 동사 어간 '하-'에 어미 '-므로'가 붙은 것을 알 수 있다. '하므로'는 '하기 때문에'와 같은 뜻이다. 예문 ⓑ에서는 명사형 '함'에 조사 '으로'가 붙은 것을 알 수 있다. '함으로'는 '함을 가지고'와 같은 뜻이다.

(3) 어미 '-라고/-ㄴ다고/-다고'와 조사 '라고'　　　'-라고/-ㄴ다고/-다고'는 간접 인용을 나타내는 어미이고, '라고/이라고'는 직접 또는 간접 인용에 쓰이는 서술격 조사이다. 따라서 '-라고/-ㄴ다고/-다고'는 어간 뒤에 쓰이고, '라고/이라고'는 체언 뒤에 쓰인다. 직접 인용을 위해서 쓰는 따옴표 안의 문장이나 구절은 모두 체언이 될 자격이 있다.

> ㉮ 너더러 오라고 하더라.
> ㉯ 내일 갚는다고 했다.
> ㉰ 어제 죽었다고 하던데.
> ㉱ 어서 가자고 재촉했다.

위 예문은 모두 종결 어미에 인용을 나타내는 조사 '고'가 붙어서 된 어미를 붙인 것이다. 이것이 남의 말을 자기 말로 바꿔 전달하는 간접 인용 방식이다. 그러나 남의 말을 그대로 옮겨야 할 때도 있다. 이럴 때에는 다음과 같이 직접 인용을 하는데, 이때에 쓰는 것이 인용 조사 '라고'와 '이라고'이다.

> ㉲ "이것이 공룡이야."라고 말했다.
> ㉳ 그들은 "물론 우리가 이길 걸."이라고 자신했다.
> ㉴ 문득 "타도하자, 독재 정권!"이라는 외침이 들렸다.
> ㉵ 그는 민주주의만이 살 길이라고 외쳤다.

따옴표 안에 쓰인 말은 그것이 문장이든 낱말이든 하나의 체언으로 간주되어 체언 뒤에는 받침이 있고 없음에 따라서 '라고'와 '이라고'를 골라 사용하게 된다. 예문 ㉳, ㉴의 인용 조사 '이라는, 이라고' 대신에 '하고, 하며, 하는'을 쓰는 것은 문제가 없다. 이는 '이라고 하고, 이라고 하며, 이라고 하는'의 '이라고'를 줄인 것이기 때문이다.

일반적으로 구어에서는 따옴표를 쓸 수 없기 때문에 남의 말을 직접 인용하기 어렵다. 그래서 대부분 간접 인용 형식을 사용한다. 따라서 구어에서 아래와 같이 말하는 것은 잘못이다.

> ㉶ 사람들은 이것이 공룡이다라고 하는데 이는 잘못이다.
> ㉷ 비난하는 것이 언론 자유가 아니다라는 사실을 알아야 해요.

다른 사람이 말한 대로 옮길 수만 있다면 구어에서도 직접 인용 형식을 취할 수 있지만, 앞의 경우처럼 직접 인용이 전혀 아닌데도 굳이 직접 인용 형식으로 말하는 것은 잘못이다. 이런 어투는 개인이 말을 잘못 배워서 쓸 때에 생기는 현상이므로 지적받을 때에 확실하게 바로잡아야 한다.

(4) 어미 '-듯이'와 보조 용언 '듯이'　　'듯이'는 어간에 붙으면 어미가 되고, 관형사형 어미 뒤에 붙으면 보조 용언이 된다. 한편 '듯'이 어미로도 쓰이고, 의존 명사로도 쓰이기 때문에 '듯 하다'와 '듯하다'의 차이도 생기게 된다.

　　㉮ 구름에 달 가<u>듯이</u> 가는 나그네.
　　㉯ 동지섣달 꽃 본 <u>듯이</u> 날 좀 보소.
　　㉰ 마파람에 게 눈 감추<u>듯</u> 한다.
　　㉱ 비가 내릴 <u>듯하다</u>.

　　예문 ㉮의 '-듯이'는 예문 ㉰의 '-듯'과 의미가 같은 어미이다. '이'는 강조를 나타내기 위해서 덧붙은 말이다. '만'에 '이'가 붙어 '만이'가 되는 것과 같은 원리이다. 이에 비해서 예문 ㉯의 '듯이'는 예문 ㉱의 형용사 '듯하다'가 부사로 전성된 형태이다. 따라서 '듯이'가 형태로 보면 어미나 부사가 같지만 형성 과정이 다름을 알 수 있다. 예문 ㉰에서 '감추듯 한다'처럼 '듯 한다'로 띄어 쓴 것은 어미 뒤에 새로운 낱말이 왔기 때문이다. 이에 비해서 예문 ㉱의 '듯하다'를 붙여 쓴 것은 의존명사 '듯'에 접미사 '-하다'가 붙어 형용사가 되었기 때문이다. '듯하다'는 보조 형용사이다.

정리

　　어미는 참으로 다재다능한 형태소이다. 용언을 완성하기도 하지만 용언이 다양한 기능을 하게 만드는데, 특히 용언으로서는 상상할 수도 없는 다양한 문법적 기능을 수행하게 만든다. 용언과 체언의 결합, 겹문장 구성, 서법, 시제, 높임법이 모두 어미의 작용으로 가능하게 된다. 국어를 반석 위에 올려놓은 것이 바로 어미이다.

연습^문제

정답은 www.barunmal.com의 "글세상"에 있습니다.

1. 밑줄 친 활용형에서 어간이 탈락하지 <u>않는</u> 것은?
   ① 김치를 <u>담갔다</u>.　② <u>우는</u> 아이　③ 집을 <u>지었다</u>.　④ 말을 <u>삼가라</u>.

2. 동사의 기본형과 활용형의 짝이 <u>잘못된</u> 것은?
   ① 파란 – 파랗다
   ② 이르러 – 이르르다
   ③ 급해 – 급하다
   ④ 곱디고와 – 곱디곱다

3. 밑줄 친 어미가 <u>틀린</u> 것은?
   ① 날이 <u>밝는</u> 대로 일하러 나가겠다.
   ② 밤이 <u>새도록</u> 일을 해도 끝이 없구나.
   ③ 자기에게 <u>걸맞은</u> 사람을 만나야지.
   ④ 이처럼 <u>거칠은</u> 땅에 무엇을 심어?

4. 보기에 적힌 낱말에 대한 설명으로 <u>틀린</u> 것은?

   ┌─── | 보기 | ───────────────────┐
   │　가시었겠사옵니다요.　　　　　　　　│
   └───────────────────────────┘

   ① 동사의 기본 형태는 '갑니다' 이다.
   ② '시', '었', '겠', '사오' 는 모두 선어말 어미이다.
   ③ '겠' 은 추측을 나타낸다.
   ④ 높임과 겸양 기능은 각각 '–시–' 와 '–사오–' 에 있다.

5. 밑줄 친 어미가 가장 정확하게 사용된 것은?
   ① 기러기가 <u>울고</u> 날아간다.
   ② 아이가 길거리에서 <u>울고</u> 걸어간다.
   ③ 아이가 내 방에서 <u>자고</u> 갔다.
   ④ 아이가 일어서서 <u>웃고</u> 질문했다.

6. 밑줄 친 부분의 어미를 괄호 안에 넣었다. 틀린 것은?
   ① 나를 사랑함(ㅁ)은 내 아버지를 사랑함과 같다.
   ② 죽도록(도록) 충성하여라.
   ③ 꽃이 핀다(ㄴ다).
   ④ 너무 추워서(워서) 못 갔다.

7. '-도록'은 행위의 한계에 이를 때까지의 뜻을 나타내는 데 쓰인다. 다음에서 적절
   한 쓰임이 아닌 것은?
   ① 그는 한 여자를 죽도록 사랑했다.
   ② 밤이 새도록 일을 했다.
   ③ 동해물과 백두산이 마르고 닳도록 하느님이 우리를 보우하신다.
   ④ 그는 신발이 다 닳도록 뛰어다녔다.

8. 밑줄 친 낱말이 과거 행위를 나타내지 않는 것은?
   ① 그가 너를 보고 웃더라.
   ② 나는 그 사실을 알고 무척 기뻤다.
   ③ 여기서 잠깐 쉬었다 가자.
   ④ 그들은 아마 지금쯤 도착했겠다.

9. 어미가 잘못 사용된 것은?
   ① 우리는 그런 나쁜 말을 삼가자.
   ② 우리 이제 친해 보자.
   ③ 가려야 갈 수 없는 고향입니다.
   ④ 지금 일을 시작할래?

10. 어미나 조사가 잘못 사용된 것은?
   ① 이제 봄이 돌아왔다고 한다.
   ② 그가 이혼했다라는 소식이 파다하다.
   ③ 동호가 "내가 그 일을 시켰다."라고 했다.
   ④ "쇠뿔도 단김에 빼라."라는 속담이 있다.

제17~18일

내가 너보다 한 수 위야

(문장 성분)

우리가 보통 하는 말, 듣는 말, 쓰는 말을 보면 조금씩 차이는 있지만 몇 가지 유형으로 간추려지는 것을 알 수 있다.

⑦ 원숭이도 인간처럼 성적인 이미지나 우두머리의 형상을 보기 위해 어떤 비싼 값이라도 치르려 한다는 사실이 밝혀졌다.

비록 긴 문장이지만 구조를 잘 살펴보면 결국 '사실이 밝혀졌다.'를 축으로 해서 문장이 구성되었음을 알 수 있다. 이 문장은 '사실'이 무엇인지 그 내용을 자세히 알려 주는 방식으로 구성되어 있다. 즉 '원숭이도 …… 비싼 값이라도 치르려고 한다.'가 '사실'을 꾸며 주는 형식으로 구성되어 있는 것이다.

⑪ 북한은 회담에 복귀하기를 원한다는 모종의 신호를 보냈다.

위 문장은 '북한은 신호를 보냈다.'를 축으로 해서 문장이 구성되었음을 알 수 있다. '회담에 복귀하기를 원한다는 모종의'는 '신호'를 꾸미는 요소로 기능하고 있다. 아래 문장도 이와 비슷한 구조를 보인다.

⑭ KBS의 '도전 골든벨' 프로그램에서 사상 처음으로 두 학생이 동시에 골든벨을 울렸다.

이 문장도 '학생이 골든벨을 울렸다.'를 축으로 하는 것은 예문 ㈁와 같은 구조인데, 다만 'KBS의 도전 골든벨 프로그램에서 사상 처음으로'가 '두 학생이 동시에 골든벨을 울렸다.'를 꾸미는 것이 다르다. 예문 ㈁와 꾸미는 말에서 차이가 난다는 것을 알 수 있는 것이다.

㈃ 언제나 마음과 영혼을 바쳐 푹 빠져들곤 했던 빛의 세계 속에서 웃고 울고 꿈꾸었던 그녀는 진정한 영화의 연인이었습니다.

이 문장은 '그녀는 연인이었습니다.'를 축으로 한 문장으로서 '언제나 …… 꿈꾸었던'은 '그녀'를 꾸미고, '진정한'과 '영화의'는 '연인'을 꾸민다.

위의 네 문장을 보면 예문 ㈎는 '무엇이 어찌하다'의 구조이고, 예문 ㈁와 ㈂는 '무엇이 무엇을 어찌하다'의 구조이며, 예문 ㈃는 '무엇이 어떠하다'의 구조이다. 이처럼 많은 문장을 분석하여 보면 일정한 구성상의 공통점이 있는 것을 알 수 있다. 그래서 우리는 문장을 분석할 때에 일정한 유형으로 구분하고 그런 유형에 필요한 각 성분을 검토하게 된다. 이에 따라서 문장 유형에 따른 문장의 구성 성분을 자세히 검토해 보자.

국어 문장에 쓰인 말을 기능에 따라서 나누고 같은 기능을 하는 것을 모아 놓은 것을 성분(成分)이라고 한다. 성분은 기능에 따라서 문장 구성에 주가 되는 것을 주성분(主成分), 주성분의 내용을 수식하는 것을 부속 성분(附屬成分), 주성분과 직접 관련이 없이 독립적으로 있는 것을 독립 성분(獨立成分)이라고 한다. 그러니까 모든 문장은 주성분과 부속 성분으로 이루어지고, 때때로 여기에 독립 성분이 덧붙기도 한다.

주성분이란 앞의 네 예문에서 본 '사실이 밝혀졌다.', '북한은 신호를 보냈다.', '학생이 골든벨을 울렸다.', '그녀는 연인이었다.'처럼 문장의 뼈대가 되는 성분을 말한다. 이 주성분을 분석하면 주어와 서술어, 또는 주어와 목적어와 서술어가 들어 있음을 알 수 있다. 이 밖에도 주성분에 보어가 들어 있기도 한다. 주성분에 들어 있는 것은 모두 문장을 완성하는 데 반드시 필요하기 때문에 필수 성분이라고도 한다.

부속 성분이란 주성분의 일부 또는 전부를 수식하는 성분으로서 관형어와 부사어로 이루어져 있다. 예문 ㈎와 ㈁는 관형어가 부속 성분이 되어 있고, 예문 ㈂는 부사어가 부속 성분이 되어 있다. 그리고 예문 ㈃에 관형어로 된 부속 성분이 있다는 것도 설명한 바와 같다. 부속 성분은 문장의 구성에 반드시 필요하지는 않지만 있으면 도움이 되는 것이므로 보조 성분이라 하기도 한다.

문장의 성분

주성분과 부속 성분 그리고 독립 성분으로 이루어진 전형적인 문장을 하나씩 예시하면 아래와 같다.

㉮ 해가 솟는다. (주어＋서술어)

㉯ 달이 둥글다. (주어＋서술어)

㉰ 저것이 별이다. (주어＋서술어)

㉱ 해가 대지를 비춘다. (주어＋목적어＋서술어)

㉲ 밤이 낮이 되었다. (주어＋보어＋서술어)

㉳ 지금은 밤이 아니다. (주어＋보어＋서술어)

예문 ㉮～㉳의 여섯 문장은 주성분으로만 이루어져 있다. 그 가운데에서 예문 ㉮～㉰의 세 문장은 주어와 서술어로만 이루어진 문장이고, 예문 ㉱는 주어와 목적어와 서술어로 이루어진 문장이며, 예문 ㉲와 ㉳는 주어와 보어와 서술어로 이루어진 문장이다. 국어의 모든 문장은 기본적으로 이 세 유형 가운데 하나로 분류된다. 이 세 유형의 각 요소를 수식하는 성분이 보태져서 긴 문장이 만들어지는 것이다.

㉴ 둥근 달이 하늘에 떴다. (관형어 + 주어 + 부사어 + 서술어)

㉵ 아아, 달도 밝구나! (독립어 + 주어 + 서술어)

예문 ㉴에는 주성분의 각 요소를 수식하는 보조 성분이 들어 있다. 이 보조 성분은 매우 다양하게 여러 낱말이나 구절을 수식하도록 구성할 수 있기 때문에 실제 문장 구성은 이 보조 성분을 얼마나 효과적으로 구성하느냐에 따라서 아름답거나, 논리적이거나, 매끄럽거나 간결한 문장이 된다. 체언을 수식하는 관형어, 용언을 수식하는 부사어를 가장 적절하게 사용하는 것이 문장 구성의 요체라고 해도 지나친 말이 아니다.

예문 ㉵는 주성분과 떨어져서 독립 성분이 들어 있는 문장이다. 독립 성분은 주성분이 어떻게 구성되든 상관없이 독립적으로 나타나는 것이 특징이다. 그러면 지금부터 각 성분을 구성하는 요소를 하나씩 익혀 나가기로 한다.

서술어

사람들이 하는 말을 들어보면 대체로 어떤 일이 일어났는지, 곧 일의 내용에 관심을 가지고 있음을 알 수 있다. 일의 내용에 관심이 쏠려 있다는 것은 위에서 분석한 성분 가운데에서 서술어에 관심이 쏠려 있다는 말이 된다. 물론 '어떻게 되었는지'에 대한 관심은 '무엇이'에 대한 관심과 연결되어 있기 때문에 주어도 중요한 관심사가 아닐 수 없지만, 말하는 태도를 살펴보면 '주어'는 당연히 있는 것으로 전제하고 '그것이 어떻게 되었는지'에 관심이 쏠리는 것을 알 수 있다. 그래서 국어에서는 주어가 생략되는 경우가 흔히 나타나지만, 서술어가 생략되는 경우는 없는 것이다.

> ### 서술어의 구조
> 서술어는 아래 10가지 구조 가운데 하나를 취한다. 각 구조를 유심히 관찰하여 익혀 보자.
> * 단일 동사(가다, 먹다, 죽다, 달리다, 건축하다, 끌어들이다)
> * 동사+동사(보고 간다, 먹으며 본다, 잡으러 가자, 묶어서 놓아라)
> * 본동사 + 보조 동사(먹어 보았다, 찢어 버려라, 아는 체한다, 보려 한다)
> * 본동사 + 보조 형용사(죽을 듯하다, 무너질 성싶다, 보고 싶다)
> * 단일 형용사(예쁘다, 밝다, 크다, 아프다. 즐겁다)
> * 형용사 + 형용사(예쁘고 착하다, 크나 멋없다)
> * 본형용사 + 보조 동사(배고픈 척하다, 아파 보아라)
> * 본형용사 + 보조 형용사(아름다운 듯하다, 아픈 듯싶다)
> * 체언 + 서술격조사(책이다, 바다다, 하늘이다, 나무다)
> * 관형어 + 의존명사 + 서술격조사(그럴 것이다, 갈 테다, 기쁠 뿐이다)

(1) 서술어의 종류

앞의 예문 ㉮~㉺를 보면 국어에는 세 가지 서술어가 있음을 알 수 있다. 예문 ㉮, ㉣, ㉳에 있는 서술어는 동사이고, 예문 ㉯, ㉵에 있는 서술어는 형용사이며, 예문 ㉰에 있는 서술어는 체언에 조사가 붙은 형태이다. 이를 우리는 각각 동사 서술어, 형용사 서술어, 체언 서술어라고 부른다. 이들 각 서술어는 서로 다른 특징이 있다.

① **동사 서술어** : 동사 서술어는 주어의 움직임을 나타내는데 동사의 특성에 따라서 다양한 문장을 구성하게 한다. 예문 ㉮의 동사는 자동사이지만 예문 ㉣의 동사는 타동사이다. 따라서 여기에는 목적어가 나타났다. 또 예문 ㉳의 동사는 자동사이지만 독립적으로 의미를 완성할 수 없어서 보어가 필요하였다. 이처럼 동사 서술어는 동사의 특성에 따라서 목적어와 보어를 동반한다. 동사 서술어는 국어의 서법, 시제, 피동과 사동, 부정법, 높임법 등 다양한 문법 기능을 모두 소화하여 나타

내는 가장 완벽한 서술어라고 할 수 있다.

② 형용사 서술어 : 형용사 서술어는 주어의 모양이나 상태를 나타내기 때문에 다른 요소의 도움이 필요하지 않다. 다만, 예문 ㉑는 특이하게 보어를 취하고 있다. 형용사 '아니다'의 특성에 기인한 것으로 '아니다'는 반드시 보어가 있어야 의미가 완성된다.

　형용사 서술어는 서법의 일부(명령형과 청유형의 제약), 시제의 일부(현재 진행의 제약), 사동과 피동의 일부(피동법의 제약), 부정법의 일부('못' 사용의 제약)에 제약을 받는다.

③ 체언 서술어 : 체언 서술어는 매우 특이한 성격의 서술어이다. 체언을 서술어가 되게 하는 조사를 서술격조사라고 한다는 것은 이미 설명하였다. 동사 서술어나 형용사 서술어는 부사어의 꾸밈을 받지만 체언 서술어는 부사어의 꾸밈을 받을 수 없다. 그 대신 체언을 수식하는 관형어의 수식을 받는다.

　체언 서술어는 형용사 서술어와 같은 제약을 받는데 특히 부정법에서는 부정 부사 '안'을 쓸 수 없는 약점이 있다.

　＊ 이것이 나무이다.　　　　　＊ 이것이 안 나무이다. (×)

체언 서술어의 특수 형태

부사어를 체언처럼 사용해서 체언 서술어를 만드는 경우가 있다.

① 그건 별로야.
② 우리가 먼저다.
③ 싸움은 지금부터다.
④ 몸매가 그만이군. 그를 본 지 오래이다.

위에서 '별로, 먼저, 지금부터, 그만, 오래'는 모두 부사어로서 서술격조사를 붙여 서술어로 사용했다. 이 가운데에서 '그만이다'와 '오래이다'는 형용사로 보게 되었으므로 형용사 서술어로 보는 것이 오히려 타당할 것이지만 '그만', '오래'에 '이다'를 붙인 합성어임을 부정할 수 없다.

'별로야'는 '별로 좋지 않아'의 의미 내용을 가지고 있고, '먼저다'는 '먼저 한다' 또는 '먼저 하게 되어 있다' 같은 의미 내용을 가지고 있다고 볼 수 있다. '지금부터다'는 '지금부터 시작한다'의 의미를 가진다. 정상적인 서술어를 생략하는 대신에 부사어에 서술격조사를 붙여 서술어로 만든 형태들이다.

(2) 서술어와 자릿수

영어 등 서구어에서는 주어가 서술어를 부린다고 하는 데 반해 국어에서는 서술어가 주어나 다른 성분을 부린다고 본다. 왜냐하면 국어에서는 주어는 생략할 수 있으되 서술어는 생략할 수 없을 정도로 서술어가 차지하는 비중이 막강하기 때문이다. 서술어가 문장을 완성하기 위해서 필요한 필수 성분이 몇 개인지 나타내는 것이 서술어의 '자릿수'이다.

① 한 자리 서술어 : 필수 성분 하나만 있어도 완전한 문장을 형성하는 서술어를 한 자리 서술어라고 한다. 한 자리 서술어에 필요한 필수 성분 하나는 물론 주어이다. 따라서 주성분이 주어와 서술어로만 이루어진 경우의 서술어는 모두 한 자리 서술어이다. '되다'를 제외한 모든 자동사는 한 자리 서술어이고, '아니다'를 제외한 모든 형용사는 한 자리 서술어이며, 모든 체언 서술어는 한 자리 서술어이다.

② 두 자리 서술어 : 필수 성분이 두 가지가 있어야 완전한 문장을 이루는 서술어를 두 자리 서술어라고 한다. 즉 두 자리 서술어는 주어 외에 다른 요소를 하나 더 요구하는 서술어인 셈이다. 주어 외에 어떤 요소를 요구하는지는 서술어에 따라서 다르다. 아래 예문을 보자.

> ㉮ 우리는 연극을 보았다.
> ㉯ 그가 비행사가 되었다.
> ㉰ 그들은 불량배가 아니다.
> ㉱ 그가 반장으로 뽑혔다.

위 네 문장을 보면 서술어에 따라서 꼭 필요한 요소가 다양하게 바뀌는 것을 알 수 있다. 예문 ㉮의 서술어는 목적어를 요구하고, 예문 ㉯와 ㉰의 서술어는 보어를 요구했으며, 예문 ㉱의 서술어는 부사어를 요구한다. 이처럼 주어 외에 목적어, 보어, 부사어가 있어야 문장이 완성되는 서술어를 두 자리 서술어라고 한다. 여기서 미리 한 가지 설명해야 할 것은 예문 ㉱의 부사어가 필수 성분이 된다는 점이다. 원래 부사는 용언을 꾸미는 부속 성분이지만 서술어에 따라서는 그 부사어가 없으면 의미가 완성되지 않는 것이 있기 때문에 그런 서술어에게는 그 부사어가 필수 성분이 되는 것이다. 예문 ㉱와 아래 문장을 비교해 보기 바란다.

> ㉲ 잡초가 잘 뽑혔다.

예문 ㉤의 서술어인 '뽑혔다'나 예문 ㉣의 서술어는 형태가 같은 낱말이지만 예문 ㉤에서는 부사어 '잘'이 없어도 의미가 완성되기 때문에 이 경우에는 한 자리 서술어이고, 예문 ㉣에서는 두 자리 서술어가 된다. 즉 부사어가 필수 부사어가 되는 것은 서술어에 따라 고정되는 것이 아니고 그 서술어가 어떤 의미로 쓰이는지에 따라서 결정된다는 점을 이해하여야 한다.

또 아래의 예문을 보면 국어에서 두 자리 서술어의 기능을 이해하기 쉬워질 것이다.

㉫ 새가 하늘을 날았다.
㉬ 아버지께서는 여행을 가셨다.

예문 ㉫, ㉬에 쓰인 서술어는 일반적으로 한 자리 서술어이다. 그러나 위의 경우에는 관행적으로 목적어를 취하여 두 자리 서술어를 취하고 있다. 이런 경우의 서술어도 두 자리 서술어로 본다. 왜냐하면 비록 이 서술어가 실질적인 목적어를 취할 수는 없지만 목적어가 없으면 서술어의 의미가 완성되지 않기 때문이다.

③ **세 자리 서술어** : 주어 외에 두 개의 필수 성분을 요구하는 서술어를 세 자리 서술어라고 한다. 어떤 서술어가 필수 성분을 세 개나 요구하는지 예문을 보면서 알아보자.

㉮ 아버지께서 나에게 선물을 주셨다.
㉯ 우리가 그를 반장으로 뽑았다.
㉰ 나는 장미를 열 송이를 샀다.

예문 ㉮의 서술어 '주다'는 주는 사람(주어), 주는 물건(목적어)과 함께 그것을 받는 사람이 있어야 의미가 완성되는 서술어이다. 따라서 주어, 목적어와 함께 부사어 '나에게'가 필수 성분이 된다.

예문 ㉯의 서술어 '뽑다'는 뽑은 사람(주어), 뽑힌 사람(목적어)과 함께 뽑힌 사람이 무슨 자격을 얻었는지 밝혀야 의미가 완성되는 서술어이다. 따라서 주어, 목적어와 함께 부사어 '반장으로'가 필수 성분이 된다. 만일 부사어 '반장으로'가 없다면 '우리가 그를 뽑았다.'가 되어 '우리가 잡초를 뽑았다.'처럼 구문을 이해할 수 있다.

예문 ㉰의 서술어 '샀다'는 좀 특이하게도 목적어를 두 개나 가지고 있다. 엄밀하게 말하면 '열 송이를' 산 것이 아니고 '장미를' 산 것이므로 '열 송이를'은 목적어로 구성할 것이 아니라 부사어로 구성하는 것이 옳을 것이다. 그러나 국어의 특성이 이런 구문을 허용하기 때문에 목적어를 두 개 취하는 서술어를 인정한다. 그래서 이 경우의 서술어도 세 자리 서술어라고 한다.

우리가 서술어의 자릿수를 따지는 이유는 국어 문장 구성의 특수성 때문이다. 국어 문장을 보면 앞에서도 잠시 설명했지만 부사어 가운데에서 꼭 필요한 부사어가 있고(원래 부사어란 부속 성분이지 주성분이 아닌데도), 필요 없을 것 같은 목적어가 있는 경우도 있어서 문장 유형을 분석하는 데 어려움을 준다. 따라서 서술어의 성격에 따라서 무엇이 꼭 필요한지 검토하여 그에 따라서 문장을 유형화하는 것이 국어에서는 퍽 도움이 된다.

(3) 서술어의 성격

서술어는 주어를 서술하는 언어이다. 그런데 주어를 서술한다는 의미가 좀 모호하다. 국어사전에 따르면 '서술'은 '어떤 사실을 차례를 좇아 말하거나 적는 행위'를 가리키는 말이고, '서술어'는 '주어의 동작, 상태, 성질 따위를 서술하는 말'을 가리킨다. 주어의 동작이나 상태를 서술한다는 것은 주어에 맞는 동사와 형용사를 쓴다는 말과 같으므로 특별히 설명하지 않아도 이해할 수 있겠는데, '주어의 성질'을 서술한다는 말은 조금 모호하다. 어떻게 주어의 성질을 서술하는 것인가?

㉮ 너는 바보이다.
㉯ 네가 최고이다.
㉰ 내가 너보다 한 수 위이다.
㉱ 우리는 지금 떠날 예정이다.

위 예문에서 예문 ㉮는 '무엇이 무엇이다'의 구문으로서 주어를 정의하는 서술 형식이다. 따라서 이 서술어는 주어의 성질을 서술한다고 볼 수 있다. 그러나 예문 ㉯~㉱의 서술은 주어의 성질을 서술한다고 보기는 어렵다. 예문 ㉯의 '최고이다'는 '가장 훌륭하다'라는 형용사를 대체한 서술어이고, 예문 ㉰의 '한 수 위이다'는 '한 수 앞설 만큼 더 낫다'라는 형용사를 대체한 서술어이며, 예문 ㉱의 '떠날 예정이다'는 '떠나려 한다'라는 동사를 대체한 서술어라고 설명할 수 있다. 이것은 모두 주어의 '상황'을 서술하기 위해서 서술 형식을 바꾼 문장이다. 이렇게 보면 국어의 서술어는 주어의 동작, 상태, 성질을 곧바로 서술하는 데 한정되지 않고 서술 형식을 바꾸어 주어의 상황을 서술하는 경우도 있다는 것을 알 수 있다. 이런 경우의 주어를 학자들은 주제어라고 하기도 한다.

(4) 서술어의 생략

국어에서는 서술어가 없으면 문장이 되지 않는다. 문장은 종결 어미로 끝을 맺게 되어 있는데 종결 어미는 서술어에 붙게 된다. 서술어가 생략된다는 것은 종결 어미가 없다는 말이고, 이는 문장이 아직 종결되지 않았거나 문장의 요건이 충족되지 않았음을 의미한다. 다만, 아래와 같은 특수한 경우에 서술어의 일부가 생략되거나 전부가 생략되는 현상이 일어난다. 서술어가 생략된 문장을 불완전 문장이라고 한다.

> ㉮ 인생은 나그넷길.
> ㉯ 정부는 새 법을 즉시 공포, 시행하기로 했다.
> ㉰ 이제 그만, 갑시다.
> ㉱ "난 여행을 떠날 거야." "어디로?"
> ㉲ "무얼 먹을까?" "난 볶음밥." "난 냉면이요."
> ㉳ "어머, 세상에 이런 일이!"

예문 ㉮는 서술격조사 '이다'를 생략하였기 때문에 서술어의 일부가 생략된 형태로 나타난 것인데, 이 같은 경우는 주어가 명백하고 그에 호응하는 서술어로서 '나그넷길이다'라는 구조를 예상할 수 있으므로 생략하는 데 문제가 되지 않는다.

예문 ㉯는 두 개의 서술어가 연결 어미로 이어지는 경우에 앞의 서술어의 일부를 생략한 경우이다. '공포하고' 또는 '공포하여'에서 접미사 '-하다'의 연결형을 생략한 것이다. 이런 경우는 뒤의 서술어 '시행하다'와 연결되어 접미사 '-하다'가 생략되었음을 예상할 수 있으므로 문제가 되지 않는다.

예문 ㉰가 온전히 서술어를 생략한 형태다. 부사 '그만' 다음에 서술어가 와야 하는데 그 서술어를 생략하고 새로운 서술어를 놓았다. 자칫 잘못하면 이 문장의 서술어가 '갑시다'이고 '그만'은 '갑시다'를 꾸미는 것으로 오해할 수 있는데 그 오해를 막기 위해서 쉼표를 찍은 것이다. 따라서 이 문장은 '이제 그만'과 '갑시다'로 이루어진 겹문장이고, 앞 문장의 서술어가 생략된 것이다. 앞 문장의 서술어는 '쉬고', '먹고', '자고', '구경하고' 등 당시 상황에 비추어 화자와 청자가 공감하는 것이 될 것인데 그 공감하는 서술어를 생략한 셈이다.

예문 ㉺의 "어디로?"는 부사로만 이루어진 문장이다. 주어와 서술어가 모두 생략되어 있다. '너 어디로 여행을 떠나니?'에서 새로운(알고 싶은) 정보인 '어디로'만 남겨두고 화자와 청자가 알고 있는 정보는 모조리 생략한 것이다. 이런 서술어 생략은 대화체에서 보편적으로 나타난다.

예문 ㉻의 "난 볶음밥." "난 냉면이요."도 화자와 청자가 모두 아는 정보를 생략하고 말하는 경우에 속한다. 다만, "난 냉면이요."에서 '냉면이요'를 서술어로 볼 수 있으므로 서술어를 생략했다고 볼 수는 없다. 그러나 이 경우도 온전한 서술어라고 할 수는 없고 '냉면을 먹겠어요.'의 의미를 가진 서술어를 생략하기 위한 방편으로서 서술격조사를 사용하여 체언서술어를 만들어 쓴 것으로 볼 수 있다.

예문 ㉼는 서술어를 채 말하지 못하고 만 경우이다. 대체로 감탄이나 의문을 나타낼 때에 이런 불완전 문장이 나타난다.

국어에서는 서술어를 생략할 수 없지만, 대화체에서 화자와 청자가 공감하고 있는 서술어는 생략하는 경우가 있고, 문어체에서는 서술어의 일부(서술격조사나 접미사)가 생략될 수 있음을 알 수 있다.

주어

주어는 서술어의 주체가 된다. 즉 서술의 행위자, 서술의 주인임을 나타내는 것이 주어이다. 주인이라면 일반적으로 서술어보다 더 중요시할 터인데 국어에서는 서술어보다 덜 중요하게 취급한다. 그 이유는 사람들이 말하는 이유가 서술어와 더 깊이 관련되기 때문이기도 하지만 문장에서 주어는 자주 생략되기 때문이기도 하다. 그러나 아무리 주어가 생략되더라도 말하는 사람은 언제나 주어를 마음에 담고 있고 또 그것을 듣는 사람이 인식하기 때문에 주어를 소홀히 여겨서는 안 된다.

(1) 주어의 형태

주어는 체언과 주격조사가 결합하여 이루어지는 것이 전형적인 형태이다. 그러나 주격조사 대신에 보조사와 결합하기도 하고, 체언 대신에 용언의 명사형과 결합하기도 한다. 아래의 모든 형태는 다 주어의 형태로 본다.

㉮ 운동주가(/는/도/만/부터/까지/마저/조차/께서) 갔다.

㉯ 내가 아는 바는 이것뿐이다.
㉰ 그의 성실함이 그를 살렸다.
㉱ 모든 일에 성실하기가 그의 목표이다.

예문 ㉮에서 체언에 붙은 주격조사 '가' 외에 괄호 속에 있는 조사도 모두 체언과 함께 주어를 형성한다. 앞에서 설명한 바와 같이 보조사는 주격조사로도 사용되어 주어를 형성한다.

예문 ㉯는 의존명사가 주어로 된 것이다. 의존명사는 앞에 반드시 관형어가 필요하기 때문에 '내가 아는 바는'이 주어를 형성하게 된다. 이때 '내가 아는'이 관형어이다.

예문 ㉰는 용언이 명사가 된 경우인데, '성실하다'라는 형용사에 명사형 어미 '-ㅁ'을 붙여 명사처럼 만듦으로써 체언 구실을 하게 하고 거기에 주격조사를 붙여 주어를 만들었다.

예문 ㉱도 용언을 명사처럼 만들어 주어를 형성한 것인데, 다만 여기서는 형용사 '성실하다'에 명사형 어미 '-기'를 사용한 차이가 있을 뿐이다.

이처럼 주어는 체언과 주격조사 또는 용언의 명사형과 주격조사가 결합하여 이루어진다.

(2) 주어의 수

국어에는 주어가 두 번 나오기도 한다. 두 문장을 하나로 연결할 때 한 문장에 주어가 둘 나타나게 되겠지만, 그렇지 않은 경우에도 두 개의 주어가 나타나는 경우가 있다.

㉮ 내가 걸어가는데 그가 나를 불렀다.
㉯ 나는 몸이 아프다.
㉰ 나는 네가 좋다.

예문 ㉮는 두 문장이 하나로 연결되어 있기 때문에 주어가 두 개 나타나는 것은 당연하다. 어떤 언어에나 이런 형태의 문장은 있게 마련이다. 그런데 예문 ㉯와 ㉰는 하나의 문장으로 보이는 구조 안에서 주어가 두 개 있다. 이런 문장을 보면서 하나의 문장에 주어가 둘일 수 있는지 논란을 벌인 결과 이 문장이 하나의 문장이 아니라 서술어가 절로 된 두 개의 문장이라고 보게 되었다. 그래서 예문 ㉯는 주어가 '나는'이고 서술어는 '몸이 아프다'인 절이고, 예문 ㉰는 주어가 '나는', 서술어는 '네가 좋다'인 절로 본

189

다. 서술어가 절로 이루어졌기 때문에 그 절의 주어가 있게 마련인데, 예문 ㉯의 '몸이'와 예문 ㉰의 '네가'가 서술절의 주어가 된다. 이와 관련한 상세한 설명은 문장의 종류 편에서 한다.

(3) 주어의 일관성

서술어에 비해서 주어가 소홀히 대접을 받는 면이 있다고 해도 주어는 주어이다. 따라서 문장의 주어가 결정되면 그 문장은 주어를 중심으로 하여 일관되게 서술해야 한다. 그런데 우리에게는 주어를 생략하는 버릇이 있기 때문에 자칫 주어를 놓치고 엉뚱한 서술어를 붙여서 문장을 혼란스럽게 만드는 경우가 많이 있다.

> ㉮ 그 자료들은 보관하고 있을 것으로 믿지만 <u>제가</u> 확인하거나 직원들이 보고한 바가 없기 때문에 얼마나 보관되어 있는지 모르겠습니다.
>
> ㉯ 해외 여행에 앞서 연습 삼아 떠난 <u>국내 나들이는</u> 당초에 예정했던 일정을 반도 채우지 못하고 발길을 돌렸다.
>
> ㉰ 제대로 가르치지도, 잘해 보내지도 못한 <u>사회 초년생들이라</u> 모셔 갈 만한 여력은 없었지만 그래도 효성들은 지극해서 힘을 모아 마련한 모갯돈으로 얻어준 전세방이 우리 아파트 단지에서 전철로 두 정거장밖에 떨어지지 않은 단독 주택 단지 옥탑방이었다.

예문 ㉮는 '보관하고', '믿지만', '확인하거나', '보고한 바', '모르겠습니다'의 주어가 무엇인지 명확하지 않다. 무엇을 주어로 삼았는지 그리고 그 주어의 서술이 어디까지 미치는지 명확하게 문장을 구성하지 않으면 이런 문장이 만들어지기 쉽다. 이 문장은 '제가'를 주어로 삼아 구성하여야 할 것 같다. 그렇다면 '보관하고'의 주어를 알려 주거나 '보관되고'처럼 피동형으로 바꾸고, '직원들이 보고한 바'를 '직원들에게서 보고 받은 바'로 바꿔야 주어의 일관성을 유지할 수 있다.

예문 ㉯는 참으로 안타까운 문장이다. 주어를 '국내 나들이는'으로 설정했으면 그에 맞는 서술어를 선택하여 제시해야 한다. 이 경우에는 '국내 나들이'를 주어로 삼지 말고 '국내 나들이에서'처럼 부사어로 바꾸고 주어를 별도로 제시하는 것이 옳았을 것이다.

예문 ㉰는 더욱 혼란스러운 문장이다. 몇 가지 전혀 다른 사실을 한 문장에 욕심껏 집어넣으면서도 주어를 인식하지 않고 쓰다 보니 이런 해괴한 문장이 되었을 것이다.

'제대로 가르치지도 잘해 보내지도 못한'의 주어는 '어머니'일 것이고, '모셔 갈 여력이 없는' 것은 자녀들일 것이며, 끝의 체언 서술어 '옥탑방이었다'의 주어는 '전세방'일 것이다. 이처럼 주어를 바꾸려면 주어와 서술어 관계가 명확하게 드러나도록 문장을 구성해야 한다. 이 문장은 다른 세 문장을 하나로 결합하면서 주어를 생략하였기 때문에 작가 자신도 모르는 사이에 엉터리 문장이 되고 말았다.

무릇 글을 쓰는 사람은 주어를 생략할 수는 있되 잊어서는 안 된다. 마음속으로 주어가 무엇인지 확실히 인식하고 그 주어를 일관되게 생각하면서 그에 맞추어 서술어를 쓰려고 노력해야 이런 혼란스러운 글을 쓰지 않을 수 있다.

(4) 주어의 생략

국어에서 주어는 자연스럽게 생략한다. 적어도 주어가 무엇인지 알 수 있다면 어느 때나 생략할 수 있다. 아래 글은 말미에 그 사람의 이름이 있기 때문에 주어가 누구인지 알 수 있다. 이렇게 쓸 수 있는 것이 국어의 특징이다.

> 이제 마른 땅에 심어진 생명의 나무가 자랄 수 있도록 그 영지가 우리와 아이들의 미래가 될 수 있도록 노력하겠습니다. 그동안 함께하여 주신 뭇 분들의 이야기에 귀 기울이고 참회하는 마음으로 일어서겠습니다. 지율 합장.

그러나 주어를 아무렇게나 생략할 수 있는 것은 아니다. 위의 경우는 두 문장의 주어가 일관되게 같고 마지막에 주어라고 할 수 있는 이름이 명확하게 제시되었기 때문에 문장을 이해하는 데 혼란이 없다. 그래서 생략이 가능하였다. 그러나 아래의 문장은 이와 사뭇 다르다.

> ㉮ 시비의 발단은 읍장님 막내딸에 대한 경쟁적 연정에 있었지만, 종국에는 오치네 둘째 형의 말끝을 걸고넘어지는 싸움으로 번졌다.
> ㉯ 국민과의 약속대로 결론을 내야 한다는 생각에는 변함이 없지만 부담스럽게 생각하니 표결을 안 하는 것으로 결론을 내겠습니다.

예문 ㉮의 앞 절에는 주어가 '시비의 발단은'으로 나타나 있다. 그런데 뒤의 절에는 주어가 없다. 따라서 앞 절의 주어가 뒤 절의 주어로 쓰이는 과정에서 생략되었다고 추측할 수 있다. 그러나 앞 절의 주어를 뒤 절의 주어로 삼으면 '시비의 발단은 싸움으로 번졌다.'가 되어 말이 안 된다. 이 점을 알았다면 작가는 앞 절의 주어가 뒤 절의 주어로 쓰일 수 있도록 주어를 설정했을 것이다. 그러면 '시비는 연정에서 발단했지만, 종국에는 싸움으로 번졌다.'처럼 문장을 구성하였을 것이다. 주어를 아무 때나 생략하면 예상하지 못한 문제가 생긴다는 것을 알 수 있다.

예문 ㉰는 이 말을 그 사람의 면전에서 들은 사람은 이해하겠지만 이것을 현장이 아닌 곳에서 듣거나 글로 전달받은 사람은 이해하기 어려울 것이다. 이 문장은 문장 셋이 이어진 문장으로서 첫 문장과 둘째 문장은 대등하게 이어졌고, 둘째 문장과 셋째 문장은 종속적으로 이어졌다. 첫 문장은 안은 문장으로서 주어가 '변함', 서술어가 '없다'로 되어 있다. 둘째 문장에는 주어가 없다. 확실한 것은 첫 문장의 주어가 둘째 문장의 주어가 될 수 없다는 것이다. 그리고 셋째 문장에도 주어가 없다. 여기서도 확실한 것은 첫째 문장의 주어가 셋째 문장의 주어가 될 수 없다는 점이다. 둘째 문장의 주어와 셋째 문장의 주어도 같지 않을 것이다. 즉 이 세 문장의 주어가 모두 다른데도 둘째, 셋째 문장의 주어를 생략했다. 그래서 문장의 의미가 정확하게 전달되지 않는다. 아래와 같이 고쳐 보면 어떨지.

국민과 약속했으니만큼 곧 결론을 내야 한다는 <u>제 생각은</u> 변함이 없지만 <u>몇몇 분이</u> 부담스럽게 생각하니 표결을 안 하는 것으로 결론을 내겠습니다.

위 문장에서도 셋째 문장의 주어를 내세우지 않았는데, 첫째 문장에서 '제 생각은'이라고 했기 때문에 자연스럽게 셋째 문장의 주어가 '나'라는 것이 드러나게 되어 무리가 없다. 첫째 문장의 주어와 셋째 문장의 주어가 다르지만 상황 판단으로 셋째 문장의 주어가 '나'라는 점을 알 수 있기 때문에 주어 생략이 자연스러워지는 것이다. 이처럼 상황 판단에 따라서 주어를 인식하는 국어의 특징을 두고 학자들은 '상황의 언어'라고 설명하기도 한다.

목적어

주어의 동작이 미치는 대상을 목적어라고 한다. 대체로 타동사를 써서 표현한 동작이나 작용이 미치는 대상이 목적어가 될 것이다. 목적어도 상황에 따라서는 생략할 수 있다. 대개 생략해도 독자가 목적어를 충분히 인식할 수 있을 때 생략하는데, 이 판단은 말하는 사람이 하게 되므로 때때로 목적어를 무리하게 생략하여 독자가 이해하기 어렵게 하는 경우도 있다.

(1) 목적어의 형태

목적어는 체언에 목적격조사가 붙어 이루어지는 것이 전형적인 형태인데, 그 외에도 여러 형태가 있다.

㉮ 선생님께서 영호를(는/도/만/부터/까지/마저/조차) 칭찬하셨다.
㉯ 네가 들은 바를 전해라.
㉰ 하나님은 우리의 연약함을 도우신다.
㉱ 왜 그렇게 높은 산에 오르기만 고집하니?

예문 ㉮에서는 '영호를' 외에 괄호 안에 들어 있는 보조사를 조사로 쓰더라도 다 목적어가 된다. 보조사는 주격, 목적격으로 두루 쓰일 수 있다.

예문 ㉯에서는 '바를'이 목적어인데 '바'가 의존 명사이므로 그 앞에 있는 관형어까지 합해서 '네가 들은 바를'이 목적어가 된다. '네가 들은'은 관형어이다.

예문 ㉰에서는 '연약함을'이 목적어이다. '연약함'은 형용사 '연약하다'의 명사형인데, 이처럼 용언의 명사형에 목적격조사가 붙은 것도 목적어이다.

예문 ㉱는 예문 ㉰와 같은 원리로서 동사 '오르다'의 명사형 '오르기'에 보조사 '만'이 결합하여 이루어진 목적어이다.

이처럼 목적어는 체언에 목적격조사가 붙거나 용언의 명사형에 목적격조사가 붙어 만들어진다.

주어와 목적어의 구조

주어는 아래 여섯 가지 구조 가운데 하나를 취한다. 목적어도 이와 같은 구조를 취한다. 조사만 주격조사 대신에 목적격조사로 바꾸면 된다.

- 명사/대명사/수사 + 조사 (사람이, 그가, 하나는)
- 명사형 + 조사 (아름다움이, 용맹함도, 출발하기가)
- 명사/대명사/수사/명사형 + 명사/대명사/수사/명사형 + 조사 (그와 내가, 사람이나 짐승이, 돈도 명예도)
- 관형어 + 의존 명사 + 조사 (그런 수가, 아픈 데가, 웃는 이도)
- 명사절 + 조사 (그와 오늘 만남은, 우리가 세상을 살아가기는)
- 관형절 + 의존 명사 + 조사 (우리가 이렇게 일하는 것이, 담이 무너지는 수도)

(2) 동족 목적어

목적어 가운데에는 타동사에서 전성한 명사를 목적어로 취하는 것이 있는데 이런 목적어를 동족(同族) 목적어라고 한다. '꾸다'는 명사 '꿈'을, '추다'는 '춤'을, '자다'는 '잠'을 목적어로 취한다. '웃음을 웃다', '울음을 울다'도 동족 목적어를 취한 것이다. 어떤 것은 타동사의 어간을 그대로 목적어로 취하기도 한다. '신다'는 '신'을, '띠다'는 '띠'를, '삼다'는 '삼'을, '날다'는 '날'을 목적어로 취한다.

> ㉮ 쑥으로 뜸을 뜨겠다.
> ㉯ 고단한 삶을 살았다.
> ㉰ 종이 밑에 받침을 받치자.
> ㉱ 무거운 짐을 지었다.
> ㉲ 가벼운 임을 이었다.

(3) 이중 목적어

하나의 타동사에 목적어가 둘이 나타나는 경우 이를 이중 목적어(二重目的語)라고 한다. 국어 문장에는 아래와 같이 목적어가 두 번 나오는 경우가 있다.

> ㉮ 영희는 장미를 열 송이를 샀다.
> ㉯ 나는 순호를 손을 끌어당겼다.

예문 ㉮는 '장미'와 '열 송이'를 모두 목적어로 삼은 것인데 의미상 '열 송이를'은 부사어이다. 그러나 형태상 '열 송이를'을 목적격조사로 취하고 있으므로 목적어로 본다.

예문 ㉯는 사물의 전체와 일부를 모두 목적어로 삼은 경우이다. 이런 식의 목적어 만들기를 조금 심하게 하면 목적어를 세 개도 만들 수 있다. 이런 표현은 일종의 기교로서 목적어를 점점 구체화해 가는 과정이라고 할 수 있다.

목적격조사를 사용하여 둘 이상의 목적어를 취하게 하는 것은 바람직하다고 볼 수 없다. 대개 그 가운데 하나는 부사어이거나 하나가 다른 것을 포함할 수 있는 관계(관형어로 바꿀 수 있는 관계)인 경우가 많다. 그래서 아래와 같은 구성을 취하는 것이 바람직하다.

> ㉰ 영희는 장미 열 송이를 샀다.

㉣ 영희는 장미를 열 송이 샀다.
㉤ 나는 순호의 손을 끌어당겼다.
㉥ 나는 순호를 끌어당겼다.

(4) 형식 목적어

목적어 가운데에는 자동사 성질이 있는 동사에 붙는 것이 있다. 실제 동사의 동작이나 작용이 그 대상에 미치는 것이 아니라 오히려 그 대상 안에서 동작이나 작용이 이루어지는데도 굳이 그 대상을 목적어로 취하는 경우가 있다. 그래서 실제로는 목적어로 볼 수 없지만 목적격조사를 취하기 때문에 목적어로 보는 목적어를 형식 목적어라고 한다. 이런 목적어를 취하는 동사는 자동사이지만 이 목적어를 취할 때에만 타동사로 본다.

㉮ 많은 사람들이 아침에 공원을 거닌다.
㉯ 요즘은 이 길을 가는 사람이 별로 없다.
㉰ 공중을 나는 새를 보라.
㉱ 어제 여자 친구가 면회를 왔다.
㉲ 매주 가까운 산을 오른다.

그렇다고 해서 아무 것에나 목적격조사를 붙여서 목적어를 만들 수는 없다.

㉳ 브리티시 여자 오픈에 출전하게 되면 위 선수는 올해 열리는 4개 메이저 대회를 모두 출전하는 아마추어 선수가 된다.

예문 ㉳에 쓰인 '대회를'의 목적격조사는 부사격조사 '에'로 바꿔야 한다. '출전하다'는 형식목적어도 취할 수 없는 자동사이기 때문이다.

보어

서술어의 미비점을 보완하기 위해서 사용하는 성분을 보어라고 한다. 국어에서는 동사 '되다'와 형용사 '아니다'만 보어를 취한다. 보어는 체언에 보격조사가 붙어서 이루어지는데 보격조사는 주격조사를 그대로 사용한다.

㉮ 물이 얼음이 되었다.
㉯ 여자 친구가 마녀가 되었다.

ⓓ 국민은 위정자의 종이 아니다.

ⓔ 그는 우리의 지도자가 아니야.

위 예문에서 '얼음이', '마녀가', '종이', '지도자가'가 보어이다. 아래의 두 예문은 위의 예문 ⑦, ⓝ와 뜻이 비슷하지만 밑줄 친 부분이 보어가 아니라 부사어이다.

ⓜ 물이 얼음으로 변했다.

ⓑ 여자 친구가 마녀로 바뀌었다.

위의 두 부사어는 모두 필수 부사어이다. 따라서 서술어의 눈으로 보면 모두 두 자리 서술어이므로 변한 것이 없다고 할 수 있지만 '얼음이'와 '얼음으로', '마녀가'와 '마녀로'는 성분이 전혀 다르다.

관형어

체언을 수식하는 성분을 관형어라고 한다. 체언을 수식하는 품사로 관형사가 있지만, 그 외에도 체언을 수식하는 다양한 관형어가 있다.

(1) 관형어의 종류

명사, 대명사, 수사를 꾸미는 것은 모두 관형어에 속한다. 관형어에는 어떤 것이 있는지 예문을 보면서 검토해 보자.

⑦ 맨 앞에 가는 사람이 대표이다. (관형사)

ⓝ 죽은 사람만 서럽다. (동사 관형어)

ⓓ 나는 마음이 고운 사람을 좋아한다. (형용사 관형어)

ⓡ 그가 기쁨의 눈물을 흘렸다. (명사형의 관형어)

ⓜ 그는 언제나 건설적인 의견을 낸다. (명사 관형어)

예문 ⑦는 관형사로 명사를 수식한 예이다. 예문 ⓝ와 ⓓ는 용언의 관형사형으로 명사를 꾸민 예이다. 예문 ⓡ는 용언의 명사형에 관형격조사를 붙여 명사를 수식한 예이다. 예문 ⓜ는 명사에 관형사형 서술격조사를 붙여 명사를 꾸민 예이다. 이처럼 다양하게 체언을 꾸미는 것을 모두 관형어라고 한다.

다음은 구나 절이 체언을 꾸미는 경우를 예시한 것이다. 다음과 같은 관형어구도 관형어의 하나이다.

ⓑ 정원에는 <u>크고 고운</u> 꽃이 활짝 피어 있다. (형용사구의 관형사형)

ⓢ 그 곳은 <u>오고 가는</u> 사람들이 무척 많다. (동사구의 관형사형)

ⓐ 그 배우는 <u>세상에서 가장 아름다운</u> 눈을 가졌다. (형용사구의 관형사형)

ⓙ 한국에는 <u>성실히 일하는</u> 사람이 많이 있다. (동사구의 관형사형)

ⓒ 나는 <u>시베리아까지 달릴 기차의</u> 기관사가 되고 싶다. (명사구의 관형사형)

아래 예문은 절이 관형어가 된 경우이다. 이를 모두 관형절이라고 하고 관형절을 포함하고 있는 문장을 겹문장이라고 한다.

ⓚ 이 곳은 <u>사람들이 좋아하는</u> 관광지다.

ⓣ <u>그가 어제 도착했다는</u> 소식을 들었다.

ⓟ <u>이 세상에서 눈이 가장 아름다운</u> 여자를 보세요.

ⓗ <u>네가 정말로 좋아할</u> 선물을 가져왔다.

📌 관형어의 구조

관형어는 아래 일곱 가지 구조 가운데에서 하나를 취한다.

- 관형사(<u>맨</u> 꼭대기, <u>무슨</u> 생각, <u>모든</u> 사람)
- 체언(<u>경제</u> 정의, <u>생산</u> 공장, <u>건축</u> 설계)
- 체언+관형격조사(사람의, 진리의)
- 용언+관형사형 어미(유능한, 웃는, 놀던, 도망갈, 갔다는)
- 용언+어미+용언+관형사형 어미(오고 가는, 죽거나 다친, 울며 보던)
- 관형사+용언+관형사형 어미(그 예쁜 여자, 높은 저 건물)
- 체언+서술격조사의 관형사형 어미(생산적인, 국가적인)

---

(2) 관형어와 체언의 호응

관형어가 뒤에 오는 체언을 수식한다는 말은 체언이 포괄하는 내포나 외연으로 형성되는 범주를 제한하여 체언을 특정한다는 것을 의미한다. '사람은 바둑을 즐긴다.'라고 하는 것보다 '한국 사람은 바둑을 즐긴다.'라고 하는 것이 더 명확한 문장이 되고, 이를 다시 '점잖은 한국 사람은 바둑을 즐긴다.'라고 하면 말하는 사람의 의도가 훨씬 더 구체화된다. 그러나 관형어가 피수식어인 체언의 범주를 제약할 수 없으면 관형어로서 의미가 없어지고 의미만 혼란스러워진다. '화성에 사는 사람은 바둑을 좋아한다.'와 같은 문장이 무의미한 것은 그런 이유 때문이다. 아래에 제시한 문장의 관형어를 살펴보자.

㉮ 구름 한 점 없는 맑은 하늘에 펼쳐진 <u>광활한</u> 산을 보라.
㉯ 이 그림에도 그의 <u>맛깔스러운</u> 태도가 나타나 있다.

예문 ㉮에서 '광활한 산'은 우리가 상상하기 어렵다. '산'의 범주에는 '광활한'으로 제약될 만한 부분이 없기 때문이다. 마찬가지로 예문 ㉯의 '맛깔스러운 태도'를 상상하기 어렵다. 이 두 경우는 화자가 체언에 어울리는 관형어를 선택하지 못했다고 말할 수 있다. 관형어와 체언의 호응은 어휘적 호응의 하나로서 뒤에 다시 설명한다.

㉰ 그것은 <u>소리 없는</u> 아우성

예문 ㉰의 '소리 없는'은 '아우성'을 꾸미고 있다. 의미상 관형어와 명사가 충돌한다는 것을 알 수 있다. '아우성'은 소리가 힘차게 나는 속성이 있는 체언인데 그것을 '소리 없는'이 꾸미는 것은 비정상적이다. 그러나 우리가 이 관형사를 받아들이는 것은 이 두 성분의 충돌 속에서 대단한 의미를 발견할 수 있기 때문이다. '소리 없는'은 외면적인 것이고 '아우성'은 내면적인 것이라고 생각하면 '소리 없는'이 '아우성'을 매우 극적으로 꾸미고 있음을 알 수 있다. 서로 모순되는 관형어와 체언이 역설적으로 가장 효과적인 표현이 된 경우라고 할 수 있다.

㉱ 저런 부류의 <u>무식한</u> 지식인을 가려내는 눈이 필요한 것이다.

예문 ㉱의 관형어 '무식한'과 '지식인'도 충돌한다. 그래서 일반적인 상황에서는 뭘 모르는 사람이 쓴 글이라고 할 수 있다. 그러나 앞의 '무식한'에 내포된 지식과 뒤의 '지식인'에 내포된 지식 사이에 차이가 있고 그것을 독자가 알 수 있다면, 이것도 역설적으로 성공한 표현이라고 볼 수 있다.

우리 신문에 수시로 나타나는 다음 표현은 관형어가 체언과 호응할 수 없는 예이다. 관형어가 아무 체언이나 수식할 수 있다고 보는 것은 잘못이다.

㉲ 서울 초등 교사 임용 여성 합격자 <u>첫</u> 90% 넘어

위의 예문 ㉲에서 관형사 '첫'과 그것이 수식하는 체언 '90' 또는 '90%'는 결코 호응할 수 없다. 왜냐하면 '첫 90%'란 개념을 상상할 수 없기 때문이다. 이 표현의 의미

는 '90% 넘은 것이 처음 있는 일'이므로 '처음(으로) 90% 넘어'처럼 부사어가 동사를 수식하게 해야 옳다. 마찬가지로 '여당, 87년 후 첫 과반수 의석 확보'도 어색한 표현이다. '첫'이 '확보'를 수식한다고 말할 수 있지만 '여당'이 주어가 되고 '확보'가 '확보하였다'처럼 서술어 기능을 수행하도록 사용한 명사로 보는 것이 자연스러우므로 여기서도 관형사를 쓰는 것보다 부사를 쓰는 것이 옳다.

(3) 관형어의 순서

관형어는 언제나 체언 앞에 온다. 그래서 관형어가 여럿이 있으면 체언 앞이 어지러워지고 무슨 관형어가 정말로 중요한 것인지 분간하기 어려울 뿐 아니라 그 관형어가 꾸미는 체언이 무엇인지도 헷갈리게 된다. 관형어를 둘 이상 나열할 때에는 중요한 것을 체언의 앞에 놓는다.

'아름다운 눈을 가진 키가 큰 여자'라고 하면 여자의 두 모습 가운데에서 '키가 큰'이 더 강조된 것이다. 만일 이것을 '키가 큰 아름다운 눈을 가진 여자'라고 한다면 '아름다운 눈을 가진'이 강조된다.

소비자를 울리는 못 믿을 쌀 등급 표시

위의 어구에는 눈에 띄는 관형어가 둘 있다. '소비자를 울리는'과 '못 믿을'이 그것인데 이 두 관형어의 위치를 바꿀 수 있을까? 일반적으로 관형어의 위치는 어려움 없이 바꿀 수 있지만 이 경우에는 그러기 어렵다. '못 믿을 소비자를 울리는 쌀 등급 표시'라고 하면 앞의 '못 믿을'이 곧바로 '소비자'를 꾸미는 것으로 오해할 수 있기 때문이다. 물론 이 경우에 '못 믿을' 뒤에 반점을 찍어서 문제를 해결할 수는 있지만 그것은 문장에서나 가능한 일이고, 말로 할 때에는 적용하기 어렵다. 따라서 이런 관형어는 중요도와 관계없이 선후가 결정되고 만다. 따라서 만일 '소비자를 울리는'보다 '못 믿을'이 더 중요하고 결정적인 관형어라고 생각하면 '소비자를 울리는'을 없애고(조금 아깝지만) 그냥 '못 믿을 쌀 등급 표시'라고 하는 것이 좋다.

관형어와 체언이 여럿 나타나서 관형어가 수식하는 것이 무엇인지 헷갈릴 때에는 관형어와 그것이 수식하는 것을 나란히 놓는 것이 좋다. '죽은 그 장관의 아들'이라고 하면 '죽은'이 바로 뒤에 있는 '장관'을 수식하기 쉽기 때문에 뒤에 있는 '아들'을 수식하게 하려면 '그 장관의 죽은 아들'로 하는 것이 좋다. 물론 이것은 보편적인 예이므로 특별한 경우라면 어순을 달리해서 특별한 의미를 부여할 수 있다.

(4) 관형어의 남용

관형어는 문장의 꽃이라고 할 만큼 문장을 화려하게 만들어 주는 성분이다. 그래서 화려한 문장을 좋아하는 사람들은 관형어를 즐겨 사용한다. 심한 경우에는 하나의 체언을 수식하기 위해서 대여섯 개의 의미가 다른 관형어를 늘어 놓기도 한다. 그러나 관형어가 많으면 글이 어지러워지기 쉽고, 뜻은 좋으나 의미가 전달되지 않는 문장이 될 우려가 있다. 따라서 관형어는 그 시점에서 체언에 꼭 필요하고 중요한 것으로 제한하는 지혜가 필요하다.

> 친가도 외가도 형제가 많은 집안인데다, 나만 해도 오빠 둘에 언니가 둘인 막내딸이라서, 가족 모임이 있는 날이면 현관에 신발이 잔을 넘는 맥주 거품처럼 넘쳐 나는 집안에서 자란 내게 그의 단출함은 결격사유가 못 되었다.

위 예문은 어느 단편소설에서 따온 것인데, 문인들의 글에서 관형어의 남용이 얼마나 심각한지 보여 주는 것이어서 제시해 보았다. 작가는 명사 '막내딸'을 수식하기 위해서 붙인 긴 관형어가 얼마나 절실한 것이고, 대명사 '나'를 꾸미기 위해서 앞세운 길고 긴 관형어가 '나'를 규정하기 위해서 얼마나 요긴한 정보를 제공하는지 판단했어야 했다. 앞의 '막내딸'과 뒤의 '나'는 동일인이므로 결국 한 사람을 설명하기 위해서 이렇게 길고 복잡한 관형어를 사용한 셈인데 아무래도 관형어를 남용했다는 비난을 피할 수 없다.

이쯤에서 우리는 프랑스의 문호 플로베르(1821~1880)가 갈파한 일물일어설(一物一語說)을 음미하면서 가장 적절한 낱말을 찾는 순례자적 노력을 하겠다고 다짐해 보는 것이 좋겠다.

> 우리가 표현하려는 것이 어떤 것이든 간에, 거기에는 그것을 표현하는 오직 하나의 말, 그것에 운동을 주는 오직 하나의 동사, 그것의 성질을 표현하는 오직 하나의 형용사가 있을 따름이다. 우리는 오직 하나밖에 없는 명사, 동사, 형용사를 발견할 때까지 그것을 찾아보아야 한다.

(5) 관형사형의 어미 형태

관형어를 만들기 위해서 사용하는 관형사형 어미는 동사나 형용사별로 다른 형태를 보이고 시제에 따라서도 달라진다. 문장을 통해서 예시하면 다음과 같다.

㉮ 학교에 가는 아이들이 보인다. (동사, 현재형)

㉯ 자기 몸에 알맞은 옷만 입어라. (형용사, 현재형)

㉰ 너는 점심 때 무엇을 먹을 생각이니? (동사, 미래형)

㉱ 그는 가슴이 매우 넓을 거야. (형용사, 미래형)

㉲ 내가 낚은 물고기는 다 놓아 주었어. (동사, 과거형)

㉳ 읽던 책을 놓고 창밖을 내다보았다. (동사, 과거 회상)

관형사형 어미 가운데에서 '–은, –을'은 어간 끝에 받침이 있을 때에 쓰고 받침이 없으면 조음소 '으'를 뺀 채로 '–ㄴ, –ㄹ'을 어간의 받침으로 받쳐 쓴다. 특히 주의할 것은 형용사의 관형사형 어미는 '–ㄴ'과 '–은'뿐이고 '–는'은 없다는 사실이다. 그러므로 '알맞는, 걸맞는, 힘드는'처럼 어미를 붙이면 안 된다.

부사어

문장에서 용언을 수식하는 말을 부사어라고 한다. 부사가 그렇듯이 부사어도 다른 부사어를 수식하기도 하고 관형사나 문장 전체를 수식하기도 한다. 부사어에는 부사 이외에도 용언이 부사 기능을 하는 것, 체언이 부사 기능을 하는 것 등 다양한 형태의 부사어가 있다.

(1) 부사어의 종류

용언, 부사, 관형어, 문장 전체를 꾸미는 것은 모두 부사어이다. 구체적인 형태를 예문에서 확인해 보자.

㉮ 그는 열심히 일한다.

㉯ 그는 무척 열심히 일한다.

㉰ 바로 그 사람이 내가 말한 사람이오.

㉱ 바라건대 저에게 기회를 주세요.

예문 ㉮의 '열심히'는 동사 '일한다'를 꾸미는 부사이고, 예문 ㉯의 '무척'은 부사 '열심히'를 꾸미는 부사이며, 예문 ㉰의 '바로'는 관형사 '그'를 꾸미는 부사이고, 예문 ㉱의 '바라건대'는 문장 전체를 꾸미는 부사이다.

다음 예문에 쓰인 부사어는 용언과 체언이 부사어로 쓰인 것이다. 용언에 부사형 어미가 붙거나 체언에 부사격조사가 붙으면 부사어가 된다.

ⓜ 그가 몹시 <u>힘들다고</u> 말하더라. (동사 부사어)

ⓑ 너무 <u>어렵게</u> 생각하지 마라. (형용사 부사어)

ⓢ <u>너에게</u> 편지가 왔다. (대명사 부사어)

ⓞ 떡은 <u>쌀로</u> 빚는다. (명사 부사어)

ⓩ 그의 <u>겸손함에서</u> 많은 것을 배웠다. (명사형 부사어)

아래 예문에 쓰인 부사어는 구나 절로 된 부사어이다. 절로 된 부사어를 부사절이라고 하며 그런 부사절을 가진 문장을 겹문장이라고 한다.

ⓒ 제발 <u>맑고 밝게</u> 살아 다오. (형용사구 부사어)

ⓚ <u>투철한 봉사 정신으로</u> 일해라. (명사구 부사어)

ⓣ <u>나더러 빨리 가라고</u> 소리를 쳤다. (동사구 부사어)

ⓟ <u>"어제는 제가 실례했습니다."라고</u> 사과했다. (인용절 부사어)

ⓗ <u>눈발이 날리는 것처럼</u> 꽃잎이 날렸다. (명사절 부사어)

부사어어의 구조

부사어는 아래 열두 가지 구조 가운데에서 하나를 취한다.

- 부사(몰래, 높이, 쓸쓸히)
- 부사＋부사(무척 열심히, 몹시 단단히)
- 체언＋부사격조사(여기에, 안으로, 밖에서, 생산적으로)
- 체언＋조사＋체언＋부사격조사(안과 밖으로, 안이나 밖에서, 능률적이고 효과적으로)
- 체언＋부사격조사＋부사(저곳에 수북이, 공중으로 높이)
- 부사＋체언＋부사격조사(매우 열정적으로, 깊이 땅속으로)
- 용언＋부사형 어미(높게, 아프게, 크게, 먹듯이)
- 부사＋용언＋부사형 어미(매우 세게, 무척 아프게)
- 용언＋어미＋용언＋부사형 어미(강하고 담대하게, 높고 튼튼하게)
- 용언＋어미＋부사(강하고 담대히, 높고 튼튼히)
- 용언＋어미＋체언＋부사격조사(힘차고 열정적으로, 높게 하늘로)
- 관형어＋의존 명사＋부사격조사(덤빌 수밖에, 싸울 것처럼, 잡을 듯이)

(2) 부사어의 위치

부사어는 자기가 꾸미고자 하는 용언이나 낱말 앞에 오는 것이 가장 적절하다. 문장 전체를 꾸미는 부사어는 문장 맨 앞에 온다. 부사어가 위치를 잘못 잡으면 의미 파악에 혼란이 일어날 수 있다.

㉮ 짐짓 내 앞이어서 아무렇지도 않은 척 잠을 청했던 것일까.

㉯ 그 후에도 동생은 아무한테나 사랑한다는 제 남편의 마지막 말을 되뇌며 해해 거렸다.

예문 ㉮의 '짐짓'은 '아무렇지도 않은'을 꾸민다. 그리고 예문 ㉯의 '아무한테나'는 '되뇌며'를 꾸민다. 그런데 부사어와 그것이 꾸미려는 용언 사이에 다른 서술어나 동사 등이 와서 상당히 혼란스러워졌다. 부사어는 될 수 있으면 그것이 꾸미려는 말 앞에 두어야 한다.

(3) 필수부사어

부사어는 서술어를 수식하기 위해서 쓰이는 것인데, 경우에 따라서는 서술어가 의미를 완성시키는 데 꼭 필요한 부사어가 있다. 이런 부사어를 필수부사어라고 한다.

아마 눈치 빠른 사람은 필수부사어라는 것이 성립될 수 없는 개념이라는 것을 알았을 것이다. 왜냐하면 부사어란 원래 동사나 형용사를 꾸미기 위해서 존재하는 것으로서 '있으면 좋고 없어도 괜찮은 성분'인데, 만일 동사나 형용사의 의미를 완성하기 위해서 꼭 있어야 하는 것이라면 '있으면 좋고 없어도 괜찮은' 부사어의 속성과는 달라진다. 이런 이율배반이 있지만 국어에서는 필수부사어라는 이름으로 설명해야 할 부분이 있다. 다음 문장을 보자.

㉮ 능금은 사과와 달라.

㉯ 영희가 반장으로 뽑혔지.

㉰ 아이는 학교에 다닌다.

㉱ 사과는 우리나라 기후에 맞다.

예문 ㉮~㉱의 서술어 '달라, 뽑혔지, 다닌다, 맞다'는 '사과와, 반장으로, 학교에, 기후에' 같은 부사어가 없으면 아무 내용도 확보하지 못하고 불완전한 서술어로 남게 된다. 그래서 밑줄 친 부사어는 모두 그 서술어에게는 필수불가결한 부사어이다. 이런 부사어가 필수부사어이다. 위의 예문에서 볼 수 있듯이 필수부사어는 보어 성격을 띠거나 목적어 성격을 띤다. 다시 말하면 보어가 있어야 할 자리이지만 보격조사를 쓸 수 없는 경우에, 또는 목적어가 와야 할 자리에 목적격조사를 쓸 수 없는 경우에 필수부사어가 등장한다.

① (어디)에 넣다/다니다/맞다/밝다/알맞다

> ㉮ 그는 손을 호주머니에 넣었다.
> ㉯ 동생은 영어 학원에 다닌다.
> ㉰ 이 옷은 내 몸에 꼭 맞다.
> ㉱ 그는 세상 물정에 무척 밝다.
> ㉲ 장비를 자기 능력에 알맞게 선택하라.

② (무엇)과/와 같다/다르다/닮다

> ㉮ 한국어는 영어와 다르다.
> ㉯ 새끼가 어미와 무척 닮았다.

③ (무엇)으로(/로) 삼다/뽑다/선출되다/선정하다/만들다/빚다

> ㉮ 그를 대표로 삼자.
> ㉯ 그를 국회의원으로 뽑았다.
> ㉰ 그가 대통령으로 선출되었다.
> ㉱ 우리는 찹쌀로 떡을 빚었다.

④ (무어)라고(/이라고) 소개하다/자랑하다/으스대다

> ㉮ 그는 자신을 러시아 인이라고 소개했다.
> ㉯ 그는 자기가 노래로는 한국 최고라고 으스댄다.

부사어 가운데에서 필수부사어를 변별하는 방법에 명확한 기준이 있는 것은 아니다. 그리고 한 번 필수부사어를 가졌다고 해서 그 서술어가 언제나 필수부사어를 필요로 하는 것도 아니다. 서술어가 어떤 의미로 쓰일 때에 필수부사어가 필요한지 판단하는 것은 오로지 글을 쓰는 사람의 능력에 따라 좌우된다.

(4) 부사형과 관형사형의 관계

부사어 가운데 일부 부사형은 쉽게 관형사형으로 전용될 수 있다. 아래 예문을 보자.

> ㉮ 영구가 크게 웃었다. → 영구가 큰 웃음을 웃었다.
> ㉯ 형이 자세하게 설명했다. → 형이 자세한 설명을 했다.

크게 웃었으니 큰 웃음이 되고, 자세하게 설명한 것이니 자세한 설명이 된다. 이처럼 부사어와 동사가 곧바로 관형어와 명사로 바뀌는 것이 있다. 그러나 언제나 이렇게 자연스럽게 바꿀 수 있는 것이 아니다. 아래 예문을 보자.

　　㉕ 그가 즐겁게 노래한다. → 그가 즐거운 노래를 부른다.
　　㉖ 동생이 씩씩하게 설명했다. → 동생이 씩씩한 설명을 했다.

　즐겁게 노래했다고 해서 즐거운 노래가 될 수 없고, 씩씩하게 설명했다고 해서 씩씩한 설명이라고 하기 어렵다. 여기서 우리는 동사를 수식하는 부사어에 이중의 태도가 있다는 것을 알 수 있다. 앞의 '크게, 자세하게'는 동사의 속성에 맞추어 동사를 꾸미지만, 뒤의 '즐겁게, 씩씩하게'는 주체의 속성에 맞추면서 동사를 꾸민다. 노래 자체가 즐거운 것이 아니라 그의 마음이 흥겨워서 즐겁게 노래한 것이고, 설명 자체가 씩씩한 것이 아니고 그의 태도가 씩씩한 것이다. 따라서 '즐겁게, 씩씩하게'를 관형사형으로 바꿔 주체와 상관없이 '노래, 설명'을 수식하게 하면 어색해진다.

독립어

　일반적으로 감탄사가 독립어가 되지만 체언에 호격조사를 붙여서 만들기도 한다. 때로는 호칭이나 지시어 또는 접속어를 독립어로 사용하기도 한다.

　　㉮ 저, 말씀 여쭙겠습니다.
　　㉯ 저런, 그런 엄청난 일이 있었구먼.
　　㉰ 영호야, 엄마 계시니?
　　㉱ 김 과장, 어서 실태 조사 결과를 보고하시오.
　　㉲ 여기요, 커피 두 잔 부탁해요.
　　㉳ 아이쿠, 하마터면 큰일 날 뻔했다.
　　㉴ 세상에, 어찌 이런 일이 일어났단 말인가.

정리

　　낱말의 문법 족보를 이제 조금 구별할 수 있게 되었다. 체언은 서술어, 주어, 목적어, 보어, 관형어, 부사어를 만들 수 있고, 용언은 서술어와 관형어, 부사어를 만들 수 있고, 수식언은 관형어와 부사어를 만들 수 있다.

연습^문제 •

1. 다음 물음에 답하라.

(1) 주어와 서술어를 짝지은 것으로 <u>틀린</u> 것은?
   ① <u>우리는</u> 서로 사랑하기를 <u>바란다</u>.
   ② 축구가 이제 세계인의 <u>스포츠가</u> <u>되었다</u>.
   ③ <u>정부는</u> 국민의 안전을 위한 조치를 <u>취해야 한다</u>.
   ④ <u>진리는</u> 상황에 따라 변하는 것이 <u>아니다</u>.

(2) 주어와 서술어를 짝지은 것으로 <u>틀린</u> 것은?
   ① 우리 집은 여러 <u>사람이</u> 모일 만한 장소이다.
   ② 복 있는 <u>사람은</u> 악인의 꾀를 좇지 아니한다.
   ③ <u>석굴암은</u> 바위에 <u>새긴</u> 조각품이다.
   ④ 그는 <u>정의가</u> <u>무엇인지</u> 모르나 봐.

(3) 주어와 서술어를 짝지은 것으로 <u>틀린</u> 것은?
   ① 저 <u>사람은</u> 어디서 <u>본</u> 듯하다.
   ② <u>한강은</u> 언제 보아도 아름다운 <u>강이다</u>.
   ③ 이 세상에 이름이 없는 <u>나무는</u> 하나도 <u>없다</u>.
   ④ <u>아이들은</u> 이름을 불러 주는 것만으로도 <u>좋아한다</u>.

(4) 주어와 서술어를 짝지은 것으로 <u>틀린</u> 것은?
   ① 왜 몰랐느냐, <u>너도</u> 한국인이었다는 사실을.
   ② <u>나는</u> 할 일도 없고 하고 싶은 일도 <u>없다</u>.
   ③ <u>네가</u> 지금 <u>가고 있는</u> 곳이 어디니?
   ④ 거리의 <u>풍경이</u> 그런대로 볼 만합니다.

(5) 주어와 서술어를 짝지은 것으로서 틀린 것은?
  ① 세월이 흐르는 사이에 뜻밖에 일이 생겼다.
  ② 극장 안에는 손님이 없었다.
  ③ 그는 슬기로우니까 잘 해낼 것이다.
  ④ 네가 말한 대로 해 볼 작정이다.

(6) 목적어와 서술어를 짝지은 것으로서 틀린 것은?
  ① 우리는 한국이 승리하리라고 생각했다.
  ② 그는 잠시도 내 곁을 떠나지 않았다.
  ③ 일을 급히 서두르지 않으면 안 된다.
  ④ 창공을 나는 새를 보라.

(7) 목적어와 서술어를 짝지은 것으로서 틀린 것은?
  ① 밥이라도 좀 먹어라.
  ② 물 가져오라고 했더니 술을 가져왔다.
  ③ 청년은 싱글벙글 웃으며 인사를 했다.
  ④ 그는 고개를 숙이며 "어서 오세요." 했다.

(8) 목적어와 서술어를 짝지은 것으로서 틀린 것은?
  ① 빨리 오라는 전갈을 받았다.
  ② 한글날을 세계인의 문화 축제일로 하자.
  ③ 그가 언제 돌아왔는지 모르겠다.
  ④ 장미꽃 열 송이를 드렸다.

(9) 밑줄 친 부분이 수식어와 피수식어 관계에 있지 않은 것은?
  ① 너는 어디서 만난 적이 있는 것 같다.
  ② 얼굴이 예쁘고 목소리가 고운 여자를 골라라.
  ③ 사람들은 돈을 주어 호의를 나타내려 한다.
  ④ 어머니는 동생이 떠난 사실을 까맣게 모르고 있다.

(10) 밑줄 친 부분이 수식어와 피수식어 관계에 있지 <u>않은</u> 것은?

① 그렇게 <u>심한</u> 말을 그에게 <u>할</u> 수 있니?

② 비행기 <u>추락</u> 사고가 있었다는 사실이 보도되었는지.

③ 사고 싶은 <u>것은</u> 많지만 살 돈이 없다.

④ 어머니는 <u>치마폭에</u> 과일을 <u>담아</u> 가지고 가셨다.

(11) 밑줄 친 부분이 수식어와 피수식어 관계에 있지 <u>않은</u> 것은?

① <u>그러므로</u> 비행기가 뜰 수 <u>없었다.</u>

② <u>아무튼,</u> 나는 가지 <u>않겠다.</u>

③ <u>저</u> 사람을 보라.

④ 둘이서 <u>가</u> <u>보았다.</u>

(12) 밑줄 친 부분이 수식어와 피수식어 관계에 있지 <u>않은</u> 것은?

① <u>코가 긴</u> 코끼리가 서 있다.

② 도둑이 <u>멀리</u> <u>달아났다.</u>

③ 거기에는 <u>맨</u> <u>여자뿐이더라.</u>

④ <u>아름답게</u> <u>철쭉이</u> 피었다.

(13) 밑줄 친 부분이 수식어와 피수식어 관계에 있지 <u>않은</u> 것은?

① 그러면 <u>지금</u> <u>가거라.</u>

② 깊은 바다에 사는 <u>동물은</u> <u>뼈가</u> 연하다.

③ 왜 <u>저토록</u> 일을 <u>서두르나?</u>

④ <u>아뿔싸,</u> <u>열쇠를 놓고 왔군.</u>

(14) 밑줄 친 부사어가 문장의 필수 성분이 <u>아닌</u> 것은?

① 우리는 영철이를 <u>반장으로</u> 삼았다.

② 동생은 <u>중학교에</u> 다닌다.

③ 우리는 <u>영화관에</u> 가기로 했다.

④ 네 생각은 내 <u>생각과</u> 같다.

(15) 밑줄 친 부사어가 문장의 필수 성분이 아닌 것은?

    ① 영희는 제 <u>엄마에게</u> 달려갔다.

    ② 우리는 <u>너희와</u> 달라.

    ③ 그가 <u>나에게</u> 선물을 주었다.

    ④ 사람들은 <u>쌀로</u> 술을 빚는다.

(16) 밑줄 친 부사어가 문장의 필수 성분이 아닌 것은?

    ① 비가 <u>몹시</u> 내린다.   ② 내 <u>앞으로</u> 다가서라.

    ③ <u>식탁 위에</u> 올려놓아라.   ④ <u>글에서</u> 잘못을 집어낸다.

(17) 보기 문장에서 밑줄 친 서술어의 주어가 다른 것은?

| 보기 |

떠난① 뒤 곧 무사히 <u>도착했다는</u>② 전화를 <u>걸어왔고</u>③, 전화는 그 뒤에도 몇 번 더 <u>걸려왔다</u>④.

(18) 보기 문장에서 밑줄 친 서술어의 주어가 다른 것은?

| 보기 |

인간의 능력이 <u>재발견되고</u>①, <u>부정했던</u>② 창조력을 <u>긍정함으로써</u>③ 인간은 다시 태어난 존재라는 의식을 <u>확산시켰다</u>④.

(19) 보기 문장에서 밑줄 친 서술어의 주어가 다른 것은?

| 보기 |

여기에 <u>있는</u>① 사람들은 억지로 불러 <u>모은</u>② 것이 아니라 국어를 <u>사랑하는</u>③ 마음으로 스스로 <u>모였다</u>④.

(20) 보기 문장에서 밑줄 친 서술어의 주어가 다른 것은?

| 보기 |

이미 <u>잊힌</u>① 사람을 다시 <u>떠올리자니</u>② 마음이 <u>아프고</u>③ <u>괴롭다</u>④.

2. 사람에 따라서 '산을 오른다'고 하기도 하고 '산에 오른다'고 하기도 한다. 아래 대화에서 조사 '을'을 쓰는 것과 '에'를 쓰는 것의 차이를 발견할 수 있는지 말하라.

> 김 : 너 도봉산에 오른 경험 있니?
>
> 이 : 아니.
>
> 박 : 지난주에 너 도봉산에 갔잖아?
>
> 이 : 갔어.
>
> 박 : 그런데 왜 산에 안 올랐다는 거야?
>
> 이 : 산을 오르기는 했는데…….
>
> 김, 박 : 뭐야, 무슨 소리를 하는 거야?

우스개 이야기

선생님이 아이들에게 속담을 가르치고 있었다.

선생님 : "삼밭에 쑥대라고 하는 속담이 무슨 뜻인지 아니?"

아이들 : "아니오."

선생님 : "모르는 게 당연하겠지. 반듯이 자랄 수 없는 쑥대라도 삼밭에서 삼과 함께 자라면 반듯하게 자란다는 말이야. 맹구도 공부 잘하고 착한 친구들과 함께 놀게 되면 공부 잘하는 학생이 될 거야."

이 말을 들은 맹구가 선생님에게 말했다.

맹구 : "선생님, 저는 쑥대가 불쌍해서 가슴이 아파요."

선생님 : "뭐? 꼬불꼬불 자랄 쑥대가 삼 덕택에 반듯이 자라게 되었는데 다행이지 왜 불쌍하단 말이야."

맹구 : "쑥대가 반듯하면 무엇에 써요? 아무리 반듯해도 쑥대는 쓸모없잖아요. 그런데 쑥대가 반듯이 자라느라고 얼마나 고생했겠어요. 삼한테 구박받으면서. 그래서 쑥대가 불쌍해요."

아이들 : "맹구 말이 맞아요."

제**19**일

국어가 교착어라는데
(국어의 특징)

언어 이야기

언어란 무엇인가? 언어는 사람과 함께 나타났을까, 아니면 사람이 나타나고 나서 세월이 많이 흐른 뒤에 나타났을까? 사람이 처음 사용한 언어는 어떤 것이었을까? 어떻게 해서 세계에 그리 많은 언어가 생겼을까? 수많은 언어 사이에는 어떤 연관이 있을까? 우리는 언제부터 지금과 같은 언어를 사용하게 되었을까?

언어에 대해서 생각하게 되면 이런 여러 가지 의문이 봇물처럼 쏟아진다. 그러나 아무리 생각해도 이런 의문은 말끔하게 해소될 수 없다. 추정한다면 언어는 호모 에렉투스(Homo erectus)라고 불리는 '인류의 원시 조상'이 불을 사용하던 시기에 발전하여 연장을 사용할 줄 알게 된 호모 사피엔스(Homo sapiens), 곧 '인류의 조상'이 모여 살기 시작하면서 자연스럽게 발전했으리라는 것이 학자들의 생각이다. 이 시기를 학자들은 대략 50만 년 전쯤으로 본다. 어떻든 모든 연구 결과 "사람이 모인 곳에 말이 있었다."라는 가설을 세울 수 있을 만큼 사람과 말은 밀접한 관계가 있음이 분명하다.

한국어의 조상이라고 할 만한 말은 언제 어디서 만들어졌을까? 이것도 사실 알아내기 매우 어려운 문제이다. 비록 우리가 한반도에서 우리말을 사용하면서 오래 전부터 살았다고 하지만 정확하게 언제부터 이 곳에서 살게 되었고 그 때 우리가 사용하던 언어는 어떤 형태였는지, 그리고 우리 조상이 이 곳에 정착해서 우리말을 지금의 언어로 발전시켰는지 아니면 어디에서 이미 만들어 사용하고 있다가 이 곳으로 왔는지, 그것도 아니면 먼저 형성된 말을 사용하던 집단에 뒤이어 이 곳으로 온 사람들의 언어가 뒤섞이게 되었는지 아무것도 시원하게 밝혀진 것이 없다.

한국어의 계통을 연구한 학자로 핀란드의 람스테트(1873~1950)라는 언어학자가 있는데, 그가 한국어를 우랄-알타이(Ural-Altaic) 어 족보에 올려놓음으로써 많은 학자들은 그의 가설을 뒷받침하려고 노력해 왔다. 그런 노력의 결과로 우리는 대체로 우리말이 알타이 계통의 언어라고 생각한다. 알타이 계통의 언어에서 발견되는 모음조화(母音調和) 현상과 문법적 교착성(膠着性)이 우리말에 있기 때문이다. 그러나 이 정도로는 좀 미흡하여 여러 가설이 제시되었다. 학자에 따라서는 우리말과 알타이 계통의 언어 사이의 유사성보다는 우리말과 인도-아리안(Indo-Aryan) 계통의 언어 사이의 유사점이 더 많다고 주장하기도 한다. 우리말의 내력에 대해서도 아직 밝혀야 할 것이 밝힌 것보다 훨씬 더 많다.

우리가 확인할 수 있는 것은 삼국시대에 우리 조상이 사용하던 언어(고구려어, 백제어, 신라어, 가야어)가 지금의 한국어의 모태가 되었고, 고려가 출현하면서 고대 국어가 완성되어 오늘에 이르렀다는 것이다. 우리말의 과거에 관한 논의는 이것으로 마치고, 지금 우리가 쓰고 있는 우리말의 특성을 알아보자.

우리말, 한국어, 국어

나는 우리말을 국어라고 했는데, 이 말에 대해서 부정적인 분들이 있다. 국어란 나랏말을 뜻하는데 그것이 어찌 우리말의 이름이 될 수 있느냐는 것이 그 이유이다. 이는 우리말을 가리키는 고유명사가 있어야 한다는 것으로서 타당한 주장이라고 생각한다.

역사적으로 우리가 우리말에 이름을 붙인 적이 없다. 글자를 만든 사람들이 그 글자 이름을 붙이지 않은 것이나, 근대 이전의 일반인에게는 변변한 이름도 붙여 주지 않은 우리 문화를 생각하면 우리가 우리말에 이름을 붙여서 부르지 않은 것은 별로 이상할 것이 없다.

다만, 근대에 오면서 우리말을 가리키는 낱말이 필요함을 느끼자 주시경 선생(1876~1914)이 국어라는 말을 쓰기 시작했는데, 공교롭게도 일본인도 그들의 말을 국어라고 표기하고 또 국어가 일제 강점기에는 일본어를 가리키는 것으로 인식되었기 때문에 우리에게 거부감을 주기에 충분한 이름이 되고 말았다. 중국어에는 없는 국어(國語)라는 한자어가 일본과 한국에만 있다는 사실만으로도 일본의 한국 지배를 떠올릴 여지가 있기 때문이다.

우리말을 무엇이라고 할 것인지는 '국어기본법'을 제정할 당시에도 전문가들 사이에서 논란이 있었다. 우리말 이름으로 '국어'를 쓰는 대신에 '한국어'라고 하자는 의견이 제기되었고, '우리말' 또는 '한말'이라고 하자는 주장도 있었다. 결국 현실을 인정하여 우리말을 가리킬 때에는 '국어', 외국어와 상대되는 개념으로 사용할 때에는 '한국어'라고 하는 것으로 결론을 냈지만 이것도 대한민국 안에서의 이야기일 뿐이다. 북한에서는 '조선말'이라고 하기 때문에 남북 언어학자들이 만나서 우리말에 대한 논의를 할 때면 '한국어'도 아니고 '조선말'도 아닌 '코리안'이라는 제3의 용어를 사용하는 묘한 상황이 되기도 한다.

내가 이 책에서 우리말을 '국어'라고 한 것은 현실적으로 학생들이 사용하는 용어이며 이미 관습적으로 우리가 사용해 온 말이기 때문이기도 하지만, 우리말을 가리키는 보통명사로 사용해도 문제가 될 것이 없다고 판단했기 때문이다. '국어'란 '우리말'과 같은 수준의 낱말로 볼 수 있다. 고유명사는 아니되 고유명사를 대체할 수 있을 정도로 특정적인 낱말이기 때문이다. 이 책에서는 국어와 한국어와 우리말을 자유자재로 바꿔 쓸 것이다. 어떤 경우라도 세 낱말은 의미가 같다는 점을 알아 주기 바란다.

한국어는 어떤 말인가?

세상에는 수천 개의 언어가 있다고 한다. 그리고 이 언어는 점점 줄어들고 있다고 한다. 오늘날 지구는 하루 생활권에서 인터넷을 통한 동시 생활권으로 바뀌었다. 그래서 각 언어 사용자 간에 교류가 매우 빈번해짐으로써 의사소통을 하기 위한 언어 정리 작업이 진행되고 있다. 이런 작업은 대개 힘이 있는 언어를 중심으로 재편되는 것이기 때문에 영어를 중심으로 재편되고 있는 것 같다. 그래서 어떤 이는 세계 언어가 앞으로 유력한 일곱 개 정도의 언어로 정리될 것이라는 섣부른 주장을 하고, 이에 귀가 빠른 사람들은 이왕 한국어가 사라질 것이라면 하루라도 빨리 영어를 모국어로 삼아서 경제적으로 번영을 누리자는 주장도 한다. 그러나 이런 걱정을 중국 사람들이 기우(杞憂)라는 말로 표현하지 않았던가. 하늘이 무너지는 걱정을 할지언정 한국어가 지구상에서 사라지는 걱정을 해서 공연히 세상을 시끄럽게 하지 말 일이다.

한국어는 크게 두 가지 특징이 있는 언어이다. 국어 공부와 관련해서 명심할 것이 한국어의 두 가지 특성인데, 하나는 한국어는 교착어(膠着語, 또는 첨가어)라는 점이고, 또 하나는 한국어는 다음절어(多音節語)라는 점이다. 이 두 특징을 명확하게 이해하지 않고는 국

213

어 공부를 성공적으로 할 수 없다.

(1) 교착어

교착어란 마치 레고 장난감을 쌓아서 다양한 형태를 만들어 나가듯이 문법 요소를 의미 요소에 붙여서(이를 교착시킨다고 함) 문장을 만들어 가는 언어라는 뜻이다. 국어에서 문장을 구성하고 시제나 서법 또는 피동을 나타내는 경우를 생각해 보자.

㉮ 나는 밥을 먹<u>었습니다</u>.

㉯ 정말 이렇<u>게</u> 좋<u>은</u> 옷을 버리<u>시렵니까</u>?

㉰ 그<u>들이</u> 자동차<u>에</u> 부딪<u>혔단다</u>.

예문 ㉮를 보면 의미 요소인 '나, 밥, 먹-'에 문법 요소인 '는, 을, -었습니다'가 붙어서 말이 되었다. 문법 요소도 여러 요소가 의미 요소에 차례로 붙는 것을 볼 수 있다. '-었습니다'에는 과거를 나타내는 '-었-'과 서법을 나타내는 '-습니다'가 차례로 붙어 있다. 영어에는 각 낱말의 과거형이 별도로 있는 경우가 많지만 국어는 언제나 과거를 나타내는 문법 요소 '-었-'이나 '-았-'을 붙여서 표현한다.

예문 ㉯를 보면 의미 요소 '정말, 이렇-, 좋-, 옷, 버리-'에 문법 요소 '-게, -은, -시렵니까'가 붙어 있다. '게, 은'이 형용사를 부사나 관형사처럼 쓰이도록 만들어 주었고, '-시렵니까'에는 높임을 나타내는 요소 '-시-'와 의도를 나타내는 문법 요소 '-려-' 그리고 의문을 나타내는 문법 요소 '-ㅂ니까'가 차례로 붙어서 말하는 사람의 의도를 드러내 주고 있다.

예문 ㉰에는 문법 요소 '-들이, 에, -혔단다'가 각 의미 요소 뒤에 붙어 있는데 '-들이'는 복수를 나타내는 문법 요소 '-들'과 주격을 나타내는 문법 요소 '이'가 결합한 것이고, '-혔단다'는 피동을 나타내는 문법 요소 '-히-'와 과거를 나타내는 문법 요소 '-었-' 그리고 전달의 의도를 나타내는 문법 요소 '-단다'가 결합한 것이다.

이처럼 우리말은 의미 요소에 문법 요소가 다양하게 붙어서 문법적 기능을 해야 말이 된다. 이에 비해서 교착어가 아닌 다른 언어에서는 문법 요소를 이처럼 다양하게 사용하지 않는다.

고립어(孤立語)는 오로지 낱말의 위치에 따라서 문법적 기능이 결정되는 '위치의 언어'이다. 낱말에 단수형이나 복수형이 없고, 시제에 따라서 동사의 형태가 바뀌지도 않는다. 심지어 명사와 동사와 부사와 관형사가 같은 형태로 쓰인다. '장강(長江)'은

'긴 강'이지만 '강장(江長)'은 '강이 길다'의 뜻이 있고, '장생(長生)'은 '길이 살다'의 뜻이지만, '생장(生長)'은 '나서 자람'의 뜻이 있다. '장(長)'이 위치에 따라서 관형사, 형용사, 부사, 동사, 명사로 쓰임을 알 수 있다. 이런 언어가 고립어이다. 이런 언어를 쓰는 사람들은 조사와 어미의 복잡한 변화를 익힐 필요가 없어서 좋을 것이다. 반면에 낱말의 위치에 따라서 의미와 기능이 달라지기 때문에 하나의 낱말에 매우 다양한 의미가 있게 될 것이니, 이를 모두 익히려면 진땀나지 않을 수 없으리라.

굴절어(屈折語)에는 고립어적인 성격과 교착어적인 성격이 공존한다. 낱말의 위치에 따라서 문장에서의 기능이 결정되는 것은 고립어와 같지만, 어미를 붙여서 동사를 명사나 부사로 만들거나 명사를 동사나 형용사 또는 부사로 만들고, 복수형에 '-s/-es'를 붙이고, 과거형에 '-d/-ed'를 붙이는 것은 교착어적인 성격을 드러낸 것이다. 그러나 낱말의 복수형이 별도로 있는 낱말이 많고 동사의 과거형이나 과거분사형이 별도로 만들어져 있는 낱말이 매우 많다. 즉 'man'의 복수형이 'men'이고, 'drink'의 과거형은 'drank', 과거분사형은 'drunk'이며, 'is'의 과거형은 'was', 기본형은 'be'이다. 이처럼 의미나 기능을 새롭게 하기 위해서 다른 형태소를 붙이는 것이 아니라 아예 새로운 형태소를 만드는 특성이 있기 때문에 고립어나 교착어와 성격이 다르다.

앞에서도 밝혔지만 교착어로서 우리말의 특성은 비교적 뚜렷하다. 낱말의 성별 구분이나 복수형, 동사의 과거형이 별도로 없는 대신에 그런 기능을 하는 문법 요소를 붙여 줌으로써 문법적 기능을 하게 한다. '곰'의 여성은 '암곰'이고 남성은 '수곰'이다. '곰'에 접두사 '암-'이나 '수-'를 붙이면 된다. '사람'의 복수는 '사람들', '고양이'의 복수는 '고양이들'이 된다. 명사에 '-들'이라는 접미사를 붙여 주면 된다. 또 '마시다'의 과거형은 '마시었다'이다. '마시-'에 과거를 나타내는 문법 요소 '었'을 붙이는 것이다. '쉬다'의 과거형도 '쉬었다'처럼 '었'을 첨가하면 만들어진다. 교착어는 어순에 집착하지 않는다. 교착어는 의미 요소에 어떤 조사나 어미가 쓰였느냐에 따라서 그 의미 요소의 문법적 기능이 좌우된다. 고립어나 굴절어가 '위치의 언어'라면 교착어는 '쓰임의 언어'라고 할 만하다.

국어가 교착어에 속한다는 말은 국어에 다양한 문법 요소가 있고 그 문법 요소가 의미 요소에 붙어서 문법적 기능을 수행하기 때문에 국어를 배운다는 것은 바로 문법 요소를 배운다는 말과 같다. 고립어나 굴절어에서 언어를 배운다는 것은 낱말을 배우고 낱말을 일정한 순서에 따라서 배열하는 방법을 배우는 것으로 바꿔 말할 수 있지만 국어를 배우는 것은 의미 요소와 문법 요소를 함께 배우는 것이다. 국어에서는 명사나 대명사라 해도 반드시 조사를 데리고 있어야 문장에서 문법적으로 기능할 수 있고, 동사와 형용사는 완성된 형태라고 할 수 있는 것이 없어 어미가 붙어야 의미가 확정되면서 문장에서 기능도 수행할 수 있게 되어 있다. 어찌 보면 낱말의 위치로 문법적 기능을 수행하게 하는 고립어나 굴절어에 비해서 복잡하고 비생산적인 방법으로 문장을 만드는 것 같기도 하지만, 달리 생각하면 여기에 교착어를 사용하는 사람들의 문화와 가치관이 담겨 있다고 보아야 할 것이다.

📌 형태로 본 언어의 종류

① **고립어**(孤立語) : 성, 복수, 시제와 상관없이 단어의 형태가 변하지 않는다. 단어가 다른 품사로 전성되더라도 단어의 형태에 변화가 일어나지 않는다. 중국어, 타이 어, 베트남 어 등

② **굴절어**(屈折語) : 복수형, 과거형, 성 등을 구별하기 위하여 단어의 일부를 변화시키기도 한다. 어미를 사용하여 복수나 시제를 나타내기도 하고, 품사를 바꾸기도 한다. 영어, 프랑스 어, 독일어, 스페인 어, 인도어 등

③ **교착어**(膠着語) : 실질 형태소에 형식 형태소가 결합하여 문법적 기능을 하는 언어. 체언에는 조사가 붙고, 용언의 어미는 활용을 한다. 어근에 접두사와 접미사를 붙여 성, 복수, 태를 나타내거나 품사를 전성시키며, 어미를 이용해서 시제와 서법을 나타낸다. 첨가어라고도 한다. 한국어, 일본어, 터키 어, 핀란드 어 등

④ **포합어**(抱合語) : 주어나 목적어를 나타내는 접사가 동사를 중심으로 하여 앞뒤에 연속적으로 결합하여 하나의 단어가 된 언어. 에스키모 어, 아이누 어, 아메리칸 인디언 어, 바스크 어 등

어떤 언어를 사용하는 것이 좋은지는 오로지 그것을 사용하는 사람들의 언어 사용 능력에 따라 좌우되는 것이지 결코 언어 자체에 우열이 있는 것이 아니다. 각 언어가 가지고 있는 어법을 명쾌하게 정리하고, 그에 따라서 사용할 수 있는 어휘를 폭넓게 확보하는 것이 언어의 우열을 좌우한다.

(2) 다음절어

국어의 두 번째 특징은 다음절어(多音節語)라는 점이다. 다음절어란 하나하나의 음절에 절대적인 의미를 두지 않고 몇 개의 음절을 잇달아 소리 냄으로써 하나의 의미

를 완성하는 언어이다. 물론 한 음절로 의미를 나타내기도 하지만 거기에 집착하지 않고 필요하면 음절의 수를 늘려서 새로운 낱말을 만든다. 우리말에 있는 단음절 낱말과 다음절 낱말을 예시하면 아래와 같다.

단음절 낱말 : 김, 꽃, 숲, 집, 빛, 빗, 닻, 돛, 삵, 줄, 새, 살, 술
다음절 낱말 : 나무, 자루, 조차, 차라리, 파릇파릇, 애오라지

위에서 다음절어로 분류된 것 가운데 원래는 단음절로 된 낱말이었는데 다음절 낱말로 바뀐 것이 있다. '낡'이 '나무'가 되고, '좇-'이 '조차'가 된 것이 그 예인데 우리말이 다음절어이기 때문에 이런 낱말의 분화가 가능해진 것이다. 앞으로 새롭게 만들어질 낱말은 당연히 이미 있는 낱말의 형태가 변해서 형성되거나 새로운 음절이 추가되어서 만들어질 것이다.

뒤에 조어법에서 자세히 공부하겠지만 우리는 이미 형성된 의미 요소를 다양한 방법으로 변형하여 새로운 낱말을 만들어 냈는데 이때 나타난 가장 큰 변화가 음절의 수가 늘어나는 것이다. 우리는 음절의 수를 늘리는 방법으로 새로운 낱말을 쉽게 만들 수 있다. 우리말의 비밀이 여기에 있는 셈이다.

살-(술-) + 암=사람 +답다=사람답다
　　　　　　+앙=사랑 +스럽다=사랑스럽다
　　　　　　　　　　+하다=사랑하다
　　　　+음=사름
　　　　+ㅁ=삶
　　　　+이=살이
　　　　+리=살리- +ㅁ=살림 +살이=살림살이

지금 이런 조어법을 체득하여 다양한 낱말을 만들어 낼 수 있을까? 음절 추가 방법을 통한 새로운 낱말 형성이 우리말의 조어 방법 가운데에서 가장 쉽고 자연스러운 것이었다는 것이 분명하다.

(3) 한글

글자는 형태가 없는 말을 눈으로 보게 해 주는 요술지팡이이다. 인간은 정말 대단한 요술지팡이를 발명한 동물이다. 그런데 이 요술지팡이에도 차이가 있다. 뜻을 나

타내는 글자와 소리를 나타내는 글자에 차이가 있는 것이다.

원시 글자는 대부분 의미를 나타내는 상징에서 출발하였기 때문에 뜻을 대변하였다. 끝까지 뜻을 대변하여 글자를 발전시킨 사람들이 중국인이다. 그들은 글자를 다듬고 변형하여 수많은 의미를 글자로 표현하는 재주를 한껏 발휘하여 고급스러운 문화를 누릴 수 있게 되었다.

한편 메소포타미아와 나일 강 유역에서 살던 사람들은 의미를 나타내는 상징 가운데에서 조금만 변형하면 어떤 소리를 나타내는 상징으로도 사용할 수 있다는 사실을 발견했다. 그래서 그들은 소리를 대변할 수 있는 모양을 다듬어 내기 시작했다. 이런 노력이 열매를 맺어 소리를 나타내는 글자가 이 지역과 그리스 등 지중해 지방의 여러 민족에게 파급되었다. 오늘날 알파벳이라고 불리는 글자가 이렇게 해서 형성된 것이다.

뜻을 대변하는 연장으로 글자를 사용한 사람들은 하나의 글자에 하나의 의미를 설정해야 했기 때문에 도리 없이 단음절어를 발전시켰지만, 소리를 대변하는 연장으로 글자를 사용한 사람들은 자연스럽게 다음절어를 발전시킬 수 있었다. 여기에서 말과 글자 사이에 서로 영향을 주고받는 관계가 있음을 알 수 있다.

한글은 우리말을 적기 위해서 창안된 글자이다. 세종께서 이 글자를 만들 때에 '나랏말이 중국말과 달라서'라는 표현을 쓴 것에 주목하여야 한다. 이는 한자는 중국말을 적는 데는 유용하지만 우리말을 적는 데는 부적절하다는 선언이었다. 중국의 영향력이 압도적이던 시기에 세종은 어째서 이렇게 불경스럽기까지 한 주장을 했을까? 한자로 우리말을 적는 것이 불가능함을 뼈저리게 느끼고 우리말을 적을 수 있는 글자가 꼭 있어야 한다고 절실하게 느꼈기 때문이 아닐까? 어떻든 한글은 우리말을 적을 수 있게 의도적으로 만든 글자라는 점에 착안하는 것은 매우 중요한 일이다. 그래야 한글의 특징과 한글의 형태에 대해서 깊이 이해할 수 있기 때문이다.

앞에서 우리말은 교착어이면서 다음절어라고 했다. 이런 언어를 표기할 수 있는 글자는 어떻게 생기는 것이 좋을까? 고립어인 한자는 뜻을 나타내는 글자이므로 단음절어에 적합하다고 말한 바 있는데, 그렇다면 우리말처럼 다음절어에는 어떤 글자가 적합할까? 말할 것도 없이 소리글자가 적합하다. 그래서 세종은 소리글자를 만들어 냈다.

세종이 한글을 만들기 전에 많은 선각자들이 한자를 이용하여 소리를 표기하는 방법을 고안해 냈다. 그래서 향찰이라는 좀 복잡하지만 우리말 표기가 가능한 한자식 표기법도 만들어 낸 것이다. 뜻을 담도록 어렵게 만들어 놓은 것을 뜻을 없애고 소리로만 쓴다는 것이 벌써 비경제적이고 불합리했다. 그리고 단순한 소리를 나타내는 데 그렇게 복잡하고 거창한 글자를 사용해야 할 이유가 없었다. 그래서 한자의 획수를 단순화하여 원래의 한자 모습을 거의 없앤 형태로 소리글자를 만들어 쓰기도 했다. 구결문자라고 하는 글자는 이렇게 탄생했고, 이 문자가 일본의 가나로 발전해서 현재까지 쓰이고 있다.

그러나 우리는 이런 미봉책을 받아들이지 않고 과감하게 새로운 글자를 고안하여 만들어 내고 말았다. 처음부터 우리말에 맞는 글자 체제를 생각하고 그에 맞추어 그야말로 맞춤 글자를 만든 것이다. 이것이 한글이다. 한글의 가장 큰 특징은 말을 자음과 모음으로 분해한 뒤에 만든 글자라는 점이다. 이는 세계 역사상 없었던 일이다. 알파벳을 발전시킨 사람들은 자음을 적는 글자를 생각했을 뿐이다. 이들이 자음 글자만으로는 음을 정확하게 적기 어렵다는 점을 깨달은 것은 아주 나중의 일이었다.

이에 비해서 우리는 처음부터 음을 자음과 모음으로 구분하여 자음에 속하는 글자와 모음에 속하는 글자를 만들어 냈다. 언어에 대한 2분법적 분석은 우리의 자질이 사물을 2분법으로 나누는 데 적합한 능력이 있음을 보여 주는 증거일 수 있다. 그리고 모든 음을 음절 단위로 나누어 표기하는 음절 표기 방식을 채택했다. 이런 일련의 행태는 우리가 언어를 얼마나 규격화하여 보았는지 보여 주는 증거라고 할 수 있다. 이런 사고방식은 전통적인 아날로그 방식에서 벗어나 디지털 방식으로 나아가는 강력한 욕망의 표시였다.

한글은 세계 문자 가운데에서 유례를 찾을 수 없을 정도로 디지털적 원리에 합당하게 만든 글자이다. 음을 자모로 구분하고, 말을 음절로 나누어 각 음절을 자음과 모음의 조합으로 표기하는 한글의 구성 원리는 참으로 놀랍도록 눈부시다. 오늘날 말을 기호화하는 데 한글보다 더 명확하고 정확한 글자가 없다는 사실은 이미 밝혀진 바 있다. 한글의 구성 원리는 다른 소리글자가 도저히 따라올 수 없는 차별성이 있는 것이 분명하다.

(4) 최고의 디지털 문자로

한글이 우리말의 특성에 잘 맞도록 음소문자로 창안된 것은 참으로 반가운 일이다. 그런데 잘 만든 음소문자를 세종께서는 음절을 표기하는 문자로 바꾸었다. 훈민정음

해례본에는 아래와 같은 선언이 실려 있다.

모든 글자는 초성과 중성과 종성이 합하여 이루어진다.

한글은 우리말의 각 낱말을 표기하는 데 주력한 것이 아니라 우리말의 음절을 표기하는 데 주력한 것이다. 이것이 알파벳 문자의 기능과 사뭇 다른 점이다. 세종은 왜 좋은 음소문자를 만들어 놓고도 이를 낱말 단위의 표기에 사용하지 않고 의미도 없는 음절을 표기하기 위해서 복잡한 부서법(附書法, 모아쓰기)을 채용했을까? 이를 두고 한편에서는 한자의 영향에서 벗어나지 못한 때문이라고 하기도 하고 다른 편에서는 우리의 언어 인식이 음절 단위로 이루어지고 있음을 증명하는 것이라고 하기도 한다.

생각해 보면 음소문자를 모아서 음절문자로 쓰는 것이 부담스럽기도 하거니와 모으는 과정에서 수많은 문제가 발생하기 때문에 비효율성이 두드러지는 면이 있다. 오늘날 우리가 어려움을 겪고 있는 맞춤법의 상당 부분이 음소문자를 음절문자로 바꾸는 과정에서 일어난다는 것을 생각하면 아쉬움을 느끼지 않을 수 없다.

다른 각도로 눈을 돌려 생각해 보면 음소문자는 지금처럼 모아쓰기에 적절한 글자라는 생각이 든다. 음소문자는 다른 음소문자에 기대어 써야 꼴이 안정되고 모아쓰기 방식을 취하지 않으면 수많은 문법 요소를 표기할 방법도 마땅치 않다. 어찌 보면 한글의 모아쓰기 방식은 어쩔 수 없는 선택이라는 생각이 든다.

그러나 이런 일련의 생각은 한글을 만든 우리의 생각을 모르고 하는 추론일 뿐이다. 음절 표기 방식은 말을 분석하는 우리 능력의 산물이었다. 우리는 말을 음절의 연속으로 보았다. 다시 말하면 말이 음절로 나뉜다는 것을 알았을 뿐 아니라 이것을 중요하게 여겼다는 점이다. 그래서 말이 어떻게 음절로 나뉘고 각 음절이 어떻게 각 음소로 나뉘는지 정확하게 표기하는 것이 한글을 만든 사람들의 목표였다. 말을 그림처럼 묘사할 수 있는 글자, 그것이 바로 한글인 셈이다. 말의 진행은 마치 아날로그 신호처럼 이루어져 있지만 그것을 디지털 형식으로 바꾸어 표현해 낸 최초의 글자가 한글인 셈이다. 서양 글자는 하나의 낱말 안에서는 음절 단위의 구분이 모호하다. 즉 아날로그 방식 표기를 채택했다고 볼 수 있다. 그러나 한글은 하나의 낱말 안에서도 각 음절이 뚜렷하게 구분되어 있고, 각 음절 안에는 자음과 모음이 뚜렷하게 조합되어 있다. 이것이 바로 한글의 디지털 방식 표기이다. 이렇게 음소문자를 음절문자로 씀으로써 한글은 세계 문자 가운데에서 가장 완벽한 디지털 방식의 문자가 되었다.

📌 **국어사전의 올림말 기준 고유어 통계 몇 가지**

아래 통계는 '흔국어 대사전'(남영신 편, 성안당 간행)의 올림말을 조사한 결과이다.

① 총 낱말 수 : 고유어 51,668개

② 총 음절 개수 : 1,593개

③ 낱말에 사용된 음절 총수 : 174,108개

④ 낱말별 평균 음절수 : 3.37개(51668÷1593)

⑤ 각 음절의 평균 사용 빈도수 : 110회(174108÷1593)

⑥ 자주 사용된 음절 10개(괄호 속의 숫자는 음절의 사용 빈도이다.)

하(6254회), 리(5924회), 이(5020회), 지(2803회), 거(2715회), 기(2547회), 나(1867회), 가(1785회), 무(1533회), 물(1437회), 치(1396회), 어(1388회), 아(1229회), 히(1213회), 바(1165회), 고(1156회), 그(1151회), 대(1151회), 다(1146회), 자(1106회)

정리

우리말은 교착어에 다음절어이다. 여기에 한글은 소리글자로서 음절문자이다. 말을 음절로 나누고, 음절을 음소로 나눈 디지털 글자에, 말을 의미 요소와 문법 요소로 나누어 사용하는 민족은 이 세상에 한국인밖에 없다. 우리는 말의 특징을 가장 효과적으로 이용하는 민족이다.

연습문제

정답은 www.barunmal.com의 "글세상"에 있습니다.

1. 아래 다음절어를 보면서 한글이 다음절어를 적는 데 어떤 유리한 점이 있는지 설명하라.

> | 예시 낱말 |
> (1) 물샐틈없이
> (2) 신행정수도이전특별조치법

2. 아래 밑줄 친 말에서 국어의 교착성이 어떻게 발휘되었는지 설명하라.

(1) 아이는 <u>집에서부터</u> 울기 시작했다.

(2) 사람을 <u>그렇게까지도</u> 무시할 수 있을까?

(3) 거기에 간 사람은 무척 <u>즐거웠겠더군요</u>.

우스개 이야기

맹구의 아버지가 맹구를 보면서 신세타령을 늘어놓았다.

아버지 : "영구 아버지는 아들한테서 벌써 안받고 사는데, 나는 이게 뭐야. 저걸 믿고 내가 어찌 살까."

맹구 : "아부지, 영구가 뭘 자기 아버지한테 드렸는데 영구 아버지가 안 받았어요? 영구 그놈은 저만 좋은 것 가지지요?"

아버지 : "뭐? 야, 이놈아. 안 받기는 뭘 안 받아. 영구는 벌써 제 아버지에게 안갚음을 시작했다니까?"

맹구 : "아부지, 영구 그놈 참 못됐지요. 아무리 화가 나도 자기 아부지한테 앙갚음을 하면 나쁘지요?"

아버지 : "야, 이 맹구야. 내 혈압 그만 올리고 저리 못 가?"

맹구 : "아부지, 저는 아부지께 앙갚음 안 할 테니 걱정 마셔요."

아버지 : "아이고, 내 신세야."

제 **20**일

가려거든 가라
(문장의 종류)

문장의 종류

　이제까지 문장의 구성 요소를 주성분과 부속 성분에 따라서 검토해 보았다. 하나의 문장 안에는 언제나 주성분이 있고 그 주성분 안에는 주어와 서술어가 하나씩 있었다. 그러나 우리가 사용하는 문장을 보면 하나의 문장 안에 몇 개의 주어와 서술어가 나타나는 경우가 많다. 주어와 서술어가 한 번 사용된 문장을 홑문장이라고 하고, 주어와 서술어가 두 번 이상 사용된 문장을 겹문장이라고 한다. 이제부터 겹문장에 대해서 살펴보자.

홑문장

　　㉮ 아이가 곤히 잠을 잔다.
　　㉯ 어머니가 어제보다 훨씬 더 많이 일했다.

　위 두 예문은 모두 주어와 서술어가 한 번 대응되므로 홑문장이다.

겹문장

　　㉮ 아이가 잠을 자는데, 파리가 아이 얼굴에 앉았다.
　　㉯ 내가 어제 본 영화를 그도 보았다.
　　㉰ 동생이 아버지께서 나를 부르신다고 말했다.

위 예문은 모두 주어와 서술어 관계가 두 번 나타났기 때문에 겹문장이다. 예문 ㉮에서는 '아이가 자는데'와 '파리가 앉았다'에서 주어와 서술어가 한 번씩 대응되었고, 예문 ㉯에서는 '내가 본'과 '그도 보았다'에서 두 번, 예문 ㉰에서는 '동생이 말했다'와 '아버지께서 부르신다고'에서 두 번 대응되었다. 이처럼 주어와 서술어 관계가 두 번 이상 나타난 문장을 겹문장이라고 한다. 한 문장 안에서 주어와 서술어 관계가 나타난 것을 절이라고 하므로 겹문장은 두 개 이상의 절로 이루어진 문장이라고 할 수 있다. 절의 성격에 따라서 겹문장을 두 가지로 나눌 수 있다. 절이 문장의 성분으로 포함되어 있으면 안은 문장, 절과 절이 나란히 연결되어 있으면 이어진 문장이라고 한다.

(1) 안은 문장

병아리를 암탉이 품고 있으면 겉으로 보기에 닭이 한 마리밖에 없는 것처럼 보이지만 자세히 보면 병아리가 암탉 품에 안겨 있는 것을 알 수 있다. 따라서 거기엔 닭이 두 마리 있는 것이다. 마찬가지로 안은 문장은 그 속에 새끼 문장을 안고 있기 때문에 하나의 문장처럼 보이지만 자세히 분석해 보면 두 문장으로 되어 있다는 것을 알 수 있다.

안은 문장이란 작은 문장을 포함하는 문장을 말하고, 안은 문장에 포함되어 있는 문장을 안긴 문장이라고 한다. 안긴 문장은 안은 문장의 한 성분 구실을 한다. 안긴 문장의 성분에 따라서 안은 문장을 몇 가지로 나눌 수 있다.

① 명사절을 안은 문장 : 안긴 문장이 명사절의 구실을 할 때 명사절로 안겼다고 하고, 그것을 안은 겹문장을 명사절을 안은 문장이라고 한다. 절의 서술어가 명사형 어미로 되어 있거나 '것, 바' 같은 의존명사를 이용해서 명사절을 만든 것이 특징이다.

㉮ 사람이 평생 지조를 지키며 살기가 무척 어렵다.
㉯ 그가 공무원이 되었음을 이제야 알았다.
㉰ 네가 본 바를 설명해라.
㉱ 요즘 사람들 살아가는 것이 참으로 고단하다.

예문 ㉮는 명사형 어미 '-기'를 이용해서 만든 명사절이 주어로 쓰인 것이고, 예문 ㉯는 명사형 어미 '-음/-ㅁ'을 이용해서 만든 명사절이 목적어로 쓰인 것이며, 예문 ㉰는 의존명사 '바'를 이용해서 만든 명사절이 문장의 목적어로 쓰인 것이고, 예문 ㉱는 의존명사 '것'을 이용해서 만든 명사절이 문장의 주어로 쓰인 것이다.

② 서술절을 안은 문장 : 안긴 문장이 서술절일 때 서술절로 안긴 문장이라고 하고, 이 절을 서술어로 삼고 있는 겹문장을 서술절을 안은 문장이라고 한다.

> ㉮ 영호는 <u>기분이 상쾌하다</u>.
> ㉯ 나는 <u>장미꽃이 좋다</u>.
> ㉰ 내 걱정은 <u>'누가 그 일을 할 것인가'</u>이다.

예문 ㉮의 주어는 '영호는'이고 서술어는 '기분이 상쾌하다'이다. 서술어가 주어와 서술어로 이루어진 절이다. 예문 ㉯는 주어가 '나는'이고 서술어는 '장미꽃이 좋다'이다. 역시 서술어가 주어와 서술어로 이루어진 절이다. 예문 ㉰는 서술어에 사용된 체언에 해당하는 부분이 절로 되어 있다. 절로 된 체언에 서술격조사가 붙어서 서술어가 된 형태이다. 이처럼 주어와 서술어로 이루어진 절이 문장의 서술어로 사용된 것을 서술절이라고 한다. 서술절을 가진 문장이 있다는 것은 국어 문장 구성의 한 특징이라고 할 만하다.

③ 관형절을 안은 문장 : 안긴 문장이 관형절일 때 관형절로 안긴 문장이라고 하고, 이 절을 관형절로 안고 있는 겹문장을 관형절을 안은 문장이라고 한다. 관형절은 절의 서술어에 관형사형 어미가 붙어 있는 것을 가리킨다.

> ㉮ <u>우리가 사는</u> 동네는 등촌동이다.
> ㉯ 그는 <u>동생이 숨겨 놓은</u> 돈을 찾아냈다.
> ㉰ <u>우리끼리 한</u> 이야기를 누가 엿들었다.

위 예문에서 밑줄 친 부분을 보면 관형사형 어미 '-는, -은, -ㄴ'을 이용해서 관형절을 만들어 '동네, 돈, 이야기'를 꾸미는 관형어로 쓴 것을 볼 수 있다.

④ 부사절을 안은 문장 : 안긴 문장이 부사절일 때 부사절로 안긴 문장이라고 하고, 이 절을 부사절로 안고 있는 겹문장을 부사절을 안은 문장이라고 한다. 부사절은 절의 서술어가 부사로 전성되었을 때에 형성된다.

> ㉮ <u>내가 걱정한 바와 같이</u> 큰 사고가 일어났다.
> ㉯ 홍수로 모든 세간이 <u>흔적도 없이</u> 사라졌다.
> ㉰ <u>나의 예상과 다르게</u> 야당이 승리했다.

예문 ㉮는 '걱정한 바와 같이'가 부사절이고, 예문 ㉯에서는 '흔적도 없이'가 부사절이며, 예문 ㉰에서는 '나의 예상과 다르게'가 부사절이다.

⑤ **인용절을 안은 문장** : 인용문이 다른 절의 한 성분으로 안긴 경우에 이것을 인용절로 안긴 문장이라고 하고, 인용절을 한 성분으로 삼고 있는 겹문장을 인용절을 안은 문장이라고 한다. 인용절은 간접 인용절과 직접 인용절이 있는데 이들의 문장 성분은 부사절이다. 따라서 이들은 부사절로 안긴 문장의 일종이다.

> ㉮ 신문들은 <u>정부가 잘못했다고</u> 비난했다.
> ㉯ 한 신문은 <u>"정부의 책임이 크다."라고</u> 비난했다.

　예문 ㉮가 간접 인용절을 안은 문장이고, 예문 ㉯가 직접 인용절을 안은 문장이다. 직접 인용절에 사용되는 인용 조사는 '라고'임을 잊지 말기 바란다. 이것을 직접 인용절 안에 있는 종결어미 '-다'와 연결하여 '고'만 쓰는 것은 잘못이다. 인용 조사를 쓰지 않고 '하고'라는 구문을 쓰는 것은 문제가 되지 않는다. '라고 하고'에서 인용 조사 '라고'를 생략한 것이기 때문이다.

📌 인용문 작성법

① **직접 인용문** : 인용하고자 하는 말을 그대로 옮기되 옮긴 부분의 앞뒤에 큰따옴표를 붙이고, 인용 조사 '라고' 또는 '이라고'를 붙인다. 직접 한 말을 인용하지 않고, 생각을 인용할 때에는 작은따옴표를 붙이되 인용 조사는 마찬가지로 '라고' 또는 '이라고'를 붙인다.

* 아이가 "불이 났어요."라고 외쳤다.
* 대통령이 "제가 국민 여러분께 간곡히 부탁드립니다."라고 말했다.
* 그는 '내가 하면 문제가 없겠지.'라는 생각을 했던 것이 틀림없다.
* 속담에 '아는 것이 힘'이라고 했다.

② **간접 인용문** : 인용하고자 하는 말을 자기 말로 바꿔 표현한다. 이 경우에는 인용 어미 '-다고', '-자고', '-라고'를 사용하여 인용한다. 만일 인용 부분이 관형사형 어미를 취한다면 '-다는', '-라는'처럼 바꿔야 한다.

* 아이가 자기가 불을 냈다고 고백했다.
* 대통령이 국민께 간곡히 부탁한다고 말했다.
* 그는 자기가 하면 문제가 없을 것이라는 생각을 했던 것이 틀림없다.
* 속담에 아는 것이 힘이라고 했다.

(2) 이어진 문장

병아리가 암탉의 품에서 나와 어미와 함께 다니면 우리는 닭이 둘이라는 사실을 금방 알 수 있다. 이어진 문장도 절과 절이 병렬적으로 나열되어 있기 때문에 두 개의 절로 이루어져 있음을 금방 알 수 있다.

이어진 문장은 다시 두 종류로 나눈다. 마치 암탉의 보호를 받아야 하는 병아리처럼 한 문장이 다른 문장에 종속된 상태로 이어진 경우와 병아리가 다 자라서 암탉과 대등하게 된 것처럼 두 절이 대등하게 이어진 경우가 있다. 한 문장이 다른 문장에 종속되어 있는 상태로 이어진 문장을 종속적으로 이어진 문장이라고 하고, 서로 독립적으로 이어진 문장을 대등하게 이어진 문장이라고 한다.

① 종속적으로 이어진 문장 : 앞 절이 뒤 절의 이유, 근거, 전제, 조건 등으로 이어져 있어서 두 문장을 떼어 놓을 수 없게 되어 있는 이어진 문장이다. 이 경우에 앞 절을 종속절, 뒤 절을 주절이라고 한다. 비록 두 절이 나뉘어 있지만 의미로 보면 종속절은 주절의 부사절 기능을 한다.

      ㉮ 날씨가 더우니 해수욕장에 가자. (이유)

      ㉯ 비가 오면 날씨가 추워진다. (전제)

      ㉰ 네가 간다면 나도 가겠다. (조건)

      ㉱ 그가 온다고 해서 우리가 마중을 나왔지. (근거)

      ㉲ 나를 만나더라도 알은척하지 말게. (양보)

      ㉳ 기차가 떠나자 마중 나갔던 사람들이 돌아왔다. (선후 관계)

      ㉴ 돌이켜 생각해 보니 잘못은 우리에게 있더구나. (유도)

종속적으로 이어진 문장을 만들 때에는 종속절과 주절 사이에 논리적인 인과관계가 확실하게 이루어지도록 두 절을 구성하고 적절한 연결 어미로 두 절을 연결해야 한다. 예문 ㉮를 '날씨가 더우면 해수욕장에 가자.'로 고치면 어떤 차이가 나는지 생각해 보자. 조건을 제시한 느낌을 받을 것이다. 그러나 이 문장을 '날씨가 덥더라도 해수욕장에 가자.'라고 고치면 이상한 문장이 된다. 이에 비해서 예문 ㉲는 정상적으로 이해된다. 이는 종속절에 사용되는 어미가 종속절과 주절 사이의 의미 관계를 제대로 이어주는 경우와 그렇지 못하는 경우가 있기 때문이다. 따라서 어미의 기능을 정확하게 이해하지 못하면 종속적으로 이어진 문장을 구성하는 데 상당한 어려움을 겪게 될 것이다.

② 대등하게 이어진 문장 : 두 절이 서로 영향을 주지 않고 독립적으로 이어져 있는 문장을 대등하게 이어진 문장이라고 한다. 어느 한 절을 없애더라도 다른 절 혼자 문장으로서 완전하다. 이런 경우 두 절을 대등절이라고 한다.

   ㉮ 해가 지고 달이 떴다. (시간적 나열)

   ㉯ 아이가 울며 밥을 먹는다. (동시 동작)

   ㉰ 이것은 과일이요, 저것은 사탕이다. (공간적 나열)

   ㉱ 인생은 짧으나 예술은 길다. (대조)

   ㉲ 서울은 인구가 많고 건물도 많다. (내포적 나열)

   ㉳ 내가 죽든지 네가 죽든지. (선택)

  대등적 연결 어미로 사용되는 것에는 '-고, -나(/-으나), -며(/-으며), -든지' 따위가 있다. 경우에 따라서는 두 절이 대등하게 이어졌는지 종속적으로 이어졌는지 분간하기 어려운 경우가 있다. 우리가 구태여 두 경우를 구별하는 이유는 문장이 논리적으로 호응하도록 구성하는 데 있기 때문에 호응 관계에 영향을 미치는 결합은 대체로 종속으로 이어진 관계라고 보고, 두 문장 사이에 호응 관계가 없으면 대등하게 이어진 관계라고 보면 된다.

  대조적 의미로 두 문장을 대등하게 이을 때에 두 문장의 주어에는 보조사 '는(/은)'이 주격조사로 쓰임을 기억하기 바란다. '는(/은)'은 이 기능을 구현하기 위해서 특별히 마련한 조사이다.

③ 이어진 문장의 연결 어미와 접속부사 : 이어진 문장은 쉽게 두 문장으로 나눌 수 있다. 이때 독립한 두 문장은 접속부사로 연결할 수 있는데 접속부사는 연결 어미의 기능을 그대로 담은 것이다. 아래 이어진 문장을 두 개의 홑문장으로 나누어 보자. 괄호 안에 있는 접속부사가 두 홑문장을 이어주는 데 사용될 것이다.

   ㉮ 산은 높고 골은 깊다. (그리고)

   ㉯ 사람들이 울며 박달재를 넘는다. (그러면서)

   ㉰ 그는 힘은 있으나 지혜가 부족하다. (그러나)

   ㉱ 길이 좀 미끄럽지만 달리기엔 퍽 좋다. (그렇지만)

   ㉲ 날씨가 추우니 빨리 들어가자. (그러니)

   ㉳ 봄이 오면 꽃이 만발한다. (그러면)

㉔ 나를 보자 무척 반가워했다. (그러자)

예문 ㉠는 '산은 높다. 그리고 골은 깊다.'로 나눌 수 있고, 예문 ㉡는 '사람들이 운다. 그러면서 박달재를 넘는다.'로 나눌 수 있다. 이처럼 모든 이어진 문장은 접속부사를 이용해서 두 문장으로 나눌 수 있는 특징이 있다.

④ **겹문장의 주어와 서술어 호응** : 겹문장은 주어와 서술어가 한 짝으로 두 번 이상 나타나는 것이므로 어느 주어와 어느 서술어가 한 짝이 되어 있는지 명확하게 나타나야 한다. 경우에 따라서는 같은 주어가 두 서술어와 짝이 될 수 있고, 한 서술어가 두 주어와 짝을 이룰 수 있으나, 어느 경우이든 주어와 서술어 관계가 명료하게 구성되어야 한다.

㉠ 그는 (여자 친구가) 좋아하는 것이면 무조건 산다.
㉡ 사랑은 눈물의 씨앗이 아니라 (사랑은) 웃음의 씨앗이다.

예문 ㉠는 '그는 산다'와 '여자 친구가 좋아하는'이 한 짝을 이루어 만들어진 겹문장(안은 문장)이다. 여기서 '여자 친구가'를 생략하면 '그는 좋아하는 것이면 무조건 산다.'가 되어 말하는 사람의 본래 뜻을 전혀 반영하지 못하고 만다. 따라서 겹문장에서는 주어와 서술어를 명쾌하게 호응시키는 것이 무엇보다도 중요하다.

반면에 예문 ㉡는 하나의 주어가 두 서술어와 짝을 이루고 있기 때문에 뒤 서술어의 주어를 생략해도 문제가 되지 않는다.

겹문장에는 안긴 문장이 둘 이상 있을 수 있고, 이어진 문장도 종속적으로 이어진 문장 뒤에 다시 대등하게 이어진 문장이 나타날 수도 있다. 이런 복잡한 문장일수록 주어와 서술어의 호응에 신경을 써야 한다. 아래 문장을 검토하고 문제점을 찾아 보자.

박 씨는 지난 29일 새벽 자신의 집에서 잠을 자던 중 목이 말라 냉장고 위에 있던 제초제를 음료수로 착각해 마셨다가 쓰러져 병원으로 옮겼으나 하루 만에 숨졌다.

위 문장은 안은 문장과 종속적으로 이어진 문장 뒤에 이어진 문장이 연속적으로 나오는 겹문장이다. 무심히 이 글을 읽으면 아무 문제가 없어 보이지만 주어와 서술어의 호응 관계에 유념하여 읽어 보면 글을 쓴 사람이 혼란을 겪은 부분을 찾아낼 수 있다. 이 문장은 모든 서술어가 주어 '박 씨'와 결합하고 있다. 그런데 유일하게 '옮겼으나'만 주어의 행동이 아니다. 따라서 이 부분을 주어의 행동으로 바꿔야 한다. 그러지 않으려면 '옮겼으나'의 주어를 제시해야 할 것이다.

⑤ **문장 능력은 이어진 문장 구성 능력** : 흔히 글을 잘 쓴다는 말을 하는데, 이는 이어진 문장을 구성하는 능력이 뛰어나다는 뜻과 같다. 이어진 문장은 종속절과 주절의 주어·서술어의 호응, 종속절과 주절 사이의 인과관계, 두 대등절 사이의 대비 또는 나열의 적절성 등을 확보하여 글을 읽는 사람이 그 뜻을 명확하게 이해할 수 있다. 이어진 문장을 잘 구성하려면 다음 세 가지에 유의하여야 한다.

㉠ 두 절의 주어가 같은가 다른가?

　＊ 형이 달려가는데 동생이 갑자기 넘어졌다.
　＊ 형이 달려가다가 길모퉁이에서 동생을 만났다.

이어진 두 문장의 주어가 같으면 어느 하나를 생략해도 좋다. 그러나 다르면 주어를 생략하지 말아야 한다.

㉡ 두 절의 서술어의 품사가 같은가 다른가?

　＊ 그가 웃으니 나도 얼굴을 폈다.
　＊ 은희가 돌아오니 어머니의 얼굴이 밝다. (×)

이어진 두 문장의 서술어 품사를 일치시키는 것이 좋다. 앞 문장의 서술어가 동사인데 뒤 문장의 서술어가 형용사이거나 체언 서술어이면 이어진 문장의 구성이 짜임새를 잃는다.

㉢ 연결 어미의 기능과 두 문장의 인과관계가 일치하는가?

　＊ 내일이라도 비가 온다면 모내기를 할 수 있을 것 같다.
　＊ 비가 너무 많이 내려서 저수지마다 물이 가득 실렸다.

연결 어미에는 각각의 고유 기능이 있다. 예컨대 '-면'은 조건, '-니'는 이유, '-어서'는 결과를 나타내는 것과 같다. 이런 연결 어미와 어울리려면 앞 문장과 뒤 문장 사이에는 연결 어미의 기능을 그대로 받아들일 수 있도록 의미가 연결되어야 한다. 그렇지 않으면 앞뒤 문장이 논리적으로 호응하지 않는다는 평가를 받는다.

연습^문제

정답은 www.barunmal.com 의 "글세상"에 있습니다.

1. 아래 두 문장을 겹문장으로 만들어라.
   (1) 이 꽃은 참 아름답다. 꽃에 향기가 없다.
   (2) 한국 팀이 이집트 팀에 졌다. 일본 팀이 중국 팀을 이겼다.
   (3) 쓰레기 메일이 하루에 수백 통씩 온다. 나는 머리가 아팠다.
   (4) 비가 억수로 쏟아진다. 우리는 강을 건너야 한다.

2. 아래 두 문장을 안은문장으로 만들라.
   (1) 울릉도 동남쪽으로 92km 떨어진 곳에 독도가 있다. 독도는 한국의 가장 동쪽에 있는 섬이다.
   (2) 독도의 넓이는 160,000㎡쯤 된다. 동도는 최고 높이 99.4미터에 넓이 64,800㎡이고, 서도는 최고 높이 174미터에 넓이 95,400㎡이다.
   (3) 동도와 서도 사이에는 수로가 있다. 수로의 길이는 330미터, 폭은 110~160미터쯤 된다.
   (4) 한국은 1954년에 동도에 등대를 세웠다. 한국은 독도 주변의 수자원을 관리하고 있다.

3. 다음에 제시한 어미를 이용해서 이어진 문장을 만들라.
   (1) -라면   (2) -더라도   (3) -자   (4) -지만

4. 다음 인용문의 잘못을 찾아 바로잡으라.

> 이건희 삼성 회장은 4일 고려대 명예박사 학위수여식 파행사태와 관련 "내 부덕의 소치"라고 말했다. 이 회장은 어윤대 고려대 총장의 사과편지에 대해 이같이 밝히며 미안함을 전한 뒤, "20대의 청년기에 사회 현실에 애정을 갖고 참여하는 것은 자연스러운 일로 이번 사건 역시 우리 사회가 한 단계 더 발전하기 위한 진통의 과정으로 볼 수 있다"이라며 "좀 더 큰 틀에서 대범하게 바라보자."고 말했다고 삼성그룹 구조조정본부 이순동 부사장이 전했다.
> 이 회장은 "학생들의 의사 표현 방식이 다소 과격한 점이 있더라도 젊은 사람들의 열정으로 이해한다."며 "학생들도 이번 일을 기회로 삼아 좀 더 폭넓게 생각하고 다양하게 사고해서 앞으로 훌륭한 인재로 커가기를 바란다."고도 말했다.

제21일

할아버지, 건강하세요
(서법, 부정법)

어떤 책의 제목이 '나도 당당한 여성이고 싶다.'라고 되어 있었다. '나도 당당한 여성이다.'라고 말하는 것은 아무 문제가 없는데 '여성이고 싶다'라고 하니 어색한 표현이 되는 것 같다. 왜 그럴까? 그 이유는 '-고 싶다'라는 구문에 숨어 있다. 이 구문은 어떤 동작을 하겠다는 욕망이 솟구칠 때에 사용하는 말이다. '먹고 싶다', '보고 싶다', '가고 싶다' 등처럼 어미 '-고' 앞에는 동사 어간이 와야 한다. 그런데 '여성이고 싶다'는 '여성이다' 곧 체언 서술어가 왔다. 체언 서술어에는 동작이 전혀 포함되어 있지 않다. 그래서 '여성이고 싶다'는 신선한 느낌은 줄지 모르나 부자연스러운 표현이다. 비슷한 표현으로 어떤 동작을 명하거나 청하는 경우에 서술어로 형용사나 체언 서술어가 오면 아주 고약한 문장이 되고 만다.

* 너도 적극적이어라.
* 너도 예뻐라.
* 우리도 기쁩시다.
* 부디 당당한 여성이십시오.

이런 표현이 어색하게 들리는 것은 국어가 동사와 형용사에 서법상의 제약을 두고 있기 때문이다.

서법

서법(敍法)이란 말하는 사람의 심적 태도를 나타내는 표현법을 가리키는 말로서 서술어의 종결 어미 형태로 나타낸다. 평범하게 자기 생각을 설명하듯이 나타내는 경우와, 상대에게 묻는 경우, 상대에게 지시하는 경우, 상대에게 청하는 경우, 혼자 자기에게 말하듯이 말하는 경우 등 의미가 같은 말을 다양한 방법으로 할 수 있는데 이런 표현법을 서법이라고 한다.

(1) 서법의 종류

국어에서 인정하는 서법에는 평서법, 의문법, 감탄법, 명령법, 청유법의 다섯 가지가 있다. 학자에 따라서는 약속법을 별도로 설명하기도 한다. 각 서법에는 높임이 필수적으로 들어가는데 높임법과 관련해서는 별도로 설명할 것이다.

① 평서법 : 설명법이라고도 하는 표현법으로 내용을 객관적으로 풀어 설명하는 방법을 가리킨다. 대체로 평서형 종결어미 '-습니다, -ㅂ니다, -ㄴ다, -오' 등을 사용한다.

> **반어 의문문 또는 수사 의문문**
> 형식적으로는 의문을 나타내지만 실제로는 화자의 강력한 긍정 의사를 표현하는 의문문이 있다. 아래의 의문문이 그런 것이다.
> * 아무려면 내가 너 하나 당하지 <u>못할까?</u>
> * 젊은 내가 나라를 위해 할 일이 <u>없을쏘냐?</u>
> 위 의문문은 누구의 대답을 필요로 하지 않는다. 화자가 자신에게 묻는 표현이라고 할 수도 있으나 그보다는 물음의 형식을 빌려서 자신의 강력한 긍정 의사를 표현하고 있다고 보아야 한다. 이런 의문문을 반어(反語) 의문문 또는 수사(修辭) 의문문이라고 한다.

> ㉮ 꽃이 예쁘다./예쁩니다./예쁘오.
> ㉯ 하늘이 맑다./맑습니다./맑으오./맑소.
> ㉰ 바람이 분다./붑니다./부오.
> ㉱ 집을 짓는다./짓습니다./지으오./짓소.

평서형에 쓰이는 종결 어미는 형용사와 동사에 따라서 달라지기도 하고, 활용법과 높임법에 따라서 달라지는 데 유념해야 한다.

② 의문법 : 상대에게 물음을 나타내는 표현법을 가리킨다. 대체로 의문형 종결어미 '-느냐, -ㄴ가, -ㄹ까, -습니까, -ㅂ니까, -니, -오' 등을 사용한다.

> ㉮ 아이가 학교에 간다.

　　　　-아이가 학교에 가느냐?/가니?/갑니까?/가오?/가는가?/갈까?

　㉯ 날씨가 무척 덥습니다.

　　　　-날씨가 무척 덥니?/덥냐?/덥습니까?/더우오?/덥소?/더운가?/더울까?

　㉰ 그가 나를 돕는다.

　　　　-누가 나를 돕니?/돕느냐?/돕습니까?/돕소?/도우오?/도울까?/돕는가?

　㉱ 지금 가겠다.

　　　　-언제가니?/가느냐?/갑니까?/가오?/갈래?

　국어에서 의문법은 평서법의 서술형 어미를 의문형 어미로 바꾸기만 하면 된다. 즉 어순의 변화가 일어나지 않는다. 의문형 어미가 활용법과 높임법에 따라서 다양하게 바뀌는 점에 주의해야 한다.

③ **감탄법** : 상대를 거의 의식하지 않고 독백하듯이 자기의 감정을 나타내는 표현법을 가리킨다. 대체로 감탄형 종결어미 '-구나, -도다' 등을 사용한다.

　㉮ 꽃이 참 아름답다.

　　　　-꽃이 참 아름답구나./아름답도다./아름다워라.

　㉯ 세월이 무척 빨리 흐른다.

　　　　-세월이 무척 빨리 흐르는구나./흐르는도다.

　'-구나'는 형용사에만 쓰이고, 동사에는 '-는구나'가 쓰이는 것에 주의해야 한다.

④ **명령법** : 상대에게 지시하는 뜻을 나타내는 표현법을 가리킨다. 대체로 명령형 종결어미 '-어라, -게, -오' 등을 사용한다.

　㉮ 빨리 학교에 가라./가거라./가게./가오./가시오./가십시오.

　㉯ 어서 이리 와라./오너라./오게/오오./오시오./오십시오.

　㉰ 이걸 좀 썰어라./썰게./써오./써시오./써십시오.

　㉱ 나를 좀 도와라./돕게./도우오./도우시오./도우십시오.

　㉲ 어서 일을 하여라./해라./하게./하오./하시오./하십시오.

　명령형 종결 어미로는 '-소'가 쓰이지 않는다. 즉 '가오, 오오, 써오, 도우오' 대신에 '가소, 오소, 써소, 돕소'를 쓸 수 없다. 비표준어이기 때문이다. 그러나 평서형 종결 어미로는 '-소'가 경우에 따라서 '-오'와 함께 쓰인다.

　위에 예시한 명령법은 직접 상대를 대면한 상태에서 사용하는 어법이다. 그러나 때로는 상대를 대면하지 않고 글로 지시하는 경우도 있다. 이런 경우에는 '-어라'나 '-아라'를 쓸 자리에 아래와 같이 '-라'나 '-으라'를 쓸 수 있다.

   ⓑ 아는 대로 <u>적으라</u>.
   ⓢ 맞는 번호에 동그라미표를 <u>하라</u>.

⑤ **청유법** : 상대에게 요청하는 뜻을 나타내는 표현법을 가리킨다. 대체로 청유형 종결어미 '-자, -세, -자꾸나, -ㅂ(/읍)시다' 등을 사용한다.

   ㉮ 어서 먹자./먹세./먹자꾸나./먹읍시다.
   ㉯ 정성껏 빌자./비세./빌자꾸나./빕시다.
   ㉰ 신나게 놀자./노세./놀자꾸나./놉시다.
   ㉱ 우리가 그들을 돕자./돕세./돕자꾸나./도웁시다.
   ㉲ 천천히 걷자./걷세./걷자꾸나./걸읍시다.

'-세'를 붙일 경우에 어간의 변화에 주의해야 한다. 어간의 'ㄹ'이 탈락하고, '돕다, 걷다'가 '도우세, 걸으세'처럼 활용하지 않고 '돕세, 걷세'로 활용함에도 주의해야 한다.

⑥ **약속법** : 상대의 청유에 대하여 그것을 수용하는 의미로 자기 의지를 표현하는 서법인데, 종결 어미로 '-마'를 쓴다. '-마'는 오직 낮춤 표현에만 사용되며 이것 외에는 종결 어미로 약속을 나타내는 것이 없기 때문에 약속법을 구별하지 않는 것이 보통이다.

   ㉮ 우리가 여기서 사마. (살다)
   ㉯ 내가 수레를 *끄마*. (끌다)
   ㉰ 즉시 소금을 구우마. (굽다)
   ㉱ 내가 그에게 물으마. (묻다)
   ㉲ 이따가 쓰레기를 주우마. (줍다)

(2) 서법의 제약

서법에 따라서 주어나 서술어 또는 시제의 제약을 받는 경우가 있다. 우리가 다음의 문장이 모두 비정상적이라고 생각하는 이유는 서법에 따른 제약을 지키지 않았기 때문이다. 어떤 제약이 있는지 알아보자.

① 주어 제약 : 서법에 따라서는 특정 대명사를 거부하기도 한다.

> ㉮ <u>나는</u> 저리 <u>가라</u>.
> ㉯ <u>너희가</u> 이리 <u>오마</u>.
> ㉰ <u>그들이</u> 함께 <u>공부하자</u>.

　명령법의 주어로 일인칭과 삼인칭 대명사가 올 수 없다는 것을 알 수 있다. 이것은 명령이 상대에게 하는 어법이기 때문이다. 예문 ㉯처럼 약속법의 주어로 이인칭이나 삼인칭 대명사가 올 수 없다. 예문 ㉰처럼 청유법의 주어로 삼인칭 대명사가 올 수 없다. 서법에 따라서 특정 인칭 대명사가 주어로 사용될 수 없는 것을 주어 제약이라고 한다.

② 서술어 제약 : 형용사와 체언 서술어에는 명령형과 청유형을 사용할 수 없다.

> ㉮ 할아버지, <u>기쁘십시오</u>.
> ㉯ 우리 모두 얼굴이 <u>예쁘자</u>.
> ㉰ 우리 멋진 <u>한국인입시다</u>.

　예문 ㉮처럼 명령법의 서술어로 형용사가 올 수 없다. 체언 서술어도 명령법의 서술어가 될 수 없다('너는 학생이어라'). 예문 ㉯, ㉰처럼 청유법의 서술어로 형용사와 체언 서술어가 올 수 없다. 요즘 인사말로 '건강하십시오.', '행복하십시오.', '침착하세요.'라는 말을 하는데, 이는 명령법과 청유법에서는 형용사를 쓸 수 없다는 제약을 어긴 것으로서 부적절한 인사법이다. 그런데 '행복하십시오.'와 '아름다우십시오'를 비교하면 전자는 써도 될 것 같지만 후자는 전혀 말이 되지 않음을 명확하게 알 수 있다. 이로써 형용사라도 명령법과 청유법의 제약을 철저히 받는 것과 조금 느슨하게 받는 것이 있음을 알 수 있다.

형용사의 서술어 제약 뛰어넘기

　형용사를 명령형으로 쓰는 게 불가능하다고 믿고 있는데도 많은 사람이 아래와 같은 인사를 한다.

* 애야, 너는 꼭 행복해야 한다.

* 조국이여, 영원하라.

* 적을 공격할 때에는 과감하라.

모두 형용사에 명령형 어미를 사용한 점을 알 수 있다. 우리는 일반적으로 이를 잘못된 어법이라고 배격한다. 그렇다고 이를 '건강히 지내세요.' 라고 하거나, '행복하게 살아야 한다.', '영원히 존속하라.' 라는 식으로 쓰는 것은 뭔가 맥이 빠지는 느낌을 준다. 여기서 우리는 각 형용사의 특성에 맞추어 문제를 풀어 나갈 필요를 느낀다. 즉 형용사라고 해도 순수한 형용사와 동사적 특성이 있는 형용사가 있다는 것을 인정할 필요가 있는 것 같다. '용감하다'는 현재 상태가 그렇다는 말인데 '용감해라' 라고 하면 용감히 어떤 일에 임하라는 의미를 나타낼 수 있다. 이런 형용사는 특별한 상황에서 동사처럼 쓰일 수 있다고 인정하는 것이 좋겠다. 즉 '건강하세요, 행복해라, 영원하라, 과감하라' 같은 표현은 특정 형용사의 예외적인 용법으로 인정할 필요가 있지 않을까. 형용사의 명령형을 모두 거부할 것이 아니라, 특수한 상황에서 특수한 의미를 나타낼 수 있도록 허용할 가치가 있는 것이 있을 것 같은데 여러분의 생각은 어떤지 궁금하다.

부정법

보통 문장의 서술어를 부정하는 문장을 부정문이라고 하고 부정문을 만드는 방법을 부정법이라고 한다. 부정문은 보통 '아니, 안, 못' 등 부정 부사를 사용해서 서술어를 부정하거나 '아니하다, 못하다, 말다' 등의 보조 용언을 써서 본용언을 부정하는 방법으로 만들어진다.

(1) 동사 서술어를 부정하는 구문

동사 서술어를 부정할 때에는 부정 부사 '아니, 안, 못'을 다양하게 사용할 수 있고, 통사적 부정법인 '-지 않다'도 폭넓게 사용할 수 있다. 다만 명령법, 청유법에서는 약간 제약이 있다.

㉮ 우리는 극장에 안 갔다. (○) / 그들도 극장에 못 갔다. (○)

㉯ 그가 극장에 안 갔니? (○) / 너도 극장에 못 갔니? (○)

㉰ 절대 그런 짓은 안 하마. (○) / 절대 그런 짓은 못 하마. (×)

㉛ 그런 짓은 절대 안 해라. (×) / 그런 짓은 절대 하지 마라. (○)

㉜ 그런 일은 안 하자. (×) / 그런 일은 하지 말자. (○)

예문 ㉮의 평서문과 예문 ㉯의 의문문은 부정 부사 '안/아니'와 '못'을 사용하여 부정문을 만들 수 있다. '안/아니'는 의지를 가지고 서술어를 부정하는 데 쓰이고, '못'은 능력이나 여건 때문에 서술어를 부정할 수밖에 없는 경우에 쓰인다. 예문 ㉰처럼 약속문에서는 '못'이 쓰이지 않는다. 약속문은 의지의 표현이 나타나는 문장이기 때문이다.

예문 ㉛와 ㉜처럼 명령문과 청유문에서는 '안/아니'와 '못'이 쓰이지 않는다. 그 대신 '-지 말다' 구문을 사용하여 서술어를 부정할 수 있다. 이처럼 부정 부사를 쓰지 않고 보조용언을 써서 본용언을 부정하는 것을 통사적 부정법이라고 한다. '-지 말다'를 활용할 때에 'ㄹ'이 탈락하는 경우가 있다. '-지 마라', '-지 마오', '-지 마세요', '-지 맙시다' 등의 경우가 'ㄹ'이 생략된 예이다.

① '-지 않다/아니하다'와 '-지 못하다' : '안/아니'와 '못'을 써서 부정문을 만들 수 있으면 통사적 부정법을 사용하여 '-지 않다'와 '-지 못하다'의 구문으로도 부정문을 만들 수 있다. 다만 쓰임새가 조금 다르다. '-지 않다'는 사실 관계나 의지의 작용이 있을 때에 쓰이고, '-지 못하다'는 특별한 사정 때문에 불가능하게 되었음을 나타낼 때에 쓰인다.

　㉮ 우리는 극장에 가지 않았다./ 우리는 극장에 가지 못했다.

　㉯ 그가 극장에 가지 않았니?/ 그가 극장에 가지 못했니?

위의 예에서처럼 '않았다'를 '아니했다'로, '않았니'를 '아니했니'로 바꿔 쓸 수 있다. '않-'은 '아니하-'의 준말이기 때문이다.

② '-지 아니하다'의 품사 : '아니하다'는 동사와 형용사 어느 쪽으로도 쓰이므로 경우에 따라서는 동사인지 형용사인지 분간하기 어려울 때가 있다. 동사인 경우와 형용사인 경우에 붙이는 어미가 달라지기 때문에 이 낱말을 쓸 때에는 반드시 동사로 쓰였는지 형용사로 쓰였는지 구별해야 한다.

　㉮ 기차가 아직 도착하지 아니한다(/않는다).

　㉯ 아직 오지 아니한(/않은) 사람을 어떻게 믿어.

　㉰ 그의 얼굴은 별로 예쁘지 아니하다(/않다).

㉑ 좋지 아니한(/않은) 일로 자꾸 전화해서 미안하다.

예문 ㉮, ㉯는 '아니하다'가 동사로 쓰인 것이고, 예문 ㉰, ㉱는 형용사로 쓰인 것이다. 동사로 쓰였는지 형용사로 쓰였는지 분간하는 방법은 본용언이 동사인지 형용사인지 보면 된다. 예문 ㉮, ㉯의 본용언은 각각 '도착하다, 오다'이므로 동사이고, 예문 ㉰, ㉱의 본용언은 각각 '예쁘다, 좋다'이므로 형용사이다.

이런 원칙을 세워 놓더라도 의문이 다 풀리는 것은 아니다. 아래 경우에 '아니하다'가 동사인지 형용사인지 헷갈리는 것이 보통이다.

㉲ 하늘이 흐려지고 있지 아니하다(/않다).

㉳ 꽃에 향기가 나고 있지 아니하다(/않다).

㉴ 그는 자고 있지 아니하다(/않다).

위의 세 문장은 모두 동사를 부정하므로 '아니한다'가 맞아야 한다. 그러나 '-고 있다'가 동작을 나타내는 것이 아니라 동작상(動作相)을 나타내기 때문에 '아니한다'를 사용하기 어렵다. 그래서 '아니하다'와 이를 줄인 '않다'를 쓴다.

(2) 형용사 서술어를 부정하는 구문

형용사 서술어를 부정하는 부사로 '안/아니'를 쓴다. '못'은 쓰이지 않는다. 형용사는 의지에 따라서 바뀌는 특성이 없기 때문이다. 그러나 통사적 부정법에서는 '-지 않다/아니하다'와 '-지 못하다'가 모두 가능하다. '-지 않다/아니하다'는 일반적인 상태의 부정 표현이고, '-지 못하다'는 소망에 대한 반감이 가미된 부정 표현이다.

㉮ 낯빛이 안 좋다./ 낯빛이 좋지 않다(/아니하다).

㉯ 몸이 안 아프니?/ 몸이 아프지 않으니(/아니하니)?

㉰ (×) 기분이 못 좋다./ (○) 기분이 좋지 못하다(/못하니?).

㉱ (×) 얼굴이 안/못 예뻐라./ (×) 얼굴이 예쁘지 마라.

㉲ (×) 우리 안/못 기쁘자./ (×) 우리 기쁘지 못하자(/말자).

형용사 서술어에서는 명령형이나 청유형 문장을 쓰지 않기 때문에 예문 ㉱, ㉲에서 보는 것처럼 '안/아니', '못'으로 부정문을 만들 수 없을 뿐 아니라, '-지 않다/아니하다'나 '-지 말다' 같은 통사적 방법으로도 부정문을 만들 수 없다. 이는 형용사의 특성에 기인하는 것이다.

(3) 체언 서술어를 부정하는 구문

체언 서술어란 체언에 서술격조사 '이다'가 붙어 이루어진 서술어를 가리킨다. 이 서술어는 부정부사를 쓰거나 통사적 부정법을 써서 부정할 수 없다. 이 때에는 '이다'의 상대적 의미가 있는 부정 형용사 '아니다'를 사용해서 부정해야 한다.

㉮ 이것은 나무가 아니다. (○) / 이것은 나무이지 않다. (×)

㉯ 나는 책이 아니다. (○) / 이것은 책이지 않다. (×)

(4) 낱말의 일부 형태소만 부정하는 경우

복합어 가운데 결합 강도가 낮은 복합어를 부정할 때에는 부정 부사가 두 형태소 사이에 끼어듦으로써 부정을 하게 된다.

㉮ 아이가 참 착하군.

−아이가 별로 안 착하군.

㉯ 돈이 좀 필요한데요.

−돈이 별로 안 필요한데요.

㉰ 우리 산으로 나무하러 가자.

−난 나무 안 할래. (안 나무할래 × / 나무는 못 해 ○)

㉱ 아이가 열심히 공부한다.

−아이가 열심히 공부 안 한다. (안 공부한다 × / 공부를 못 한다 ○)

㉲ 피지 섬 구경했니?

−아니, 구경 안 했어. (안 구경했어 × / 구경을 못 했어 ○)

㉳ 어서 수금해야겠다.

−이제는 수금 안 해야겠다. (안 수금해야겠다 × / 수금을 못 하겠다 ○)

위의 예문 ㉮와 ㉯는 파생어 '착하다', '필요하다'를 부정하는 데 부정 부사 '안'을 앞에 두어서 정상적으로 부정문이 되었다. 그러나 예문 ㉰~㉳에서는 '나무하다', '공부하다', '구경하다', '수금하다' 같은 서술어를 부정하기 위해서 서술어 앞에 부정 부사 '안'이나 '못'을 붙일 수 없어서 명사와 '하다' 사이에 부정 부사를 놓았다. 이 때 '하다'는 목적어를 취하는 동사로서 명사와 결합하여 합성어가 된 것이다. 이런 경우에는 특별한 부정법을 사용한다는 것을 알 수 있다.

(5) 긍정문과 부정문의 의미 차이

이제까지 긍정문을 부정함으로써 긍정문의 의미를 반대로 만들었다. 그러나 어떤 경우에는 긍정문과 부정문 사이에 단순한 반대 의미를 보이지 않고 전혀 다른 의미가 나타남을 확인할 수 있다. 주로 비유적인 표현을 부정하거나 긍정하는 경우에 이런 의미 차이가 생긴다.

① 주로 긍정문으로 쓰이는 문장

㉮ 나잇살이나 먹은 사람이 그런 말을 해?

　－나잇살도 안/못 먹은 사람이 그런 말을 해?

㉯ 슬그머니 화가 고개를 숙이더군.

　－화가 고개를 안/못 숙이더군.

㉰ 비가 물 퍼붓듯 한다.

　－비가 물 안 퍼붓듯 한다.

㉱ 그 술집에서 바가지를 썼다.

　－그 술집에서 바가지를 안/못 썼다.

㉲ 그들은 찬성한다고 입을 모았다.

　－그들은 찬성한다고 입을 안 모았다.

㉳ 절에 간 색시처럼 행동한다.

　－절에 안 간 색시처럼 행동한다.

위 예문 ㉮~㉳를 부정한 문장을 보면 긍정문에서 보인 비유적 표현이 사라지고 낱말 원래의 의미를 부정하는 뜻으로 바뀐 것을 알 수 있다. 따라서 부정문에서는 긍정문의 뜻과 다른 엉뚱한 뜻을 나타내게 된다.

② 주로 부정문으로 쓰이는 문장 : 어떤 표현 가운데에는 오직 부정문으로만 쓰이는 것이 있다. 이런 표현을 긍정문으로 바꾸면 말이 되지 않는 경우가 많다.

㉮ 그건 어림도 없다. /－그건 어림이 있다.

㉯ 그러다가 뼈도 못 추리지. /－그러다가 뼈를 추리지.

㉰ 아직 이마에 피도 안 마른 놈이 까불어. /－이미 이마에 피가 마른 놈이 까불어.

㉱ 계집이 둘인 놈의 창자는 호랑이도 안 먹는다.

　－계집이 둘인 놈의 창자는 호랑이가 먹는다.

ⓜ 죽도 밥도 안 된다. / ‒죽과 밥이 된다.

ⓑ 덴 데 털 안 난다. / ‒덴 데 털 난다.

ⓢ 바늘로 찔러도 피 한 방울 안 난다.

　‒바늘로 찌르면 피 한 방울 난다.

ⓐ 오뉴월 감기는 개도 안 앓는다.

　‒오뉴월 감기는 개가 앓는다.

예문 ㉮~㉪는 부정문으로만 쓰인다. 그런데 이 문장을 긍정문으로 바꾸면 의미가 전혀 전달되지 않는 이상한 문장이 된다.

부정과 긍정의 혼란

어떤 낱말은 원래 부정의 의미를 가지고 있는데 ‘‒지 않다’나 ‘‒없다’를 붙여서 다시 부정의 의미로 쓰인다. 또 어떤 말은 긍정의 의미를 가지고 있는데 ‘‒스럽다’를 붙여 부정의 의미로 쓰인다.

① **어쭙잖다** : 분수에 넘치다. [어쭙잖게 나서지 말게. = 말을 그렇게 어줍게 하니?] ‘어쭙잖다’는 ‘어줍잖다’에서 온 말이다.

② **엉터리없다** : 엉터리 같다. 터무니없다. [그런 엉터리없는 말은 하지 마라. = 그런 엉터리 말은 하지 마라.]

③ **상없다** : 상스럽다. [부녀자 앞에서 상없는 소리를 한다. = 상스러운 소리를 한다.]

④ **어처구니없다** : 어처구니 같다. [하도 어처구니없어서 말도 못했다. = 하도 어처구니 같아서 말도 못했다.]

⑤ **푸접스럽다** : 푸접이 없는 듯하다. [너무 푸접스럽게 대한다. = 너무 푸접 없이 대한다.]

주의 ‘주책이다, 밥맛이다, 우연찮게’ 따위는 긍정과 부정을 헷갈리게 하는 표현이므로 비표준어로 다룬다. 이것들 대신에 ‘주책없다, 밥맛없다, 우연히’를 써야 한다.

정리

모든 서법은 높임법과 긴밀하게 연결되어 있다. 그리고 품사에 따라서 서법상 제약이 있고, 서법에 따라서 부정문 만드는 방법이 달라지기도 한다.

제 22 일

소개시키지 않으면 잊혀진다?

(사동, 피동)

젊은 사람들은 흔히 "여자 친구 소개시켜 줄까?", "친구 한 분 소개시켜 주세요."라고 말한다. 또 사람들은 "잊혀진 전쟁"이란 말을 예사롭게 사용한다. '잊어진' 또는 '잊힌'이라는 말을 '잊혀진'보다 부정확하거나 부자연스럽게 여기는 것 같다. 그러나 이 두 경우는 모두 국어의 어법을 배반하는 표현이다.

'-시키다'는 '결혼시키다'처럼 앞의 어근을 다른 사람에게 하게 하는 의미를 가지는 접미사이다. 따라서 아래와 같이 쓰면 제대로 쓰는 것이다.

* 부모가 아들을 재벌의 딸과 결혼시켰다.

* 그는 외국인 선생님에게 자녀를 교육시켰다.

그런데 '소개시켜 줄까'에서는 자신이 소개하는 행위를 하는 자이고, 상대에게 '소개시켜 달라.'라고 하더라도 상대가 소개하는 사람이므로 '소개시킨다'라는 표현은 부적절하다. 이와 비슷한 표현으로 '-도록 하다'도 상대에게 무엇을 시키는 표현에 쓰인다.

* 빨리 하도록 하겠습니다.

위의 말은 다른 사람에게 그렇게 시키겠다는 뜻이다. 만일 자신이 할 경우라면 마땅히 '빨리 하겠습니다.'라고 해야 한다. 방송에서 흔히 사회자가 '출연자를 소개하도록 하겠습니다.'라고 말하면서 자신이 출연자를 소개하는 것은 잘못이다. '출연자를 소개하겠습니다.'라고 말해야 한다.

'잊혀진'이 문제가 되는 것은 피동 표현이 겹쳤기 때문이다. '잊히다'는 '잊다'의 피동 사이다. 그리고 '-어 지다'는 능동사나 형용사를 피동 표현으로 바꾸는 구문이다. 그러므로 '잊혀지다'는 '잊히다'를 정확하게 모르는 사람이 쓰는 잘못된 표현이다. 이 표현이 워낙 광범위하게 쓰이므로 요즘은 '잊혀지다'를 쓰지 않으면 이상하게 느껴질 정도가 되었다. 그러나 어법을 바꿀 수는 없는 일이므로 우리가 의도적으로 '잊혀지다'를 '잊히다'로 바꿔 쓰려고 노력해야 한다.

사동 표현

자신의 행위가 남의 행위를 유발하거나 남에게 특정 행위를 하도록 시키는 의미를 나타내는 표현이 필요할 경우가 있다. 아이에게 밥을 먹게 하는 경우에 '아이에게 밥을 먹인다.'라고 한다거나, 동생에게 영화 감상을 시킬 때에 '동생더러 영화를 보게 했다.'라고 하는 표현이 유용한 것이다. 이런 표현을 사동 표현이라고 한다.

사동 표현은 사동문으로 하게 되는데 사동문은 사동사를 서술어로 사용해서 만들기도 하고, 사동 구문을 이용해서 만들기도 한다. 사동사란 무엇이고, 사동사를 이용해서 만든 사동문은 어떻게 생겼으며, 사동 구문을 활용해서 만든 사동문과는 어떻게 다른지 알아 보자.

(1) 사동사와 사동 접사

사동사는 주동사에 사동 접사를 붙여서 만든다. 사동 접사에는 '-이, -리, -히, -기, -우, -구, -이우, -추, -애' 등이 있다. 각 사동 접사로 만든 사동사를 예시하면 아래와 같다.

* -이 : 기울이다, 끓이다, 녹이다, 높이다, 늘이다, 들이다, 먹이다, 보이다, 붙이다, 삭이다, 속이다, 숙이다, 썩이다, 욱이다, 죽이다, 절이다, 줄이다
* -리 : 굴리다, 곯리다, 그을리다, 꿇리다, 날리다, 놀리다, 돌리다, 말리다, 부풀리다, 살리다, 아물리다, 알리다, 얼리다, 올리다, 울리다, 흘리다
* -히 : 괴롭히다, 굽히다, 넓히다, 맑히다, 맞히다, 묵히다, 밝히다, 붉히다, 삭히다, 식히다, 썩히다, 앉히다, 입히다, 잦히다, 젖히다, 좁히다
* -기 : 굶기다, 남기다, 넘기다, 맡기다, 벗기다, 숨기다, 씻기다, 옮기다

* −우 : 깨우다, 끼우다, 돋우다, 비우다, 지우다, 찌우다, 피우다
* −구 : 달구다, 돋구다, 떨구다, 솟구다, 일구다
* −이우 : 띄우다, 새우다, 세우다, 씌우다, 재우다, 채우다, 키우다, 태우다, 틔우다
* −추 : 갖추다, 곧추다, 낮추다, 늦추다, 들추다, 맞추다, 얕추다
* −애 : 없애다

(2) 주동문과 사동문 사이의 변환

주동사를 서술어로 삼는 주동문을 사동문으로 바꾸려면 주동사가 자동사인지 타동사인지 확인해야 한다. 주동사의 성질에 따라서 성분이 달라지기 때문이다. 먼저 자동사 문장을 사동문으로 바꾸면 어떻게 될까? 아래 예문과 같이 자동사의 주어가 사동문의 목적어로 바뀐다.

① 자동사 문장을 사동문으로 만들기 : 자동사를 사동사로 바꾸면 주어와 동사가 바뀌기 때문에 이에 맞추어 각 성분의 형태가 바뀐다.

㉮ 방에서 아이가 잔다.
㉯ (어머니가) 방에서 아이를 재운다.
㉰ 마을에 큰 비석이 섰다.
㉱ (사람들이) 마을에 큰 비석을 세웠다.

예문 ㉮를 사동문으로 바꾸면 주동문의 주어가 사동문의 목적어로 바뀌기 때문에 사동문에는 새로운 주어가 필요하다. 예문 ㉰를 사동문으로 바꿔도 마찬가지로 성분 변환이 일어나고 주어가 새롭게 등장한다.

② 타동사 문장을 사동문으로 만들기 : 타동사와 사동사가 모두 목적어를 취하므로 목적어의 변화는 없다. 다만, 주어가 바뀌면서 성분 변화가 일어난다.

㉮ 아이가 책을 읽는다.
㉯ (선생님이) 아이에게 책을 읽힌다.
㉰ 코끼리가 비스킷을 먹는다.
㉱ (사육사가) 코끼리에게 비스킷을 먹인다.
㉲ 나무가 햇빛이 비치는 방향을 안다.
㉳ (자연이) 나무에게 햇빛이 비치는 방향을 알린다.

예문 ㉮, ㉲, ㉳는 모두 목적어를 갖는 타동사를 서술어로 삼은 주동문이다. 이들이 사동사를 서술어로 삼는 사동문이 되면 주동문의 주어는 사동문에서 모두 부사격조사 '에게'가 붙는 부사어가 된다. 그리고 사동문에서 새로운 주어가 나타난다. 주동문의 목적어는 사동문에서도 목적어로 사용된다.

③ 형용사 서술어 문장을 사동문으로 만들기 : 형용사 서술어가 사동사로 바뀌면 주어를 비롯한 각 성분이 바뀌게 된다.

㉮ 집이 넓다.
㉯ (주인이) 집을 넓혔다.
㉰ 처마가 무척 높다.
㉱ (아버지께서) 처마를 무척 높이셨다.
㉲ 돈이 하나도 없다.
㉳ (아들이) 돈을 모조리 없앴다.

(3) 통사적 사동문

사동 구문을 이용해서 사동문을 만든 것을 통사적(統辭的) 사동문이라고 한다. 주동사에 사동 구문 '-게 하다'를 붙여서 통사적 사동문을 만들 수 있다.

㉮ 아이의 발을 씻겼다.
㉯ 아이의 발을 씻게 했다.
㉰ 아이에게 밥을 먹였다.
㉱ 아이에게 밥을 먹게 했다.

위 예문에서 ㉮, ㉰ 두 문장은 사동 접사를 활용한 사동문이고, 예문 ㉯, ㉱의 두 문장이 통사적 사동 구문을 이용해서 만든 사동문이다. 언뜻 보기에는 의미가 비슷한 듯하지만 차이가 있다. 사동 접사를 활용한 사동문에서는 주어가 스스로 행위를 하여 발을 씻어 주고 밥을 떠서 먹여 주었지만, 사동 구문을 이용한 통사적 사동문에서는 주어는 말로만 시키거나 그걸 할 수 있도록 준비만 해 주고 행위는 아이가 직접 하였음을 나타낸다. 따라서 어떤 표현을 쓸 것인지 정확하게 인식하고 사동문을 선택해야 한다.

써서는 안될 사동 표현

① 제게 남자 친구 <u>소개시켜</u> 주세요.(➡ 소개해)
② 요즘 교사들은 아이들을 <u>교육시키기가</u> 참 어렵다고 말한다.(➡ 교육하기가)
③ 오늘 관리비를 <u>입금시키지</u> 않으면 과태료가 부과됩니다.(➡ 입금하지)
④ 제가 직접 <u>하도록 하겠습니다.</u>(➡ 하겠습니다.)
⑤ 거기에는 우리가 <u>가도록 하죠.</u>(➡ 가죠.)

　위의 모든 표현은 남에게 시키는 의미가 없기 때문에 능동 표현(괄호 속의 표현)을 써야 한다.

피동 표현

　흔히 자신이 한 행위만 말하지 않고 자신이 당한 행위도 말한다. 다른 사람이 한 행위가 자신에게 미쳐서 자신이 그 행위를 당했음을 나타내기 위해서 특별한 표현 방법을 마련해야 한다. 그걸 피동 표현이라고 하고 피동 표현으로 이루어진 문장을 피동문이라고 한다.

　국어에서 피동문은 피동사를 서술어로 사용해서 만들지만 특별히 피동 구문을 이용해서 만들기도 한다. 피동사란 무엇이고, 피동사를 이용해서 만든 피동문은 어떻게 생겼으며, 피동 구문을 활용해서 만든 피동문과는 어떻게 다른지 알아보자.

(1) 피동사와 피동 접사

　피동사는 피동문의 서술어로 사용되는 동사이다. 피동사는 능동사에 피동 접사를 붙여서 만든다. 피동 접사에는 '-이, -히, -리, -기' 같은 것이 있다. 쌍점 오른쪽에 있는 동사들이 피동사이다.

* -이 : 깨이다, 꺾이다, 꼬이다, 놓이다, 닦이다, 덮이다, 뜨이다, 매이다, 박이다, 보이다, 볶이다, 쏘이다, 쓰이다, 죄이다
* -히 : 꽂히다, 닫히다, 먹히다, 묶히다, 박히다, 받히다, 부딪히다, 씹히다, 업히다, 읽히다, 잊히다, 잡히다, 접히다
* -리 : 걸리다, 널리다, 놀리다, 눌리다, 들리다, 떨리다, 뚫리다, 몰리다, 밀리다, 불리다, 빨리다, 실리다, 쓸리다, 틀리다, 풀리다
* -기 : 감기다, 끊기다, 담기다, 뜯기다, 믿기다, 빼앗기다, 안기다, 쫓기다, 찢기다

(2) 능동문과 피동문 사이의 변환

타동사를 서술어로 가지는 능동문을 피동문으로 바꿀 때에는 성분 간의 변환이 이루어진다. 능동문의 주어가 피동문의 부사어로 바뀌고, 능동문의 목적어가 피동문의 주어로 바뀐다. 물론 그 과정에서 능동문의 서술어인 능동사는 피동사로 바뀐다. 그러나 모든 능동문이 피동문으로 바뀔 수 있는 것은 아니다.

㉮ 경찰이 도둑을 잡았다.

㉯ 도둑이 경찰에게 잡혔다.

㉰ 바람이 나뭇가지를 흔들었다.

㉱ 나뭇가지가 바람에 흔들렸다.

㉲ 우리는 백두산에 태극기를 꽂았다.

㉳ 태극기가 (우리에 의해서) 백두산에 꽂혔다.

예문 ㉮의 능동문이 피동문으로 바뀌면 예문 ㉯처럼 된다. 주어 '경찰이'가 부사어 '경찰에게'로 바뀌었고, 목적어 '도둑을'이 주어 '도둑이'로 바뀌었으며, 서술어가 능동사 '잡았다'에서 피동사 '잡혔다'로 바뀌었다. 능동문이 피동문으로 바뀌는 과정은 대체로 이 예를 따른다. 이러한 예는 능동문의 주어가 사람이라는 데 특징이 있다.

능동문의 주어가 사물인 예문 ㉰가 피동문으로 바뀌면 예문 ㉱처럼 되는데, 능동문의 주어 '바람이'가 '바람에'로 바뀌었다. 즉 부사격조사 '에'를 쓴 것이 예문 ㉯의 부사격조사와 다르다. 그것은 '바람'이 사물이기 때문이다. 식물이나 사물에는 '에게'를 붙이지 않고 '에'를 붙인다.

예문 ㉲의 능동문을 피동문으로 고치면 예문 ㉳가 되는데 이때 능동문의 주어 '우리는'이 피동문에서는 갈 데가 없어진다. 영어식으로 한다면 괄호 속에 적힌 대로 '우리에 의해서'라고 하겠지만 국어에서는 이런 표현을 쓰지 않는다. 이런 경우 대체로 부사어는 생략된다.

㉴ 우리가 그들을 이겼다.

㉵ 그들이 우리에게 졌다.

㉶ 우리는 아직 그를 기억하고 있다.

㉷ 그는 아직 우리에게 기억되고 있다.

예문 ㉴는 피동문으로 바꾸기 어려운 문장이다. 예문 ㉵처럼 고칠 수 있지만 보는 바와 같이 능동문의 서술어 '이기다'를 피동사로 바꿀 수 없기 때문에 피동문에는 '이기다'의 상대 개념인 '지다'를 사용할 수밖에 없다. 그런데 '지다'는 능동사이므로 예문 ㉮는 피동문이 아니라 능동문이다. 이처럼 능동문 가운데에는 피동문으로 변환되지 않는 것이 있다.

예문 ㉯도 피동문으로 바꿀 수 없는 문장이다. 예문 ㉯처럼 구문상으로는 능동문의 주어가 피동문의 부사어로 와서 피동문을 만들 수 있을 것 같다. 그러나 '기억하고'의 피동사가 없으니 '기억되고'로 바꾸는 것이 최선이다. 그렇다면 예문 ㉯은 피동문이 아니고 능동문인 셈이다. 비록 피동의 뜻이 서술어에 있지만 동사의 형태는 능동문이다.

  ㉱ 연이 나무에 걸렸다.
  ㉲ 얼굴에 점이 박였다.

예문 ㉱, ㉲의 피동문은 짝이 되는 능동문이 없어 피동문으로만 쓰게 되어 있는 문장이다. '연을 나무에 걸다', '얼굴에 점을 박다' 같은 행위가 능동으로 할 수 있는 것이 아니기 때문이다.

(3) 이중 피동

앞에서 말한 것처럼 피동사를 이중으로 피동이 되게 하는 것은 용납되지 않는다. '달다'의 피동사는 '달히다'이지 '달혀지다'가 아니고, '잊다'의 피동사는 '잊히다'이지 '잊혀지다'가 아니다. '달혀지다, 잊혀지다, 끊겨지다, 담겨지다, 믿겨지다, 안겨지다, 찢겨지다, 꺾여지다, 놓여지다, 보여지다, 쓰여지다' 같은 이중 피동은 사용할 수 없다.

  ㉮ 나는 이미 그 사건을 잊었다.
  ㉯ 그 사건은 나에게 이미 잊혔다.
  ㉰ 바람이 문을 닫았다.
  ㉱ 바람에 문이 닫혔다.
  ㉲ 내가 이 책을 썼다.
  ㉳ 이 책은 나에 의해서 써졌다(/씌었다).

예문 ㉮와 ㉯의 피동문을 위해서 사용될 수 있는 피동사는 '잊히다/잊어지다, 닫히다/닫아지다'이다. 절대로 '잊혀지다, 닫혀지다'를 쓰면 안 된다. 예문 ㉡를 피동문으로 바꾸면 예문 ㉣처럼 된다. 예문 ㉤를 피동문으로 변환하면 예문 ㉥처럼 된다. 이 경우에 서술어는 '써졌다' 또는 '씌었다'로 바뀐다. 만일 이것을 이중피동의 형태로서 '씌어졌다' 또는 '쓰여졌다'로 하면 안 된다.

써서는 안될 피동 표현

① 오늘은 글씨가 잘 쓰여집니다. (➡ 써집니다)
② 이것이 더 좋을 것으로 보여집니다. (➡ 보입니다)
③ 잊혀진 전쟁일 뿐이다. (➡ 잊어진/잊힌)
④ 문이 곧 닫혀졌어요. (➡ 닫혔어요/닫아졌어요)
⑤ 저도 그렇게 생각되어집니다. (➡ 생각됩니다/생각합니다)
⑥ 땅이 깊이 패여졌습니다. (➡ 패었습니다/파였습니다)

피동사에 피동 표현을 사용하는 것은 옳지 않다. 피동은 한 번으로 충분하다. 괄호 속의 표현을 사용하여야 한다.

(4) 통사적 피동문

피동사를 이용해서 피동문을 만들지 않고 피동 구문을 만들어 피동문을 만들 수도 있다. 즉 능동사에 피동 구문 '-어 지다'를 붙여서 피동문을 만드는 방법을 통사적(統辭的) 피동문이라고 한다. 여기에 사용된 '지다'는 문법상으로 보조 용언이다. 이 보조 용언은 본용언에 붙여 쓰기로 했기 때문에 한 낱말처럼 굳어져서 국어사전에 한 낱말로 올라 있다. 한 가지 특이한 것은 형용사도 이 구문을 붙여서 피동사로 만들 수 있다는 점이다. '-어 지다'를 붙여 피동사가 된 낱말을 몇 소개한다.

① **동사가 피동사로 전환된 것** : 감아지다, 곧아지다, 꺾어지다, 깨어지다, 꺾어지다, 나눠지다, 닮아지다, 닳아지다, 떨어지다, 믿어지다, 빚어지다, 알려지다, 잦아지다, 찢어지다, 터지다, 틀어지다, 흩어지다

② **형용사가 피동사로 전환된 것** : 같아지다, 굵어지다, 깊어지다, 까매지다, 낮아지다, 넓어지다, 높아지다, 붉어지다, 얕아지다, 옅어지다, 좁아지다, 좋아지다, 짙어지다, 커지다, 파래지다, 퍼레지다, 하얘지다, 허예지다

피동 접사를 이용한 피동문과 통사적 피동문은 의미에 차이가 있다. 그에 대해

서 알아보자.

㉮ 바람이 부니 문이 닫혔다.
㉯ 바람이 부니 문이 닫아졌다.
㉰ 구조대가 던져 준 밧줄이 손에 잡혔다.
㉱ 구조대가 던져 준 밧줄이 손에 잡아졌다.

예문 ㉮는 피동 접사를 이용한 피동문이고 예문 ㉯는 통사적 피동문이다. 마찬가지로 예문 ㉰가 피동 접사를 활용한 피동문이고 예문 ㉱가 통사적 피동문이다. 모두 피동문이지만 의미상 약간 차이가 있다. 피동 접사를 활용한 피동문은 결과만 나타내지만 통사적 피동문은 닫는 행위, 닫으려고 노력하는 행위를 염두에 두고 그 결과를 나타낸다. 따라서 어느 경우에는 피동 접사를 활용한 피동문은 쓸 수 있으나 통사적 피동문은 쓸 수 없다.

㉲ 출근 시간이라 자동차가 너무 밀린다. (/밀어진다×)
㉳ 구경거리가 있는지 사람들이 몰렸다. (/몰아졌다×)
㉴ 연이 나뭇가지에 걸렸다. (/걸어졌다×)
㉵ 유리창 파편이 튀어 얼굴에 박혔다. (/박아졌다×)

위의 예문에서 '–어 지다' 구문이 통용되지 못하는 것은 능동적 행동이 있다고 볼 수 없기 때문이다. 능동적 동작을 생각할 수 없는 경우에는 통사적 피동이 사용될 수 없다.

정리

자기가 하는 행위를 사동 표현으로 나타내는 것은 옳지 않다. 또 이미 피동의 의미가 있는 낱말에 다시 피동 구문을 붙여서 피동을 나타내는 것도 옳지 않다.

연습^문제

1. 아래 문장에서 밑줄 친 부분이 옳은지 확인하시오.

(1) 그 일은 결코 쉽게 잊혀지지 않을 것이다.

(2) 이 돈이 좋은 일에 쓰여지기를 바랍니다.

(3) 이 꽃이 더 좋게 보여진다.

(4) 우리가 잘못한 것으로 보여집니다.

(5) 비가 와서 땅이 많이 파여졌구나.

(6) 이것이 좋을 것으로 판단되어집니다.

(7) 그곳이 꿈엔들 잊힐 리야.

(8) 그렇게 하는 것이 좋게 보아집니다.

(9) 제가 말하도록 하겠습니다.

(10) 사랑이 우리 속에 깃들이어 있습니다.

(11) 사람들이 자꾸 앞으로 끼여들고 있습니다.

(12) 담배를 피지 마시오.

(13) 아이 키기가 쉬운 일인 줄 아나?

(14) 방을 치는 일은 동생에게 맡겨라.

(15) 숙제를 하느라고 밤을 꼬박 샜다.

(16) 자전거에 아이를 태고 가는 것은 위험하다.

(17) 좋은 글은 통째로 외라.

(18) 형이 깡패들의 발에 채여 나가떨어졌다.

(19) 돌은 쉽게 부숴지지 않는다.

(20) 아이가 벌에 쐬여 울고 있다.

(21) 길을 가로지르던 개가 차에 치었다.

(22) 아무 생각 없이 가다가 전봇대에 부딪혔다.

(23) 달려오는 차에 부딪쳐 사고를 당했다.

(24) 우연히 그가 눈에 뜨여 불러 보았다.

2. 물음에 맞는 답을 고르시오.

(1) 밑줄 친 피동형이 <u>틀린</u> 것은?
① 그 아름다운 고향이 꿈엔들 <u>잊힐</u> 리야.
② 한국 전쟁은 이미 <u>잊혀진</u> 전쟁인가?
③ 벽 뒤에 <u>숨겨진</u> 물건이 무어냐?
④ 생존 경쟁이란 먹고 <u>먹이는</u> 싸움을 가리키는 말이다.

(2) 밑줄 친 피동형이 <u>틀린</u> 것은?
① 이 펜은 글씨가 잘 <u>써지는</u> 편이다.
② 문을 여는 데 <u>쓰여지는</u> 것을 열쇠라고 한다.
③ 얼굴에 점이 많이 <u>박였구나.</u>
④ 땅이 너무 딱딱해서 말뚝이 <u>박히지</u> 않는다.

(3) 밑줄 친 피동형이 <u>틀린</u> 것은?
① 연줄이 나무에 <u>걸렸다.</u>
② 뿌리가 잘 <u>뽑혀지지</u> 않는다.
③ 온종일 방에 <u>갇혀</u> 지냈다.
④ 도둑이 경찰에게 <u>잡혔다.</u>

(4) 밑줄 친 사동형이 <u>틀린</u> 것은?
① 옷을 <u>벗긴다.</u>
② 아이를 <u>울리지</u> 마라.
③ 내일 <u>뵙겠습니다.</u>
④ 추태를 <u>보이지</u> 마라.

(5) 밑줄 친 피동형이 적절한 것은?
① 바람에 연줄이 나뭇가지에 <u>걸어졌다.</u>
② 너무 깊이 <u>박아진</u> 말뚝은 빼기 어렵다.
③ 동생은 몸이 가벼워 쉽게 <u>업어졌다.</u>
④ 연필로 쓴 글씨는 쉽게 <u>지워진다.</u>

(6) 밑줄 친 피동형이 적절한 것은?

　① 저것은 황새로 <u>보아집니다</u>.

　② 이 새는 두루미로 <u>보여집니다</u>.

　③ 땅이 움푹 <u>파이었군요</u>.

　④ 그렇게 깊이 <u>파여졌다니</u>.

(7) 밑줄 친 피동형이 적절한 것은?

　① 과일이 상에 가득 <u>놓여져</u> 있었다.

　② 물과 기름은 한데 <u>섞어지지</u> 않는다.

　③ 한번 묶은 끈은 좀처럼 <u>풀려지지</u> 않았다.

　④ <u>끊겨진</u> 다리를 다시 연결하는 공사가 시작되었다.

(8) 밑줄 친 피동형이 적절한 것은?

　① 너무 속이 상해서 눈이 잘 <u>감겨지지</u> 않는다.

　② 드잡이 싸움 때문에 옷이 갈가리 <u>찢겨졌다</u>.

　③ 도둑은 좀처럼 <u>잡혀지지</u> 않았다.

　④ 사건의 진실은 <u>밝혀지기</u> 마련이다.

(9) 밑줄 친 피동형이 적절한 것은?

　① 높이 날던 연이 나뭇가지에 <u>걸어졌다</u>.

　② 사고로 부서진 자동차의 유리 조각이 몸에 <u>박아졌다</u>.

　③ 얼굴에 점이 <u>박아져</u> 있다.

　④ 책이 참 잘 <u>읽어지는군</u>.

(10) 밑줄 친 서술어가 적절하지 <u>않은</u> 것은?

　① 동생을 문 뒤에 <u>숨겼다</u>.

　② 아이들을 모두 <u>공부시켰다</u>.

　③ 학교는 아이들을 <u>교육시키는</u> 곳이다.

　④ 양돈장은 돼지를 <u>먹이는</u> 곳이다.

(11) 밑줄 친 서술어가 적절하지 <u>않은</u> 것은?

① 아이들에게 짐을 <u>지게 하지</u> 마라.

② 이리 <u>앉게 해라.</u>

③ 개를 굶어 <u>죽이게 했다.</u>

④ 집에 <u>있게 해</u> 주세요.

(12) 밑줄 친 서술어가 적절하지 <u>않은</u> 것은?

① 새 옷을 <u>입게 해라.</u>

② 실컷 <u>울게 하라.</u>

③ 어머니는 편지를 빨리 읽어 <u>보게 하였다.</u>

④ 너부터 빨리 <u>가도록 해라.</u>

3. 아래 문장에서 밑줄 친 부분의 피동 표현에 대해서 그 적절성을 논하라.

> "바람은 어이하여 창가에 속삭이고 이 밤은 어이 이리 길어 새지 않습니까. 잠은 나를 떠나고 또 내 모든 즐거움은 나를 버렸으니, 오오 미칠 듯한 내 마음이여! 가슴속에 마치 하늘보다 더 큰 구멍이 <u>뚫어진</u> 것 같습니다. 아무 것으로도 채울 수 없는 이 커다란 구멍을 내 어찌하리까."

수수께끼

도련님 배행을 나섰던 돌쇠가 한양에 다녀와서 즉시 총을 바꿨다.
왜 돌쇠가 총을 바꿨을까?

🈁 '총'은 신 특히 짚신이나 미투리에서 발가락이 빠지지 않도록 앞을 세로로 막은 신울을 가리키는 말이다. 한양까지 다녀와서 짚신의 총이 다 닳아졌을 것이니 마땅히 총을 갈아야 했을 것이다.

제 23일

어제 가지 않았었어?
(시제)

실제 동작, 사건, 상태의 시점이 말하는 시점을 기준으로 하여 그보다 앞에 이루어졌는지, 동시에 이루어지는지, 앞으로 이루어질 것인지에 따라서 어미의 활용 형태를 제한하는 방법을 시제라고 한다. 크게 현재 시제, 과거 시제, 미래 시제로 구별하며 종결어미와 관형사형 어미를 이용해서 실현한다.

현재 시제

동작 시점과 말하는 시점이 같은 경우를 현재 시제라고 한다. 현재 시제는 현재의 습관, 틀림없는 사실, 진리 등의 의미를 나타낸다. 현재 시제가 종결어미에서 실현되면 종결어미가 아래와 같은 형태를 취한다.

㉮ 아이가 잠을 잔다.
㉯ 지진으로 많은 사람이 죽는다.
㉰ 시설이 참 좋다.
㉱ 하늘이 매우 푸르다.
㉲ 언어는 겨레의 정신이다.

(1) 현재 시제와 종결 어미

현재 시제를 나타내기 위하여 동사 서술어인 경우에는 종결 어미로 '-ㄴ다/-는다'를 붙이고 형용사 서술어인 경우에는 종결 어미로 '-다'를 붙임을 알 수 있다. 그 밖에도 현재 시제에 붙일 수 있는 종결 어미는 다양하다.

동사 서술어의 어간에 받침이 없는 경우 : -ㄴ다, -ㅂ니다, -오, -느냐

동사 서술어의 어간에 받침이 있는 경우 : -는다, -습니다, -으오, -느냐

형용사 서술어의 어간에 받침이 없는 경우 : -다, -ㅂ니다, -오, -냐

형용사 서술어의 어간에 받침이 있는 경우 : -다, -습니다, -소, -으냐

체언 서술어(받침이 없는 경우) : 다/이다, ㅂ니다/입니다, 요, 냐 (서술격조사)

체언 서술어(받침이 있는 경우) : 이다, 입니다, 이오, 이냐 (서술격조사)

(2) 현재 시제와 관형사형 어미

현재 시제가 관형어에서 실현되면 관형사형 어미가 아래와 같은 형태를 취한다.

㉠ 잠을 자는 아이를 깨운다.

㉡ 지진으로 죽는 사람이 생긴다.

㉢ 참 좋은 시설이다.

㉣ 저 푸른 하늘을 보라.

㉤ 나의 상사인 그가 너를 부른다.

동사의 관형사형 어미 : -는(현재)

형용사의 관형사형 어미(어간에 받침이 없는 경우) : -ㄴ(현재)

형용사의 관형사형 어미(어간에 받침이 있는 경우) : -은(현재)

체언 서술어 : 인(현재)

(3) 현재 시제의 특수 용법

현재 시제는 동작의 현재성만 의미하지 않고 아래의 경우처럼 여러 용도로 사용되기도 한다.

① 습관적으로 반복하는 사건의 표현 : 현재 습관적으로 반복하는 사건에는 현재 시제를 쓴다.

㉠ 그는 일요일이면 교회에 간다.

㉯ 우리는 매년 전국적으로 체육 대회를 연다.

② 과학적 진리의 표현 : 과학적 진리나 어김없는 사실을 나타낼 때는 현재 시제를 쓴다.

> ㉮ 지구는 태양의 주위를 돈다.
> ㉯ 눈은 마음의 창이다.

③ 미래를 나타내는 현재 시제 : 확실한 미래를 실감 나게 표현하기 위해서 현재 시제를 쓴다.

> ㉮ 나는 내일 미국으로 떠난다.
> ㉯ 그는 잠시 후에 도착한다.

④ 과거를 나타내는 현재 시제 : 확실한 과거의 일이지만 현재처럼 쓸 수 있다. 아래 예문 ㉮가 그것이다. 이 외에도 과거 시점을 현재로 환원하여 현재 시제를 쓸 수 있다. 이를 역사적 현재라고 한다. 주로 소설에 많이 나타나는데 예문 ㉯가 그 예이다.

> ㉮ 집에 오는 모든 사람에게 인사를 했다.
> ㉯ 새벽 2시가 되니 그가 문을 여는 소리가 들린다. 살금살금 방문을 열더니 옷을 벗고 이불 속으로 들어온다. 나는 이때다 싶어 힘껏 소리쳤다. "도둑이야!"

과거 시제

과거 시제는 종결 어미 앞에 선어말 어미 '-았-/-었-'을 붙이는 방법으로 실현된다.

> ㉮ 그에게서 어제 선물을 받았다.
> ㉯ 사람들이 모두 손을 들었다.
> ㉰ 손이 매우 찼다.
> ㉱ 밤이 벌써 깊었다.
> ㉲ 그때가 4시쯤이었다.

(1) 과거 선어말 어미의 형태

용언의 어간 음운에 따른 선어말 어미의 형태를 정리하면 아래와 같다. 불규칙 활용을 하는 용언은 불규칙 활용한 형태로 아래의 규칙을 적용한다.

용언의 어간에 받침이 없는 경우 : -ㅆ- (만났다, 섰다)

용언의 어간에 받침이 있고 양성 모음인 경우 : -았- (보았다, 잡았다)

용언의 어간에 받침이 있고 음성 모음인 경우 : -었- (부었다, 비었다)

서술격 조사인 경우 : -었- (이었다=였다)

(2) 과거 시제와 관형사형 어미

과거 시제가 관형어에서 실현되는 경우에는 관형사형 어미가 아래와 같은 형태를 취한다.

㉮ 옛날 만난 사람을 오늘 우연히 만났다.

㉯ 어제 먹은 떡국 생각이 다시 난다.

㉰ 그렇게도 좋던 얼굴이 이렇게 변하다니!

관형사형 어미의 과거형은 동사에만 있다. 동사의 어간에 받침이 없으면 '-ㄴ'을 붙이고, 받침이 있으면 '-은'을 붙인다. 형용사와 서술격조사에는 과거 시제를 나타내는 관형사형이 없기 때문에 위의 예문 ㉰에서처럼 과거 회상 시제에 쓰는 선어말 어미 '-던'을 이용하기도 한다.

(3) 과거 시제의 특수 용법

과거시제를 썼지만 과거 시제와 상관없는 경우도 있다.

㉮ 여기에서 좀 쉬었다 갑시다.

㉯ 잠깐 이것을 잡았다 놓으세요.

㉰ 선생님께서 아시게 되었으니 우린 이제 꼼짝없이 죽었다.

㉱ 아직도 비료가 공급되지 않고 있으니 올 농사는 다 지었다.

㉲ 회의가 끝나려면 아직 멀었니?

㉳ 전쟁이 멀지 않았다는 불안감이 사람들을 짓누르고 있다.

예문 ㉮, ㉯에는 연속적인 두 일 가운데 앞일의 행사를 분명하게 하기 위한 화자의 주관적 의도가 들어 있다. 즉, 앞일을 '완벽하게 마치고' 다음 일을 시작함을 나타낸다. 어미 '-고'나 '-다'를 쓰면 앞일을 완전히 하지 않을 수도 있다는 우려 때문에 과거 시제를 사용한 것으로 볼 수 있다.

예문 ㉡, ㉢, ㉣에는 앞일을 전제 조건으로 뒷일이 발생할 것임을 단정적으로 말하기 위하여 뒷일에 과거 시제를 사용했다.

예문 ㉤에서도 미래의 일에 과거 시제를 씀으로써 막연한 추측을 확실한 예측으로 바꾸는 효과가 나타났다. 이런 효과는 형용사 '멀다', '가깝다'와 그 부정법에 특수하게 나타난다.

미래 시제

말하는 시점이 행위 시점보다 앞서는 것을 미래 시제라고 한다. 말은 지금 하지만 행위는 앞으로 일어날 것임을 의미하는 것이다. 주로 선어말 어미 '-겠-'과 관형사형 어미 '-ㄹ'을 사용하여 나타낸다. 미래 시제에는 단순히 미래의 행위를 추측하는 경우와 주어의 의지를 나타내는 경우가 있다.

(1) 미래 추측

말하는 사람의 의지에 따라서 되는 일이 아닌 경우에는 말하는 이의 추측을 나타낸다. 아래의 예문은 모두 앞으로 일어날 일에 대한 추측임을 나타낸다.

㉮ 내일은 날씨가 좋겠다.
㉯ 곧 기차가 떠나겠다.
㉰ 어쩌면 너희가 지겠다.

위 예문은 선어말 어미 '-겠-'을 써서 추측을 나타낸 문장이다. 아래 문장도 추측을 나타낸다.

㉱ 내일은 비가 올 것이다.
㉲ 그때쯤이면 우리도 행복하게 되리라.

(2) 의지 표현

말하는 사람이 하고자 하면 할 수 있는 일은 대체로 그의 의지를 표현한 것으로 본다. 아래 예문은 말하는 이의 의지를 나타낸다.

㉮ 나는 내일 가겠다.
㉯ 우리가 청소를 하겠다.

선어말 어미 '-겠-'을 사용하여 의지를 표현한 문장을 보았다. 이 때 주어가 일인칭 대명사인 것에 유의하여야 한다. 의지 표현은 주어가 일인칭이 아니면 불가능하다. 만일 이인칭이나 삼인칭 대명사가 주어인 경우에 '-겠-'이 쓰이면 미래 추측이 된다. 아래 예문도 의지를 표현한 문장이다.

   ⑫ 이번에는 그들에게 본때를 보여 주리라.
   ⑬ 나는 결코 부패한 공무원이 되지 않으련다.

(3) 관형사형 어미를 이용한 시제 표현

   ⑭ 우리가 <u>묵을</u> 호텔은 특급 호텔이다.
   ⑮ 요즘 주부들은 건강에 <u>좋을</u> 친환경 농산물만 산다.

 예문 ㉮는 동사의 관형사형으로서 미래 표현이다. 예문 ㉯는 형용사의 관형사형으로서 이것이 미래 표현이 되려면 건강에 좋을지 안 좋을지 판단이 안 선다는 전제가 깔려 있어야 한다. 그렇지 않고 '좋다는 확신'이 있다면 '좋을'보다는 '좋은'이 더 어울리게 된다.

   ⑯ 나도 거기에 <u>갈</u> 테야.
   ⑰ 무척 <u>아플</u> 것 같다.
   ⑱ 곧 비가 <u>올</u> 듯하다.

 예문 ㉰, ㉱는 관형사형에 의존 명사가 붙은 것이고, 예문 ㉲는 관형사형에 보조 용언이 붙은 것이다. 이것들도 미래 시제를 나타내는 한 표현 형식이다.

진행상 (進行相)

 동작이 어떤 시점에서 진행 중이라는 것을 나타내기 위한 표현으로서 '-고 있-'의 구문으로 이를 실현한다.

   ⑭ 개가 달려오<u>고 있</u>다.
   ⑮ 그가 너를 보<u>고 있</u>었어.
   ⑯ 열심히 공부하<u>고 있</u>겠지.

 예문 ㉮는 동작이 현재 진행 중이라는 것을 나타내고, 예문 ㉯는 과거에 진행 중이었음을 나타내며, 예문 ㉰는 진행 중이라고 예측하는 표현이다. 앞에서도 잠깐 설명했지만

'-고 있다'는 진행상일 뿐 실제 동작이 일어나는 행위가 아니기 때문에 이를 부정하는 '-지 아니하다'가 붙을 경우에 '아니하다'는 형용사로 본다.

    ㉣ 개가 달려오는 중이다.

    ㉤ 그가 너를 보는 중이었다.

    ㉥ 열심히 공부하는 중이겠지.

위 표현도 진행상의 일종으로 본다.

완료상(完了相)

완료상은 어떤 동작이 끝나서 그 상태가 일정 시간 유지되었음을 나타낸다. 이에 비해서 과거 시제는 그 동작이 말하는 시점에서 끝났음을 의미하기 때문에 명백히 말하는 시점보다 앞서 그 동작이 끝났고, 그 상태가 말하는 시점까지 지속되고 있다면 완료상을 사용하는 것이 바람직하다. 동사에 '-아/-어 있-'의 구문을 붙여서 나타낸다.

    ㉮ 산에는 수많은 꽃이 피어 있다.

    ㉯ 이미 눈이 녹아 있었다.

    ㉰ 아이가 장독 뒤에 숨어 있겠지.

대과거

과거의 어느 시점에 동작이 완료되었고 그 후에는 그 동작과 관련 없는 상태가 지속되었음을 나타내는 시제(과거 완료 시제)로서 과거 시제를 나타내는 선어말 어미를 겹쳐 표현한다. 그런데 이 때는 단순한 과거를 나타내는 경우와 혼동할 우려가 많다.

    ㉮ 어제 거기에 가지 않았었어?

    ㉯ 그날 그를 만났었니?

    ㉰ 그건 어릴 때에 보았었다.

위의 표현은 모두 과거의 한 시점에서 어떤 동작이 끝났음을 나타낸다. 그리고 과거 그 동작의 결과가 현재에는 아무런 영향을 미치지 않는다. 더욱이 대과거 앞에 과거의 시점을 나타내는 부사어('어제, 그날, 어릴 때' 등)를 앞세우기 때문에 실질적으로는 대과거와 과거 시제가 구별되지 않는다. 따라서 위의 세 경우는 과거 시제로 바꾸는 것이 바람직하다.

이에 비해서 아래와 같이 과거의 한 시점에서 동작이 완료되어 그 후에는 그와 관련이 없는 상태가 지속됨을 나타내는 경우, 곧 과거 행동을 단순히 경험삼아 말하는 경우에는 대과거를 사용하는 것이 유익하다.

　㉣ 그래, 나도 그런 생각을 <u>했었</u>어.
　㉤ 우린 많은 고민을 <u>했었</u>다.
　㉥ 그때 나는 미국에 <u>갔었</u>지.

　예문 ㉣는 과거 어느 시점까지 그런 생각을 했지만 그 시점 이후 지금까지 그런 생각을 안 했음을 나타낸다. 예문 ㉤는 과거 어느 시점 이전의 동작을 나타낸다. 예문 ㉥는 미국에 간 이후 어느 시점에서 돌아와서 말하는 것을 나타낸다. 따라서 위의 세 문장에서 대과거를 단순히 과거로 표현하면 의미가 전혀 달라진다. 이런 경우를 위하여 대과거가 필요하다는 것을 알 수 있다.

과거 회상

　과거 시점에서 일어난 일을 현재 회상하거나 과거의 경험을 현재에 옮기는 것을 나타내는 표현으로서, 종결 어미에 쓰일 때에는 종결 어미 앞에 선어말 어미 '-더-'를 붙이고, 관형어로 쓰일 때에는 어간에 '-던-'을 붙인다.

　㉮ 새가 시끄럽게 울<u>더</u>라.
　㉯ 기분이 무척 좋으시<u>더</u>라.
　㉰ 무척 아프겠<u>더</u>라.
　㉱ 대단히 힘들었겠<u>더</u>라.
　㉲ 여기서 울<u>던</u> 새가 사라졌다.
　㉳ 내가 여기에 살<u>던</u> 중이었다.
　㉴ 그날 애써 화를 참았<u>던</u> 기억이 있다.

　단순한 과거 회상은 종결 어미의 앞에 '-더-'를 붙이는 것으로 완성되고, 추측으로 과거를 회상하는 경우에는 미래 시제 선어말 어미 '-겠-'과 종결 어미 사이에 '-더-'를 넣어서 예문 ㉰처럼 사용하고, 과거 시제에 쓰는 경우에는 선어말 어미 '-었-/-았-'과 종결 어미 사이에 '-더-'을 넣어 예문 ㉱처럼 문장을 구성한다. 관형어로 과거 회상을 하려면 관형사형 어미 '-던'을 사용하여 예문 ㉲처럼 적용한다. 예문 ㉳는 과거 회상에 진행상이 덧붙은 형태이다. 예문 ㉴는 과거 시점에서 일어나 완료된 일을 회상하는 문장이다.

연결 어미와 시제

용언이 둘 이상 연결될 때에 시제를 어떻게 붙이는지 검토해 보자. 이미 아는 바와 같이 연결 어미에는 대등 연결 어미와 종속적 연결 어미, 보조적 연결 어미가 있는데 각 연결 어미에 따라서 시제 적용이 달라진다.

(1) 대등 연결 어미와 시제

대등 연결의 경우에 시제는 뒤에 있는 서술어에서 실현된다. 다만, 대등하게 이어지는 문장에서는 각 서술어에서 시제가 실현되기도 한다. 이 경우에 두 서술어의 시제는 같아야 한다.

> ㉮ 우리는 밥을 먹고/먹으며 출발했다.
> ㉯ 하늘은 높고 맑았다.
> ㉰ 그들은 이 곳으로 오고, 우리는 그곳으로 떠났다.
> ㉱ 하늘은 맑았고, 바람은 잔잔했다.
> ㉲ 얼굴은 아름다웠으나, 마음씨는 곱지 않았다.

예문 ㉮와 ㉯에서 보듯이 앞 서술어에는 시제가 없고 뒤 서술어의 시제가 앞의 서술어에 그대로 적용되는 것을 알 수 있다. 대등하게 이어진 예문 ㉰에서도 같은 방식으로 시제가 실현된다. 그러나 예문 ㉱와 ㉲에서 보는 바와 같이 각 서술어가 각자의 시제를 가질 수도 있다. 이 때 두 시제는 같아야 한다.

> ㉳ 힘은 있어 보였지만, 지구력은 없어 보이더라.

위 예문에서 앞 문장이 과거 시제로 되어 있으므로 뒤 문장도 과거 시제를 나타내기 위하여 과거 회상의 시제를 사용하였다. '보이더라' 대신에 '보였다'를 써도 좋으나 '보인다'를 쓰면 안 된다.

(2) 종속적 연결 어미와 시제

종속적으로 이어진 문장에서는 두 문장의 시제를 상황에 따라서 달리 사용할 수 있는데 각 시제에 따라서 의미가 달라진다.

> ㉮ 비가 오면 날씨가 추워진다./추워졌다.
> ㉯ 비가 왔다면 날씨가 추웠을/추울 것이다.
> ㉰ 비가 온다면 날씨가 추울/추워질 것이다.

예문 ㉮는 일반적인 진리를 말하거나 과거의 경험을 말하는 표현이다. 만일 주절의 서술어를 '추워질 것이다'라고 바꾼다면 진리보다는 자신의 추측을 나타내는 표현이 된다. 예문 ㉯는 실현되지 않은 과거를 가정한 경우('추웠을')와 지금의 추측('추울')을 표현한다. 예문 ㉰는 일반적인 현재의 상태를 추측하는 경우('추울')와 미래를 추측하는 것('추워질')을 나타낸다.

> ㉱ 비가 오니 날씨가 <u>춥다.</u>/<u>추워지리라.</u>
> ㉲ 그를 보니 옛날이 <u>생각난다.</u>/<u>생각났다.</u>
> ㉳ 눈이 왔으니 세상이 <u>하얘졌지.</u>

예문 ㉱는 조건에 따른 현재의 상태와 상태의 변화를 추측하는 의미를 나타내고 있다. 예문 ㉲는 계기에 따라서 나타난 현재와 과거의 사실을 나타내고 있다. 예문 ㉳는 원인과 결과를 과거 시제로 나타냈다.

> ㉴ 비가 <u>와서</u> 땅이 <u>질었다.</u>
> ㉵ <u>졸려서</u> 잠을 <u>잤다.</u>

위의 경우는 종속절이 이유를 나타내는 경우인데 이때는 종속절에 시제 표현이 없고 주절의 시제에 따라서 종속절의 시제가 결정된다.

(3) 보조적 연결 어미와 시제

본용언과 보조 용언이 결합할 때에는 언제나 보조 용언에서 시제가 나타나고 보조 용언의 시제에 따라서 본용언의 시제가 결정된다.

> ㉮ 내가 관련 자료를 모아 놓았다. / 놓겠다.
> ㉯ 불필요한 서류는 찢어 버렸다. / 버리겠다.
> ㉰ 우리는 함께 살고 싶었다. / 싶다.

정리

과거 시제에 '-었었-/-았었-'을 쓰는 것은 바람직하지 않다. 그러나 과거 행위가 과거의 어느 시점에서 끝났음, 곧 경험을 의미할 필요가 있을 때만 '-었었-/-았었-'을 쓴다.

연습문제

정답은 www.barunmal.com의 "글세상"에 있습니다.

1. 밑줄 친 부분의 시제가 호응되지 <u>않은</u> 것은?
   ① 어제 영화를 <u>구경했다</u>.   ② <u>내일</u> 다시 <u>오겠다</u>.
   ③ <u>지금</u> 공부를 <u>한다</u>.   ④ <u>이미</u> 영어를 <u>공부하려고</u>?

2. 밑줄 친 동사가 과거의 행위인 것은?
   ① 영수가 <u>싸우는</u> 아이들을 떼어냈다.
   ② 어머니는 요즘 몹시 <u>바쁘시다</u>.
   ③ 우리는 언제나 일요일에 교회에 <u>간다</u>.
   ④ 내가 <u>읽는</u> 책은 소설이 아니다.

3. 밑줄 친 동사가 현재의 동작과 관계가 <u>없는</u> 것은?
   ① 지구는 태양의 주위를 <u>돈다</u>.
   ② 학생들은 지금 교실에서 공부를 <u>한다</u>.
   ③ 머지않아 우리는 여행길에 <u>오른다</u>.
   ④ 사람들이 힐끗힐끗 나를 <u>쳐다본다</u>.

4. 밑줄 친 동사가 현재의 동작을 나타내는 것은?
   ① 기차가 지금쯤 대전을 <u>지나겠지</u>.
   ② 모든 사람이 네 뜻을 <u>따르리라</u>.
   ③ 도시를 미련 없이 <u>떠나야지</u>.
   ④ 나비가 꽃에 앉아서 꿀을 <u>빨아먹는다</u>.

5. 밑줄 친 어미 가운데에서 현재 시제가 <u>아닌</u> 것은?
   ① 우리는 공원을 거<u>닌다</u>.   ② 아이들이 과자를 먹<u>는다</u>.
   ③ 산에 핀 꽃이 아름답<u>더라</u>.   ④ 기러기가 날아가<u>는구나</u>.

6. 밑줄 친 어미 가운데에서 현재 시제가 <u>아닌</u> 것은?
    ① 아마 비가 오<u>겠</u>는데.   ② 가난한 이에게 많이 베<u>푼다</u>.
    ③ 누가 이 일을 해내<u>리</u>오.   ④ 우리가 그 일을 <u>합니다</u>.

7. 밑줄 친 어미 가운데에서 과거 시제가 <u>아닌</u> 것은?
    ① 그가 그렇게 말하<u>더</u>군.   ② 여기서 <u>쉬었다</u> 가자.
    ③ 개가 쥐를 <u>물었다</u> 놓는다.   ④ 여기에 <u>있었겠구나</u>.

8. 밑줄 친 어미 가운데에서 과거 시제가 <u>아닌</u> 것은?
    ① 지금쯤은 <u>떠났겠다</u>.   ② 우리가 <u>받은</u> 대접을 잊지 말자.
    ③ 그에게 <u>좋은</u> 구경을 시켰다.   ④ 아마 <u>그랬을</u> 것이다.

9. 밑줄 친 어미 가운데에서 과거 시제가 아닌 것은?
    ① 그가 <u>말했으리라</u>.   ② 어디로 <u>갔느냐</u>.
    ③ 지금 <u>가옵나이다</u>.   ④ 네가 <u>먹었것다</u>.

10. 시제 표현이 틀린 것은?
    ① 그때 나는 미국에 <u>갔었지</u>.
    ② 어제 영화 구경 <u>했었니</u>?
    ③ 일이 참 <u>어렵더라</u>.
    ④ 지금쯤 그가 <u>도착하였겠다</u>.

우스개 이야기

김호신이 바다에서 말을 말아 거두어 말에 담고 말 위에 있는 말을 치운 뒤 그 말과 이 말을 말에 싣고 가다가 말에 부딪쳐 넘어지고 말았다고 한다.
이 사람이 지금 무슨 말을 하고 있을까?

제**24**일

여기는 사장님과 사모님 천국

(높임법)

"**사**장님, 어서 오세요."

이 인사를 듣는 남성의 50퍼센트는 사장이 아니다.

　"사모님, 이쪽으로 오십시오."

이 권유를 받는 여성의 50퍼센트는 사모님이 아니다.

　"선생님, 제 말씀 좀 들어 보십시오."

이 말을 듣는 사람의 50퍼센트는 선생님이 아니다.

　"언니, 여기 김치 한 접시 더 주세요."

이 말을 듣는 여성의 50퍼센트는 언니가 아니다.

　"이건 오빠가 결혼 때에 사 준 거잖아!"

이 말을 듣는 남성의 90퍼센트는 오빠가 아니다.

　여러분은 앞에 제시한 인사를 들었거나 해 본 일이 있을 것이다. 상대가 사장, 사모, 선생, 언니, 오빠가 아닌 줄 알면서도 그렇게 써 본 일이 있을 것이다. 이는 여러분이 이미 낱말의 의미와 다른 용도로 쓰는 것을 불가피하게 생각했기 때문이다. 우리가 이렇게 낱말의 본래 의미와 다른 용도로 쓰게 된 원인이 그 낱말에 있지 않고 우리의 심리 상태에 있다는 것을 우리는 잘 안다. 우리는 상대를 가리키거나 부를 때에 곧이곧대로 가리키거나 부르지 못하고 뭔가 상대를 배려하고 존중하는 방법을 써야 한다는 '높임의 강박 관념'에 사로잡혀 있다.

모두 서로 높이지 않기로 하거나 서로 다 높이기로 하거나 하면 말하기가 조금 쉽고 편해질 터인데, 그런 합의를 하는 것이 너무 어려운 일이기 때문에 서로서로 부담을 주면서 높임법을 사용하지 않을 수 없는 처지에서 헤어나지 못하고 있는 것이 우리의 언어 현실이다. 아마 우리는 상당한 기간 이런 어려움 속에서 말을 하며 살아야 할 것 같다. 불편하지만 좋은 방안이 나타나기 전에는 높임법은 우리 어법 가운데 가장 민감하고 중요한 어법으로 조심해서 사용하지 않으면 안 된다.

높임법의 실현

높임법은 여러 방법으로 실현된다. 서법의 일부에서 실현되기도 하고, 특별히 높이기 위해서 만들어 놓은 어미를 사용하기도 하고, 접미사를 사용하기도 하고 아예 높이기 위한 낱말을 만들기도 한다.

> ㉮ 아버님, 안녕히 주무셨습니까?
> ㉯ 김 과장, 너 일하는 게 왜 이 모양이야?
> ㉰ 네가 선생님께 여쭈어 봐라.

예문 ㉮에서는 '아버님'의 접미사 '-님'에서 높임이 실현되었다. 그리고 '주무셨습니까'에서도 높임이 실현되었다. '주무시다'가 '자다' 대신에 높일 사람에게 쓰이는 낱말이고, 어미 '-습니까'도 높임을 나타내기 위해서 쓰였다. 상대를 높이기 위해서 세 가지 방법으로 높임을 실현한 것을 알 수 있다.

예문 ㉯에서는 '너'에서 높임이 실현되었다. 상대가 자기보다 낮은 사람이라고 생각해서 '너'라는 낮춤의 대명사를 사용했다. 그리고 '모양이야'의 '이야'에서도 높임이 실현되었다. 자기보다 높은 사람이었다면 '모양입니까'라고 했을 것이고, 처음부터 '모양'이라는 낱말도 쓰지 않았을 것이다.

예문 ㉰에서는 '네가'에서 높임이 실현되었고, '선생님께'에서 접미사 '-님'과 조사 '께'로 높임이 실현되었다. '여쭈어'도 보통 '물어'로 할 수 있는 것을 높임을 위해서 썼고, '봐라'에도 높임이 실현되었다. 이처럼 우리말은 도처에서 높임이 실현된다.

국어에서 높임을 빼면 말이 되지 않는다. 아무리 좋은 낱말을 사용하고 아무리 문법적으로 완벽하게 표현하고, 아무리 호응이 잘 되는 말을 하더라도 높임에서 실패하면 모든 것이 수포로 돌아간다. 그러니 국어를 쓰는 우리는 모름지기 높임법을 명확하게 알고 슬기롭게 사용하려고 노력해야 한다.

높임법의 본질

우리가 높임 표현을 언어의 중요한 수단으로 채택한 것은 말하는 사람과 듣는 사람 그리고 그 말에 등장하는 사람 사이의 세력 관계를 언어에 투영하기 위함이다. 서로 힘의 우열 관계를 객관화하고 이를 언어에 투영하면 사회는 싸우지 않고 안정될 수 있다. 높임을 받을 자에게 권위와 영광을 주고 높임을 바치는 자에게는 평화와 안전을 보장할 수 있기 때문에 서로 불만이 없어져 사회 질서를 유지할 수 있게 된다.

그러면 힘의 우열은 무엇으로 결정되는가? 과거에는 힘의 우열을 나이, 신분, 계급 등으로 쉽게 객관화하여 결정할 수 있었다. 그래서 그런 객관적인 조건으로 높임법이 고정되어 대부분의 사람에게 어려움 없이 사용될 수 있었다. 그러나 신분 질서가 붕괴되고 사회적 계급이 사라진 지금은 그런 권위에 기대어 높임법을 유지하기 어렵게 되었다. 더욱이 과거의 폐쇄적 사회 구조 안에서는 상하 관계의 삶이 보편적이었지만 요즘처럼 개방된 사회 구조 안에서는 수평 관계의 삶이 더욱 보편화되어 있기 때문에 높임법에 대한 인식의 수정이 불가피하게 되었다.

학자들에 따르면 요즘의 높임법은 전통적인 방법처럼 힘의 우열을 나이나 직위, 직책 등 객관화할 수 있는 몇 가지 기준으로 정해지기도 하지만, 그런 객관적인 변별 수단보다 친소 관계나 사적 이해 관계에 더 많은 비중을 두는 추세라 한다. 높임법이 힘을 바탕으로 성립한 어법이기 때문에 과거에 힘의 원천으로 여겨졌던 것이 사라진 지금 스스로 그 힘이 있음을 과시하거나 그 힘이 있다고 믿는 자에게 환심을 사거나 최소한 자신에게 불이익이 돌아오지 않도록 하는 데 이용된다는 것이다. 그렇다면 높임법에는 상대의 힘을 인정하고 그 힘의 질서에 순응한다는 성격 외에 사회생활을 원활하게 하기 위해서 자기에게 필요한 환경을 개척해 나가는 수단의 성격이 추가되었다고 할 수 있다.

높임의 종류

높임은 말하는 이(또는 화자)가 누구를 높이는가에 따라서 세 종류로 나눈다. 문장의 주체(또는 주어)를 높이는 주체 높임, 말을 듣는 이를 높이는 상대 높임, 말에 등장하는 사람이나 그와 관련된 사물, 곧 객체를 높이는 객체 높임이 그것이다.

(1) 주체 높임

① **주체 높임의 실현** : 주체 높임은 문장의 주어에 해당하는 사람을 높이는 것이다. 직접 높임법과 간접 높임법이 있는데, 직접 높임법은 주어에 접미사 '-님'과 조사 '께서, 께옵서'를 붙이고, 용언의 어간에 선어말 어미 '-시-'를 붙여서 실현한다. 간접 높임법은 주어의 몸이나 주어와 관련된 사물을 높이는 것이다.

> ㉮ 선생님께서 너를 부르셨어.
> ㉯ 그분께서는 마음이 참 고우시다.

예문 ㉮는 주어인 '선생'을 높이기 위해서 접미사 '-님'을 붙인 뒤에 주격조사로 '께서'를 썼고, 서술어에 주체 높임을 나타내는 선어말 어미 '-시-'를 썼다. 이렇게 함으로써 주어를 높일 수 있는 모든 요소를 완벽하게 갖추었다. 이렇게 일관성 있게 각 요소를 다 높이는 것을 높임의 일치라고 한다. 만일 이 문장을 '선생님이 너를 부르셨어.'라고 했다면 높임이 소홀하였다는 말을 듣게 될 것이다. 물론 경우에 따라서는 이 정도의 높임으로도 충분하다고 생각할 수 있다.

예문 ㉯는 '마음이 고우시다'라고 하여 서술절의 서술어에 '-시-'를 붙였다. '마음'은 높임의 대상이 아니지만 '그분'에 속한 것이므로 이를 높이면 '그분'을 높이는 것이 된다고 보고 주체를 간접적으로 높인 것이다.

② **주체 높임의 양상** : 주체 높임이 실현되는 몇 가지 양상을 보면 아래와 같다. 이 가운데에서 가장 중요한 것이 주어를 높이는 접미사 '-님'을 붙이는 것과 서술어에 선어말 어미 '-시-'를 붙이는 것이다. 그 밖의 것은 친소 관계나 사회적 필요에 따라서 선택해서 사용할 수 있다.

> ㉮ 선생이 집에 가신다.
> ㉯ 선생님이 집에 간다.
> ㉰ 선생님이 집에 가신다.
> ㉱ 선생님께서 집에 가신다.
> ㉲ 선생님께서 댁에 가신다.

예문 ㉮와 ㉯는 높임에 필요한 최소한의 요건을 충족하지 못한 문장이므로 사용하면 안 된다. 예문 ㉰는 또래 사이에서 사적으로 부담 없이 할 수 있는 표현이다. 예문 ㉱는 공식적인 자리에서 할 수 있는 최소한의 높임일 것이고, 예문 ㉲는

271

선생님과 관련된 사물까지 높였기 때문에 선생님을 가장 완벽하게 높인 표현이다.

예문 ⑭~⑯는 선택적으로 사용할 수 있다. 특히 듣는 사람이 누구인지, 듣는 사람과 선생님의 관계가 어떤지에 따라서 다르다. 예를 들면 듣는 사람이 어린이거나 선생님을 매우 존경하는 자기 또래의 사람이라면 말하는 이가 예문 ⑯의 높임법을 사용할 가능성이 높고, 듣는 이가 선생님을 별로 존경하지 않는 자기 또래의 사람이라면 예문 ⑭의 높임법을 사용할 것이다. 이런 선택은 화자가 전략적으로 할 수 있다는 의미에서 규범적 높임에 대하여 전략적 높임이라고 한다.

③ **부적절한 주체 높임** : 요즘 주체 높임법에 사용되는 '-시-'가 엄청난 고난을 당하고 있다. 사람들이 '-시-'를 아무 곳에나 붙이기 때문이다.

다음은 모두 '-시-'를 잘못 붙인 예이다.

> ㉮ 좋은 하루 되십시오.
> ㉯ 즐거운 여행 되십시오.
> ㉰ 기한이 되시면 통장에서 자동으로 인출이 되십니다.
> ㉱ 쓰시다가 고장이 나시면 교환해도 되십니다.

예문 ㉮는 대부분의 은행이나 백화점 앞에 붙어 있는 인사말이고, 예문 ㉯는 인천국제공항을 비롯한 공항과 역, 여행사 등에 붙어 있는 인사말이다. 예문 ㉰는 은행, 보험사, 인터넷 서비스 업체의 안내원에게서 매일 듣는 말이고, 예문 ㉱는 홈쇼핑 업체나 상품 판매 안내원에게서 쉽게 들을 수 있는 말이다. 무조건 '-시-'만 붙이면 고객을 높이는 거라고 생각하기 때문에 나타난 고약한 어법인데, 이런 인사말은 주로 인사 예절을 가르치는 사람들이 퍼뜨린다고 한다. 어쨌든 위의 네 가지 인사말은 모두 높임법을 잘못 사용한 것임을 알아주면 좋겠다.

'-시-'가 붙은 서술어는 언제나 그 서술어의 주어를 높인다. 예문 ㉮와 ㉯의 주어는 '당신', '여러분', '승객' 등이 될 가능성이 크다. 그 주어더러 '하루'나 '여행'이 되라고 하는 불쾌한 인사가 되므로 쓸 수 없는 인사이다. 물론 '-시-'를 빼더라도 적절한 인사말이 될 수 없다.

예문 ㉰와 ㉱의 '-시-'는 모두 사람이 아닌 것을 높이는 데 쓰였다. 그래서 잘못 쓰인 것이다. '-시-'만 빼면 정상적인 인사말이 된다. 상대를 높이기 위해서 사용한 '-시-'가 공연히 말썽만 일으킨 꼴이 되었다. 현대인이 높임법에 너무 주늙이 들었거나 강박관념에 빠져서 이런 인사말을 쓰게 된 것 같은데, 어법을 조금만 이해한다면 이런 인사말은 얼마 안 가서 쓰지 않게 될 것이다.

(2) 상대 높임

① 상대 높임의 실현 : 상대 높임은 문장의 상대, 곧 듣는 사람에 해당하는 사람을 높이는 것으로 서술어의 종결 어미에서 나타난다.

> ㉮ 아버지가 오셨<u>습니다</u>.
> ㉯ 아버지가 오셨<u>소</u>.
> ㉰ 아버지가 오셨<u>네</u>.
> ㉱ 아버지가 오셨<u>다</u>.

예문 ㉮~㉱의 밑줄 친 종결 어미는 모두 상대를 높이는 등급에 따라서 쓰인 것이다. 상대를 아주 높이는 데는 '-습니다, -습니까, -십시오, -시옵소서, -시지요'가 쓰이고(이를 합쇼체라고 함), 상대를 예사로 높이는 데는 '-오, -소, -읍시다'가 쓰이며(이를 하오체라고 함), 상대를 조금 낮추는 데는 '-네, -나, -세, -게'가 쓰이고(이를 하게체라고 함), 상대를 아주 낮추는 데는 '-ㄴ다, -는다, -느냐, -으냐, -아라, -자'를 쓴다(이를 해라체라고 함).

모든 상대 높임은 위와 같은 등급에 상대방과 힘의 관계를 말하는 이가 판단하여 그에 상응하는 높임법을 사용하게 된다. 위의 어법은 규범적이고 공식적이어서 권위적인 냄새를 풍긴다. 그래서 이런 높임보다 조금 자연스럽고 비격식투의 어법이 나타났다.

> ㉲ 아버지가 오셨<u>어요</u>.
> ㉳ 아버지가 왔<u>어</u>.

예문 ㉲, ㉳는 앞의 네 문장에 비해서 한결 부드러운 느낌을 준다. 격식을 벗어난 것은 언제나 자연스럽고 친근하게 느껴진다. 그래서 이런 비격식체의 어법이 나타났는데 예문 ㉲의 '-어요(/-아요)'는 상대를 두루 높이는 데 쓰이는 어법이고, 예문 ㉳의 '-어(/-아)'는 상대를 두루 낮추는 데 쓰는 어법이다.

② 상대 높임의 어미 '-오', '-소' : 상대 높임법의 하오체 서법에 나타나는 어미 가운데에서 '-오'와 '-소'의 쓰임에 대해서 알아 두자. '-오'와 '-소'는 하오체의 평

서법과 의문법에서 함께 나타나고 일부 방언에서는 명령법과 청유법에서도 나타난다. 그래서 이들의 용법을 정확하게 구별하여 알아 둘 필요가 있다.

〈평서형〉

　　㉮ 나는 학교에 가오. (/가소×)

　　㉯ 아이들이 과자를 먹으오. (/먹소○)

　　㉰ 하늘이 무척 푸르오. (/푸르소×)

　　㉱ 이것이 더 좋소. (/좋으오×)

　평서형에서 동사는 '-(으)오'를 쓰되 받침 있는 동사에 '-소'를 쓸 수도 있다. 형용사는 받침이 없으면 '-오'를, 받침이 있으면 '-소'를 쓴다. 만일 선어말 어미 '-시-'를 쓰면 종결 어미는 자연히 '-오'가 된다.

〈의문형〉

　　㉲ 벌써 학교에 가오? (/가소×)

　　㉳ 동생이 밥을 먹으오? (/먹소○)

　　㉴ 영화가 그렇게 슬프오? (/슬프소×)

　　㉵ 그렇게 기분이 좋소? (/좋으오×)

　의문형에서도 평서형과 마찬가지로 동사는 '-(으)오'를 기본으로 하고 받침 있는 동사에는 '-소'를 쓸 수도 있다. 형용사는 받침이 없으면 '-오'를, 받침이 있으면 '-소'를 쓴다. 만일 선어말 어미 '-시-'를 쓰면 종결 어미는 자연히 '-오'가 된다.

〈명령형〉

　　㉶ 어서 가오. (/가소×)

　　㉷ 어서 먹으오. (/먹소×)

　명령형에서는 '-(으)오'를 쓴다. '가소, 먹소' 형태는 하게체의 방언으로 사용되는 경우가 있다.

③ **전략적 상대 높임** : 상대 높임은 일반적으로 상대와 나의 위치를 저울질하여 내가 상대를 아주 높일 것인지, 예사로 높일 것인지, 예사로 낮출 것인지, 아주 낮출 것인지 결정하여 그에 따라서 서법을 사용하면 된다. 그런데 어떤 경우에는 일률적으

로 하나의 높임법만 사용하기 곤란한 경우가 있다. 자기보다 연배는 어리지만 마구 하대하기 어려운 사람이 있을 수 있다. 그럴 경우에는 상대 높임법으로 하대하더라도 주체 높임법으로 높이는 이중적인 높임법을 구사하게 되는 경우가 생긴다.

㉠ 술 좀 하시겠는가?

㉡ 내 말을 좀 들어 보시게.

㉢ 기대하시라, 우리 시대 최고의 명작을!

예문 ㉠와 ㉡는 종결 어미에서는 하게체로 하대를 하지만 높임의 선어말 어미를 사용해서 주체를 높인 것이다. 주체와 듣는 사람이 같기 때문에 공대와 하대를 함께 씀으로써 상대를 배려할 수 있게 되었다. 예문 ㉢는 들떼놓고 하는 말인데 여기에서는 아주 낮춤 표현 앞에 높임 선어말 어미를 썼다. 이것도 상대를 일정하게 배려하는 의미가 들어 있는 전략적 상대 높임법이다.

📌 높임의 단계별 어미 형태

① 격식체 : 높임의 격식을 갖춘 말체(동사와 형용사, 받침의 유무에 따라서 선택해야 함)

높임의 단계	평서형	의문형	명령형	청유형
아주 높임(합쇼체)	-습니다	-습니까?	-십시오	-시지요!
예사 높임(하오체)	-오/-으오/-소	-오?/-으오?/-소?	-오/-으오	-ㅂ시다
예사 낮춤(하게체)	-네/-으이	-나?/-는가?/-은가?	-게	-세
아주 낮춤(해라체)	-는다/-ㄴ다/-다	-는가/-은가?/-ㄴ가? / -느냐?/-으냐?/-냐?/-니?	-아라/-어라	-자

② 비격식체 : 높임의 격식을 제대로 갖추지 않은 말체(받침의 유무에 따라서 선택하되, 불규칙 활용에서는 형태가 달라짐)

높임의 단계	평서형	의문형	명령형	청유형
두루 높임(해요체)	-아요/-어요	-아요?/-어요?	-아요/-어요	-아요!/-어요!
두루 낮춤(해체)	-아/-어	-아?/-어?	-아/-어	-아!/-어!

(3) 객체 높임

객체 높임은 문장의 목적어나 부사어 등에 쓰이는 사람이나 사물을 높이는 것으로서 객체나 그것을 목적어로 삼는 서술어에서 나타난다.

㉮ 애야, 어서 네 <u>어머님</u>을 <u>모시고</u> 오렴.

㉯ 제가 <u>사모님</u>께 댁의 자제분을 소개해 올리겠습니다.

예문 ㉮에서 '어머님'과 '모시다'가 모두 주체나 상대 높임과 관련이 없이 오직 객체인 '어머니'를 높이는 말이다. 예문 ㉯의 '사모님', '올리다'는 모두 객체인 사람을 높이는 것이고, '자제분'은 주체와 관련된 다른 사람을 높이는 것이며, '댁'은 주체와 관련된 사물을 높이는 것이다.

객체 높임은 주체나 상대와 상관없을 수도 있지만 주체와 상대를 높이기 위해서 객체를 높이는 경우도 많다. 따라서 같은 대상이 주체나 상대에 따라서 달리 표현될 수 있다.

㉰ 댁의 아드님은 잘 계십니까?

㉱ 네 아들은 잘 있느냐?

이처럼 같은 객체가 상대에 따라서 달리 취급되는 것이다.

(4) 압존법

말하는 이보다 높지만 말을 듣는 이보다 낮은 주체를 원래의 높임보다 낮추는 어법을 압존법(壓尊法)이라고 한다. 이런 어법을 발전시킨 것은 높임의 서열을 분명하게 하기 위함인데, 가부장적인 가족 제도와 전제적 사회 체제 아래에서는 매우 유용한 어법이었지만 지금은 현실에 맞지 않아 변화를 겪고 있는 어법이기도 하다.

㉮ 할아버지, 아버지가 방금 돌아왔습니다.

㉯ 회장님, 김 부장이 사업 계획을 보고하겠답니다.

㉰ 애, 아범 왔더냐?

㉱ 아버님, 아범이 아직 오지 않았습니다.

예문 ㉮는 손자가 할아버지에게 자기 아버지의 귀가를 알리는 말이고, 예문 ㉯는 비서가 회장에게 부장의 말을 전달하는 것이다. 예문 ㉰는 시어머니가 며느리에게 자기 아들이 오는지 묻는 말이고, 예문 ㉱는 며느리가 시어머니에게 자기 남편이 아직 안 돌아왔다고 대답하는 말이다. 대체로 이런 정도로 높임을 실현하는 어법이 압존법이다.

그런데 요즘 세상이 많이 바뀌어서 이런 어법을 그대로 획일적으로 적용할 수 없게 되었다. 아들과 아버지의 관계, 아버지와 할아버지의 관계, 손자와 할아버지의 관계가 규범적 높임법을 그대로 적용하기에는 너무 많이 달라졌고, 직장에서의 상하 관계도 일방적으로 회장이나 사장 중심으로 높임법을 적용하기도 무척 어려운 것이 현실이다. 그래서 말하는 사람이 나이, 상대방과 주체와의 친소 관계, 자기와 주체와의 친소 관계, 자기와 상대방과의 친소 관계, 그때의 기분 등을 종합적으로 고려하여 상황에 맞게, 자신의 사교 관계에 해가 미치지 않을 정도로 압존법을 변화시켜서 사용하지 않을 수 없다. 이런 높임을 전략적 높임이라고 하는데, 규범적 높임이 실현되기 어려운 상황에서 자연스럽게 나타난 높임의 형태라고 할 수 있다. 전략적 높임의 예를 몇 들어 보면 다음과 같다.

㉮ 할아버지, 아버지께서 돌아오셨습니다.
㉯ 그래? 할아버지한테 좀 오시라고 해라.
㉰ 회장님, 김 부장님이 사업 계획을 보고하시겠답니다.
㉱ 그래? 어서 들어오시라고 해라.

위의 높임법은 압존법을 적용해야 할 부분에서 일부를 정상적인 높임으로 바꾼 것이 대부분이다. 이런 변화를 통해서 손자는 할아버지와 아버지를 동시에 높일 수 있고, 할아버지도 자기 아들을 손자 앞에서 세워 주는 효과도 얻을 수 있다. 또 사원이 부장을 조금이나마 높일 수 있어 안심이 되고, 회장도 부장을 조금이나마 높여 줌으로써 상대를 배려하는 마음을 내보일 수 있게 된다. 이것을 '윈윈 정책'이라고 할 수 있을지 모르겠다. 어떻든 이런 전략적 높임법이 당분간 널리 사용되면서 압존법을 약화시킬 것이고 높임법의 새로운 대안이 모색될 것이다.

(5) 겸양법

자신을 낮춤으로써 상대를 높이는 방법을 겸양(謙讓)이라고 한다. 대체로 어간에 '-잡-, -삽-, -옵-, -사오-, -사옵-, -자오-, -자옵-' 등을 사용하여 실현한다. 겸양 선어말 어미는 상대를 높이는 것이기 때문에 주체를 높이는 선어말 어미 '-시-'와 함께 쓰일 수 있다.

㉠ 사장님께서 방금 출발하셨사옵니다.
㉡ 지금 가오니 잘 안내해 주시옵소서.
㉢ 그 소식 듣잡고 퍽 놀랐사옵니다.

높임의 일치

높임은 높이고자 하는 주체, 객체, 상대를 일관되게 높여야 한다는 규칙을 가리키는 말이다.

> ㉠ 선생님이 둘째 아들을 데리고 온다.
> ㉡ 영호야, 어서 가서 어머님을 데리고 와라.
> ㉢ 난 네가 누구신지 모르겠습니다.

예문 ㉠는 '선생님'에 맞는 조사 '께서'를 붙이지 않았고, '아들을'을 '아드님을'로 고쳐야 하며, '온다'는 '오신다'로 고쳐야 한다. '선생'을 높이려 했으면 존경을 나타내는 접미사 '님'을 붙이고, 존경을 나타내는 조사 '께서'를 붙여야 하며, 선생님과 관련된 객체도 높여서 '아드님'으로 해야 하고, 선생님의 동작인 '온다'도 '오신다'로 고쳐야 한다. 이 모든 요소를 높임으로 바꾸어 높임의 일관성을 유지해야 한다.

예문 ㉡는 '어머니를 데리고'를 '어머님을 모시고'로 고쳐야 한다. '어머님'에 이미 높임이 들어 있으니 이에 호응하도록 '데리고'를 높임 표현 '모시고'로 고쳐야 한다.

예문 ㉢는 '네가'와 '누구신지'와 '모르겠습니다'의 높임법에 일관성이 없다. '너'를 높이고 싶으면 마땅히 '당신' 또는 '선생님' 정도로 고쳐야 한다. 만일 '너'를 높이지 않고 싶으면 '누군지 모르겠다'처럼 고쳐야 한다.

그러나 높임의 일치는 반드시 그래야 한다기보다는 그러는 것이 좋다는 의미가 있다. 높임법 전체가 전략적 어법이라는 점을 인식한다면 높임의 일치도 전략적 방법의 하나라는 점을 이해할 수 있을 것이다. 특히 전략적 상대 높임법에서 본 바와 같이 높임법은 화자와 청자의 관계, 화자와 객체의 관계, 상대와 객체의 관계 등을 고려하여 적절하게 변형하여 구사할 수 있다.

호칭과 지칭

앞에서 말한 바와 같이 호칭과 지칭은 우리 사회에서 공동체 생활을 하는 데 최대의 난제로 부각되고 있다. 처음 만난 사람끼리 상대를 어떻게 부를 것인지, 공석에서와 사석에서의 호칭과 지칭이 달라지는 것을 어떻게 보아야 하는지, 지식과 정보를 원활히 교환하기 위해서 호칭과 지칭을 어떻게 다듬어야 할지 지금부터 우리 사회가 심각하게 고민하고 대안을 찾아야 한다.

몇 년 전에 내가 우리말의 호칭과 지칭을 단순화하는 방안을 찾기 위해서 학자 몇 분을 초청해서 토론회를 연 일이 있었는데, 그 자리에서 한 국제무역 전문 교수가 대단히 놀랄 만한 의견을 내 놓은 적이 있었다. 의견의 요지는 적절한 호칭이 없어서 우리 사회는 한 해에 몇 천 억 내지 몇 조 원의 손해를 입고 있을 것이라는 것이다. 그의 주장은 이랬다.

> 우리 사회가 호칭과 지칭의 불안정으로 허비하는 경제적 손실이 몇 천 억 원에 이를 것이다. 회사에서 동료들끼리 서로 부담 없이 지내려면 잦은 회식을 하지 않을 수 없어 회식하는 비용으로 적잖은 돈이 들어가고, 그래도 서로 자연스럽게 정보를 교환 하는데 부담이 남아 있어 지식을 공유하는 데 말할 수 없는 손해를 입고 있고, 이웃과 교제하는 데도 마땅한 호칭이 없어서 교제 자체가 벽에 부딪히는 경우가 많아 호칭에 부담이 없는 사람들끼리만 모여 끼리 문화를 만들게 된다. 그래서 우리 사회는 정의감이나 공익에 입각한 사회적 공감대를 형성해 내기가 어렵다. 이것이 무엇보다 우리 사회 발전의 큰 제약이 되어 우리는 우리도 모르는 사이에 엄청난 사회적 비용을 지불하고 있다. 격론이 벌어지는 토론에서는 상대의 높임법 사용에 불쾌감을 느껴 토론이 엉뚱하게 전개되는 경우가 많다. 우리 사회가 이 호칭과 높임법 때문에 받는 손실을 계량적으로 따진다면 한 해에만 몇 천 억 원이 넘을 것이다. 이 계산은 우리 시대의 손실에 불과하고 앞으로 올 세대의 것을 모두 합친다면 그건 우리의 상상을 초월할 것이다.

또 노동법을 하는 한 교수는 한국의 노동 시장 유연성을 가로막는 요인 가운데 하나로 호칭과 높임법을 들었다. 나이가 조금이라도 든 사람이 새로운 직장을 잡으려면 먼저 호칭과 높임법 사용 때문에 회사의 기존 직원들과 융화하지 못하고 겉돌다가 다시 퇴사하는 일이 많이 생긴다는 것이다. 따라서 한번 자리를 잡은 회사를 그만둔다는 것은 영원히 새로운 직장을 잡기 어렵다는 것을 의미하기 때문에 노동 운동이 더욱 과격해지지 않을 수 없다는 것이다.

그 자리에 참석한 국어학자들은 국어를 원론적이고 추상적으로 생각하고 연구하여 온 것에 부끄러움을 느끼지 않을 수 없었다. 국어 연구가 국민의 삶의 문제에 깊숙이 개입하지 못한다면 사회와 겉도는 공리공론에 그칠 수도 있다는 것을 절감했다. 그래서 우리는 새로운 호칭을 만들든지, 기존의 호칭 가운데에서 비교적 여러 사람이 공통으로 쓸 만한 것을 선정하여 온 국민이 쉽게 사용하는 운동을 벌이는 것이 좋겠다는 결론을 내린 적이 있다. 그 논의 과정에서 조금 엉뚱한 제안도 있었다.

상금 1억 원!

아마 많은 국민, 특히 직장인들은 이 두 분 교수의 말에 공감할 것이다. 그래서 좋은 호칭을 제안하여 그 호칭을 국민이 사용하면 호칭 제안자에게 상금으로 1억 원을 주자는 의견도 우스개처럼 나왔다.

그러나 생각해 보면 마냥 우스개로 넘길 일만은 아니다. '상금 1억 원'을 새 호칭을 만들어 낸 사람에게 준다! 그럴 만한 충분한 가치가 있지 않겠는가? 국어기본법도 생겼고, 국립국어원도 체제를 정비했고, 더욱이 호칭 문제에 적극적인 의견을 제시했던 국제 무역 전문 교수가 청와대에서 경제 정책을 조율하는 자리에 있고, 호칭과 지칭 문제를 함께 논의했던 국어학자가 국립국어원에서 중요한 정책을 개발하고 있으니 국가가 이 사업을 시행할 수 있는 절호의 기회가 온 것 같아 좋은 결과를 기대하는 마음으로 다시 이 문제를 제기해 본다.

높임법에 대한 인식 전환

국어의 높임법에 대해서 좀 심각하게 고민하고 이를 21세기 이후의 우리 후세들이 어떤 자세로 높임법을 사용하게 할 것인지 검토하여야 할 것이다. 나는 이 문제가 국어를 연구하는 사람이나 우리말로 삶을 사는 모든 사람에게 주어진 이 시대의 가장 큰 과제라고 생각한다.

위의 토론회가 열렸던 비슷한 시기에 한 회사의 초청으로 호칭 문제에 대해서 강의한 일이 있었다. 그 회사는 이미 하나의 실험을 시작했다고 했다. 전 사원의 호칭을 이름에 '씨'나 '님'을 붙여서 사용하기로 한 것이다. 직급 뒤에 '님'을 붙여 '상무님, 부장님' 같은 식으로 부르지 못하게 한 것은 당연하다. 이 회사의 시도가 성공하기를 빌면서 강의를 마쳤는데 1년 뒤에 들으니 이 새로운 호칭법이 정착 단계에 접어들었다고 했다. 그 회사에서 호칭 변화에 가장 힘들어 했던 사람들이 부장 이상 임원들이었다고 한다. 언어 기득권을 누리는 사람들이 그런 호칭 변화에 가장 큰 손해를 입게 되는 것이니 그들이 어려움을 겪는 것은 당연한 일이다.

여기서 우리는 호칭 변화를 통해서 우리 사회의 호칭 문제를 해결하려면 나이가 많은 분, 지위가 높은 분들의 동의와 참여를 유도할 수 있어야 하고, 그 과정에서 상당한 저항이 있을 것임을 알 수 있다. 여기에 높임법 전반에 대한 변화를 시도하면 그 저항은 더 커질 것이다. 그러나 이 문제를 슬기롭게 해결할 수만 있다면 우리 사회의 역동성을 감안할 때 우리는 엄청난 민족적 에너지를 한데 모아 대단한 일을 해낼 수 있게 될 것으로 본다. 그래서 조심스럽게 그러나 한 걸음 한 걸음 이 문제를 다루어 나갈 수 있게 되기를 기대한다.

국어에서 높임법은 영원히 사라지지 않을 어법이다. 그렇다면 이를 적극적으로 활용하려고 노력하는 것이 중요하며, 그 방안을 찾아낸다면 높임법이 오히려 우리에게 아주 의미 있고 생산적인 어법이 될 것이라고 생각한다. 내가 생각하는 높임법에 대한 새로운 인식이란 이런 것이다. 높임법은 단순히 어느 일방을 높이는 것이 아니라 사람이라는 인격체를 높이는 어법으로 받아들인다. 모든 사람의 기본 인격을 존중하기 위해서 사용하는 것이 높임법이다. 나이가 많거나 지위가 높다고 그를 존경하는 것이 아니라, 그가 우리와 함께 사는 사람이기 때문에 존중하기 위해서 사용하는 어법이 높임법이다. 모든 사람은 다른 사람에게서 높임법으로 존중받을 권리가 있다. 따라서 어린아이이든 어른이든 지위가 높건 낮건 누구나 상대에게서 높임법으로 존중받아야 하고 또 상대를 높임법으로 존중해야 한다. 이 정도가 높임법에 대해서 가질 수 있는 새로운 인식이 아닐까?

이런 인식을 갖고 높임법을 사용하면 누구나 자신에 대한 자각이 생길 것이고, 모든 이가 자존심을 회복할 것이며, 이웃 간에 서로 사랑하고 아끼며 갈등보다 먼저 조화를 추구할 것이다. 21세기의 화두인 생명 존중 사상이나 인간 존중 사상은 아주 자연스럽게 체득될 것이다. 이로써 우리는 세계인이 존경하는 민족이 될 것이다. 말은 사람을 바꾼다. 그 가운데에서 높임법이야말로 자신과 함께 사회를 혁명적으로 바꾸어 놓을 것이다.

높임법에 대한 인식 변화는 하루아침에 이루어지지 않으므로 천천히 그러나 치밀하고 진지하게 추진해야 한다. 그리고 실제 사용될 높임법의 내용도 전문가와 시민들이 적극적으로 참여하여 실천 가능한 것을 만들어 내야 한다. '만인의 만인에 대한 높임법은 구체적으로 어떤 높임법이 되어야 하는가, 그리고 어떤 경우에 사용할 수 있는가, 그 외의 높임법과는 어떤 차별성이 있는가' 등 각론적인 것은 학자들과 시민들이 논의하여 하나하나 결정하여 국민의 참여를 유도해 낼 수 있을 것이다. 무리하지 않고 이 사업을 추진해 나가면 머지않아 우리에게 혁명적인 의식의 변화가 일어날 것이다. 그래서 우리 사회와 민족이 높임법으로 성공하는 시기가 올 것이다. 이런 꿈을 꾸는 것만으로도 즐겁고 이 땅에서 사는 보람을 느낀다.

높임말과 예사말

빗금 앞 것이 예사말이고, 뒤 것이 높임말이다.

가(이)/께서, 급사(急死)/급서(急逝), 내다/바치다, 당신/선생, 말/말씀, 먹다/들다(드시다, 잡수다, 잡수시다, 잡숫다), 문안하다/문안드리다, 묻다(말하다)/여쭈다(여쭙다), 병/병환(환후), 병사(病死)/병졸(病卒), 부부/내외분, 상처(喪妻)/상배(喪配), 새색시/새댁, 생일/생신, 성(姓)/성씨(姓氏), 소경/장님(봉사), 수면(睡眠)/침수(寢睡), 순가락/수저, 아프다/편찮다, 안색(顔色)/신색(身色), 얼굴/신관, 에게/께, 외가/외가댁, 임금/상감(상감마마, 대전), 있다/계시다, 자다/주무시다, 장인(丈人)/빙장(聘丈), 제사(祭祀)/제향(祭享), 주다/드리다, 죽음/서거(逝去), 중/스님(선사, 화상), 축하/감축(感祝), 후처(後妻)/후실(재취)

* 이 밖에도 토박이말보다 한자어를 높이는 바람직하지 않은 의식 때문에 차별화해서 사용하는 것들은 수없이 많다.

　　아버지/부친, 어머니/모친(자당), 큰어머니/백모, 작은아버지/숙부, 맏형/장형(백형), 조카딸/질녀(姪女), 아내/부인(婦人), 딸/여식(女息), 나이/연세(춘추), 누이/매씨, 무덤/산소(山所), 성명(이름)/성함(함자), 시집/시댁

* 사회적 지위에 따라서 이름이 달라지는 것들(쓰임새는 국어사전을 참조하라.)

　　수라/진지/밥/입시/메, 후(后)/부인(夫人)/유인(孺人)/부인(婦人)/처(妻)

정리

높임법은 우리가 공동체 생활을 잘 하기 위해서 만든 우리의 창작물이다. 높임법이 과거에는 사회를 지탱하는 데 유용하게 작용했지만 앞으로 우리가 개방 사회를 이룩하는 데는 걸림돌이 될 수 있다. 그렇다고 해서 개인이 '전략적 높임'의 방법으로 해결하려는 것은 무책임하다. 그래서 지금부터라도 높임법을 우리 어법의 강점이 되게 하는 방법으로 슬기롭게 활용하는 방안을 찾아야 한다.

연습^문제 ·

정답은 www.barunmal.com의 "글세상"에 있습니다.

1. 밑줄 친 어미 가운데에서 주체 높임의 뜻이 없는 것은?
   ① 참 아름다우십니다.　　　② 그분은 돌아가셨습니다.
   ③ 제가 보았사옵니다.　　　④ 아버지가 여기를 보신다.

2. 밑줄 친 어미 가운데에서 상대 높임의 뜻이 없는 것은?
   ① 정말 고우시더라.　　　② 열심히 하리다.
   ③ 지금 가겠나이다.　　　④ 어서 오십시오.

3. 밑줄 친 어미 가운데에서 객체 높임의 뜻이 없는 것은?
   ① 어머니를 모시고 와라.　　② 선생님께 말씀을 여쭈어라.
   ③ 아버지를 뵙기로 했다.　　④ 진지를 드시고 계신다.

4. 국어에서 상대를 높일 때에 고려하는 것이라고 볼 수 없는 것은?
   ① 나이　　　　　　② 사회적 지위
   ③ 성별　　　　　　④ 친분 관계

5. 다음에서 주체를 높인 문장이 아닌 것은?
   ① 아버지께서 오셨습니다.　② 아버지께서 오셨다.
   ③ 화색이 참 고우십니다.　　④ 모두 어머님을 모시고 왔다.

6. 다음에서 상대를 높인 문장은?
   ① 따님이 참 예쁘더라.　　② 가서 어머님을 모시고 오너라.
   ③ 동생을 데리고 오세요.　　④ 날씨가 몹시 좋군.

7. 다음 대화에서 압존법에 저촉되지 <u>않는</u> 표현은?

> "할아버지, 안녕히 주무셨어요?"
> "오냐. 아버지도 ① <u>일어났더냐?</u>"
> "예. ② <u>일어나셨습니다.</u>"
> "그럼, 아버지를 ③ <u>모시고</u> 오너라."
> "예, ④ <u>모시고</u> 오겠습니다."

8. 예사말과 높임말이 제대로 짝지어지지 <u>않은</u> 것은?
   ① 저/젓가락　　　　　　② 밥/진지
   ③ 데리고/모시고　　　　④ 보다/뵈다

9. 예사말과 높임말이 제대로 짝지어지지 <u>않은</u> 것은?
   ① 집/댁　　　　　　　　② 만나다/뵙다
   ③ 말하다/여쭙다　　　　④ 가친/선친

10. 예사말과 높임말이 제대로 짝지어지지 <u>않은</u> 것은?
    ① 병/병환　　　　　　　② 이름/성함
    ③ 나이/연세　　　　　　④ 얼굴/면상

11. 예사말과 높임말이 제대로 짝지어지지 <u>않은</u> 것은?
    ① 너/당신　　　　　　　② 딸/따님
    ③ 있다/계시다　　　　　④ 죽다/돌아가다

12. 예사말과 겸양어가 제대로 짝지어지지 <u>않은</u> 것은?
    ① 우리/저희　　　　　　② 옥고(玉稿)/졸고(拙稿)
    ③ 나/저　　　　　　　　④ 아내/집사람

13. 높임법에 맞지 <u>않는</u> 것은?

    ① 부모님은 서울에 계시는가?

    ② 어머니 집에 있으시니?

    ③ 할아버지는 귀가 참 밝으시다.

    ④ 할머니는 귀가 어두우세요.

14. 높임법에 맞지 <u>않는</u> 것은?

    ① 손자는 몇 있으세요?   ② 손녀도 한 분 계셔요?

    ③ 제가 대신 일을 해 드리지요.   ④ 어서 들어가셔서 쉬세요.

생각해 볼 이야기

사 회 : 오서 오세요. 차례로 자신을 소개해 주시겠습니까?

손님 1 : 저는 김대구 <u>신부님</u>입니다.

손님 2 : 저는 청화 <u>스님</u>입니다.

이처럼 자신을 높이는 이상한 어법을 쓰는 분이 가끔 있는 것 같다.

제 **25**일

멋을 모르면 뭘 모르는 것이다

(호응)

어느 토요일 오전, 오랜만에 배낭을 둘러매고 북한산을 올랐다. 구기동 쪽 동네 어귀에 자동차를 세워 놓고 탕춘대 능선을 향하여 산을 오르는데 내려오는 사람마다 나를 별스럽게 위아래로 훑어보는 것 같았다. 조금 이상한 생각이 들었으나 개의치 않고 10여 분쯤 계속 올라갔다. 땀이 나기 시작할 즈음에 남녀 여남은 명이 앞쪽에서 내려오다가 또 나를 위아래로 훑어보며 내려갔다. 내가 뭐 이상한 거라도 입었는지, 배낭을 잘못 맸는지 하는 생각을 하면서 내 몸을 내려다보다 그만 실소를 하고 말았다. 등산화 대신에 구두를 신은 채 산을 오르고 있었던 것이다. 등산화는 차의 트렁크에 있었는데 주차한 뒤에 바꿔 신는 것을 잊고 곧장 산을 올랐던 모양이다. 등산복 입고 배낭 메고 구두를 신은 꼴이 내 눈에도 참으로 볼 만했다.

등산복에 구두 차림이나 양복에 운동화 차림이나 한복에 갓을 쓰고 장죽을 문 영감이 자전거를 타는 모습이나 여간 안 어울리는 게 아니다. 요즘은 이런 정도의 안 어울림은 보기 어렵다. 블라우스와 재킷, 치마, 구두, 스타킹, 핸드백까지 모두 잘 어울리게 맞추는 것이 보통이니 조금만 안 어울려도 금방 티가 난다. 사람들이 옷과 꾸밈에 신경을 많이 쓰다 보니 안목이 높아졌다. 그래서 '코디'를 조금만 어설프게 해도 금방 티가 난다.

그런데 이런 안 어울림은 몸차림에서만 나타나는 것이 아니라 문장에서도 나타난다. 일반 사람들은 문장의 어울림에 대해서는 그리 관심을 두지 않으므로 얼른 알아차리지 못하지만 문장을 오래 다룬 사람들의 눈에는 아주 쉽게 보인다. 전문가들이 어색한 문장이라고 하는 것은 대체로 문장의 각 부분이 적절하게 어울리지 않아서 생긴 결과이다.

이제까지 공부한 낱말과 문법 지식을 이용해서 글을 쓴 뒤에 그 글이 제대로 쓰였는지 확인할 수 있는 잣대가 어울림, 곧 호응이다. 문장의 호응 관계는 세 가지로 나누어 생각할 수 있다. 첫째는 문법 요소를 둘러싼 호응으로서 특정 조사와 서술어 사이의 호응, 특정 어미와 성분 사이의 호응이 이에 속하는데, 이 호응을 문법적 호응이라고 한다. 둘째는 어휘 요소를 둘러싼 호응으로서 특정 낱말의 의미와 다른 낱말 또는 구문의 호응이 이에 속하는데, 이를 어휘적 호응이라고 한다. 셋째는 문장과 문장, 절과 절을 어미나 접속부사로 잇는 경우에 두 문장 또는 두 절의 호응을 생각할 수 있는데, 이를 논리적 호응이라고 한다.

문법적 호응

문장 성분 사이의 호응을 문법적 호응이라고 하는데 조사나 어미 같은 문법 요소가 이 호응에 관련되고, 품사의 호응도 여기에 속한다. 대체로 조사와 어미는 문법적 기능을 하는 요소이기 때문에 그 기능에 맞는 조사와 어미를 사용해야 한다.

(1) 성분과 성분의 호응

① 서술어와 주어, 목적어, 부사어의 호응 : 서술어와 주어, 목적어, 부사어가 호응하려면 격조사를 정확하게 사용해야 한다. 격조사를 정확하게 사용하지 않아서 성분 사이의 문법적 호응이 안 된 경우를 예시하면 아래와 같다. 이 예문은 모두 우리 문인들의 글에서 뽑은 것으로 우리도 언제든지 이런 실수를 저지를 수 있다는 점에서 참고하기 좋은 것들이다.

㉮ 현격하게 달라지며 아름다움을 더 해 가는 자신의 미모에 감탄하기는 했지만 처녀로서는 시간이 없었다.
㉯ 어머니는 미니시리즈가 거의 끝나갈 무렵에서야 집으로 돌아오셨다.
㉰ 장애인재활협회에서 나왔다는 사람으로부터 반강제로 샀던 그림이었다.

예문 ㉮는 신분을 나타내는 부사격조사 '로서는'과 서술어 '시간이 없다'가 어울리지 않는다. 딸린 대상을 나타내는 '에게는'이 서술어와 호응된다.

예문 ㉯는 방향을 나타내는 부사격조사 '으로'가 서술어와 호응되지 않는다. 도착을 나타내는 부사격조사 '에'가 적격이다.

예문 ㉰는 시작을 나타내는 부사격조사 '으로부터'가 서술어와 호응되지 않는다. 유정 명사와 어울려 가져옴을 나타내는 데 쓰이는 부사격조사 '에게서'를 사용해야 한다.

㉱ 도망치는 자는 세상으로부터 숨으려고 하지만, 그렇다고 해서 단절을 원하지는 않는다.
㉲ 연꽃과 재스민 꽃을 수북이 얹은 꽃쟁반에서는 향기가 짙다.

예문 ㉱는 시작을 나타내는 부사격조사와 서술어가 어울리지 않는다. '세상과 멀어지려' 또는 '세상을 등지려' 같은 변화가 필요하다. 조사와 서술어가 다 문제가 된 문장이다.

예문 ㉲는 처소를 나타내는 부사격조사 '에서는'과 서술어가 어울리지 않는다. 처소격조사를 살리려면 서술어를 동사로 바꿔서 '짙게 난다'처럼 써야 한다. 그렇지 않으면 관형격조사를 써서 '꽃쟁반의'로 바꾸면 된다.

② 같은 성분끼리의 호응 : 본용언과 보조 용언, 주어와 주어, 서술어와 서술어, 부사어와 부사어 사이의 호응은 주로 품사나 구절의 형태와 관련된다.

㉠ 이번 법원 결정으로 하 씨는 주민등록번호 뒷자리를 새로 받는다. 또 남자와 결혼해 혼인신고도 가능하다.
㉡ 1960년대 국내에 제대로 된 산업이 없던 시절, 방직공장에 다니는 것은 요즘 반도체 공장에 다닐 정도로 대접을 받았다.
㉢ 그의 마음속에는 사랑과 미워함이 교차하고 있었다.

예문 ㉠는 동사 서술어 '받는다'와 형용사 서술어 '가능하다'가 호응이 되지 않는다. '가능하다'를 동사 서술어 '할 수 있다'로 바꾸면 된다.

예문 ㉡는 명사절 '다니는 것'과 '공장에 다닐'을 호응시킨 형국인데 잘못 구성된 것이다. '방직공장에 다니는 것'과 호응되도록 명사절을 구성하여 '반도체 공장에 다니는 것'처럼 만들어야 한다. 만일 뒤의 성분과 호응시키려면 '방직 공장에 다니는 것은'을 '방직 공장에 다니면'으로 바꾸면 된다. '다닐 정도로'도 '다니는 정도의'로 바꿔야 한다.

예문 ㉢는 명사인 '사랑'과 명사형인 '미워함'을 같은 자격으로 접속해 놓았기 때문에 성분의 호응이 안 된 예이다. 명사형은 명사가 아니고 동사이므로 명사와 정확하게 호응하기 어렵다. 따라서 '사랑과 미움' 또는 '사랑함과 미워함'으로 품사를 같게 해서 호응시켜야 한다.

아래 두 문장은 조사와 어미, 성분과 성분을 형식면과 내용면에서 아주 잘 조화시킨 문장이다.

> ㉣ 서양 음악은 대개 절대자를 향한 기원을 반영하지만, 우리의 판소리는 민중의 아픔을 반영한다.
> ㉤ 내가 경멸한 것은 상흔 없는 삶이었고, 내가 사랑한 것은 삶의 적소(謫所)를 물들이는 어스레한 황혼이었다.

조사와 연결 어미, 종속절의 주어와 주절의 주어, 종속절의 서술어와 주절의 서술어를 짝으로 맞추어 문법적 호응을 이루었고, 두 주어와 두 서술어가 서로 대립각을 세울 수 있도록 낱말을 선택하여 어휘적 호응을 이루었다. 의식적으로 호응을 이루기 위해 노력하지 않는다면 이 정도의 글을 만들어 내기 어려울 것이다.

(2) 피동, 사동의 호응

피동사와 사동사는 다른 서술어에 비해서 주어와 부사어의 호응에 매우 민감하다. 그래서 피동사 서술어의 경우에 주어와 부사어, 사동사 서술어의 경우에 목적어나 부사어의 형태를 잘 호응시켜야 한다. 역시 우리 문인들의 글을 반면교사로 삼아 보기로 한다.

> ㉮ 몸의 오른쪽이 완전히 마비된 그는 한쪽으로 잔뜩 기울인 물그릇 같다.
> ㉯ 비로소 개는 조용해지고 씹는 일에 몰두한다.

예문 ㉮에서는 사동사 '기울인'을 써야 할 이유가 없다. 사동사를 쓰면 그 동사의 주체가 연상되기 때문이다. 주동사 '기운'을 쓰면 이런 문제가 없이 '그는'과 잘 어울린다.

예문 ㉯는 '개는'과 '조용해지고'가 어울리지 않는다. 피동으로 써야 할 이유가 없기 때문이다. '조용히'로 쓰면 된다. '조용해지고'를 쓰려면 피동으로 그렇게 될 수 있는 주어, 예컨대 '사방은, 주위는, 차 안은' 등을 쓰면 괜찮다.

> ㉰ 처녀의 얼굴 위로 미용사의 붓질이 한 번씩 더 지나갈 때마다 처녀의 머리 모양

도 다시 다듬어졌고, 머리모양이 다듬어질 때마다 볼과 눈 꼬리의 얼굴 화장을 다시 고쳐야만 했다.

예문 ㉱는 피동과 능동을 함께 연결해서 호응이 안 된 경우이다. 뒤의 능동을 '얼굴 화장도 다시 고쳐졌다.'로 바꾸면 된다.

(3) 부정법의 호응

부정법에서 '아니하다'와 '못하다'의 호응이 문제가 될 소지가 있다. '안 하다'는 의지 작용을 할 수 없는 주체에 적용되어 부정할 수 있다. '바람이 불지 않는다. 비행기가 뜨지 아니했어. 얼굴이 예쁘지 않더라.' 같은 경우가 그 예이다. 의지 작용을 할 수 있는 주체에게 적용될 경우에는 그 주체의 고의성이 개재된다. '나는 가지 않았어. 선생님이 가르치지 않았다.'의 경우가 그 예이다. '못하다'는 특별한 여건 때문에 그렇게 할 수 없게 되었을 때에 사용한다. '그는 함께 오지 못했다. 빨리 가지 못하겠니?'처럼 쓰는 경우가 그 예이다. 그런데 이 두 경우를 혼동하면 호응이 안 된 문장을 만들게 된다.

㉮ 하지만 머리 손질은 금방 끝나지 못했다.
㉯ 그들에게 책임이 있지 못하단 말이야.

예문 ㉮는 주어 '손질은'과 서술어가 '끝나지 못했다'가 어울리지 않는다. '손질은'과 어울리게 하려면 '끝나지 않았다'나 '끝내지 못했다'를 써야 한다.

예문 ㉯는 주어 '책임이'와 서술어 '있지 못하단'이 어울리지 않는다. 서술어를 '있지 않단'으로 고쳐야 한다.

어휘적 호응

문법적으로는 아무 문제가 없더라도 적절한 의미가 있는 낱말을 사용하지 않아서 올바른 문장이 되지 못하는 경우가 있다. 특히 어떤 낱말이 오면 다음에는 그 낱말과 보조를 같이하는 낱말이 와야 하는 경우가 많다. 정도의 차이는 있지만 모든 낱말 사이에는 이런 관계가 성립한다. 낱말 사이에서 의미적으로 함께 쓰일 수 있는 관계가 형성되어 있는 상태를 어휘적 호응이라고 한다. 어휘적 호응은 낱말이 기본적으로 가지고 있는 제약을 어기지 않음으로써 얻을 수 있는 호응과, 그 낱말이 쓰이는 관용 표현을 지킴으로써 얻을 수 있는 호응, 그리고 낱말의 의미와 관련해서 다른 낱말과 조화를 지킴으로써 얻을 수 있는 호응으로 대별할 수 있다.

(1) 낱말의 제약에 따른 호응

어떤 낱말은 반드시 어떤 표현을 요구하는 경우가 있다. 대체로 문장 부사가 그런 경향을 많이 보인다.

> ㉮ 우리는 <u>모름지기</u> 정의 실현을 위해 <u>싸워야 한다</u>.
> ㉯ <u>부디</u> 저에게 기회를 <u>주세요</u>.
> ㉰ <u>짐짓</u> 그를 모르는 <u>척했다</u>.
> ㉱ 이번엔 <u>반드시</u> 이기고 <u>말겠다</u>.

예문 ㉮에서 '모름지기'와 '-야 한다'가 짝으로 쓰인다. 이것을 '모름지기 싸우자'라고 바꾸는 것은 허용되지 않는다. 예문 ㉯는 '부디'와 '주세요'가 호응된다. 예문 ㉰는 '짐짓'과 '척했다'가 어울리고, 예문 ㉱는 '반드시'와 '말겠다'가 어울린다. 이처럼 특정한 부사와 서술어 사이에 호응을 제약하는 관계가 있음을 알 수 있다. '가까스로, 바야흐로, 바라건대, 반드시, 기필코, 시나브로, 응당, 어렵사리, 쉽사리' 등에도 이런 제약 관계가 있다.

(2) 관용 표현에 따른 호응 관계

낱말은 다른 낱말과 함께 관용어를 이루거나 속담을 형성하여 일정한 의미를 드러내는 경우가 많이 있다. 이런 약속은 마땅히 지켜야 한다. 물론 이 경우에 그 관용어나 속담이 나타내는 뜻과 다른 용법으로 사용하는 경우라면 문제가 안 될 수도 있다.

> ㉮ 배가 고프면 코를 풀고 손을 씻고 식탁에 앉아라.
> ㉯ 저렇게 얼굴이 두꺼운 사람은 처음 봤다.
> ㉰ 너는 도랑 치고 가재 잡는다는 말도 못 들었니?

예문 ㉮에는 관용적으로 주어와 서술어, 목적어와 서술어 등이 한 짝으로 쓰이는 것을 예시했다. '배-고프다, 코-풀다, 손-씻다, 침-뱉다, 오줌-마렵다'의 관계는 이미 모든 사람들에게 의심의 여지없이 받아들여지고 있다. 따라서 이런 구조를 바꾸는 것은 허용되지 않는다. 가끔 '네가 보고 싶다'는 표현 대신에 '네가 고프다'라고 하기도 하지만 이건 어디까지나 우스개에 지나지 않는다.

예문 ㉯는 '얼굴이 두껍다'에 호응 관계가 있다. 이것을 다른 낱말로 바꾸면 문제가 일어날 수 있다. 예컨대 '가슴이 두껍다'라고 하면 화자의 본래 의도와 전혀 상관이 없게 된다.

예문 ㉬는 속담 '도랑 치고 가재 잡는다.'와 관련해서 여러 낱말이 호응되고 있다. 여기서 '가재' 대신에 '붕어'나 '미꾸라지'를 넣을 수 없다. 속담은 관용 표현 가운데에서는 가장 느슨한 호응 관계를 보이는 것이기 때문에 다른 낱말을 넣더라도 어느 정도 의미 전달이 가능한 경우가 있지만 그렇다고 해서 아무 낱말이나 넣을 수는 없다.

우리가 관용어와 속담을 배우고 익히는 것은 오늘의 우리를 과거의 우리와 연결하는 것이요, 미래의 우리에게 과거와 현재를 올곧게 전달해 주는 일이다. 관용어와 속담을 배우고 또 배우고, 익히고 또 익혀야 하는 이유는 우리가 현재 상황에서 배울 수 없는 것을 과거의 우리에게서 배울 수 있기 때문이다.

(3) 낱말의 의미에 따른 제약 관계

낱말의 의미 때문에 다른 낱말을 제약하는 경우가 있다. 이런 제약도 제대로 지키지 않으면 바른 문장이 될 수 없다. 우리 문장에서 가장 광범위하게 나타나는 잘못이 이 경우에 해당한다.

㉮ 우유 한 봉지로 목마름과 허기를 <u>메웠다</u>.
㉯ 많은 실업자가 직장을 <u>잃었다</u>.
㉰ 계약 체결 <u>여부</u>에 따라서 회사가 <u>살아날 수도 있다</u>.
㉱ 나는 노인네의 <u>흔치 않은 잔병치레</u>가 자꾸만 마음이 쓰였다.

예문 ㉮는 '메우다'라는 동사가 '목마름'과 어울리지 않는다. 예문 ㉯는 '실업자'와 '직장을 잃었다'가 어울리지 않는다. 예문 ㉰는 '여부'와 '살아날 수도 있다'가 어울리지 않는다. 예문 ㉱는 '흔치 않은'과 '잔병치레'가 어울리지 않는다. 각 낱말의 의미에 다른 낱말을 배척하는 내용이 들어 있기 때문이다.

㉲ 한 교수의 <u>자문</u>을 <u>구하고</u>는 했다.
㉳ 그들은 그가 미성년의 여자애와 놀아난다고 해도 <u>화들짝 반겼을</u> 것이다.
㉴ 여행사 직원은 어둠이 점점 <u>두터워져</u> 가는 산을 불안한 눈길로 바라보았다.

예문 ㉲는 '자문'과 '구하다'가 어울리지 않는다. '자문'은 '물음' 또는 '질문'과 같은 말이기 때문이다. 예문 ㉺는 '화들짝'과 '반겼을'이 어울리지 않는다. '화들짝'은 '놀람'을 나타내는 부사어이기 때문이다. 예문 ㉼는 '어둠'과 '두터워져'가 어울리지 않는다. '어둠'은 '얕고 짙음'의 관계에 있는 말인데 비해 '두텁다'는 '인정이나 정의'의 정도를 나타내는 말이기 때문이다.

다음 문장은 한국인이 썼다고 보기에 무리가 있는 문장이다. 그러나 분명히 이런 문장이 개성 있는 문장이라고 젊은 문인들 사이에 번지고 있는 것도 사실이다. 한 번 살펴 보자.

20년을 넘게, 여자가 나이 마흔을 넘도록 잔잔하게 밀려올 물살을 긴장하며 산다는 것은 남편의 도벽이나 오입을 참아내는 것보다 더 주름진 일이다.

국어사전과는 담을 쌓고 오직 자신의 언어에 집착하여 글을 쓰지 않고는 이런 글을 쓰기 어려울 것이다. '물살을 긴장하며 살다', '산다는 것이 주름진 일이다' 같은 표현을 개인의 취향이나 문체의 특성으로 이해하는 것은 언어도단이다. '산다는' 대신에 '견딘다는'을, '주름진' 대신에 '주름살이 지는'으로 바꾸면 문제가 조금 해결된다. 고치는 김에 '잔잔하게 밀려올'도 '잔잔히 밀려오는'으로 고치는 것이 좋을 것 같다.

논리적 호응

논리적 호응은 문장과 문장, 절과 절 사이에서 문제가 된다. 문장과 문장 사이의 논리적 호응이란 글이 지향하는 일정한 목적을 향하여 문장이 연속적으로 접근하게 하는 것을 의미한다. 대체로 접속부사가 그 구실을 하지만 접속부사가 생략되더라도 의미상 그런 연속성을 유지할 수 있게 문장을 구성해야 한다. 절과 절 사이의 논리적 호응이란 이어진 문장에서 연결 어미와 주절의 서법을 정확하게 사용하여 종속절과 주절 사이의 논리의 흐름이 제대로 유지되도록 하는 것을 말한다.

㉮ 누구나 열심히 일해야 성공한다.
㉯ 사람들은 아프면 도서관에 간다.
㉰ 너는 실수를 잘하니까 나서지 마라.

예문 ㉮는 '일하다'와 '성공한다'를 연결 어미 '-(여)야'로 연결한 것인데 이 두 서술어의 연결에는 논리적으로 문제가 없다. 그래서 이 문장은 논리적으로 호응된 문장이다.

예문 ㉯는 '아프다'와 '도서관에 간다'가 연결 어미 '-면'으로 이어져 있다. 그런데 이 두 서술어 사이에는 '-면'으로 이을 만한 논리적 연결 고리가 없다. 따라서 잘못된 문장이다. '아파도 도서관에 갔다'라고 하면 어미를 중심으로 두 문장이 논리적으로 연결된다. 예문 ㉲는 '실수를 잘하다'와 '나서지 마라'가 연결 어미 '-니까'로 연결되어 있다. 두 성분 사이의 인과관계를 '-니까'로 연결한 것은 자연스럽다. 그래서 논리적으로 호응이 되었다.

　　㉳ 자신을 죽이지 <u>않</u>으면 성공할 수 없다.

예문 ㉳는 언뜻 보기에 연결 어미 '-으면'으로 연결된 두 성분이 모순되어 호응되지 않는 것 같다. 자신이 죽은 뒤에 성공한다는 것이 불가능하거나 무의미하기 때문이다. 그러나 '자신을 죽임'이 겸손함을 의미하는 것이라고 판단되면 이 논리는 오히려 멋진 호응으로 바뀐다. 이런 호응을 역설적 호응이라고 한다.

아래 문장은 유행가의 한 구절인데 특별히 잘못 사용된 낱말이 없는데도 의미가 드러나지 않는다. 각 요소들이 논리적으로 호응하지 않기 때문이다.

　　㉴ 그대만의 생각의 일과로 나의 생활은 시작되죠.

위 문장으로 나타내려는 뜻은 '그대만 생각하는 것으로 나의 일과가 시작되죠.' 정도가 될 것 같은데 참으로 요령부득의 문장이 되어 있다. 한국인이 어떤 언어적 소양을 가지고 이런 문장을 만들어 노래로 부를 수 있는지 놀라울 뿐이다. 그런데 노래하는 사람들만 이런 글을 쓰는 것이 아니다. 정부(정확하게는 문화관광부 산하 기관)가 내건 표어에도 이보다 결코 이에 못지않은 내용이 들어 있다.

　　㉵ 그늘진 곳에 희망을 심는 문화 입국을 통하여 새천년 남북 통일의 길을

몇몇 사람의 정치적 요구에 맞추느라고 고급 두뇌들이 미사여구를 동원해서 만들었는데도 앞뒤가 논리적으로 연결되지 않아 진정으로 주장하는 것이 무엇인지 알 수 없는 표어가 되었다. 남북 통일의 길로 가자는 주장 외에 다른 의미는 접수할 수 없다. 차라리 통일원이 내건 표어라면 좋았을 것을.

논리적 호응 관계는 독립한 문장과 문장 사이에서도 일어난다. 이 경우는 문법에서 다루기 어려운 것이지만 호응 차원에서 설명하면 다음과 같다.

　　㉶ 그가 나를 보았다. 그가 공을 찼다. 그가 잠을 잔다.
　　㉷ 그가 나를 보았다. 그가 눈을 감았다. 그가 고개를 끄덕였다.

예문 ㉔의 세 문장은 어떤 의도나 목적을 가지고 연속적으로 적었는지 알 수 없다. 이 세 문장 사이에는 어떤 의미의 연결을 찾을 수 없다. 이런 경우에 이 문장들 사이에는 논리적 호응이 없다고 말한다. 횡설수설하는 문장은 논리적 호응이 없는 문장이다.

예문 ㉕는 '그'가 '나'를 본 뒤에 나타난 동작이 연속적으로 이어지고 있음을 알 수 있다. 따라서 여기에서 우리는 어떤 의미를 발견해 낼 수 있다. 이런 문장은 논리적으로 호응이 되는 문장이다.

역설적 호응의 예

- 바쁘거든 돌아서 가라.
- 지는 것이 이기는 것이다.
- 살고자 하면 죽을 것이요, 죽기를 한하면 살 것이다.
- 가난하고, 애통하는 자가 복이 있다.
- 나를 사랑하면 나를 떠나라.

역설적 호응은 일반적으로는 논리적 타당성이 없지만 생각을 바꾸면 오히려 강한 의미를 전달하는 효과가 있는 것이 특징이다. 그래서 자기의 의도를 강조하기 위하여 흔히 쓰는 수사법이다.

정리

호응은 문장이 정확한지 정확하지 않은지 가릴 수 있는 매우 중대한 잣대이다. 문법적 호응 관계, 어휘적 호응 관계, 논리적 호응 관계를 정확하게 익혀서 문장의 옳고 그름을 따질 때에 활용하자.

유식하게 만들어 줄 관용어   (이런 관용어를 자유자재로 사용할 수 있는 사람은 멋쟁이 모국어 사용자라고 할 만하다.)

- 가리산을 못 하다 : 사리를 잘 헤아리지 못하여 갈팡질팡하다.
- 각단을 짓다 : 순리대로 결말을 짓다.
- 각불을 때다 : 독립하여 생활하다.

- 거미줄을 늘이다 : 수사하려고 사람을 여기저기 배치하다.
- 건목을 치다 : 대강 만들다. 어림하여 계산하다.
- 곁을 주다 : 다른 사람이 자기에게 가까이 다가올 수 있도록 마음을 열어 주다.
- 구듭을 치다 : 남을 위해 귀찮고 괴로운 뒤치다꺼리를 기꺼이 하다.
- 구새 먹다 : 겉은 멀쩡한데 속이 썩다. 속이 텅 비다.
- 뉘를 보다 : 자손의 보살핌을 받다. 자손의 덕을 보다.
- 덧정이 없다 : 끌리는 정이 없다.
- 된마디가 없다 : 어려운 일을 억지로라도 당차게 매듭짓는 모질음이 없다.
- 땅띔도 못하다 : 조금도 이해하여 알아내지 못하다.
- 마수를 걸다 : 장사를 시작하여 처음으로 물건을 팔다.
- 말밥에 올리다 : 다른 사람을 비평하거나 욕하거나 하는 화제의 대상으로 삼다.
- 묵장이 되다 : 권리를 행사하지 않아 무효가 되다. 없었던 일로 되다.
- 물계를 보다 : 물건의 시세를 알아보다. 일의 상황이나 형편을 탐지하다.
- 미립을 얻다 : 경험을 통하여 일을 해 나갈 수 있는 요령이나 슬기를 얻다.
- 산목을 쓰다 : 남에게 굽히지 않으려고 허풍을 치다.
- 안받음을 하다 : 자식이나 아랫사람에게 베푼 은혜에 대한 보답을 받다.
- 오갈이 들다 : 병이 들어 제대로 자라지 못하다. 두려움에 기운을 펴지 못하다.
- 옷뒤를 거두다 : (여자가 남자에게) 옷을 해 입히고 빨아 입히는 등의 일을 해 주다.
- 중동을 무이다 : 중간에서 흐지부지하다. 하던 일을 중단하다.
- 찧고 까불다 : 남에 관해서 쓸데없는 말을 이러쿵저러쿵 방정맞게 해대다.
- 첩을 박다 : 드나들지 못하게 문에 나무를 가로질러 박다.
- 허방을 짚다 : 잘못 예상하거나 그릇 알아서 실패하다.
- 흘게가 빠지다 : 야무지지 못하고 조금 부족한 듯하다.

연습^문제

정답은 www.barunmal.com의 "글세상"에 있습니다.

1. 다음 문장에서 밑줄 친 부분을 검토하여 호응에 문제가 있으면 바로잡으라.

    (1) 유료 병동에는 병원비를 내는 사람들이 들어왔고, 무료 병동은 병원비를 낼 수 없는 사람들이 머무는 곳이었습니다.

    (2) 한 달에 한 번 초하룻날이 되면 할머니는 초록산 꼭대기 작은 절을 찾았습니다. 정성껏 떡을 만들어 집을 나서면 절까지는 오가는데 한나절이 걸리는 거리였습니다.

    (3) 한데 금년에는 물이 속히 빠지지 않았단 말일세. 왠지 아나? 물이 빠지는 그 통로에 고속도로가 턱 막혔다, 그 말일세.

    (4) "부처님이 우리 소원도 들어 줄까?" "그럼, 부처님은 모든 것을 다 소중하게 여기신단다. 마음을 모아 간절히 기도하면 이루어지지."

    (5) 그에 대한 응분한 처벌을 당하면 되는 것이다.

    (6) 사촌 오빠 결혼식이 끝나자 떠들썩했던 집안이 조용했습니다.

    (7) 어둠 사이로 반딧불이 같은 불빛이 몇 개 보였다. 순간 반짝이던 작은 불빛이 톡 꺼졌습니다.

    (8) 강 영감이 목사 출신이 아니라면 덜 분하다고 밤새껏 눈물을 샘처럼 쏟아놓았던 것이다.

    (9) Y리 해변에서 여덟 방의 총성이 요란스럽게 울렸는데 비상이 걸리지 않았다. 중대장은 물론이요, 위병들도 미리 알고 있는 모양이었다.

    (10) 기호는 필요 이상 들떠 있다고 그런 생각을 하며 현수는 아무 말도 안 했지만, 기호는 계속했다.

    (11) 노루새끼를 만나기도 한 낮을 기호는 좋아했고, 부엉이 울음소리를 노상 들으면서 걷는 밤이 현수는 좋았다.

    (12) 할 말도 들을 말도 없지 않는가? 비석이면 됐지 무덤이라고 민구 얼굴이 보이는 것도 아니지 않는가?

    (13) 날이 좀 추워지면 왼편 수족의 마비증세로 고생을 <u>하면서도</u> 몸에 밴 <u>내</u>
          <u>핌은</u> 여전히 <u>고집스럽다</u>.

    (14) 그녀를 <u>보자</u> 어머니는 놀라는 <u>기색이다</u>.

    (15) "큰길에 눈 하나도 안 녹았지?" 포크에 <u>찍은</u> 사과 한쪽을 받아들며 어머
          니는 호기심이 많은 어린아이 같은 표정으로 묻는다.

2. 다음 문장의 밑줄 친 부분에 어떤 문제점이 있는지 설명하라.

    (1) 이번 시험에서 <u>가까스로</u> 80점밖에 못 받았다.

    (2) <u>바야흐로</u> 벌써 봄이 되었구나.

    (3) <u>바라건대</u> 꼭 목표를 <u>달성해야 한다</u>.

    (4) 빚을 <u>조금만 내면</u> <u>어렵사리</u> 집을 살 수 있을 것 같다.

3. 다음 글은 한강변 양화진 절두산 성당 안의 천주교 순교자 묘역에 있는 한 여
성의 무덤 앞에 적힌 비문이다(띄어쓰기는 필자가 바로잡은 것임). 이 비문을 읽
고 호응과 관련된 모든 문제점을 찾아서 바로잡으며 왜 이런 문장을 구성하
게 되었을지 토론해 보라.

> ### 쥬리아의 생애
>
> 임진란 때 부모 잃은 양반집 딸로서 천주교 신자인 小西行長이 그녀를
> 데려다가 영세시켜 양녀로 삼았으나 德川家康이 그녀를 시녀로 데리
> 고 있다가 금교령으로 일본 神津島에 유배(1612~1651)하였는데 그녀
> 의 독실한 신앙과 모범으로 그 섬의 수호신으로 모셔진 자랑스러운 한
> 국의 동정 순교자이다.

수수께끼

판소리 공연장에서 사회자가 소리꾼을 판소리 고수라고 소개를 하자 소리꾼이 화를 버럭
냈다. 왜 화를 냈을까?

제26~27일

글은 말보다 진하다

(글쓰기)

이제 우리는 낱말과 문장을 거쳐서 드디어 이들이 이루어 내는 글에 도달했다. 낱말과 문장이 하나의 통일된 생각을 담는 글로 승화되지 못한다면 그것은 다만 뿔뿔이 흩어진 보잘것없는 부유물에 지나지 않는다. 속담에 구슬이 서 말이라도 꿰어야 보배라고 했듯이 우리는 낱말과 문장의 가치를 높이는 글을 만들어 내는 공부를 시작해야 한다.

글의 기능

춘원 이광수(1892~1950)는 "글을 읽고 짓는 것 – 이것은 밥을 먹고 옷을 입는 것과 꼭 같이 문화인의 필수 조건이다."라고 말했다. 나는 그의 말에서 '문화인'을 '지식인'으로 갈음하여 사용하고 싶다. 단 하루만이라도 글을 읽지 않고 오로지 말만 하고 사는 사람을 지식인이라고 말할 수 없을 것이며 그의 생활이 지적인 생활이라고 말하기 어렵다. 신문을 통해서, 잡지를 통해서, 서적을 통해서 끊임없이 주어지는 정보를 외면하고 어떻게 지식인으로 자처할 수 있겠는가?

과거에는 글을 쓴다고 하면 곧 문인이나 신문기자를 생각했다. 그러나 요즘은 문인이 아니라도 반반한 직장에서 일하거나 웬만한 업무를 하는 사람치고 보고문, 설명문, 안내문, 기획서나 계획서, 주장하는 글, 수필, 창작문 등을 쓰지 않는 사람이 없을 것이다. 설령 그런 업무를 하지 않더라도 인터넷의 여러 게시판에 글을 올리고 댓글을 다는 일로 여가 시간을 보내기도 할 것이다. 그래서 요즘은 누구나 글의 생산자이고 글의 소비자이다.

글이란 개인의 지적 능력의 성과를 문자 언어로 남에게 '전달하는' 표현 형식이다. 사람에게는 자기가 아는 것, 찾은 것, 이룬 것, 느낀 것, 생각한 것을 남에게 전달하려는 본능적인 욕구가 있다. 그 욕구의 목적이 자랑일 수도 있고 사랑일 수도 있고 즐거움일 수도 있다. 그 어떤 목적으로든 사람의 본능적 욕구인 '전달 욕구'를 글자로 해소하는 것이 글이다. 글은 '나'를 표현하기 위해서 존재한다.

글의 이 '전달 욕구 충족 기능'은 우리에게 현실적으로 두 가지 기능으로 다가온다. 첫째는 정보를 제공하는 기능이고, 둘째는 문제 해결 능력을 길러 주는 기능이다. 정보를 제공하는 기능이란 글이 처음부터 쓰는 자가 아는 것, 찾은 것, 이룬 것, 느낀 것, 생각한 것을 담아 놓은 것이므로 그것을 읽는 자에게 다양한 정보를 제공한다는 것은 의심할 여지가 없다. 인류는 글을 통해서 경험을 공유하고 생각을 공유하고 느낌을 공유해 왔다. 글의 이 기능 덕택에 인류는 그 어떤 동물도 이루지 못한 고도 문명을 이루고 즐기며 살게 되었다.

글이 문제 해결 능력을 길러 준다는 것은 무엇을 뜻하는가? 우리에게 새로운 정보를 제공한 글은 모두 그 사람의 능력의 표현이다. 능력 없는 자의 글에서 우리가 얻을 수 있는 것은 없다. 글이란 자기의 능력을 표현하는 수단이다. 그러므로 무릇 글을 쓰는 사람은 자기 능력을 높이지 않으면 안 된다. 말은 인간의 기본적 표현 욕구를 충족시키기 위해 봉사하지만 글은 인간의 지적 표현 욕구, 곧 전달 욕구를 충족시키기 위해 봉사한다. 지적 능력이 없는 자는 글을 쓰지 못한다. 글은 사람이 자신의 능력을 지적으로 표현함으로써 자신을 능력자의 반열에 올려놓기 위해서 쓰는 것이다.

글은 공연히 쓰는 것이 아니다. 쓰는 목적이 있고 그것을 읽어 주기 바라는 대상이 있다. 그러면 누구나 한 번쯤은 자기의 글이 그 목적에 합당하게 쓰였는지, 그것을 읽을 사람의 관심을 끌 만큼 유용하고 유익한지 생각해 볼 것이다. 만일 뭔가 부족한 점을 찾으면 글을 고치고 새로운 정보를 추가하려 할 것이다. 이런 일련의 과정은 그 사람에게 내재된 지적 능력을 더욱 향상시켜 다른 사람보다 한층 더 높은 차원으로 그를 발전시켜 줄 것이다. 그리고 그 발전된 능력으로 목적과 대상에 더욱 합당한 글을 쓰게 될 것이다. 글이 글을 쓰는 사람의 문제 해결 능력을 길러 준다는 것은 이를 두고 한 말이다.

글의 정보 제공 기능은 글 쓰는 사람의 문제 해결 능력 향상의 결과물이다. 글쓰기를 통해서 문제 해결 능력이 향상되었을 때에 그 글은 읽는 사람에게 유용하고 적합한 정보를 제공하게 될 것이기 때문이다. 어떤 이는, 글 쓰는 사람의 능력이 최고로 발휘된 글이라고 해도 글을 읽는 사람의 능력이 그 글을 이해하지 못하면 그 사람에게 그 정보는 쓸모가 없을 것이고, 심지어 글을 이해하는 능력이 있지만 글을 읽으려는 관심이 없을 때에는, 그 글은 애초에 그에게 무의미한 것이 될 수 있다는 점을 지적한다. 그래서 글을 쓰는 사람은 글의 본질적인 내용뿐 아니라 글을 읽을 사람까지 고려하면서 써야 한다고 주장한다. 이는 백 번 옳은 지적이다. 그래서 우리는 글의 기능을 사람의 '지적 능력 배양 기능'에 두지 않고 '문제 해결 기능'에 둔 것이다. 글은 사회 여러 상황과 사람의 지적 능력을 조화롭게 활용하여 글 읽는 사람이 글쓴이의 지적 능력을 한껏 받아들이고 누리고 즐길 수 있도록 만들어 낸, 글쓴이의 '문제 해결 능력의 총체적 성과'이다.

글의 종류

대체로 글은 세 종류로 나눌 수 있다. 아는 것을 전달하는 글과 생각을 주장하는 글, 메시지를 전달하는 글이 그것이다. 아는 것을 전달하는 글을 설명글이라고 하고, 생각을 주장하는 글을 논술글이라고 하며, 메시지를 전달하는 글을 창작글이라고 한다.

설명글은 아는 자, 정보를 가지고 있는 자가 그렇지 않은 자에게 자기의 지식과 정보를 전달하기 위해서 쓰는 글로서 보고서, 안내서, 설명서, 계획서, 신문 기사, 통지문, 게시문 등으로 나타난다. 설명글은 사실에 입각해서 쉽고 간결하고 명확하게 써서 글을 읽는 사람이 글의 내용을 확연하게 인식하도록 해야 한다. 왼쪽에 있다는 것인지 오른쪽에 있다는 것인지, 냉장실에 두라는 것인지 냉동실에 두라는 것인지, 죽은 것인지 죽인 것인지 분간할 수 없는 글은 설명글의 자격이 없는 글이다.

논술글은 자기의 생각을 논리적으로 주장하여 상대의 공감을 얻기 위해서 쓰는 글로서 신문의 논설, 연설, 성명서, 담화문, 호소문, 논문 등의 형식으로 나타난다. 논술글은 사람의 합리성, 곧 이성에 호소하여 그를 움직여야 하기 때문에 전제와 근거에 따라서 결론이 논리적으로 도출되도록 구성해야 한다. 근거나 전제되는 사실을 왜곡하거나 오해해서 쓴 글은 논술글의 자격이 없다. 왜곡과 오해를 근거로 해서는 합리적인 결론을 이끌어 낼 수 없기 때문이다. 근거나 전제를 정확하게 이해하고 그 바탕 위에서 글을 쓰더라도 합리적인 추론 과정을 거치지 않으면 논리의 비약이나 자가당착적 모순 또는 억지 주장을 하는 글이 되기 쉽다. 이런 점에서 논술글은 인간의 지적 모험심이 이루어 내는 고도의 지적 탐험 결과물이라고 할 만하다.

다음 설화는 합리적인 추론의 허점을 익살스럽게 공박한 것으로 논술글을 쓸 때에 유념할 만한 이야기이다.

옛날에 사위를 둘 둔 사람이 사위들에게 네 문제를 내 주며 거기에 합당한 이유를 제시하는 글을 짓게 했다. 항상 말을 많이 하는 작은사위에 비해서 말이 없는 큰사위를 혼내 주기 위한 것이었다. 장인이 제시한 네 문제는 '산은 어째서 저렇게 높은가, 소나무는 어째서 저렇게 푸른가, 버드나무는 어째서 크게 자라지 않는가, 내 머리는 왜 이렇게 벗어졌는가.'였다. 이에 작은사위가 뽐내면서 글을 지어 올렸는데, "산이 높은 것은 바위가 버텨 주기 때문이고, 소나무가 푸른 것은 속이 가득 차 있기 때문이며, 버드나무가 크게 자라지 못하는 것은 오가는 사람이 자꾸 만지기 때문이고, 장인의 머리가 벗어진 것은 나이가 많아서다."라는 내용이었다. 글을 읽은 장인이 흡족한 얼굴로 큰사위를 바라보았다. 그러자 큰사위가 작은사위의 글을 반박하는 글을 적어서 장인에게 드렸다. 그 글의 내용은 이러했다. "산이 높은 것이 바위가 버티기 때문이라면 하늘이 높은 것도 바위가 버티고 있어서인가, 소나무 속이 가득 차서 푸르다면 대나무도 속이 차서 그렇게 푸른가, 버드나무가 사람들의 손을 타서 크게 자라지 못했다면 우리 장모가 키가 작은 것도 여러 사람의 손을 타서 크지 못한 때문인가, 장인의 머리가 벗어진 것이 나이가 많아서라면 나의 귀두(龜頭)가 벗어진 것도 나이가 많은 까닭인가." 그러자 장인은 이제까지 말이 없다고 늘 무시하던 큰사위를 다시 보게 되었다고 한다.

작은사위의 글에 반론의 여지가 있고, 큰사위의 글에 수긍할 여지가 있는 이유가 무엇인지 생각해 보면 우리가 논술을 어떻게 전개해야 하는지 조금은 알 수 있게 될 것이다.

창작글은 사물이나 현상을 통해서 느끼거나 생각한 것을 사람의 감성을 자극하여 전달하는 문장으로서, 감상문, 시, 수필, 소설 등이 있다. 창작글도 장르에 따라서 문장 구성 요령이 다르기 때문에 한데 합해서 설명하기는 어렵다. 구태여 공통점을 찾자면 설명하지 않고 주장하지 않아도 읽는 사람 자신이 쓰는 사람의 느낌에 동참하여 감흥을 느끼면서 쓴 사람의 메시지를 읽어 낸다는 점일 것이다. 그래서 창작글에는 사물을 있는 대로 설명하는 문장이나 자기 마음대로 주장하는 문장의 개입을 최소화해야 한다. 창작글은 아름다움과 즐거움과 카타르시스를 추구하는 인간의 본성에 적합한 문장으로 만들어야 한다. 아무리 고귀한 메시지를 품고 있다고 해도 아름다움과 즐거움과 카타르시스를 주지 못하는 글은 창작글로서 가치가 없다.

우리는 이 세 유형의 글을 가장 전형적으로 또는 적절하게 배합하여 자기만의 독특한 글을 만들어 내야 하고, 읽는 사람은 거기서 자기에게 필요한 것을 찾을 수 있어야 한다. 글을 둘러싼 우리의 삶을 보면 글은 삶의 한 형식이라고 할 만하다. 프랑스의 철학자 뷔퐁(1707~1788)이 '글은 사람이다.'라고 갈파한 것은 아마 이를 염두에 둔 것이리라.

글의 구성

글은 글의 목적을 달성하기 위하여 최선의 구성을 갖추어야 한다. 그러면 모든 글에 적용할 수 있는 최선의 구성이 있을까? 있다고 생각하면 위험하다. 글은 하나의 틀을 만들어 놓고 그 틀에 가장 가깝게 구성하는 것이 최선이라는 식으로 말할 수 있는 것이 아니다. 글은 각자의 개성과 취향, 능력 등에 맞추어 다양한 형식을 갖출 수 있다. 문장론에서는 이러한 다양한 문장의 구성을 유형별로 나누어 정형화한 것을 글쓰기 공부 자료로 내놓는데, 이것도 이제까지의 문장에서 우리가 찾아낸 것, 곧 귀납적으로 얻은 것일 뿐 그렇게 해야 하는 원리나 틀은 아니다. 정형화한 글쓰기를 배격하는 한편 우리가 쉽게 글을 이해하고 쓸 수 있는 방법을 배운다는 점에서 볼 때 알아두면 좋을 만한 틀은 분명히 있다. 지금부터 그 틀에 대해서 설명하려 한다.

(1) 주제화를 위한 조건

아무 목적이 없이 심심풀이로 글을 쓰는 사람은 없을 것이다. 일정한 목적을 가지고 그것을 달성하기 위하여 글을 쓰면 마땅히 글을 통해서 말하고 싶은 핵심 내용이 반드시 있게 마련이다. 설명글에서는 설명하고자 하는 중요한 낱말이나 보고 내용이 될 것이고, 논술글에서는 주장하고자 하는 중심 생각이 될 것이며, 창작글에서는 전달하고자 하는 메시지가 될 것이다. 이런 핵심 내용을 가장 잘 전달할 수 있게 하는 것이 주제를 드러내는 일인데, 이를 주제화라고 한다.

글이 최선의 주제화를 이루려면 글에 사용된 모든 문장과 표현이 주제에 집중되어야 한다. 글에는 주제와 관련이 없거나 주제를 훼손하는 낱말과 문장이 없어야 한다. 그래서 글의 각 부분이 주제를 드러내는 데 크고 작은 기여를 해야 하는데, 이를 통일성의 원리라고 한다. 통일성을 훼손하는 낱말이나 문장이 있으면 문장의 주제가 선명하게 드러나지 않거니와 완성도가 떨어지는 문장이 된다.

다음 문장은 정비석의 멋진 수필 '들국화'의 한 구절이다. 이 글을 보면서 글의 통일성에 대해서 생각해 보자.

가을은 서글픈 계절이다. 시들어가는 풀밭에 팔베개를 베고 누워서, 유리알처럼 파랗게 갠 하늘을 고요히 우러러보고 있노라면, 마음이 까닭 없이 서글퍼지면서 눈시울이 눈물에 어리어지는 것은 가을에만 느끼는 감정이다. 섬돌 밑에서 밤을 새워 가며 안타까이 울어대는 구슬픈 울음소리며, 불을 끄고 누웠을 때에 창호지에 고요히 흘러넘치는 푸른 달빛이며, 산들바람이 문풍지를 울릴 때마다 우수수 나뭇잎 떨어지는 서글픈 소리며-가을빛과 가을 소리치고 어느 하나 서글프고 애달프지 아니한 것이 없다. 가을을 흔히 '열매의 계절'이니 '수확의 계절'이니 하지 마는 가을은 역시 서글프고 애달픈 계절인 것이다.

가을에 대한 작가의 느낌을 정리하여 펼친 글인데, 글의 핵심 주제는 '가을은 서글픈 계절이다.'라는 메시지이다. 이 메시지를 전하기 위하여 다양하게 가을 정취를 소개하면서 이것이 모두 가을의 서글픔을 반영하도록 구성했다. 그래서 독자는 작가와 마찬가지로 가을이 서글픈 계절이라는 메시지에 한 발짝 한 발짝 다가가게 된다. 그런데 갑자기 작가가 이 분위기를 깨고 독자에게 원래의 감정으로 되돌아가게 만드는 문장을 집어넣었다. 밑줄 친 부분이 바로 그것이다. 이 부분이 주제화를 방해하는 것이다. 이 부분을 빼고 읽으면 문단이 아주 자연스럽게 주제화를 이루는 것을 알 수 있다.

주제화에 도움이 되지 않는 낱말을 조심해서 사용해야 한다. 아래 글은 최명희의 걸작 '혼불'에서 따온 글이다. 이 멋진 글에 통일성을 저해하는 부분을 바로잡을 수만 있다면 이 글은 거의 완벽한 글이 될 수 있다.

촛불 아래 누운 청암 부인의 누렇게 바랜 노안에, 흔들리는 불 그림자가 일룽거린다. 그래서 두드러져 뼈가 솟은 곳은 메마른 나무를 깎아 놓은 것 같고, 움푹 패어 그림자가 고이는 곳은 적막한 골짜기 같았다. 사람의 얼굴을 두고 이마와 코, 그리고 턱이며 양쪽 광대뼈를 일러 오악(五嶽)이라 한 말이 참으로 옳은 것을 알겠다. 이미 오래 전에 살을 다 벗어버리고 개결(介潔)한 뼈로만 남은 듯한 청암 부인의 얼굴은 말 그대로 산악처럼 느껴진다.

이 글의 주제는 청암 부인의 노안(老顔)이 산악(山嶽)처럼 보인다는 것이다. 이를 위해서 작가는 청암 부인의 평소 성품과 지금 늙어서 뼈만 남은 얼굴을 대비하여 산악으로 표현한 것이다. 참으로 탁월한 묘사라고 생각한다. 그런데 여기에 안타까운 부분이 있다. 노안이 산악처럼 보인다고 하려면 얼굴의 각 부분이 산악을 상징할 수 있도록 치밀하게 묘사해야 하는데 뼈가 솟은 곳을 '메마른 나무를 깎아 놓은 것 같고'라고 묘사한 것은 옥에 티라 하지 않을 수 없다. 산에서 죽어 앙상하게 남아 있는 나무라면 뼈와 조화를 이룰 수 있고 그것이 얼굴을 산악으로 비유하는 것을 도와 줄 수 있다. 그러나 '메마른 나무를 깎아 놓은 것 같고'라고 하면 산악과 아무 관련이 없어진다. '메마른 나무'에서 산을 연상하기 어려울 뿐 아니라 '깎아 놓은 것 같고'가 자연보다는 인공을 연상시키기 때문이다.

아래는 글은 이효석의 유명한 '메밀꽃 필 무렵'에서 우리가 읽고 감탄한 바 있는 부분이다. 통일성의 원리에 따라서 검토하면 여기에도 아쉬운 점이 보인다.

> "이지러는 졌으나 보름을 갓 지난 달은 부드러운 빛을 흐뭇이 흘리고 있다. 대화까지는 팔십 리의 밤길, 고개를 둘이나 넘고 개울을 하나 건너고 벌판과 산길을 걸어야 된다. 길은 지금 긴 산 허리에 걸려 있다. 밤중을 지난 무렵인지 죽은 듯이 고요한 속에서 짐승 같은 달의 숨소리가 손에 잡힐 듯이 들리며, 콩 포기와 옥수수 잎새가 한층 달에 푸르게 젖었다. 산허리는 온통 메밀밭이어서 피기 시작한 꽃이 소금을 뿌린 듯이 흐뭇한 달빛에 숨이 막힐 지경이다. 붉은 대궁이 향기같이 애잔하고 나귀들의 발걸음도 시원하다. 길이 좁은 까닭에, 세 사람은 나귀를 타고 외줄로 늘어섰다. 방울소리가 시원스럽게 딸랑딸랑 메밀밭께로 흘러간다."

위에서 달과 달빛을 묘사하는 어휘와 주변 상황을 검토하면 통일성을 지키지 못한 것이 눈에 띈다. '달은 흐뭇이 빛을 흘리고', '흐뭇한 달빛에 하얀 메밀꽃이 소금을 뿌린 듯 숨이 막힐 지경이다.' 이런 상황은 달의 서정성을 잘 드러내면서 메밀꽃의 흰빛과 어울려 우리의 감성을 자극하기에 충분하다. 그래서 이 상황은 하얀 메밀꽃의 숨막힐 듯한 아름다움과 보름을 갓 지난 달밤의 조용하고 고즈넉한 상황 속으로 우리의 정서를 흠뻑 빠져들게 만든다. 그런데 이런 주제의 흐름을 역행하는 표현이 있다. 바로 '짐승 같은 달의 숨소리'라는 직설적 표현이다. '짐승 같은' 달이 '흐뭇이 빛'을 비춘다면 그 빛은 어떤 느낌을 줄까? '짐승 같은 달의 숨소리'라면 밤중을 갓 지난 달밤의 죽은 듯이 고요한 산길과 어떻게 어울릴 수 있을까? '짐승'보다 더 조용하고 '흐뭇한'과 더 잘 어울리는 낱말로 대체해야 한다는 것을 알 수 있다.

위에 제시한 몇 가지 예문의 문제점을 통해서 알 수 있듯이, 자기가 내세우고자 하는 핵심 생각을 드러내고 도울 수 있는 낱말과 표현과 문장으로 글을 구성해야 하며 주제를 헷갈리게 하거나 혼란시키거나 무의미하게 만드는 것은 무엇이든지 구성에서 제거해야 한다. 통일성의 원리는 주제화의 핵심 원리이다.

(2) 문단의 구성

주제가 단순하면 간단히 설명하거나 주장함으로써 소기의 목적을 달성할 수 있다. 그러나 주제가 다의적이어서 이를 설명하거나 주장하거나 표현하는 데 여러 하위 개념이 필요하게 되면 각 하위 개념과 관련된 설명을 하기 위하여 여러 문장이 필요하게 된다. 이런 경우에 하위 개념을 설명하거나 주장을 하기 위해 동원되는 내용은 모두 통일성을 유지해야 한다. 이렇게 하나의 글 안에서 하나의 개념을 나타내기 위하여 통일성을 가지고 모인 문장의 집합을 문단이라고 하고, 문단에서 나타내고자 하는 핵심 주제를 소주제라고 한다. 각 문단은 소주제를 중심으로 하여 통일성과 완결성을 가지게 되고, 각 문단의 소주제는 다른 문단의 소주제와 연합하여 글의 주제를 형성한다. 글은 이런 구성을 통해서 완성도를 높여 나간다. 그러면 문단은 어떤 구성을 갖추는가?

① **소주제문과 뒷받침 문장** : 문단은 소주제문과 뒷받침 문장으로 이루어진다. 소주제문은 소주제를 제시하는 문장이고, 뒷받침 문장은 소주제문이 제시한 주제를 설명하거나 증명하거나 보완하는 문장이다. 문단 안에 소주제문을 직접 제시할 것인지 뒷받침 문장을 읽음으로써 독자가 소주제를 알 수 있도록 할 것인지는 쓰는 사람이 결정할 문제이다. 소주제문을 제시하지 않으면 아무래도 독자가 소주제를 이해하는 데 시간이 걸리거나 정확하게 인식하기 어려울 수도 있다. 그래서 보통 문단 안에 소주제문을 넣어서 독자의 이해를 돕는다. 이 때 소주제문을 문단의 맨 앞에 둘 수도 있고(두괄식), 맨 뒤에 둘 수도 있고(미괄식), 중간쯤에 둘 수도 있고(중괄식), 때로는 앞뒤에 반복해서 둘 수도 있다(양괄식). 이것도 쓰는 사람의 취향이나 글의 흐름과 연관이 있기 때문에 어디에 소주제문을 두어야 한다고 딱히 말하기는 어렵지만 대체로 소주제문은 문단의 앞에 두는 것이 효과적이다. 소주제문이 맨 앞에 나오면 그 뒤에 나오는 모든 문장이 뒷받침 문장이 되므로 뒷받침 문장을 전개하기도 편하다.

문단은 소주제를 중심으로 하여 완전한 하나의 글이 되므로 한 문단에 쓰인 소주제가 다른 문단에 쓰인 소주제와 겹치지 않게 해야 하고, 한 문단에 쓰인 뒷받침 문장이 다른 문단의 뒷받침 문장으로 쓰이지 않도록 조심해야 한다. 아래 문단에는 처음에 소주제문이 나타나 있고 그 뒤로 뒷받침 문장이 죽 나와 있다.

오늘도 우리 수탉이 막 쫓기었다. 내가 점심을 먹고 나무를 하러 갈 양으로 나올 때이었다. 산으로 올라가려니까 등 뒤에서 푸드득, 푸드득 하고 닭의 횃소리가 야단이다. 깜짝 놀라서 고개를 돌려보니 아니나 다르랴, 두 놈이 얼리었다. 점순네 수탉(은 대강이가 크고 똑 오소리같이 실팍하게 생긴 놈)이 덩저리 작은 우리 수탉을 함부로 해내는 것이다. 그것도 그냥 해내는 것이 아니라 푸드득하고 면두를 쪼고 물러섰다가 좀 사이를 두고 또 푸드득 하고 모가지를 쪼았다. 이렇게 못을 부려가며 여지없이 닭아 놓는다. 그러면 이 못생긴 것은 쪼일 적마다 주둥이로 땅을 받으며 그 비명이 킥, 킥, 할 뿐이다. 물론 미처 아물지도 않은 면두를 또 쪼이어 붉은 선혈은 뚝뚝 떨어진다.

김유정의 단편 '동백꽃' 첫머리에 나오는 문단이다. 주인공의 수탉이 점순 네 수탉에게 당하는 모습을 사실적으로 그렸는데, 모든 문장이 주제에 맞는 것으로 되어 있다. 문단의 주제화는 이렇게 자연스럽게 이루어지는 것이다. 그러나 이런 간단한 작업도 조금만 방심하면 어그러지게 된다. 김동인의 단편 '감자'의 한 구절을 읽어 보자.

복녀는 원래 가난은 하나마 정직한 농가에서 규칙 있게 자라난 처녀였다. 예전 선비의 엄한 규율은 농민으로 떨어지자부터 없어졌다. 하나, 그러나 어딘지는 모르지만 딴 농민보다는 좀 똑똑하고 엄한 가율이 그의 집에 그냥 남아 있었다. 그 가운데에서 자라난 복녀는 물론 다른 집 처녀들같이 여름에는 벌거벗고 개울에서 멱감고 바짓바람으로 동네를 돌아다니는 것을 예사로 알기는 알았지만, 그러나 그의 마음속에는 막연하나마 도덕이라는 것에 대한 기품을 가지고 있었다.

위 문단의 소주제는 '복녀는 가난하지만 정직한 농가에서 규칙 있게 자라난 처녀다.'일 것이다. 그렇다면 뒤에 오는 뒷받침 문장은 복녀의 이런 품성을 드러내는 데 집중하는 것이 옳았을 것이다. 그러나 뒷받침 문장의 어디에도 '정직한 농가'와 '규칙 있게 자라난 처녀'를 뒷받침하는 문장은 없다. 오히려 주제를 약화시키는 문장만 제시되어 있다. 차라리 주제를 뒷받침 문장과 같아지도록 달리 구성하든지 주제를 뒷받침할 수 있도록 뒷받침 문장을 정확하게 구성했어야 한다. 그렇지 않으면 독자가 이 소설의 주인공인 복녀를 이해할 수 없고, 앞으로 복녀가 취할 행동을 해석하여 이 소설이 주고자 하는 메시지를 정확하게 읽어낼 수 없다.

② **뒷받침 문장의 배열** : 뒷받침 문장이 많을 때에 각 뒷받침 문장을 배열할 때는 일정한 순서를 지키는 것이 주제를 효과적으로 뒷받침하는 데 도움이 된다. 그 순서에는 시간적 배열 순서, 공간적 배열 순서, 논리적 배열 순서를 생각할 수 있다.

시간적 배열 순서란 일어난 사건의 순서를 시간의 흐름에 따라서 제시하거나 흐름을 거슬러서 거꾸로 제시하거나 일정한 흐름을 가지도록 배열하는 것을 말한다. 공간적 배열 순서는 사물의 위치를 일정한 방향에 따라서 제시하는 것이다. 오른쪽에서 시작하여 왼쪽으로 시선을 돌리는 차례로 배열하거나, 위쪽에서 시작하여 아래쪽으로 시선을 내리는 차례로 배열하는 것이다. 논리적 배열 순서는 인과관계에 맞게 배열하는 것이다. 삼단논법 형식을 취하든지, 소크라테스의 산파술을 원용하여 전개하든지, 헤겔의 변증법적 방법을 사용하든지 주제에 가장 맞고 뒷받침 문장의 내용과 가장 어울리는 방법으로 배열하면 된다. 내용의 크고 작음, 무겁고 가벼움이 확연히 구별되는 경우라면 큰 것만 몇 개 배열하거나 작은 것을 더 큰 개념으로 통합하여 큰 것과 함께 배열하는 방법을 택하는 것이 좋다. 어떻든 복수의 뒷받침 문장은 독자가 배열 순서를 이해할 수 있도록 일정한 흐름으로 배열하는 것이 바람직하다.

(3) 문단의 배열

긴 글을 쓰면 문단이 여러 개 구성되는데 대체로 각 문단마다 일정한 기능이 주어진다. 처음에 오는 문단은 글의 시작을 여는 기능을 해야 하니 아무래도 글 전체 분위기와 글의 목적, 주제화의 방향을 알 수 있게 하는 내용으로 구성해야 할 것이다. 이런 문단을 도입 문단이라고 한다. 긴 글에서는 도입 문단도 한 문단으로 구성하지 않고 여러 문단으로 구성하게 된다. 글을 쓰게 된 배경, 글을 쓰는 목적을 제시하고, 결론을 이끌어 나갈 방법, 결론으로 제시할 내용 등을 보여주는 각각의 문단을 도입부로 삼을 수도 있다.

도입 문단 다음에는 본격적으로 이야기를 진행하는 주제화 문단을 차례로 배치한다. 주제화 문단에는 주제를 구체적으로 드러내기 위한 여러 소주제가 나타나고 각 소주제별로 뒷받침 문장이 붙는다. 각 주제화 문단은 소주제가 중요한 것, 가치 있는 것, 현실과 가장 가까운 것 등의 순서에 따라서 차례로 제시한다. 만일 소주제 사이에 일정한 시간적, 공간적, 논리적 흐름이 있다면 그 흐름에 맞게 배열하고, 때로는 의미나 비중이 가벼운 것에서 무거운 것으로 또는 무거운 것에서 가벼운 것으로 흐름을 잡아 문단을 배열할 수 있다. 이 때 중요한 것은 각 문단의 소주제가 다 제시되면 주제가 완벽하게 채워져야 한다는 점이다.

주제화 문단이 모두 끝나면 글을 마무리하는 문단이 필요하다. 이제까지 이야기한 것을 회상하거나 음미하면서 글 읽기를 마무리하도록 돕는 문단이다. 이를 보통 결말 문단이라고 한다.

도입 문단과 주제화 문단 또는 주제화 문단과 결말 문단 사이에는 문단의 분위기를 바꾸기 위해서 전환 문단을 둘 수 있다. 그러나 이런 문단은 지극히 형식적이기 때문에 두지 않는 것이 더 효과적일 수도 있다. 어떤 경우에는 강조 문단이라고 해서 특별히 강조할 내용을 적기 위하여 별도의 강조 문단을 두기도 하는데 이것도 불필요한 장치이다. 주제 문단에서도 얼마든지 강조하고 싶은 소주제를 마음껏 강조할 수 있기 때문에 구태여 강조 문단을 별도로 둘 필요가 없다. 오히려 주제화 문단의 흐름을 방해할 우려가 더 크다.

글을 기승전결(起承轉結) 또는 발단, 전개, 위기, 절정, 반전, 결말 같은 순서로 전개할 수도 있는데, 이것은 생각이나 사건이 어떻게 진행되고 끝나는지를 추적해 나가는 글(주로 시, 소설)에서 사용한다. 이 방식도 하나의 전형으로 제시한 것일 뿐이므로 글 쓰는 이가 이에 제약을 받을 필요가 없다.

이상으로 주제를 드러내기 위하여 필요한 공통의 틀로서 주제화를 위한 통일성, 긴 글을 전개하기 위한 문단 구성, 각 문단의 소주제와 뒷받침 문장, 뒷받침 문장의 연결 원리, 각 문단의 배열 등에 관해서 설명했다. 이것은 어디까지나 일반적으로 효과가 있다고 인식하는 것을 제시한 것이므로 글 쓰는 사람은 이를 참고하여 자기 방식으로 주제화를 이루는 최선의 방식을 찾아서 글을 써야 한다.

글쓰기

(1) 글쓰기의 필요성

우리가 낱말을 배우고 문법을 배우는 것은 말을 잘하고 남의 말을 잘 이해하는 능력을 키우기 위해서이기도 하지만 더 직접적으로는 글을 잘 쓰기 위해서라고 보아야 한다. 말하기는 남의 말을 듣고 대화하는 과정에서 자연스럽게 익힐 수 있다. 즉 체계적으로 교육받지 않더라도 상당한 수준의 언어 능력을 구사하여 의사 소통을 할 수 있게 된다. 그러나 글쓰기에는 말하기 능력만으로는 결코 해결할 수 없는 다른 능력이 필요하다. 그래서 글쓰기 능력을 기르기 위해서 별도로 공부해야 하고 연습해야 한다.

나는 글을 인간의 문제 해결 능력의 소산이라고 정의하는데, 글이라는 것이 심심풀이로 쓸 수 있는 것이 아니고 무언가 주어진 문제를 해결하거나 극복해야 할 인간의 욕구를 해소하기 위해서 쓰는 것이기 때문이다.

글을 쓰는 능력은 사람이 가지고 있는 언어 능력 가운데에서 생각을 조직하여 그것을 다른 사람에게 글자로 표현하는 능력으로, 말로 표현하는 능력과는 상당히 다른 능력이다. 글을 쓰는 능력은 논리적으로 추론하고, 감정을 정리하고, 지식을 분류 또는 차별화함으로써 목적에 합당한 정보를 가공한 뒤에 그것을 문장으로 구성해 내는 능력이다. 논리적으로 추론하고 감정을 정리하고 지식을 개념화하여 분류하는 작업은 머릿속에서 이성적으로 해낼 수 있다. 그러나 그것을 문장으로 구성해 내려면 별개의 새로운 능력이 필요하다. 이 능력이 바로 글쓰기 능력이다.

글쓰기 능력은 인간의 모든 다른 능력과 마찬가지로 인간이 기본적으로 가지고 있는 능력을 글쓰기 표현 능력에 적용하여 구현하기 위해서 적절한 노력을 하여 얻게 된다. 따라서 글쓰기를 인간의 삶의 활동 가운데 하나로 이해하고 이를 실행에 옮길 때에 글쓰기 능력의 향상을 기할 수 있다.

운동을 하면 인간의 몸이 건강해진다. 오락을 하면 인간의 정신이 건강해진다. 그렇다면 글쓰기를 하면 인간의 어떤 부분이 좋아질까? 글쓰기를 하면 인간의 자료 수집 능력, 사건이나 사물의 움직임 또는 상황의 변화에서 의미를 찾아내는 능력, 필요한 자료를 종합하는 능력, 종합된 자료를 정보로 가공하는 능력, 목적에 맞는 방법을 찾아내고 그 방법에 알맞은 조건을 알아내는 능력, 주어진 조건으로 목적을 달성하기 위해서 구체적인 방안을 찾아내고 이를 실제로 구현하는 능력, 곧 한 마디로 문제 해결 능력이 향상된다. 문제 해결 능력 향상이란 인간을 더 유능한 사람이 되게 만드는 것이므로, 결국 글쓰기는 사람을 더 고등한 사람으로 발전시키는 능력을 길러 주는 활동이다.

(2) 천 리 길도 한 걸음부터

사람이 만든 기계(호이겐스)가 7년 동안 우주를 여행한 끝에 지구에서 35억 킬로미터 떨어진 토성의 위성 타이타닉에 안착한 것이 2005년 1월 14일의 일이니, 이는 폴란드의 천문학자 코페르니쿠스(1473~1543)가 지동설을 주장한 지 500년이 지난 시점이고, 영국의 과학자 뉴턴(1642~1727)이 만유인력의 법칙을 발견한 지 400년이 지난 시점이며, 미국의 라이트 형제가 엔진을 장착한 비행기를 발명한(1903) 지 꼭 100년 만의 일이며, 인간이 우주선을 쏘아 올린 때(1957, 구소련의 스푸트니크)부터는 50년이 조금 못 된 시점이다. 35억 킬로미터 떨어져 있는 정지된 목표물에 비행체를 보내는 것도 쉽지 않을 텐데 끊임없이 움직이는 물체에 비행체를 안전하게 착륙시킨다는 것을 상상이나 할 수 있겠는가? 그러나 인간은 그 일을 결국 해냈고, 거기서 찍은 사진으로 그 물체의 형상을 볼 수도 있게 되었다.

내가 이렇게 장황하게 이야기하는 이유는 어떤 대단한 업적도 시작은 미미하고 불안정했다는 것을 말하고 싶어서이다. 처음에는 전혀 생각이 미치지 못한 것이었으나 작은 성과 뒤에 얻어지는 조금 넓어진 시야로 인간은 새로운 것을 생각하고 추구한다. 이런 노력을 거듭하여 인간은 놀랄 만한 성공을 거두게 된다. 글쓰기도 이와 같다. 처음부터 대단한 글을 쓰겠다고 달려드는 것은 우스운 일이다. 사람에 따라서 한계가 있을 수도 있고, 능력이 시기적으로 제약될 수도 있다. 그래서 우리는 언제나 조금씩 조금씩 경험을 얻고, 얻은 경험을 자기의 능력으로 만든 다음에 다시 그 능력에 기초하여 연습을 하고 경험을 쌓아서 점점 더 나은 능력을 갖추어 나가야 한다. 급하더라도 체계적인 연습만이 목표에 이르는 지름길이라는 것을 인식하는 것이 중요하다.

그래서 먼저 글을 쓰는 연습을 시작해야 한다. 글을 잘 쓰는 연습이 아니라 글을 쓰는 연습이다. 자기가 생각하는 것을 문자화하여 다른 사람이 읽고 이해할 수 있는 문장으로 구성하는 연습이 필요하다. 홑문장도 좋고 겹문장도 좋고 짧은 글도 좋다. 이렇게 문장을 구성하는 연습을 하라고 하면 누구나 좀 막연한 느낌이 들 것이다. 무엇에 관해서 써야 할지 생각이 나지 않을 것이기 때문이다. 그래서 우리는 체계적인 방법으로 글쓰기 연습을 시작하는 것이 효율적이라는 말을 하게 된다.

(3) 결심 단계

글을 쓰기 전에 먼저 글을 써야겠다는 결심을 해야 한다. 자신이 그 글을 써야 할 이유를 알아야 하고, 써서 얻을 수 있는 이익을 생각하고, 자기가 어떤 글을 쓸 수 있을지 판단하고, 지금 무엇에 대해서 글을 써야 하는지 필요성을 인식해야 한다. 그리고 마지막으로 그 글에서 어떤 결론 또는 결과를 제시할 것인지도 생각해 보아야 한다. 이런 일련의 과정을 거쳐 모든 것이 어느 정도 만족스러운 수준에 이르면 글쓰기 결심을 굳히고 글쓰기 실행 단계로 들어간다. 결심 단계에서 검토해야 할 것들은 아래와 같다.

① 어떤 종류의 글을 쓰려는가?

사람에 따라서 상대적으로 잘 쓸 수 있는 글도 있고, 경우에 따라서 어떤 종류의 글을 써야 할 경우도 있다. 글쓰기에 처음 도전하는 사람은 자기가 가장 잘 쓸 수 있는 글부터 쓰기 시작하는 것이 좋지만, 지금 어떤 글을 써야 하는 사람은 그런 글쓰기 연습을 해야 할 것이다. 여러분이 생각할 수 있는 글의 종류는 크게 설명글, 논술글, 창작글이다. 지금 여러분이 쓰려는 글이 어떤 종류인지 분명히 하라. 물론 어떤 글은 이 세 종류의 글이 섞여서 이루어질 수도 있다. 그러나 지금은 글쓰기 연습을 위한 글쓰기이므로 어느 하나를 선정하는 것이 좋다.

설명글에는 상품이나 사물에 대한 설명, 관찰 등의 보고, 사건의 보도, 장소나 행사의 안내, 결정의 통지, 알림 등의 내용이 들어간다. 여러분은 설명글 가운데에서 더 구체적으로 어떤 설명글을 쓰려 하는지 결정해야 한다. 마찬가지로 논술글을 쓰려는 사람은 논설, 사설, 연설, 담화, 논문 등 여러 종류의 논술글 가운데에서 어떤 논술글을 쓸 것인지 결정해야 하고, 창작글을 쓰려는 사람도 감상문, 시, 수필, 소설, 희곡 가운데에서 어떤 글을 쓸 것인지 결정해야 한다.

② 무엇에 관해서 쓰려 하는가?

글을 쓸 대상은 글의 종류를 결정하는 과정에서 대체로 결정되겠지만 그렇지 않을 수도 있으므로 별도로 강조한다. 어떤 글을 쓰는데 구체적으로 무엇에 관해서 쓸 것인지 분명하게 정해야 한다. 막연히 수필을 쓰겠다고 결심만 하는 것으로는 글쓰기 연습을 시작할 수 없다. 막연히 사건 보도문을 작성해 보겠다고 결정하는 것만으로는 글쓰기를 시작할 수 없다. 어디에서 보고 느낀 것을 수필로 쓸 것인지, 어떤 사건에 대한 보도문을 작성할 것인지, 어떤 상품에 대한 설명서를 쓸 것인지, 어떤 문제 해결 방안에 대해서 글을 쓸 것인지 그 대상이 구체적으로 결정되어야 한다.

③ 누구에게 읽히려 하는가?

　　글의 종류에 따라서는 읽을 사람이 특정되기도 하지만 그렇지 않을 수도 있다. 따라서 자기가 쓰려는 글이 누구에게 읽힐 것인지 생각해 보아야 한다. 읽을 사람에 따라서 쓸 내용의 깊이와 길이, 사용할 낱말과 표현 등이 달라질 수 있기 때문이다. 지금은 글쓰기 연습 단계이므로 구체적으로 적시하지 않고 읽을 사람의 부류를 상정하는 것으로 충분하다. 그러나 실제 상황에서는 이 부분을 명확하게 하지 않으면 안 된다.

④ 무엇을 얻으려 하는가?

　　우리가 글을 쓰는 것은 읽는 사람에게 무엇을 전하고 그 결과 자신이 무엇을 얻고 싶기 때문이다. 그런데 흔히 글을 쓰다 보면 쓰기에 매몰되어 엉뚱한 이야기를 자랑처럼 늘어 놓거나 심하면 자기가 원래 전하려던 것과 다른 이야기까지 스스럼없이 하여 결국은 얻으려 한 것은 얻지 못하고 엉뚱한 비난만 받게 되는 경우도 있다. 글을 쓰기 전에 먼저 우리가 꼭 다짐하고 잊지 않도록 주의해야 할 것이 바로 '글을 통해서 얻고 싶은 것이 무엇인가' 하는 글의 목적이다. 여기서 말하는 목적이란 글의 결론이나 주제보다 더 상위의 개념이면서 더 은밀한 개념이다.

　　글을 쓰는 사람과 글을 읽는 사람이 글에서 얻는 열매는 같지 않을 수 있다. 상품 설명서를 읽는 사람은 그 상품을 사용하는 방법만 정확하게 이해할 수 있으면 되지만 글을 쓰는 사람은 사용자가 설명서를 읽으면서 제품의 우수성도 인식하기를 바랄 수 있다. 그러나 그런 목적 없이 글을 쓰면 평범한 설명서밖에 되지 않는다.

　　글을 쓰는 목적을 추상적으로 잡지 말고 구체적으로 잡아야 글쓰기에 도움이 된다. 예컨대 '이 글로 내 글 솜씨를 자랑해야지.'라고 하는 것은 글쓰기의 목적이 될 수 없다. 제품 설명문이라면 제품을 설명하면서 '제품의 우수성을 드러내야지.', '다른 제품과 차별성을 부각해야지.', '새로운 성능이나 사용법을 알려야지.' 등이 목적이 될 수 있다. 이 목적은 곧바로 설명서의 설명 초점이 될 수 있다. 글을 쓰는 목적이 자기 마음속에 확실하게 자리 잡지 못하면 글의 초점이나 방향이 바뀌어 주제도 드러나지 않고 결론도 명쾌하게 맺지 못할 수도 있다.

⑤ 어떤 결론을 내릴 것인가?

글의 목적이 결정되면 대체로 글의 결론이 결정되는 경우가 많지만 그렇지 않을 수도 있다. 그래서 반드시 글의 결론에 대한 생각을 미리 해 놓으라는 것이다. 글의 결론을 미리 생각해 놓아야 글을 쓰기 전에 자료를 준비하고 정리하는 데 도움이 된다. 앞에서 글의 통일성에 대해 설명했는데, 통일성을 유지하는 가장 확실한 길은 먼저 결론을 내리고 그 결론에 적합하고 그 결론에 도움이 되는 소재와 개념만을 사용하는 것이다. 그렇지 않으면 수많은 자료를 무질서하게 제시하여 글을 읽는 이에게 부담만 잔뜩 주고, 정작 글의 주제나 결론은 독자에게 전달되지 않아 결국 글쓴이가 글에서 얻고자 하는 목적도 달성하지 못하게 된다. 그래서 글을 쓰기 전에 먼저 결론을 내리고 그 결론을 기반으로 해서 글을 구성하는 것이 글의 완성도를 높이는 지름길이다.

자, 그럼 위의 다섯 가지를 모두 결정했으면 그것을 흰 종이에 크게 적어서 쉽게 볼 수 있는 곳에 붙여 놓기 바란다. 지금부터 글쓰기를 마치는 순간까지 이 다섯 가지를 잊어서는 안 된다. 이 다섯 가지가 지금부터 쓸 글의 나침반 구실을 하게 될 것이다.

(4) 글쓰기 실행 단계

글쓰기를 실행하기 전에 연습의 효과를 높이기 위해서 미리 이야기해 둘 것이 있다. 글쓰기 연습은 혼자 하는 것보다는 세 사람이 동아리를 이루어 하는 것이 효율적이라는 것을 말해 두고자 한다. 꼭 세 사람이어야 하는 것은 아니지만 두 사람이나 네 사람이 하는 것보다는 세 사람이 하는 것이 효율적이다. 왜냐하면 셋이라는 수가 안정을 의미하는 수이기 때문이다. 셋은 둘이 제시하는 것보다 더 다양한 의견을 나눌 수 있으면서도 둘의 이견을 해소할 수 있으며 넷보다는 더 능률적으로 논의할 수 있다. 그래서 세 사람이 동아리를 이루어 지금부터 시작하는 글쓰기 결심 단계와 실행 단계를 함께 논의하면서 진행해 보기를 권한다. 물론 직접 글을 쓰는 단계에서는 각자가 써야겠지만 그 외의 모든 작업은 논의하면서 진행하고 완성된 글을 검토하는 작업도 셋이 함께 하는 것이 좋다.

자, 그럼 지금부터 글을 쓰기 시작하자. 앞에서 결정한 다섯 가지를 생각하면서 글을 써 보자. 특별히 좋은 글을 쓰려고 하지 말고 그냥 써 보자. 정확한 문장이 안 되어도 좋으니 일단 써 보자. 몇 문장을 쓰다 보면 생각과 달리 문장이 잘 안 써질 수도 있다. 그러나 개의치 말고 쓰고 싶은 대로 계속 써 보자. 아마 몇 문장 쓰고 보면 더 쓸 것이 없어질 것이다. 뭔가 더 써야 하는데도 쓸 것이 생각나지 않을 것이다. 어쩌면 처음 들머리에서 방황하다가 글을 진척시키지 못하고 말지 모른다. 아니면 대뜸 결론을 적느라고 열을 내다가 밑도 끝도 없는 글이 되고 말지도 모른다. 그러면 거기서 중단하고 다음 항목을 숙지한 뒤에 다시 시작하기 바란다.

① 자료와 소재를 준비하라

　글쓰기를 시작하기 전에 가장 먼저 할 일은 글에 사용할 자료와 소재를 충분히 확보하는 일이다. 글의 목적을 도울 수 있는 자료나 소재, 반대되는 자료나 소재, 비교하고 분석하는 데 쓰일 자료나 소재 등 글에 유용하게 사용할 수 있는 자료와 소재를 다양하게 준비한다.

　자료와 소재가 준비되는 대로 이것을 분류해서 속성과 성격이 같은 것끼리 한 군데로 모은다. 즉 공통점이 있는 자료나 소재끼리 모아서 각 문단의 소주제를 분류해 내거나 뒷받침 문장을 구성할 때에 사용하기 쉽게 준비해 놓는다.

　자료나 소재의 분류는 기준이 분명해서 내포나 외연이 겹치지 않게 한다. 그래야 이를 바탕으로 하여 소주제를 분류해 내거나 소주제를 뒷받침하기 쉬워지고 문단끼리 또는 문단 안에서 통일성을 유지할 수 있다.

② 주제를 선명하게 밝히라

　자료와 소재 준비, 분류 검토가 끝났으면 이제 글의 주제를 정해야 한다. 글을 통해서 밝히고 싶은 것을 확실하게 정하는 것이다. 이제까지는 막연하게 어떤 글을 써야겠다고 생각해 왔지만, 이제는 준비된 자료나 소재를 이용해서 무엇을 쓸 수 있을지 확실하게 결정할 수 있게 되었다. 주제가 결정되면 그것을 자신에게 선언해야 한다. 글쓰기 결심 단계에서 제시한 다섯 가지 방향을 적은 종이에 글의 주제를 적어 놓기 바란다. 만일 주제를 한 마디로 적기 곤란하면 글의 주제를 나타내는 제목을 적어도 좋다. 왜냐하면 대체로 제목은 주제를 대변하는 경우가 많기 때문이다.

③ 글을 쓰기 시작하라

　이제 글을 쓸 준비가 모두 끝났다. 즉시 문장을 구성해서 쓰면 된다. 어쩌면 여러분은 하나하나 알토란같은 문장을 생성하게 될지 모른다. 그러나 지금 서둘러

쓰면 앞에서 쓴 문장과 뒤에서 쓴 문장이 중복되거나 앞에서 한 이야기와 비슷한 이야기가 뒤에 다시 나오는 일이 생길 수 있다. 그러면 글이 너저분해져서 읽는 사람이 지루해지기 쉽다. 이런 불상사를 방지하려면 이를 막을 준비를 해야 한다.

㉠ 문단과 자료 배열 : 글은 여러 개의 문단으로 이루어지고 각 문단은 하나의 통일된 소주제를 완성한다고 했다. 이를 상기하면서 글을 구성할 몇 개의 문단으로 나누는 구상을 하고 각 문단에서 말하려는 소주제를 개념화하여 배열한다. 그리고 각 문단의 소주제에 맞추어 문단에 사용할 자료를 배분해 넣는다. 이것이 글을 구성하는 일종의 설계도가 될 것이다.

첫 문단에서는 무슨 말을 하는데 그를 위하여 무슨 자료를 사용하고 어떤 내용의 문장을 주로 쓴다. 둘째 문단에서는 무슨 말을 하는데 그를 위하여 어떤 자료를 사용하고 어떤 내용의 문장을 주로 쓴다. 이런 식으로 글 전체의 구조를 생각하면서 설계도를 완성한다. 이 때 각 문단에서 하게 될 말은 서로 겹치지 않게 해야 한다. 그러려면 각 문단의 소주제가 서로 겹치지 않는 개념으로 이루어져야 한다. 그리고 자기가 원래 글의 목적이라고 생각했던 것이 이 구성으로 이루어질 것인지 판단해 보아야 한다. 만일 뭔가 부족하다고 생각되면 새로운 문단을 설정해서 보완하여야 한다. 혹시 글이 지나치게 길어질 것 같으면 문단을 통합해야 한다. 문단을 통합하려면 두 소주제를 하나로 통합해야 하므로 두 소주제를 아우를 수 있는 개념을 찾아서 통합된 문단의 소주제로 삼으면 된다. 이런 배열 작업을 하려면 미리 다양한 자료와 소재가 준비되어 있어야 하는 것은 두말 할 나위가 없다.

㉡ 글쓰기 : 이제 글의 설계도에 맞추어 해당하는 문단에 해당하는 문장을 하나씩 만들어 나가면 된다. 들머리 문단을 먼저 적고 주제화 문단 작성을 시작해도 좋고 주제화 문단을 먼저 하나씩 작성한 뒤에 마지막으로 들머리 문단을 작성해도 괜찮다. 이 두 부분은 유기적으로 연관성이 있으므로 글을 쓰는 도중에라도 수시로 이 두 부분이 의미적으로 통일성을 이루도록 수정해 나가야 한다.

주제화 문단 작성은 먼저 소주제문을 만들고 그 뒷받침 문장을 하나하나 만들어 나가면 된다. 생각을 글로 표현하는 것이 만만치 않다는 것을 알게 될 것이다. 그러나 노력하면 자기 생각과 비슷한 문장이 만들어진다. 글쓰기는 문단 단위로 진행한다. 한 문단의 소주제가 충분히 뒷받침되어 통일된 의미가 완성되었다고 느끼면 다음 문단을 작성한다. 문단과 문단의 구별은 줄을 바꾸거나 한 줄을 띄워서 표시한다.

들머리 문단과 주제화 문단의 구성이 끝나면 글을 전체적으로 다 읽어 본 뒤에 결말 문단을 구성한다. 결말 문단은 들머리 문단과 잘 연관되어 있어야 한다. 들머리 문단에서 제기한 문제가 있으면 결말 문단에서 이를 해소해 놓아야 한다. 결말 문단의 내용은 전적으로 주제화 문단을 종합하는 내용으로 이루어져야 한다. 새롭게 문제를 제기하거나 주제화 문단에서 설명하거나 제시한 여러 문장의 의미와 다른 내용의 문장을 내세우면 글은 어지러워진다.

좋은 문장, 정확한 문장으로 모든 문장을 구성할 수 있다면 좋겠지만 어느 누구도 처음부터 그런 문장으로 짜여진 글을 쓸 수는 없다. 그러니 처음 글을 완성하는 과정, 즉 초고를 쓰는 과정에서는 너무 민감하게 맞춤법과 문법에 얽매이지 않아도 된다. 글에서 가장 중요한 것은 읽는 이가 읽도록 쓰는 것, 읽는 이가 글에서 얻을 것이 있도록 쓰는 것이므로 글의 내용을 알차게 하는 데 총력을 기울여야 한다.

④ 검토(퇴고) 단계

글을 잘 쓰는 사람과 못 쓰는 사람, 아니 좋은 글을 쓰는 사람과 그렇지 않은 사람의 차이는 글을 쓴 뒤의 태도에서 나타난다고 한다. 글을 잘 쓰는 사람, 좋은 글을 쓰는 사람, 자기 글에 자기 이름을 거는 사람은 글을 써 놓고 그 글을 읽고 또 읽으면서 글의 완성도를 높인 다음에 남에게 내놓고, 그렇지 않은 사람은 글을 쓰기가 무섭게 남에게 내놓는다. 한번 잘못 든 습관은 좀처럼 고치기 어려우니 지금 글쓰기를 연습하는 사람은 처음부터 글을 잘 쓰는 사람의 습관을 들이기 바란다. 검토를 시작하기 전에 여러분은 책상 앞에 붙여 놓은 종이를 유심히 보기를 권한다. 거기에는 '어떤 종류의 글인가, 무엇에 관한 글인가, 누구에게 읽힐 글인가, 무엇을 얻으려는 글인가, 어떤 결론을 내린 글인가'에 대한 답이 적혀 있고 그 아래에 글의 주제 또는 제목이 적혀 있을 것이다. 그것을 다시 유념하고 검토 작업을 시작하기 바란다.

㉠ 글의 방향은 제대로 설정되어 있는가?

여러분이 쓴 글을 읽고 맨 먼저 글의 방향이 제대로 설정되어 있는지 검토해야 한다. 설명글이 주장글처럼 되어 있거나 주장글이 창작글처럼 되어 있으면 문체에 문제가 있는 것이다. 글의 주 관심사와 관련이 없는 부분이 없는지, 예상 독자와 무관한 부분은 없는지, 글을 통해서 얻으려고 한 것을 얻을 수 있겠는지, 원래 생각했던 결론과 같은 결론을 내릴 수 있는지, 제목 또는 주제와 일체감이 형성되어 있는지 등을 검토해야 한다. 이와 관련해서 문제가 되는 문단이나 표현이 있다면 그것을 들어내거나 바꾸어야 한다.

> 달마 그리는 남자를 다시 만난 것은 금년 5월, 봄의 햇살이 화사한 조계산 송광사에서였다. 영암의 월출산, 광주의 무등산과 함께 전라남도의 명산으로 꼽히는 조계산은 서쪽 기슭에 송광사를, 동쪽 기슭에 선암사를 품고 있다. <u>이 유서 깊은 두 사찰을 모르는 독자가 없을 터이지만 선암사를 먼저 말하고 싶다.</u> 광주 갈 일이 생겼을 때 머리 속에서 가장 먼저 떠오른 것이 조계산이었다. 선암사에서 송광사에 이르는 산길의 아름다움을 여러 차례 들었던 탓이었다. 이틀간의 광주 여정을 마치고 시외버스 터미널에 도착했을 때는 오후 한 시경이었다. 등산의 들머리를 송광사로 할 것인지, 선암사로 할 것인지 선택하는 데 고민이 필요 없었다. 송광사는 광주에서 직행버스가 있지만 선암사는 순천에서 버스를 갈아타야 한다. 나는 길이 약간 멀고 번거로운 선암사를 택했다. 선암사를 차분히 들여다보고 싶었기 때문이다. 30대 시절 송광사에서 하룻밤 묵었던 적이 있었다. 하지만 선암사는 나에게 미지의 공간이었다.(정찬, '숨겨진 존재')

위 글을 보면 '달마 그리는 남자'가 중요한 사람이고 그를 송광사에서 만났는데 글쓴이는 굳이 선암사를 장황하게 설명하고 있는 것이 눈에 띈다. 작가의 말처럼 선암사에서 송광사로 가는 산길의 아름다움을 빼놓을 수 없고 또 선암사의 아름다움을 놓치기 어려워서 그랬겠지만 여기서 중요한 것은 '달마 그리는 남자'를 송광사에서 어떤 인연으로 어떻게 만나서 어떤 일이 벌어졌는지에 관한 것이다. 따라서 송광사까지 갔는데 선암사 이야기를 빼는 것은 무척 아쉽기는 하지만 여기서는 선암사 이야기를 할 필요가 없다. 이 글이 여행 안내서나 기행문이 아니기 때문이다.

ⓛ 보완해야 할 것은 없는가?

글에서 가장 걱정스러운 것은 꼭 써야 할 것을 쓰지 않는 것인데, 그러면 글이 빈약해지거나 가치가 떨어지기 때문이다. 주제화에 필요한 소주제를 빠뜨렸다면 그것은 매우 치명적인 실수가 될 수 있다. 소주제를 뒷받침할 적절한 문장을 빠뜨렸다면 소주제를 드러내는 데 상당한 어려움을 겪을 수 있다. 하나의 예가 글 전체에 생기를 불어넣기도 하므로 그런 예를 찾아 집어넣는 것은 매우 중요하다. 그러나 대체로 자신이 찾을 수 있는 자료를 미리 찾아서 쓴 글이므로 새롭게 보완할 부분을 찾는 작업은 혼자 하기에 벅차다. 그러므로 매우 신중하고 철저하게 검토하지 않으면 안 된다. 그러나 아무리 잘 검토하더라도 자신의 능력으로는 무엇이 더 필요한지 알 수 없기 때문에 빠뜨리는 경우가 많다. 그래서 글쓰기 연습은 여러 사람과 함께 하여야 한다. 다른 사람의 눈으로 보면 보완할 점이 쉽게 보이기 때문이다.

> 한국은 그리움의 나라다. 한국 사람은 어느 민족보다 '그리움'이 강렬한 문화 민족이다. 삶의 보람도 그리움에서 나오고, 슬픔의 달램도 그리움에서 나온다. 지난날의 시간 속에 아름다운 그리움의 감정을 불어넣은 천재들이 한국 사람이다. 그리움을 버린다고 하면, 한국 사람은 삶을 버리는 것과 같고, 그리움을 벗기면 이 땅 위에서 한국 사람은 없어지는 셈이다. 가난을 달래는 힘도 그리움에서 나오고, 괴로움을 달래는 힘도 그리움에서 나오는 것이다. 살아서도 그립고, 죽어서도 그립다. 슬픈 일이거나 괴로운 일이거나, 즐거운 일이거나 궂은 일이거나 한결같은 리듬으로 맑은 하늘을 우러러보면서, 슬픔에도 애통해하지 않고 즐거워도 뛰지 않고 살아가는 밑바닥의 힘이 그리움에 있었던 것이다. 세계 인류 문화사에 던질 수 있는 한국의 얼은 이 '그리움'에 있다.(려증동, '국어교육론')

위 글의 주제문은 '한국은 그리움의 나라다.'이고 그 뒤에 나오는 모든 문장은 뒷받침 문장이다. 뒷받침 문장이 모두 주제문을 뒷받침하는 것으로 되어 있기 때문에 글의 통일성은 잘 유지되어 있다. 그런데 뒷받침 문장을 보면 모두 글쓴이의 주관적 판단이 선언적으로 제시되어 있다. 그 판단도 무엇을 보고 내린 판단인지 알 수 없다. 즉 실체가 제시되지 않고 판단만 있는 뒷받침 문장으로 주제화를 이루고 있다. 이런 글은 글쓴이의 일방적인 주장으로 비쳐지기 쉽다. 따라서 이를 보완하는 실체가 제시되어야 한다. 구체적으로 어떤 점이 한국을 그리움의 나라로 보게 하는지 그 사례를 제시하는 것이 필요하다.

ⓒ 주제화는 잘 되어 있나?

글의 주제 또는 제목과 글의 내용이 잘 어울리는지 검토해야 한다. 글의 주제나 제목을 보고 대체로 글의 내용을 추정할 수 있는데, 그런 추정에서 빗나간 글은 좋은 글이 되기 어렵다. 물론 그런 추정을 의도적으로 빗나가게 함으로써 신선한 감동을 줄 수도 있겠지만, 그것은 고급 작가들이 해 볼 수 있는 시도이고, 우리는 교과서적으로 주제화 문제를 검토해야 한다.

주제화가 잘 되지 않았다는 느낌은 대체로 어느 한두 문단 때문에 생기는 것이 보통이다. 그러므로 주제화를 방해하는 문단이 어느 것이며 그 문단이 주제화를 방해하는 이유가 어디에 있는지 검토해서 방해자를 들어내거나 바로 고치는 작업을 해야 한다.

주제화 여부는 글의 통일성과 깊은 관련이 있다. 주제화에 불필요한 문단이 있거나 통일성을 저해하는 문장이 있으면 주제화가 되지 않는다. 그런 점에서 통일성 유지 여부를 검토하는 것도 한 방법이다.

아래 글을 읽으면서 주제화를 생각해 보자.

얼마 전 TV에서 국악 명창 김소희 여사의 인터뷰 프로를 보고 있었다. 질문자는 김 여사의 '한(恨)'의 내용을 듣고 싶은지 두번 세번 "선생님의 한(恨)은 무엇이죠?" 하고 물었다. 시청자인 나도 그 대답이 자못 궁금해 귀를 기울였다.

"恨이란 멋이죠."라는 그의 대답에 질문자도 놀랐겠지만 보고 있는 나도 놀랐다. 恨이란 멋이라―. 그는 판소리만이 아니라 恨의 정의를 내리는 데도 절창(絕唱)이다. "그렇지, 멋이 없으면 恨을 알 리 없고, 恨이 없으면 멋도 모르렷다."라고 나는 생각했다.

국어사전에 보면 '원한(怨恨)'의 준말이 '恨'이라고 나와 있으나, 원한이라 했을 때와 단지 恨이라고 했을 때와는 약간 뜻이 다르다고 느껴진다. 원한이라면 상대방에 대한 원망과 복수심, 증오심과 같은 검은 감정을 느끼는데, 恨이라 할 때는 특정한 상대를 넘어서서 자기 운명이랄까 인생 전체와 삶 그 자체에 대한 슬픔과 아픔으로 느껴진다. '恨'을 멋이라고 표현하는 까닭은 이러한 초월적인 차원에서 나오는 감정이기 때문이라고 생각된다.(이남덕, '맺힌 恨 푸는 멋')

위 글에서 "국어사전에 보면" 이하의 문단은 주제화에 상당한 걸림돌이 된다는 느낌을 준다. 여기서는 구태여 '한(恨)'과 다른 개념인 '원한(怨恨)'을 내세울 것이 아니라 '한이 멋이다'라는 명제를 뒷받침할 수 있는 설명을 하거나 그와 비슷한 효과가 있는 경험 등을 제시했다면 '한은 멋이다'라는 주제를 깊이 있게 설명할 수 있었을 것이다.

다음 문장에서도 주제화를 이루는 데 미숙함이 보인다.

> 일제 강점기에는 무궁화를 뜰에 심는 것조차 일인(日人) 관리들이 몹시 단속(團束)했고, 무궁화로 한반도 지도를 수놓아 벽에 거는 것은 거의 반역죄(反逆罪)를 범한 것처럼 다루었다. 일제 강점기하에서 우리가 노예와 다름없는 생활을 해 오는 동안에도, 무궁화에 대한 애틋한 사랑은 많은 사람들의 가슴 속에 뿌리 깊이 자랐었다. 남궁 억(南宮檍) 선생 같은 분은, 강원도 홍천 보리울에서 청소년들에게 한국 역사를 가르치기도 하고, 무궁화 묘목을 다량으로 길러 널리 나누어주기도 하면서, 민족을 사랑하는 정신과 용기를 길러 주었다.(유달영, '무궁화')

우리가 무궁화를 사랑할 수 없는 환경에서도 무궁화에 대한 사랑이 우리 가슴속에서 자랐다는 이야기를 하다가 갑자기 남궁억 선생이 민족을 사랑하는 정신과 용기를 길러 주었다는 이야기로 돌아간 것은 소주제에 대한 인식이 부족했기 때문이다. 마지막 부분인 '민족을 사랑하는 정신과 용기를 길러 주었다.'를 빼는 것이 주제화에 도움이 된다.

㉣ 낱말과 표현 검토

이제 여러분은 글의 구조에서 눈을 떼어 각 문장에 들어 있는 낱말과 표현을 검토해야 한다. 어떤 낱말은 그런 상황에서 사용하지 않는 것인데도 사용했을 수 있고, 어떤 표현은 영어나 일본어에서나 등장하지 우리는 쓰지 않는 것일 수도 있다. 그리고 어떤 낱말은 그것보다 더 적절한 낱말로 대체할 수 있는 것이 있을 수 있고, 어떤 표현은 그보다 더 절실하게 또는 더 적합하게 표현하는 방법이 있는데 그것을 미처 생각해 내지 못했다는 비판을 받을 수도 있다. 어떤 것은 여러분의 어휘력이나 표현력으로는 감당할 수 없는 것이고, 어떤 것은 조금만 더 노력했다면 그런 낱말이나 표현을 찾아냈을 수 있었을 것이다. 그러니 더 나은 낱말을 찾고 더 나은 표현을 찾기 위해서 노력하는 수밖에 없고, 다른 사람의 도움을 얻어서라도 그것을 알아내는 수밖에 없다. 이 작업은 구도자적인 자세로 아주 진지하게 진행하지 않으면 좀처럼 성과를 얻을 수 없다.

입신의 경지에 올랐다고 하는 프로바둑 9단인 기사들이 바둑을 둘 때 그들은 가장 좋은 수를 찾기 위해서 피나는 노력을 한다. 정해진 시간에 최선의 수를 찾는 자가 이기어 돈과 명예를 차지한다. 그들이 최선의 수를 찾으려 노력하는 것처럼 여러분도 최선의 낱말, 최선의 표현을 찾도록 노력해야 한다.

> ㉮ 방금 소파 수술을 받고 땡볕 아래를 걸어서 돌아온 엄마의 얼굴은 해사하다 못해 창백했다.
>
> ㉯ 아우가 이웃집 연탄 광에 연탄을 실어 쟁일 때면 연탄 배달부 사내는 우리 집 부엌으로 와 막걸리를 마시며 연탄 묻은 검댕이 손으로 엄마의 해사한 불두덩을 어루만지곤 했다.
>
> ㉰ 나날이 깡말라가던 엄마가 며칠 동안 하혈을 하고 죽은 지 몇 해 뒤였다. 스러져 돌아가는 모든 생명체가 그러하듯이 엄마는 화사한 모양으로 삶을 마무리했다. 해사하고 깡마른 엄마가 엉덩이를 들고 일어난 부엌 바닥은 시들어 떨어진 동백꽃잎과 같은 붉은 핏덩이가 만발해 있었다.(이상 심상대, '미')

예문 ㉮에서 소파 수술을 받고 돌아온 엄마의 얼굴을 '해사하다 못해 창백했다'라고 표현한 것은 '해사하다'의 의미와 쓰임새를 오해한 탓이다. '해사하다'는 '얼굴이 희고 말쑥하다'의 뜻으로 긍정적으로 사용된다. 이 경우에는 '핼쑥하다'가 적절할 것 같고 '하얗다'도 괜찮을 것 같다. 예문 ㉯에서 엄마의 불두덩을 '해사하다'고 묘사한 것도 부적절하다. 예문 ㉰에서 "스러져 돌아가는 생명체가 그러하듯이 엄마는 화사한 모양으로 삶을 마무리했다."라고 한 부분에서 '스러지는 생명체'와 '화사함'이 어떻게 어울릴 수 있는지 궁금하다. '화사하다'는 '밝고 환함'을 의미하는 낱말이다. '해사하고 깡마른'도 서로 잘 어울리지 않는다. '깡마른' 엉덩이가 해사하기 어려울 것이기 때문이다.

㉭ 교정과 교열

남에게 자신의 글을 보이려면 역시 깔끔한 문장으로 작성된 글을 보이는 것이 좋을 것이다. 특히 공개적인 문서나 작품 또는 발표문을 작성할 때에는 더욱 그렇다. 문장을 깔끔하게 작성하려면 반드시 교정과 교열 작업을 거쳐야 한다. 어문 규정이 워낙 복잡하고 까다롭기 때문에 글쓰는 사람이 이를 완벽하게 검토하기는 어렵다. 문법과 관련해서도 매우 어렵고 복잡한 문제가 많아서 일반인이 완벽하게 이에 맞는 문장을 구성하기는 쉽지 않다. 그래서 이 작업은 교열 전문가에게 맡길 수도 있다. 그러나 자기 작품은 자기 손에서 마무리하는 것이 바람직하므로 전문가에게 맡기기 전에 자기가 오자, 탈자, 비문법적인 표현 등을 바로잡는 것이 좋다.

　　사람들은 하고 많은 이별을 생각해 보는 것이다. 흉년에 초근목피(草根木皮)를 감당 못 하고 죽어 간 늙은 <u>부모를</u>, 돌림병에 약 한 첩 써 보지 못하고 죽인 자식을 거적에 말아서 묻은 <u>동산을</u>, 민란 때 관가에 끌려가서 원통하게 맞아 죽은 <u>남편을</u>, 지금은 흙 속에서 잠이 들어 버린 그 숱한 <u>이웃들을</u>, 바람은 서러운 추억의 현을 가만가만 흔들어 준다.(박경리, '토지')

위 문장에서 '이별'을 생각할 때에 '부모, 남편, 이웃'을 생각할 수 있지만 '동산'을 생각하는 것은 어울리지 않는다. 이런 정도의 교열은 글 쓰는 사람이 할 수 있을 것이다.

　　상가에는 가지 않는 것이 옳을 것이다. 어쩌면 부조금도 부치지 않는 게 좋을지 모른다. <u>대신에</u> 나는, 천은사의 입구에 있는 고승들의 부도 앞에서 걸음을 멈춘다. 햇살이 따사롭게 내리쬐는 부도의 잔디밭에 앉아서, 나는 잠시 눈을 감는다. 어디선가, 물소리가 들려올 듯도 싶다. '샘이 숨어 있는 절' 천은사였다.(김인숙, '숨은 샘')

위 글을 눈여겨보면 매우 사소한 것 같지만 중대한 문제점을 발견할 수 있다. '대신에'의 앞 문장과 뒤 문장이 상황에 잘 맞지 않는다. '무엇을 하는 대신에 무엇을 한다.'라는 구성이 일반적이라면 위 문장은 '좋을지 모르는 대신에 걸음을 멈춘다.'의 구조가 된다. 작가가 이런 정도의 호응을 모를 리 없으니 아마 다른 각도에서 이 문장을 이해해야 할 것이다. 그럴 경우에 우리는 앞의 두 문장이 일반 서술문이 아니고 마음속으로 하는 말을 적은 문장(인용문)이고, 뒤 문장은 서술문이라는 사실을 알아차릴 수 있다. 즉 앞의 두 문장은 인용문이므로 작은따옴표로 묶어 놓았어야 했다. 아마 이를 작은따옴표로 묶어 놓으면 '대신에'는 불필요해지고 '나는'의 뒤에 붙인 반점(쉼표)도 불필요하다는 것을 알 수 있을 것이다. 그런데 요즘 작가들은 따옴표 붙이기를 꺼려한다. 시각적으로 멋이 없어서 그러는 모양인데, 글은 시각적인 멋을 추구하는 것이 아니라 읽어서 얻을 수 있는 열매를 추구하는 것이다. 그러므로 반드시 붙여야 할 부호를 빠뜨리지 않도록 노력해야 하고, 교열 전문가들이 붙이거나 빼야 한다고 충고하면(위 글에는 불필요한 곳에 반점을 붙인 곳이 눈에 띈다.) 이를 수용해야 한다. 문장 부호를 붙이지 않거나 아무 곳에나 자기 마음대로 붙이는 것은 독자를 무시하면서 제멋만 부리려 하는 만용이 될 수 있다.

아래 문장에서 밑줄 친 부분은 흔히 나타나는 중복 표현인데 자기 글에 이런 종류의 겹쳐 쓰기 표현이 없는지 확인해 보아야 한다. 있다면 마땅히 중복되지 않도록 표현을 바꿔야 할 것이다. 연습 삼아 아래의 중복 표현을 적절하게 바꿔 보기 바란다.

＊ 이러지도 저러지도 못하는 진퇴양난의 형국이다.
＊ 교사에 대한 대우를 우대하는 배려가 있었으면 한다.
＊ 원고측에 인과관계를 직접 입증해야 하는 '거증(擧證)책임'이 있다.
＊ 그가 이 법안 기초에서 제안에 이르기까지 앞장서서 주도한 장본인이다.
＊ 이웃들의 따뜻한 온정은 이들에게 재기의 희망을 안겨주고 있다.
＊ 검찰 내에 정치 검사가 존재하고 있음을 스스로 인정한 것이다.
＊ 재소자의 흡연 욕구를 이용해 엄청난 폭리를 취한 것이다.
＊ 한편의 영화가 영상 산업 전체를 이끄는 견인차 역할을 할 수 있다.
＊ 그 말은 바로 직전에 선생님에게서 들은 것이다.
＊ 특히 협상 흥정력에 불이익이 우려된다.
＊ 내가 모르고 나와 다르다고 남을 욕하고 매도할 수 없다.
＊ 타자는 툭툭 치는 잽으로 타격 감각을 살려 투수들의 허를 찌른다.
＊ 근거가 없는 유언비어가 공공연히 떠돈다는 데 놀라움을 금치 못한다.
＊ 더구나 가벼운 경범죄를 저지른 사람을 대상으로 그렇게 했다.
＊ 외환 위기가 대량실업을 양산하는 주요 요인으로 작용하고 있다.

* 정부의 개혁이 <u>앞으로 전진하지</u> 못하고 주춤거리는 느낌이다.
* 그것은 <u>뿔뿔이 흩어져 분산</u> 고립됐던 목소리들을 한 군데로 모은다.
* 그가 아무리 능력이 있다손 쳐도 개혁을 <u>풀어가는 해법</u>은 아닐 것이다.
* 여야는 단독 청문회와 장외 집회를 <u>다시 재가동</u>하려 한다.
* 도둑은 주로 도둑 잡는 포도대장인 경찰서장 집을 털었다.
* 도대체 맥없던 거인을 분기탱천시킨 <u>뒷배경</u>은 뭘까.
* 언론은 <u>더 이상의 추가</u> 희생 없이 사건이 마무리된 데 안도하였다.
* 외환위기 때에 수많은 <u>실직자들이 직장을 잃었다.</u>
* 시험에 소리가 같고 뜻이 다른 동음이의어 문제가 많이 나왔다.
* 업계 <u>최고의 1등</u> 기업 가치 창출로 언제나 미래를 준비해 왔다.

또 아래 표현은 불필요하게 수식어(부사어와 관형어)를 장황하게 늘어놓은 것인데 자기의 글에 이런 문제점이 없는지 점검해 보아야 한다.

* 아무리 <u>정성을 들이고 공을 들여</u> 만든 것이라 해도 줄이 끊기면 그만이었다.
* 조금도 <u>특별할 것 없이 평범하고 범상한 어떤</u> 모습을 보였다.
* 아내는 입고 있던 허드레 치마 속의 팬티를 <u>발목까지 내려 발끝으로 밀어</u> 방구석으로 밀어 놓았다.
* 오전 열한 시경 <u>읍내 기차역에서 서울을 향해 출발하는 보급열차 승차표를 이미 끊어 두고 있던</u> 그녀는 미장원에 들어서도 지체할 수 없다고 동동거렸다.
* <u>미장원 주인이며 하나뿐인 미용사로서 깡마른 체구에 볼품없이 키가 작고, 그나마 겉늙은</u> 노처녀 미용사는 전날의 언약대로 서둘러 미장원 문을 열고 손님을 맞았다.
* 길을 잘못 들어 목적지를 한 번에 찾질 못해 <u>왔던 길을 되돌아가 처음부터 다시 시작하는 경우가 생겨</u> 시간이 걸리긴 해도 아예 찾지 못한 적은 없었다.
* 매우 눈이 나쁜 그는 사진을 <u>관찰할</u> 때면 언제나 확대경을 가지고 <u>관찰했</u>는데 어느 날 역시 확대경을 들고 한 사진을 <u>관찰하고</u> 있었다.
* 그 후에도 동생은 아무한테나 <u>사랑한다는</u> 제 남편의 마지막 말을 되뇌며

해해거렸다.

＊ 난 영감님이 나는 하나도 걱정 안 하는 자기 죽은 후의 내 살 걱정까지 해 주는 게 신기하고 고마울 뿐 더 바라는 건 없어.

그러나 아래와 같은 독창적인 수식어는 적극적으로 개발하여 쓸 만하다.

＊ 어머니의 울음은 정종 한 잔에 희석되었는지 소리가 없었다.(김주옥, 봄)
＊ 그 봄날, 그렇게 찾아와 우리 집에 열흘쯤 살다 간 그 여자가, 제가 이 집에 도착해 마루에 앉아 대문을 바라보고 있는데 죽순처럼 제 속을 뚫고 올라왔던 것이에요, 제 근원을 아프게 건드리면서.(신경숙, 풍금이 있던 자리)
＊ 문득, 그녀의 손이 내 어깨 위로 슬그머니 올라왔다. 마치 뜻밖의 손님이 찾아와 창문을 두드리듯이.(윤대녕, 은어낚시통신)

(5) 글쓰기 연습법

　이제까지 여러분이 앞서 제시한 방법에 따라서 글을 썼다면 여러분은 자신의 글쓰기 능력이 어느 정도인지 감을 잡았을 것이다. 아무리 글을 쓰려 해도 만족스럽게 써지지 않으면 너무 힘을 들여 글을 쓰려 하지 말고 다른 방법을 선택하여 글쓰기 능력을 기르는 것이 좋다. 그 가운데 대체로 쉽게 쓸 수 있는 방법이 다른 사람이 이미 써 놓은 글을 베끼면서 문장의 틀을 익히는 것이다. 이 방법은 자칫 틀에 박힌 글을 쓰게 되기 쉬우므로 너무 오래 연습하거나 그 틀만 고집하면 안 된다. 기본적인 문장 구성과 글의 전개를 익히는 정도로 만족하고 곧장 자기 글을 쓰는 노력을 해야 할 것이다.

　또 이 방법은 베끼는 글에 문제가 있는 것을 모르고 무작정 베끼면 자기도 그 글에 있는 문제점을 그대로 답습하게 되므로 조심하지 않으면 안 된다. 이런 점을 주의하면서 다른 사람의 글을 베낌으로써 자신의 문장 구성 능력, 글 전개 능력, 어휘력과 표현력을 향상시키기 바란다.

① 베끼기 : 베끼는 방법으로 연습하려 해도 어떤 글, 어떤 작품을 베낄 것인지 결정하는 것이 어렵다. 문인이 되고 싶은 사람은 좋은 문학 작품 가운데에서 자기에게 가장 쉽고 자기가 가장 좋아하는 작품을 골라서 베끼는 편이 좋다. 명작이라는 명성을 얻은 작품이면 더 좋을 것이다. 나와 국어문화운동본부의 문장사들이 몇 년 동안 국내 작가의 작품(단편 소설)을 검토했는데, 문장의 정확성과 글의 짜임새를

동시에 만족시킬 만한 작품이 좀처럼 나타나지 않았다. 문제가 약간은 있다는 전제 아래 여러분에게 정찬의 '숨겨진 존재'와 김인숙의 '숨은 샘'을 소개한다.

설명글을 쓰고 싶은 사람은 국어사전과 백과사전을 참조하여 낱말을 정의하는 방법, 표제어를 설명하는 방법을 익히기 바란다. 논술글을 쓰고 싶은 사람은 신문의 사설이나 논설을 참고하면 도움이 될 것이다.

② 재구성하기 : 베끼는 연습을 하는 작품이 최선의 상태가 아니라는 점을 잊지 말아야 한다. 베끼다 보면 잘못된 문장, 잘못 사용된 낱말, 전개의 부자연스러움, 주제화에 걸림돌이 되는 문단, 글의 방향과 다른 문단이나 쓸데없는 문단 등이 보일 것이다. 그런 것을 바로잡아 보기도 하고, 할 만하거든 직접 재구성해서 써 보는 것도 좋은 방법이다. 혹시 자기가 재구성한 글이 원래의 작품보다 더 호소력이 있거나 재미가 있다는 말을 듣는다면 여러분은 머지않아 글로써 대성할 수 있는 사람이다.

(6) 글쓰기 실전

지금부터 여러분이 아래에 제시된 조건에 맞추어 각자 쓰고 싶은 대로 골라서 글을 써 보기 바란다. 각 글에는 이런저런 조건 또는 전제가 붙어 있다. 여러분의 입맛에 맞는 것을 하나 골라서 그에 맞추어 글을 쓰면 된다. 글은 반드시 앞에 제시한 단계별로 준비하여 쓰기 바란다.

① 홍보문 쓰기 연습

　　㉠ 자동차 홍보문 : 자동차를 가지고 있는 분은 그 자동차의 성능, 특징, 장점 등을 두루 조사하고 동종의 다른 차와 다른 점을 소개함으로써 그 차의 우수성을 설명하라.

　　㉡ 손전화(핸드폰) 홍보문 : 요즘 손전화의 기능이 다양하고 성능이 나날이 향상하고 있다. 자신이 사용하고 있는 손전화의 성능, 특징, 장점을 설명하고 다른 제품과 다른 점을 밝히고 자기의 손전화기의 우수성을 드러내라.

　　㉢ 화장품 홍보문 : 요즘 화장품은 단순히 얼굴을 예쁘게 보이도록 하는 데만 사용되지 않고 기능성 화장품이라고 해서 주름살을 제거한다든지 기미를 없앤다든지 살갗을 팽팽하게 만들어 준다든지 하는 기능성 화장품이 많이 나온다. 자기가 사용하는 화장품의 특징과 우수성 등을 들어 자세히 설명하라.

② 소개문 쓰기 연습 : 소개문은 소개 받은 사람에게서 비난을 받지 않는 것이 중요하다. 소개 내용과 실제 내용이 다르면 비난을 받을 수 있다. 정확한 내용을 바탕으로 적어야 하며 소개해 준 데 만족을 느낄 수 있도록 충실하게 구성해야 한다.

    ㉠ 자기 소개서 또는 추천서 : 자기를 소개하고 싶은 사람 또는 다른 사람을 추천하고 싶은 사람은 소개서에 제시할 상대를 정해서 그에 맞는 소개서 또는 추천서를 작성하라.

    ㉡ 대학 소개문 : 자기가 다니고 있는 대학을 고등학생이나 일반인에게 소개하는 글을 써 보라. 그 대학에서는 무엇을 어떤 방식으로 가르치는지, 대학의 분위기는 어떻고 어떤 사람에게 어울리는지 등을 소개한다. 홍보하는 것이 아니고 소개하는 것임을 잊어서는 안 된다.

③ 보도문 : 구체적인 사건이나 행사 등에 관해서 어떤 매체에 보도할 것인지 정한 뒤에 보도문을 작성한다. 중요한 것은 자기가 직접 본 것, 취재한 것을 기초로 해서 작성해야 한다는 점이다.

    ㉠ 신문 보도문 : 각 신문의 보도 관행에 맞추어 보도문을 작성한다. 꼭 그 신문의 스타일에 맞출 필요는 없지만 자신이 어느 신문의 관행에 맞추겠다는 생각을 하고 쓰면 된다.

    ㉡ 라디오 보도문 : 라디오 보도는 음성을 위주로 하므로 이에 맞추어야 한다. 각 라디오의 특성에 맞추어 보도하는 것이 중요한 요령이다.

    ㉢ 텔레비전 보도문 : 텔레비전 보도는 화면과 함께 제공되므로 이 점을 감안하여 보도문을 작성해야 한다.

④ 보고문 : 자기가 보고 알게 된 바를 쓰되 다른 사람에게 보고해야 할 의무가 있는 경우에 쓰는 것이 보고문이다.

    ㉠ 관찰 또는 조사 결과 보고문 : 동식물의 생태를 관찰하거나, 어떤 사람의 동태를 관찰한 결과를 보고할 수도 있고, 특정한 지역이나 주민의 생활상 등을 조사하여 보고문 형식으로 적을 수도 있다. 어떤 것을 누구에게 보고하는 글인지 명확하게 정하고 글을 써야 한다.

    ㉡ 출장 결과 보고문 : 지시에 따라서 특정한 일을 하고 돌아와서 그 결과를 보고하는 글이다. 무슨 일을 하러 갔으며 일하는 과정이 어떠했는지, 출장의 목적이 무엇인지 확실히 이해하고 그 목적이 달성되도록 일을 마쳐야 하며, 그에

따라서 출장의 의미가 드러나도록 보고문을 작성해야 한다.

⑤ **논술글** : 특정 주제에 관한 자기의 주장을 논리적으로 설득력 있게 구성해야 한다. 왜 그런 주제를 내걸었는지 어떤 문제를 해결하기 위해서 글을 쓰게 되었는지도 분명하게 밝혀야 한다.

　㉠ 사설 : 사설은 신문사의 논조를 대변하는 논술글이므로 그 신문사의 평소 논조와 일치시켜서 적어야 한다. 물론 자기가 특정 신문사의 논조를 파악한 대로 적으면 된다. 사설은 글의 길이에 제한이 있는 것이 특징이다. 200자 원고지 여덟 장을 넘지 않도록 적는다.

　㉡ 논설 : 신문 논조와 상관없이 자신의 주장을 적으면 된다. 이 경우도 글의 길이에 제한이 있다. 200자 원고지 열 장을 넘지 않도록 한다.

　㉢ 논문 : 평소에 자기가 주장하는 것, 해결하고 싶은 문제 등을 정해서 주제를 내걸고 글을 쓰면 된다. 길이의 제한이 없다.

⑥ **감상문** : 글을 읽거나 영화, 연극 등을 보고 느낀 점 또는 음악회에서 음악을 듣고 느낀 감흥 등을 적는다.

　㉠ 독서 감상문 : 책이나 작품을 읽고 느낀 점을 적는다.

　㉡ 영화, 연극, 음악회 감상 : 독서 이외의 다른 대상에 대한 감상을 적는다.

⑦ **수필** : 자유롭게 자기가 본 것, 경험한 일 등을 바탕으로 창작글을 적으면 된다.

　㉠ 개인적 수필(경수필) : 주관적, 사색적인 수필로서 자기가 보고 경험한 것을 소재로 하여 적는다.

　㉡ 사회적 수필(중수필) : 철학, 과학, 종교 등에 관한 문제를 소재로 하여 논증을 사용하지 않고 단언적으로 비평하거나 주장하는 바를 적는다.

연습^문제 ·————

정답은 www.barunmal.com 의 "글세상"에 있습니다.

1. 아래 글을 읽고 지시에 따라서 글을 적으라.

> 풍수를 공부한 사람으로서 왜 이런 일이 생기게 되었는지를 고민해 보니 이런 그림이 떠오른다. 어떻게 괜찮았던 사람도 청와대만 들어가면 이해하기 힘들게 바뀌어 버리는 것일까?
>
> 청와대 터는 일제 총독이 조선의 자존심을 근본적으로 밟아 버리기 위해 선정한 터이다. 그곳은 조선 정궁인 경복궁 위쪽에 해당된다. 영국이 중국 일부 식민지 경략에서 쓰던 수법을 더욱 발전시킨 전형적인 식민통치 수법으로 세워진 곳이 바로 그곳이다.
>
> 청와대 바로 뒤에 있는 북악산은 청와대 경내에서 보면 매우 아름답고 권위도 있는 서울의 주산이다. 하지만 광화문 네거리만 나와서 봐도 그것이 얼마나 왜소하고 인왕산 같은 주변 산세에 미치지 못하는지를 금방 알 수 있다.
>
> 대통령은 외로운 자리일 것이다. 그 자리는 특히 환경심리학적 요인에 영향을 받을 소지가 크다. 청와대 안에서는 내가 가장 아름답고 권위도 있으며 항상 옳다고 믿게 되겠지만 멀리서 보는 사람에게는 그렇지 못한 것이 탈이다.
>
> 더욱이 경내에서 남쪽을 향해 보면 시내가 훤히 보이고 남산이 가까이 다가서 있기에 이 세상 형편을 다 아는 것 같고, 물론 최고급의 정보를 가지고 있을 것은 분명하지만, 남산이란 걸림돌이 있다손 치더라도 그리 어렵지 않게 넘을 수 있는 장애물로 보일 것이다. 멀리 관악산이란 큰 산이 있기는 하지만 너무나 멀리 떨어져 있다. 그러니 모든 문제들이 조금의 어려움은 있지만 쉽게 넘을 수 있는 문제라는 오산에 빠질 공산이 커지게 되는 것이다. 역대 대통령들이 독선에 빠져 수많은 실수를 저지른 것이 이와 무관치 않을 것이란 게 풍수를, 요즘 말로 환경심리학을 공부하는 필자 같은 사람의 유추이다.
>
> [최창조, 풍수잡설, 2005년 모멘토 간행]

(1) 밑줄 친 '이런 일'은 구체적으로 어떤 일이라고 생각하는지 위 글에서 해당 문장을 따서 적되 각자 알고 있는 바를 뒷받침 문장으로 제시하라.

(2) 필자는 청와대 자리에 대한 역사적 맥락과 지리적 맥락을 설명했다. 이 두 맥락 사이에 어떤 연관이 있는지(또는 없는지) 글의 통일성의 관점에서 말하라.

(3) 필자는 청와대 자리가 대통령에게 미칠 수 있는 환경심리학적 요인을 어떻게 보고 있는지 이 글이 지적하는 바에 따라서 적으라.

(4) 이 글을 100 단어 이내로 줄이라.

2. 아래의 기사문을 읽고 물음에 답하라.

세계 각국 한국어 인기 '상한가'

한류 열풍으로 동남아 등 세계 각국에서 한국어에 대한 인기가 치솟고 있다.

교육인적자원부에 따르면 한국어능력시험 응시국가 및 응시자 수는 지난해 16개국 1만 5,279명을 기록, 전년도에 비해 응시자 수 기준으로 약 47%나 급증했다. 이 같은 추세는 올해도 지속돼 전세계 24개 국에서 약 2만여 명이 응시할 것이라는 게 교육부의 전망이다.

교육부는 올해 9회째를 맞는 한국어능력시험을 오는 9월 24~25일 국내외의 각 지정장소에서 실시할 예정이다. 해외에서는 필리핀·싱가포르·방글라데시·대만·말레이시아·파라과이·아르헨티나·프랑스 등 9개 국가가 올해 처음으로 참여한다. 국내에서는 서울교대·부산대·충남대·전남대 등 4곳에서 실시된다.

한국어능력시험은 지난 97년 처음 도입돼 초급(1~2급), 중급(3~4급), 고급(5~6급)으로 나눠 어휘·문법과 쓰기·듣기·읽기 4개 영역을 평가한다. 4지선다형 객관식과 주관식(10~30%)으로 구성되고 영역별(100점 만점)로 40점 이상, 전체 평균 60점 이상이면 합격한다.

국내 원서교부와 접수는 6월 24일부터 8월 3일까지이고 시험은 9월 25일 치러지며 성적은 11월 1일 응시자에게 개별 통보된다. 문의는 한국교육과정평가원(www.kice.re.kr)으로 하면 된다. [서울경제신문 2005-05-30]

(1) 이 기사가 보도하고자 하는 사실 내용은 무엇이라고 생각하는가?

(2) 기사 제목이 합리적인지 검토하고 제목을 바꾸고 싶으면 바꿔 보라.

(3) 기사문으로서 이 기사의 적절성을 평가하라.

3. 아래 각 문장을 검토하여 부적절한 부분을 바로잡으라.

(1) 북한산을 모르는 이는 없지만, 제대로 아는 이도 없습니다.

(2) 흑백으로 이루어진 세상은 본능을 가진 인간으로서는 공포 자체였다.

(3) 이 제품은 까다롭기로 유명한 일본 시장에서도 평가가 끝난 상태다.

(4) 마구잡이식으로 증인을 채택하고 본질과 관계없는 사안으로 증인을 몰 아세우거나 '아니면 말고'식 질문 등의 구태가 사라지지 않고 있다.

(5) 높은 시렁 위로는 머루와 다래 넝쿨이 친친 감겨 올라 제물에 정자를 만 들고 그 아래에 차 식탁이 놓여 휴게소를 이루었다.

(6) 이북 실향민의 설움은 저렇게 화면에 비춰 선전이라도 해 주건만, 그 섬 땅의 피맺힌 억하심정이 세상에 알려져 함께 울어줄 날은 어느 하세월이 런가!

(7) 전지현, 차태현 주연의 '엽기적인 그녀'가 일본에 직격탄을 날렸다면 전 지현 장혁 주연의 '내 여자친구를 소개합니다'(이하 '여친소')는 올해 초 일본 관객 100만 명을 훌쩍 넘길 만큼 일본 스크린을 초토화시켰다.

(8) 얼마 전 콘서트를 가진 가수 '팀(Tim)'의 가족 역시 '연예인 집안'으로 손 꼽히는데, 그다지 유명세를 타진 않아 그가 '연예인 가족'이라는 걸 아는 사람은 몇 안 된다.

(9) 시골의 여름방학은 이렇게 모든 것이 신기했는데 모기 놈들이 딱 질색이 었다.

(10) 요즘은 시골에서도 농산물에 대해 자신의 이름을 달고 판매하기 때문에 '속박기'는 있을 수 없는 옛날 얘기가 됐다. 소비자와의 신뢰를 잃으면 패가망신이라는 것을 잘 알기 때문이다. '속박기'는 곧 농사를 그만 하 겠다는 다른 뜻이라고 해도 과언이 아니었다.

제 28일

과학자와 예술인은 미개인?

'**문**화'란 말 그대로 '글을 아는 것'인데, 글을 안다는 것은 남의 글을 읽고 이해하는 일과 자기 생각을 글로 적어 남에게 이해시키는 일을 포함한다. 남의 글을 읽으면 자기가 몰랐던 새로운 사실이나 진리를 알게 되어 정신적·인격적 성장을 이룰 수 있고, 자신의 생각을 펼침으로써 다른 사람에게 영향을 미치면 자신이 사회적 역할을 수행하게 되었다는 사실을 인식하게 된다. 이는 글을 모르면 얻을 수 없는 것들이고, 이렇게 해서 자신을 새롭게 변화시키는 것이 문화이다. 그래서 '문화'는 단순히 '글을 아는 것'을 지나 '새롭게 변화해 가는 것'으로 자리매김하게 된다.

그렇다면 '문화인'이란 새로운 것을 배우고 그것을 자기 것으로 만들어 이용하는 사람이라고 할 수 있다. 문화인은 언제나 새로운 것에 귀를 기울인다. 그는 자신을 새롭게 할 수 있는 새로운 지식, 새로운 방법, 새로운 대상을 찾는다. 오랫동안 새로운 것에 담을 쌓고 과거의 것, 이미 있는 것에 안주한다면 그는 새로운 것에 대해서 미개인이요, 원시인이 될 수밖에 없다.

새로운 것은 어디에서 오는가? 그것은 당연히 사람에게서 온다. 새롭게 생각하는 사람, 새로운 것을 알아낸 사람, 새로운 것을 경험한 사람에게서 새로운 것이 온다. 그리고 새로운 것은 그 사람의 말과 글을 통해서 많은 사람에게 전파된다. 여기서 우리는 새삼스럽게 말과 글의 효용을 생각하지 않을 수 없다. 말과 글이 그 새로운 것을 잘 담아서 날라 주지 않으면 새로운 것의 의미가 퇴색하기 때문이다. 새로운 것을 실어 날라 주는 말과 글의 기능을 '새롭게 인식하지 못한 사람'은 아무리 새로운 것을 만들거나 찾아냈다고 해도 말과 글에 관한 한 미개인이나 원시인의 무리에서 벗어날 수 없다.

'새 술은 새 부대에'라는 말이 있듯이 새로운 생각과 방법은 새로운 언어를 통해서 전파해야 한다. 여기서 새로운 언어란 무엇인가? 그것은 바로 자기만이 할 수 있는 언어 표현을 가리킨다. 과거에 수많은 사람이 써 먹었던 것이 아니라 자기가 만든 어휘, 자기가 만든 어구, 자기가 생각한 표현을 이용하는 것이다. 이것이 진정으로 문화인의 길이다.

최근 황우석 교수팀이 광우병에 걸리지 않는 유전자를 지닌 소 네 마리를 길러내어 그 가운데 한 마리를 일본으로 보냈다고 언론에서 보도했다. 언론은 하나같이 이 소를 '광우병에 안 걸리는 소'라고 불렀다. 이는 황우석 교수를 비롯한 연구팀이 이 소에게 이름을 붙여 주지 않았기 때문에 일어난 일이다. 그들은 마땅히 이 소에게 이름을 붙여 주었어야 했다. 그래서 유전적으로 광우병에 안 걸리는 소(또는 어떤 특정한 병에 걸리지 않게 유전자가 변형된 동물)를 일컫는 보통 명사로 쓰일 수 있도록 했어야 한다. 이런 생각을 하고 실천한 사람은 언어적으로도 문화인이라고 할 수 있다. 머지않아 일본에서 이런 종류의 소에 이름을 붙여 세계에서 널리 사용하게 한다면 우린 뭐가 되는가? 지금이라도 이 소에 이름을 붙이는 노력을 해야 한다.

세계 최첨단 제품을 만들어낸 과학자, 세계에서 가장 먼저 병 치료법을 알아낸 의사가 그 연구 성과를 자기 언어로 표현하지 못하고 이미 있는 진부한 단어나 어구 또는 표현을 쓰는 것은 참으로 안타까운 일이다. 그것이 설령 외국어라고 해도 마찬가지이다. 이런 사람들은 제품을 만드는 능력과 치료법을 연구하는 기술에서는 최첨단 문화인이라고 할 수 있을지언정 말과 글에서는 미개인의 범주를 벗어나지 못했다고 할 수 있다.

노래하는 사람은 노래만 잘하면 문화인으로서 대접을 받으며 잘살 수 있다. 그러나 말과 글을 새롭게 인식하지 못하면 적어도 말과 글을 잘 쓰는 사람들에게는 미개인으로 보인다. 정치인, 공무원, 학자, 문인, 교육자, 운동선수, 연예인 등 모든 전문 지식인도 그 분야에서는 문화인 대접을 받더라도 말과 글과 관련하여 새로운 것을 아무것도 익히지 못했다면, 그는 말과 글에 대해서 미개인이 될 수 밖에 없다. 외국에서 배운 언어를 한국에서 무분별하게 사용하는 것도 국어 미개인의 한 전형이다.

사람들은 대부분 문화인으로서 살아가기 바란다. 가끔 외식도 하고, 영화나 연극도 보고, 음악회에도 가고, 좋은 책도 읽고, 사회에서 일어나는 일에 대해서 토론도 벌이고, 바다를 바라보면서 상념에도 젖고, 나무가 울창한 숲 속에서 마음껏 산소를 마시면서 내일을 구상해 보는 그런 삶을 살기를 바랄 것이다. 그런 삶이 가능하도록 우리를 인도해 주는 것이 바로 말과 글이다. 그런데 이 말과 글이 우리와 너무 가까이 있다 보니 어떤 점이 우리를 새롭게 해 주는지 인식하지 못하고 아무렇게나 쓴다. 만일 말과 글을 새롭게 인식할 수만 있다면 그는 모든 분야에서 완전한 문화인으로 태어날 수 있다.

그런데 새로운 것이란 무조건 새롭기만 하면 되는 것이 아니다. 기존의 것을 완벽하게 소화한 뒤에 그 틀 안에서는 소화할 수 없는 것을 소화하도록 하거나 달리 소화하면 더 좋은 것을 보여 주는 것이 새로운 것이다. 피카소 같은 대가의 추상화와 그것을 흉내 낸 환쟁이의 추상화가 다른 이유를 생각하면 새로운 것의 의미를 이해하기 쉬울 것이다.

각자의 분야에서 문화인이 된 사람들에게 말과 글에서도 문화인이 되도록 돕는 것이 바로 국어 상담이다. 먼저 말과 글에 관한 기존의 업적을 소화하도록 돕고, 자기만의 새로운 표현을 할 수 있도록 돕는 것이 국어 상담이다. 그리고 이 일을 하는 사람들이 국어 상담사다. 지금부터 국어 상담사가 하는 국어 상담에 대해서 알아보자.

국어 상담의 목적

국어 상담은 국민이 국어에 관한 기본 지식을 갖추도록 하고 이에 기초하여 말하기, 쓰기와 관련한 능력을 향상시켜 주고 더 나아가서 국민의 창조적 언어 활동을 돕는 일이다. 우리가 국어를 정확하게 배우고 익혔으니 이를 다른 사람에게 전달하고 그들의 언어를 바로잡아 주어야 한다.

국어에 관한 기본 지식이란 국어에 관한 여러 규칙과 어법, 문장 구성 방법을 가리킨다. 모국어를 쓰는 사람에게는 모국어에 관해 가능하면 세밀한 부분까지 인식할 수 있는 지식이 필요하다. 외국어로서 한국어를 배운 사람과 모국어로서 한국어를 쓰는 사람 사이에는 차이가 분명히 있다. 한국 문화에 대한 이해의 폭과 깊이에서 오는 차이 외에 한국어라는 언어를 만들어 사용해 온 사람으로서의 차이를 보여 주어야 한다. 그 차이는 비국어적인 어법을 변별해 내는 능력일 것이다. 이 능력을 갖추는 것이 국어에 관한 기본 지식을 갖추는 것이다. 안타까운 것은 한국어를 모국어로 쓰는 한국의 많은 지식인들이 한국어 어법과 외국어 어법을 혼동하고 있다는 것이다. 국어 상담은 이런 점을 이들에게 확실하게 인식시켜 줄 수 있어야 한다.

우리가 한국어를 제대로 쓸 수 있어도 거기에 안주하여 다양한 표현법을 개발하려고 노력하지 않으면 말과 글을 통한 지식의 확산이 효과적으로 진척되기 어렵다. 같은 수준의 지식이라도 이를 어떻게 효과적으로 전달할 것인가 고민하지 않으면 새롭게 표현할 길을 찾지 못하여 결국 언어 미개인의 위치로 떨어지고 말 것이다. 그래서 국어 상담은 사람들에게 더 나은 표현, 더 효과적인 표현을 해낼 수 있도록 끊임없이 방법을 제시하고 지도할 수 있어야 한다.

　마지막으로 국어 상담은 한국인의 언어 창조력을 높일 수 있도록 도와야 한다. 언어 창조력은 새로운 어휘를 만들어 낼 수 있는 능력을 말한다. 이 능력은 기존의 어휘를 폭넓게 습득한 사람이나 기존의 어휘적 틀에 구애되지 않는 이단자의 머리에서 나올 수 있다. 그것이 누구의 머리에서 나오건 국어 상담사는 그것을 유심히 바라보고 배려하면서 창조적 능력이 훼손되지 않도록 격려하여야 한다. 언어 창조는 개인의 일이고 그것을 수용하는 것은 사회의 일이므로 국어 상담사는 창조적 개인과 사회를 연결하는 고리로서 사명을 감당해야 한다.

　결국 국어 상담은 국민이 국어에 대한 기본 지식을 습득하게 하고, 이에 기초하여 언어 표현 능력을 향상시키며, 나아가서 언어 창조력을 향상시키는 데 목적이 있다. 이 세 가지 목적은 개인이나 상황에 따라서 어느 하나만 적용될 수도 있고 모두 적용될 수도 있다.

국어 상담의 내용

　세상에 혼자서 모든 것을 완벽하게 할 수 있는 사람은 아무도 없다. 무엇이든지 누군가의 도움을 받아야 완벽해질 수 있다. 국어와 관련해서 제법 아는 체하며 국어 이론과 실전에 대해서 장황하게 논한 나 자신도 이 책을 만들면서 국어 문화 운동 본부 소속 문장사들의 문장 교열을 받지 않으면 안 되었다. 그래서 문장사 두 명이 교열하고 출판사의 교정 책임자가 검토하여 겨우 이 책이 세상에 나오게 되었다. 이들은 내가 쓴 문장에서 여러 문제점을 찾아 나에게 제시했고, 그 가운데에서 많은 것을 그들의 요구대로 바꾸었다. 글을 쓰고 책을 내는 나 같은 사람은 문장 상담사의 필요성을 절감하지만 방송을 하거나 연설, 발표, 토론 등을 하는 사람은 말 상담사가 필요할 것이다. 그래서 요즘은 화술(話術)의 필요성이 더 커지는 것 같다.

　국어 상담은 최소한 글과 말에 관한 제반 문제를 상담할 수 있도록 해야 한다.

(1) 글 상담

　글 상담이란 글쓰기에서부터 문장 교열과 분석, 글 읽기 등 글과 관련된 모든 문제를 상담하는 일이다.

① **문장 작성** : 자기 생각을 짧은 글로 표현하는 일로, 간단한 문장에서부터 두세 줄로 된 설명문이나 안내문을 쓰는 것에 이르기까지 기본 문장을 구성하는 능력을 길러 주기 위해 지도하거나 그런 문장을 검토하여 문제점을 지적하고 바로잡아 주는 일이 포함된다. 주로 어문 규정과 문장 성분 간의 호응에 관심을 두며, 가장 적절한 어휘, 가장 간결한 문장을 만들어 내기 위해 노력한다.

　박물관에 진열된 갖가지 문화재를 설명하는 간단한 설명문, 버스나 기차, 정류소나 역에 붙이는 각종 안내 또는 게시문, 현수막이나 간판 등에 쓸 표어 등이 문장 작성 상담의 중요한 대상이다. 또 기업에 입사하고자 하는 사람이 작성하는 자기소개서, 기업체가 홍보용으로 내걸고자 하는 홍보문, 광고용 카피 등도 문장 작성 상담의 중요한 대상이다.

　여기서는 일반인이 이해하기 어려운 전문 용어나 새로운 외국어, 어려운 한자 신조어, 비속어나 은어 등을 배제하고, 바르고 쉽고 간결한 어휘와 표현으로 모든 국민이 이해할 수 있는 문장을 구성하도록 지도한다.

② **글쓰기 지도** : 본격적으로 글을 쓰는 능력을 길러 주기 위한 지도로서 논술문, 설명문, 소설, 수필, 기사문, 학술 논문 등이 주 대상이 된다. 이 지도는 글의 주제 결정하기, 재료 수집하기, 글 구성하기, 문단 구성하기, 뒷받침 문장 만들어 내기, 소주제문과 주제문 만들기, 결론 도출해 내기 등 한 편의 글이 탄생하는 데 필요한 제반 요소를 하나하나 함께 만들어 글로 써 나가는 과정이다.

　글쓰기를 배우고 연습해야 할 학생들을 지도하는 것은 물론이고 대학생의 논문 지도, 등단을 준비하는 문인 예비군의 소설과 수필 작성 지도, 저술을 준비하는 일반인의 글 구성 지도, 기자나 언론인이 되고자 하는 사람들을 위한 보도문 작성 지도, 기업체에서 결재 서류나 기획 서류를 만들어야 하는 사람들을 위한 문서 작성 지도도 매우 중요한 대상이다.

　여기서는 주장을 설득력 있게 펴는 논리적인 문장, 객관적 사실을 그대로 알려 주는 사실적 문장, 재미있고 아름다운 문장이 되도록 어휘, 표현, 문장 구성을 지도한다.

③ **문장 분석** : 글을 작품으로서 여러 사람에게 선보이거나 발표할 사람들에게는 문장이 그의 능력을 보여 주는 중요한 잣대가 될 수 있다. 따라서 목적에 맞도록 글

이 잘 씌어 있어야 한다. 개인의 능력에 따라서 글의 깊이와 폭 그리고 설득력과 흡인력이 결정되겠지만, 문장 분석을 통해서 이런 부분에 미약하거나 부족한 점이 있으면 지적하여 바로잡게 함으로써 이들을 도울 수 있다.

소설의 경우에는 구성과 표현에 문제가 없는지, 등장인물의 개성과 언어가 어울리는지, 재료의 사실성과 사건의 객관성 여부를 검토해 줄 수 있고, 수필의 경우는 글의 주제나 의도가 잘 드러나도록 도와 줄 수 있으며, 좀 더 나은 표현이나 어휘를 찾아줄 수도 있다. 논술문의 경우에는 서론, 본론, 결론의 연관성, 결론을 도출해 내는 과정의 합리성과 논리성을 분석해 줄 수 있다. 또 결론을 내리는 데 필요한 여러 뒷받침 요소나 인용해야 할 자료가 제대로 준비되어 있는지 검토해 줄 수 있다. 학술 논문의 경우에는 반드시 참고해야 할 자료가 포함되어 있는지, 기존의 논의가 고려되었는지, 주장하고자 하는 것을 효과적으로 주장하였는지, 주장에 허점이 없는지, 전제의 타당성이 확보되어 있는지 분석해 줄 수 있다.

문장 분석은 문장이 더욱 짜임새 있고 깊이와 넓이를 갖추며, 독자의 필요에 부응할 수 있는 다양한 정보를 제공하는 방향으로 충실하고 유용하게 만드는 데 도움을 준다.

④ 교열 : 완성된 글을 하나하나 검토하여 문장론에 따라서 무엇이 문제인지 파악한 다음에 이를 직접 바로잡아 주는 일이 교열이다. 누가 쓴 글이라도 완벽할 수는 없다. 글은 보면 볼수록 고쳐야 할 곳이 많이 보인다. 부적절한 어휘, 비국어투 표현, 문장 성분 간의 호응, 문법과 어문 규정 위반 여부를 따져서 이를 바로잡는 것이 교열이다. 글 쓰는 사람이 정성스럽게 퇴고하는 과정을 다른 사람이 해 주는 작업을 교열이라고 생각할 수 있다.

⑤ 독해 상담 : 작품을 읽고 이해하는 능력을 길러 주기 위한 상담이 독해 상담이다. 각자의 수준에 맞추어 어떤 글을 읽을 것인가 판단할 수 있게 해 주고, 글을 읽은 뒤 작품 내용을 간추려 이야기하거나 감상문을 쓰는 등의 방법으로 작품 이해도를 높여 나가도록 한다. 작품의 주제와 그것을 드러내기 위한 소재가 어떻게 활용되었는지 설명해 주고, 글에서 좋은 점과 부족한 점을 지적하여 글에 대한 비평 능력도 길러 준다. 작품 내용에 따라서는 일정한 부분을 축약하게 하여 핵심 내용을 간추려 내는 능력을 길러 주는 것도 독해 상담에서 할 수 있는 일이다.

(2) 말 상담

말은 태어나면서부터 배우고 써 온 것이므로 좀처럼 고쳐지지 않는 특성이 있다. 그리고 말하는 능력은 어느 정도 갖추고 태어나는 선천적인 능력에 속하기도 한다. 따라서 말 상담은 말을 잘 하는 능력을 길러 주는 상담이라기보다는 말을 정확하고 품위 있게 하는 상담에 주안점을 둘 필요가 있다.

① 발음 교정 : 말하기의 기본은 발음을 정확하게 하는 것이다. 자음과 모음의 음가를 정확하게 알고, 발음 규칙과 표준 발음법에 따라서 정확하게 발음하도록 돕는 것이 목표이다. 국어의 자모 발음과 각 어휘의 표준 발음 그리고 대화에서 표준 발음 등에 관해서는 국립국어원이 하루빨리 모든 국민을 지도할 수 있는 지침이나 교안을 만들어 내야 할 것이다. 지금은 방송국에서 아나운서로 활동하는 사람들 사이에서도 발음의 차이를 심각하게 느낄 정도로 발음법이 정리되어 있지 않기 때문에 일반인에게 발음 상담을 하기에는 어려움이 있다. 발음과 관련해서 우리가 1차적으로 조심해야 할 것은 긴소리 발음과 된소리 발음이다. 최소한 어느 경우에 또는 어떤 어휘에 긴소리 발음이나 된소리 발음이 있는지 알 수 있도록 지침을 확정해야 할 것이다.

② 대화 : 말 상담에서 가장 중요한 것이 대화 상담이다. 대화란 사람과 말을 나누는 것이므로 대화 상담은 다른 사람과 효과적으로 말하는 방법을 상담하는 것이라고 할 수 있다. 대화의 상대가 혼자 또는 여럿일 수도 있고, 방법이 대담이거나 토론일 수도 있으며, 때로는 연설이나 보고일 수도 있고, 여러 사람에게 자기를 소개하는 경우도 있을 것이다. 대담과 토론에서는 언어 예절이 중요한 요소가 될 수 있다. 서로 상대방의 인격을 존중하면서 자기가 하고 싶은 말을 분명하게 전달해야 한다. 해야 할 말과 하지 말아야 할 말을 가리는 것도 대담에서 매우 중요한 항목이다. 논의되고 있는 주제와 동떨어진 말을 하거나 주제를 훼손하는 말을 하는 것은 대담의 상대방을 곤혹스럽게 하거나 시간을 낭비하는 일이다. 연설이나 보고는 일방적으로 준비한 것을 전달하는 행위이므로 미리 문장을 준비하여야 한다. 자기 소개는 자신이 어떤 사람이고 어떤 가치관을 가지고 있는지, 무엇을 잘 할 수 있는지 남에게 알게 하는 언어 행위이다. 말 상담은 이런 여러 언어 행위를 잘 할 수 있도록 돕는 것이다. 말 상담에는 화술 또는 수사법 교육이 포함될 수 있다. 말을 잘 하는 능력을 길러 준다는 의미에서 이것들도 말 상담의 대상이 되기 때문이다.

③ 방송 : 방송은 불특정 다수를 향하여 말하되 직접 보지 않고 말하는 것이다. 방송을 통해서 하는 말을 듣는 사람은 나이, 직업, 가치관이 다양한 남녀일 수 있다. 따라서 가장 먼저 조심할 것이 언어 예절이다. 누구나 방송에서는 깍듯이 언어 예절을 지켜야 모든 시청자를 만족시킬 수 있기 때문이다. 다음으로 중요한 것은 표준어 사용이다. 사람들이 특정 지역에서만 방송을 듣는 것이 아니므로 당연히 표준어를 사용하여 방송해야 한다. 표준어에는 물론 표준 발음이 포함된다. 말 상담은 방송인을 상대로 방송 언어 예절과 표준어 사용 능력, 비속어 변별 능력 등을 길러 줄 수 있다.

(3) 통번역 상담

통번역이란 통역과 번역을 이르는 말로 통역은 외국어 입말을 우리말 입말로 바꾸는 일이고 번역은 외국어 글을 한국어 글로 바꾸는 일이다. 따라서 통역 상담은 말 상담에 속할 수 있고, 번역 상담은 글 상담에 속할 수 있다. 여기서 이를 구태여 구별한 것은 통번역 대상의 말과 글이 우리말과 글이 아니기 때문에 불가피하게 우리말과 글의 맛과 다른 맛이 끼어들 수밖에 없다는 점을 인식하고 이에 대응하는 여러 문제를 상담해야 하는 경우가 많기 때문이다. 통번역에서 주의해야 할 일은 통번역의 결과물은 한국인이 사용하는 국어라는 점이다. 다시 말하면 통번역의 결과물은 한국어를 잘 하는 외국인이 쓰거나 외국어를 잘 하는 한국인이 쓴 말과 글이 아니라 그냥 한국인의 일반적인 말과 글이어야 한다는 점이다. 물론 쉽지는 않겠지만 적어도 최고의 통번역은 일반적인 한국어 그 이상도 그 이하도 아니라는 것을 유념해야 한다.

이런 점에 착안한다면 통번역에서 가장 조심할 것이 외국어를 직역하는 일이다. 외국어와 한국어의 구조, 외국어에 녹아 있는 문화와 한국어에 녹아 있는 문화의 차이 때문에 외국어의 의미를 한국인에게 정확하게 전달하는 것은 처음부터 불가능한 일이지만, 적어도 한국 문화로 해석한 외국어를 한국어로 전달하려는 노력이 진지하게 진행되어야 한다. 이를 효과적으로 가능하게 하는 기본적인 방법이 외국어 단어를 한국어로 대체하는 것이다. 만일 외국어 단어를 한국어로 대체하지 않고 외국어 그대로 사용한다면 불필요한 의미가 끼어들어 과장되거나 추상화될 우려가 있다. 물론 단어를 한국어로 대체하면 모든 것을 한국식으로 이해하게 되는 의식과 가치의 단순화를 벗어나지 못할 위험이 없지 않다. 따라서 어떤 단어를 한국식으로 대체하고 어떤 단어를 외래어로 사용할 것인지 판단해야 한다. 이런 점이 외국 문화를 수용하는 과정에서 부딪히는 어려움이다. 우리가 이런 어려움에 대해 고민하면 할수록 우리의 문화 의식은 성숙해지고 언어 능력은 향상될 것이므로 결코 우리에게 손해가 되지 않는다. 참고로 일본이 서양 문물을 수용하는 과정에서 서양 언어를 그대로 수용하지 않고 번역하여 수용한 점을 검토하면 우리의 태도를 결정하는 데 도움이 될 것이다. 통번역 상담은 이런 노력을 함께 하는 일이다.

국어 상담의 대상

국어 상담은 모든 국민을 대상으로 하는 일이므로 특별히 대상을 제한할 수는 없지만 특별히 집중적으로 국어 상담을 해야 할 대상을 선별하여 그에 맞는 맞춤 서비스를 할 필요가 있다. 그런 점에서 몇 가지 대상을 고려해 보고자 한다.

(1) 언론인

국민의 국어 생활에 가장 큰 영향을 미치는 집단을 든다면 언론인을 들지 않을 수 없다. 따라서 언론인의 국어 능력을 키워 줄 수 있는 상담 프로그램을 개발하여 시행하는 것이 매우 중요하다. 언론인이 갖추어야 할 국어 소양이 어느 수준이어야 하는지, 신문 기사나 방송 보도에서 언론인이 사용할 언어의 유형과 써서는 안 될 어휘, 표현 등에 관한 지침이 마련되어야 할 것이다. 언론인의 말과 글이 국어의 전형이 될 수 있다면 그 사회의 언어 문화는 가장 안정적인 수준에 도달했다고 볼 수 있다. 이를 가능하게 할 수 있는 지침을 만들어서 소정의 기준에 도달하도록 돕는 것이 언론인을 위한 국어 상담의 핵심이다.

(2) 공무원

공무원은 국민의 심부름꾼이면서 국민을 이끌어 가는 지도자이기도 하다. 그러므로 이들의 언어 사용이 국민의 언어에 무시할 수 없는 영향을 미칠 뿐 아니라 국민의 가치관(그것이 종국에는 언어에 대한 가치관에 이를 것이다.)에도 크고 작은 영향을 주게 된다. 공무원의 국어 능력 가운데에서 가장 중요한 것은 권위적인 언어에서 탈피하여 기능에 충실한 효과적인 언어 사용이라고 할 수 있다. '번문욕례'라고 하는 말이 공무원 문장에서 나온 것을 생각해 봐도 공무원은 번잡하고 형식적인 문장을 적는 성향이 강하다는 것을 알 수 있다. 그리고 그런 문장을 쓰는 공무원에게 국민의 가려운 데를 긁어 주는 정치나 행정을 기대하기 어렵다. 공무원이 권위주의적 언어, 번문욕례 문장, 외국어투나 한문투의 현학적인 단어와 문장 사용에서 탈피하게 돕는 것이 국어 상담의 핵심이다.

(3) 기업인

기업인은 최소의 비용으로 최대의 효과를 얻어야 한다는 경제 원리에 충실한 사람들이다. 그런데 우리 기업인은 언어에 관해서는 이런 원리를 따르지 않고 마치 공무원이 하는 것처럼 권위적인 어투에 탐닉하는 것 같다. 기업의 기안문, 보고서 등 기업 내부에서 쓰는 말과 글은 말할 것도 없고, 소비자를 상대로 하는 말과 글에서도 쉽고 간결한 언어보다는 현학적이고 구조가 복잡한 언어를 고집하여 정작 하고자 하는 말의 의미를 파악하기 힘들게 만드는 경향이 있다. 기업인을 대상으로 하는 국어 상담은 기업인이 어떻게 하는 것이 소비자가 곧바로 이해할 수 있게 말하고 글을 쓸 수 있도록 지도하는 것이 핵심이다.

(4) 교사와 학생, 군인

우리 사회에서 비속어를 일상적으로 사용하는 사람들은 폭력배, 청소년, 군인일 것이다. 청소년과 군인에겐 미안한 말이지만 자신이 일상적으로 쓰는 언어에 비속어가 얼마나 많이 들어 있는지 검토해 보면 내 말이 과장이 아님을 알 것이다. 이들 외에도 비속어와 욕설을 습관적으로 사용하는 사람들이 많다. 이들에게 올바른 국어 문화를 보급할 수 있도록 실질적인 계획을 세워 추진하는 것이 매우 중요하다. 특히 청소년에게는 긍정적이고 적극적인 단어를 습득할 수 있는 기회를 광범위하게 주고, 글쓰기와 말하기 능력을 길러 줄 수 있는 방안을 폭넓게 마련하여 시행하여야 한다. 이들에 대한 국어 상담은 참으로 어렵고 미묘한 부분이 많이 있겠지만 그럴수록 적절한 방법을 찾아야 한다. 국어의 미래가 청소년에게 달려 있는 만큼 이들에게 우리 사회는 계속 투자하고 또 투자해야 한다.

(5) 일반인

이들이 국어 상담에서 가장 소중한 손님이고 궁극적으로 국어 상담을 하면서 최종적으로 계몽하고자 하는 대상이기도 하다. 간단한 어문 규정과 문법, 표현법, 언어 예절에서부터 글쓰기 등에 이르기까지 국어에 서툰 국민이 쉽게 그들의 어려움을 해결할 수 있도록 다양한 국어 서비스를 제공해 주는 것이 국어 상담의 가장 기본적이고 가장 중요한 임무라고 할 수 있다. 이를 위해서 인터넷과 전화 등을 이용해서 될 수 있으면 많은 국민이 국어 서비스를 받을 수 있도록 해야 한다. 특히 일반 국민의 국어에 대한 요구가 매우 다양하고 때로는 당황스러울 정도로 엉뚱하기 때문에 이런 모든 요구에 응하면서 국어에 대해 이들이 새롭게 인식하게 하려면 상당한 인내와 설득이 필요하다. 이들의 국어 능력이 한국인의 국어 능력이 될 것이므로 이들에 대한 세심하고 끊임없는 상담 노력이 매우 중요하다.

국어기본법과 국어 상담소

2005년 1월 27일에 국어기본법이 공포되었다. 이 법에 따라서 국민을 위한 국어 상담소를 국가가 지정하여 지원할 수 있게 되었다. 국어 상담소는 위에서 설명한 여러 국어 상담을 효과적으로 실행해야 한다. 우리가 열심히 배우고 익힌 국어 이론과 실무를, 다른 사람에게 가르쳐 주고 그들이 국어를 잘 사용하여 자신의 능력을 발휘할 수 있도록 도와주는 것은 참으로 보람 있는 일일 것이다.

국어 여행을 잘 마친 사람은 국어 상담을 할 수 있는 기본 자격을 갖추었다고 볼 수 있다. 여러 상담 가운데에서 특히 자기가 잘 할 수 있는 상담 분야를 정해서 전문 상담사로 자신을 발전시켜 나가는 것은 젊은이가 한 번 도전해 볼 가치가 있는 일이라고 생각한다. 우리 사회에 많은 상담사가 있지만 국어 상담소에서 국어 상담을 하는 것만큼 자신과 가정과 사회에 두루 영향을 주는 일도 많지 않을 것이다. 머지않아 국어 상담을 할 수 있는 자격증 제도가 시행될 것이니 지금부터 국어 상담에 관심을 가지고 공부하여 보기를 권한다.

"네 시작은 미약하나 끝은 창대하리라."

이는 국어 상담사가 우리 사회에 미칠 영향을 두고 할 수 있는 말이다

연습^문제 •

1. 아래 예문은 기업 또는 상품 홍보문이다. 이 홍보문을 가지고 국어 상담을 해 온다면 어떤 내용으로 상담해 줄 수 있는지 적으라.

  (1) 방금 다른 차를 뽑으셨다면 SM7을 함부로 쳐다보지 마십시오. 후회하실 지도 모릅니다.(르노삼성 자동차 홍보)

  (2) KT 가족을 위한 행복으로의 초대 페스티벌(케이티 홍보)

  (3) 철학이 있어야 체어맨입니다. (체어맨 자동차 홍보)

  (4) 원자력은 생활입니다. (한국전력)

  (5) 물의 소중함을 생활화합시다. (서울시)

  (6) 여자들을 위한 좋은 습관입니다. 콜라겐 5000. (콜라겐 홍보)

2. 다음은 한 인터넷 포털 사이트에 소개된 기사이다. 이 기사를 작성한 기자에 게 어떤 국어 상담을 할 수 있는지 생각하면서 물음에 답을 적으라.

무공해 문근영, 일본에서 한류스타로 등극

국민여동생 문근영이 청정 이미지를 일본에 심었다. (줄임) 이 자리에서 문근영은 "일본 팬들이 따뜻하게 맞이해 줘서 좋은 추억을 만들 수 있을 것 같다."며 인사한 뒤, 작품에 대해서는 "영화 속에서 즐거운 신혼생활을 보 냈는데, 저도 빨리 결혼해도 좋겠다고 생각했다."며 수줍어하면서 촬영 당 시를 회고했다. 또한, 고교 3년생으로 돌아가 "대학에 들어가서도 열심히 공부해, 멋진 경험을 많이 하고 싶다"고 포부를 밝히기도. (줄임) 문근영이 송혜교의 아역 시절로 출연한 '가을동화'는 니혼TV를 통해 지난 4월 7일 부터 5월 10일까지 매일 아침 높은 인기리에 방송됐었다. 또한, 한류 호러 의 진수를 보여주었던 '장화홍련'의 성공에 뒤이어 오는 6월 18일 도쿄를 시작으로 전국 개봉되는 영화 '어린신부'는 문근영을 새로운 한류스타로 확 실하게 다질 전망이다. 영화 '러브레터', '하나와 앨리스'를 연출한 이와이 순지 감독은 지난해 말 '제9회 부산국제영화제'에서 '어린신부'를 보고 문근영의 청초하고 귀여운 연기에 푹 빠져 "기회가 된다면, 꼭 한번 만나고 싶다."고 밝힌 바 있어서, 일본 언론은 물론 영화 관계자들의 뜨거운 주목을 받고 있다.

[도쿄 = 이태문 특파원 gounworld@mydaily.co.kr]

(1) 위 기사에는 다른 사람의 말을 직접 인용하여 적은 문장이 넷 있다. 문근영이 한 말이 셋, 이와이 순지가 한 말이 하나인데, 모두 큰따옴표로 인용해 놓았다. 그런데 인용 형식을 보면 종결을 본인들의 말이 아닌 말로 맺고 인용 조사도 적절하게 사용하지 않았음을 알 수 있다. 이런 경우에 대해서 어떤 상담을 해 줄 수 있는가?

(2) 영화 '장화홍련'이 '한류 호러'의 진수를 보여 주었다고 적었는데 이 표현의 적절성을 판단하여 상담하라.

(3) 이 기사 제목에 사용된 낱말의 적절성을 따져 상담하라.

3. 다음은 고등학생이 작성한 대학(국어국문학과) 지원용 자기 소개서이다. 이 학생에게 어떤 상담을 하여 더 좋은 자기 소개서를 적게 할 수 있는지 적으라.

자기소개서

1. 성장 배경

2남 1녀 중 막내인 저는 부모님과 오빠들의 사랑을 받으며 자랐습니다. 부모님께서는 제가 자율적인 활동을 할 수 있도록 많은 지원을 해주셨습니다. 그래서 자기일은 스스로 하는 편이고 그에 따른 책임도 질 줄 아는 성격을 가지게 됐습니다. 또한 기독교 집안에서 자라났기에 독실한 기독교인입니다. 교회를 다니면서 성장했기 때문에 교회의 다양한 프로그램을 경험했습니다. 덕분에 많은 친구들을 사귈 수 있었고 건전하고 올바른 학창 시절을 보낼 수 있었습니다. 그리고 다른 사람을 사랑하는 법을 배우게 됐고 밝은 사고를 가지게 됐습니다.

2. 지원 동기

독도 영토 문제나 중국과 일본의 역사 왜곡 문제 등 국제사회 관계 속에서 우리나라 사람들은 우리 영토, 우리 문화, 우리 역사에 대해 많은 관심을 가지고 있습니다. 하지만 우리말 국어에 대한 관심은 아직까지도 다른 외국어에 비해 떨어지는 실정입니다. 게다가 인터넷의 보급이 일반화 되면서 인터넷상의 우리 언어가 많이 훼손되고 변형되고 있습니다. 바른말 올바른 국어를 주장하는 사람은 시대에 뒤떨어지는 이라는 비난까지 듣는 시대가 됐습니다.

이런 일이 벌어지게 된 원인 중 하나는 학교 국어 교육에 문제가 있다고 생각합니다. 학교에서 배우는 국어는 문법 교육이나 올바른 글쓰기에 대한 학습에 대한 중요성을 간과하고 있습니다. 또 다른 이유로 방송과 언론의 국어 사용 능력에 있다고 봅니다. 방송사의 잘못된 자막처리나 방송인들의 틀린 언어 습관이 시청자들에게 그대로 노출된다는 문제점과 신문기사의 잘못된 문장이나 어휘들이 구독자에게 영향을 준다는 점 등이 문제라고 생각합니다.

이런 이유로 국어국문학과를 통해 국어를 어떻게 배워야 하고 어떻게 써야 하는지에 대해 알 수 있을거라 생각을 해서 지원하게 됐습니다. 교과과정을 통해 언어의 본질과 기능, 문예 창작과 비평, 국어의 문화적 역할 등을 배우고 싶습니다.

3. 장단점

물건을 살 때 즉흥적으로 사는 사람과 여러 번 고민 끝에 구입하는 사람이 있습니다.

저는 후자에 속합니다. 물건을 구입할 때뿐만 아니라 다른 일을 계획하거나 처리할 때 순간적인 기지보다는 여러 번 생각 끝에 결정하는 성격입니다. 그래서 순발력이 뛰어나지는 않지만 신중함을 무기로 맡은 일을 차근히 계획대로 끝까지 마무리 하는 편입니다.

제 성격의 장점은 작은 것에 감사할 줄 아는 마음을 가진 것입니다. 감사하는 마음을 가지게 되면 긍정적인 생각을 가진 사람이 되고 밝은 사고방식으로 맡은 일에 최선을 다하게 됩니다.

단점은 다른 사람에게 직설적인 충고를 하지 못한다는 것입니다. 그래서 어떻게 얘기해야할지 한참을 고민하는 경우도 생깁니다. 이런 경우는 서로간의 대화가 원활히 이루어지지 못해 서로 다른 생각을 할 수도 있기 때문에 고치려 노력 중입니다.

4. 장래 포부

지원동기에서 밝혔듯이 저의 관심은 올바른 국어사용입니다. 그 일을 학생들에게 지도할 수 있는 선생님이 되고 싶습니다. 학생들의 언어습관, 올바른 문장쓰기, 문학 속의 문장 비평 능력 등을 지도해서 모국어로써의 기능을 충분히 소화할 수 있도록 가르치고 싶습니다. 우리나라 학생뿐만 아니라 외국인에게 올바른 한국어를 그들에게 가르치고 싶습니다.

또는 방송 언론으로 진출해서 현재의 방송용어나 방송언어를 순화하는 일을 맡아 국민이 이해하기 쉽도록 만들고 싶습니다.

제가 어떤 일을 하던지 저로 인해 국어를 어떻게 써야하는지 사람들이 알 수 있게 만들 것입니다. (끝)

이 책의 연습 문제 정답은 www.barunmal.com 의 '글세상'에도 있습니다.

여러분이 자기 소개서를 작성하거나 쓴 글을 '글세상'에 올려놓고 지도나 평가를 요청하시면 조건에 맞추어 응해 드리겠습니다.

부록

국어 생활 점검

아래 점검표의 각 문장에서 밑줄 친 부분처럼 말하거나 적는 일이 하루에 세 번 이상 자기에게 일어나면 자신을 국어 미개인으로 보는 사람이 주위에 생길 거라고 믿어도 좋다. 국어 미개인 소리를 듣지 않으려면 아래 문장을 하나하나 점검하여 자신의 말과 글에 밑줄 친 부분의 문제점이 있는지 확인하고, 있는 사람은 해설을 읽으면서 그런 잘못을 범하지 않도록 노력하기 바란다.

오늘의 국어 생활 점검표

오늘 아래에 적힌 말과 글을 쓴 적이 있으면 ○표, 없으면 ×를 하세요. ○표가 셋 이상 있으면 당신은 오늘 국어 미개인으로 산 것입니다.

1 이 자리를 <u>빌어서</u> 사과드립니다. ( )

2 비가 <u>온 관계로</u> 모임에 나가지 못했다. ( )

3 붉은 빛이 눈에 <u>띠게</u> 짙어졌다. ( )

4 <u>왠</u> 일로 나를 찾아왔나? ( )

5 시험을 잘 <u>치루고</u> 오너라. ( )

6 내게 그 비밀을 <u>가리켜 주면</u> 사례하겠소. ( )

7 지금 말은 어제 한 말과 <u>틀리잖아요.</u> ( )

8 이게 내 <u>꺼야.</u> ( )

9 시어머님께서 집에 잠깐 들리셨더라고요. (   )

10 지금 김치를 <u>담아야</u> 겨울에 먹을 수 있죠. (   )

11 새가 참 빠르게 <u>날라가는군요</u>. (   )

12 그런 말씀은 <u>삼가하세요</u>. (   )

13 거기는 이제 <u>갈래야</u> 갈 수 없어. (   )

14 가방을 어깨에 <u>매고</u> 간다. (   )

15 형님 집에 몸을 <u>붙이고</u> 있다. (   )

16 이제 가게를 <u>들일</u> 때가 되었다. (   )

17 우리 지금 <u>해어지면</u> 언제 만나지? (   )

18 도저히 분을 <u>삭힐</u> 수 없었다. (   )

19 글씨가 참 잘 <u>쓰여졌군요</u>. (   )

20 우리가 성공하리라고 <u>생각되어집니다</u>. (   )

21 좋은 하루 <u>되십시오</u>. (   )

22 회장님의 말씀이 <u>계시겠습니다</u>. (   )

23 제가 <u>설명드리도록</u> 하겠습니다. (   )

24 이 영화 참 <u>재미있는 것 같애</u>. (   )

25 저는 지금 너무 <u>행복해요</u>. (   )

26 제게 좋은 친구 한 사람 <u>소개시켜</u> 주세요. (   )

27 광화문 네거리에서 <u>우연찮게</u> 그를 만났어. (   )

28 그 사람 <u>주책이야</u>. 그런 사람은 밥맛이라고. (   )

29 비가 쏟아지니 <u>패인</u> 땅에 물이 고였다. (   )

30 제 <u>남편께서는</u> 점잖으셔서 말씀을 안 하세요. (   )

31 모임에 <u>내노라하는</u> 유지들이 다 모였더라. (   )

32 <u>저 같은 경우는</u> 그런 걸 별로 좋아하지 않습니다. (   )

33 앞서 가는 사람을 다 <u>제끼고</u> 일등을 했다. (   )

34 아직도 실내에서 담배 <u>피는</u> 사람이 있다니. (   )

35 그의 말은 <u>웃기지</u> 않아요. 얼굴이 <u>웃기게</u> 생겼죠. ( )

36 아이가 우는 바람에 얼마나 <u>놀랬는지</u>. ( )

37 기어이 일을 <u>벌리고</u> 말았군. ( )

38 이 문제를 정확하게 <u>맞추면</u> 한턱내겠다. ( )

39 이것이 우리의 가장 큰 <u>바램입니다</u>. ( )

40 바다 위를 <u>날으는</u> 물새가 한가롭게 보인다. ( )

41 누구나 마음이 <u>설레이기는</u> 마찬가지야. ( )

42 <u>저희</u> 나라에서는 한가위에 달집을 태우지요. ( )

43 그는 <u>첫</u> 데뷔할 때부터 각광을 받았지요. ( )

44 <u>맨날</u> 잠만 자면 돈은 언제 버나. ( )

45 이 사건이 총선에 미칠 <u>파장</u>을 주시하고 있다. ( )

46 상황을 악화시켜 유감스럽다는 <u>입장</u>을 밝혔다. ( )

47 그들은 언제나 <u>현찰</u>로 거래한다. ( )

48 은행 예금 <u>구좌</u> 번호를 적으세요. ( )

49 이번 <u>시합</u>에서는 꼭 우리가 이길 거야. ( )

50 사랑이 <u>뭐길래</u> 저 야단인지. ( )

51 이번엔 반드시 <u>시시비비</u>를 가려야 한다. ( )

52 전문가에 자문을 <u>구하여</u> 작성한 보고서입니다. ( )

53 이번 시험은 <u>난이도</u>를 높이기로 했다. ( )

54 시청 공무원이 뇌물을 <u>수수한</u> 죄로 구속되었다. ( )

55 그는 동편제의 대가인 <u>장판개</u>에게 사사하였다. ( )

56 곧 뵐 수 있기를 <u>바라겠습니다</u>. ( )

57 국민의 위기의식이 반영된 <u>측면</u>을 무시할 수 없습니다. ( )

58 저기가 바로 백제의 한이 서린 낙화암이 <u>되겠습니다</u>. ( )

59 그를 <u>설득시키지</u> 않고는 이 문제를 해결할 수 없다. ( )

60 오늘 아침 <u>아버님으로부터</u> 생일 선물을 받았다. ( )

1 표준어 규정에 따르면 '빌다[借用]'와 '빌리다'를 '빌리다'로 통합하여 사용하고, '빌다'는 '기원(祈願)하다'의 뜻으로만 쓴다.

2 '관계로'는 어떤 관계가 형성되었을 때에 사용하는 부사어이다. 여기서는 비가 온 사실이 이유가 되었을 뿐이므로 '비가 와서'처럼 쓰는 것이 옳다.

3 눈에 보인다는 뜻으로는 '띄다'를 써야 한다. '띠다'는 어떤 빛이 드러남을 뜻한다. '얼굴이 붉은 빛을 띠었다.', '이마에 띠를 띠었다.'처럼 쓴다.

4 '왠지'에서만 '왠'으로 쓰고 '웬 일, 웬만하면, 웬 말' 등은 모두 '웬'을 쓴다.

5 '치루다'는 '치르다'의 잘못이다.

6 '가르치다'와 '가리키다'를 구별해서 쓰는 버릇을 길러야 한다. 일부 지방에서는 '알키다'나 '아르키다'를 쓰기도 하는데 이는 비표준어이다. '갈키다'도 비표준어이다.

7 '다르다'와 '틀리다'가 다른 의미로 쓰인다는 사실을 인식해야 한다. 같지 않으면 '다른' 것이고, 맞지 않으면 '틀린' 것이다. 내 생각과 다르다고 해서 틀렸다고 말할 수는 없다.

8 소리 나는 대로 쓰면 '꺼'가 되지만 맞춤법에 맞게 쓰려면 '거'라고 써야 한다. '갈걸, 갈거야, 갈게, 갈지어다.' 등도 모두 예사소리로 적어야 한다. '어디로 갈꼬, 갈까, 갈쏘냐.' 등은 된소리 표기를 한다.

9 '들르다'와 '들리다'를 구별할 줄 알아야 한다. 잠깐 거치는 것은 '들르는' 행위이고, 소리가 귀에 들어오거나 듦을 당하는 것은 '들리는' 것이다. '소리가 들린다.', '선물을 들려 보냈다.', '코가 좀 들린 것 같다.'처럼 쓰인다.

10 '담다'와 '담그다'는 다른 말이다. '담다'는 물건을 그릇에 넣는 행위이고, '담그다'는 김치나 간장, 고추장, 젓갈, 술 따위를 만드는 행위이다. 술을 만드는 행위를 나타내기 위해서 '빚다'를 쓰기도 한다.

11 '날라가다'는 '나르다'를 본용언으로 삼고 '가다'를 보조용언으로 해서 만든 어구이다. '여기 있는 물건을 수레로 날라서 가져갔다.'처럼 쓰인다. 새가 공중을 자유롭게 다니는 행위는 '날아가다'라고 해야 한다.

12 '삼가하다'는 '삼가다'의 잘못이다. '삼가하세요'는 옳지 않고 '삼가세요'라고 하는 것이 옳다. '삼가하세요'는 자칫 잘못하면 '삼가하시기 바랍니다.'의 뜻으로 오해하기 쉽다.

13 '갈래야 갈 수 없다.'는 '가려야 갈 수 없다'의 잘못이다. '-ㄹ래야' 대신에 '-려야'를 쓰도록 표준어 규정에 정해져 있다. '-ㄹ려고'도 '-려고'의 비표준어이다.

14 '매다'와 '메다'를 구별하여야 한다. '매다'는 무엇을 묶는 행위를 가리키고, '메다'는 무엇을 어깨에 얹는 행위를 나타낸다.

15 '붙이다'는 '붙게 하다'의 의미가 있고, '부치다'는 '누구의 집에 몸을 의탁하다'의 뜻이 있다.

16 '들이다'는 '들어가거나 들어오게 하다'의 뜻이고, '드리다'는 '가게 문을 닫다'의 뜻이다.

17 '해어지다'는 '닳아서 떨어지다'의 뜻이고, '헤어지다'는 '흩어져 나뉘다'의 뜻이다.

18 '삭히다'는 '김치, 젓갈 따위를 삭게 하다'의 뜻이고, '삭이다'는 '화 따위를 가라앉히다'의 뜻이다. 비슷한 소리인 '새기다'는 '먹은 것을 게워 다시 씹다'의 뜻이다.

19 '쓰여지다'는 피동사 '쓰이다'에 피동을 나타내는 구문 '-어 지다'를 붙인 것으로 이중 피동이 되었다. 따라서 '쓰였군요'라고 쓰거나 '써졌군요'라고 쓰는 것이 옳다. '씌었군요'라고 해도 괜찮다.

20 '생각되어집니다'도 불필요한 피동 표현이다. '생각합니다'라고 하거나 '생각됩니다'라고 하는 것으로 충분하다.

21 상대에게 '좋은 하루'가 되라고 하는 것은 불경스러운 말이다. '좋은 만남 가지는 이 밤 되시기 바랍니다.'라고 그럴 듯하게 말하는 아나운서도 있고, '좋은 화장실이 되겠습니다.'라는 간판을 단 화장실도 있으며(서울 강남구에 있는 한 전철역 화장실 앞), "내일도 좋은 하루 되세요. Have a good time. KTF"라고 광고하는 회사도 생겼다. 모두 국어 미개인들이다.

22 '말씀이 계시겠습니다.'는 부적절한 어법이다. '누가 말씀하시겠습니다.'처럼 동사를 사용하는 것이 제격이다.

23 자기가 할 일을 '하도록 하겠습니다.'라고 하는 것은 부적절한 어법이다. '제가 설명드리겠습니다.'라고 해야 한다.

24 자기의 감정을 추측하는 표현에 '재미있는 것 같애.'라고 하는 것은 부적절하다. '매우 재미있어.'처럼 느낌을 명확하게 표현해야 한다. '같애'는 '같아'의 잘못이다.

25 '너무'는 원래 '지나치게'의 뜻으로 부정적인 표현에 쓰던 낱말인데, 최근 언어 환경이 바

꿰어 이를 긍정적인 용도로 쓰는 것도 인정하기로 하였다. 따라서 이 표현은 문제가 없다.

26 상대에게 '소개시켜 주세요.'라고 하는 것은 부적절하다. '소개해 주세요.'라고 해야 한다.

27 '우연찮게'는 '우연하지 않게'가 줄어든 말이므로 부적절하다. '우연히'라고 해야 한다.

28 '주책이다', '밥맛이다'는 '주책없다', '밥맛없다'로 써야 한다.

29 '패인'는 '파인'의 잘못이다. '파인' 대신에 '팬'으로 써도 된다.

30 상대에게 자기 남편을 높여 말하면 조금 모자라는 사람으로 오해받기 쉽다.

31 '내노라하다'는 '내로라하다'의 잘못이다.

32 '저 같은 경우는'은 부사어로서 주어로 보기 어렵다. '저는'을 써야 한다. '같은 경우'는 '선생님께서 저 같은 경우를 당하면 이해하실 수 있을 것입니다.'에서처럼 쓰는 어구이다.

33 '제끼고'는 '제치고'의 잘못이다.

34 '피우다'를 '피다'로 쓸 수 없다. '깨우다, 배우다, 치우다, 태우다, 채우다' 등도 모두 '깨다, 배다, 치다, 태다, 채다'로 쓸 수 없다.

35 '우습지'와 '우습게'를 써야 한다. '웃기다'는 사동사로서 목적어를 취한다.

36 '놀래다'는 타동사로서 '놀라게 하다'의 뜻이 있다. 여기서는 자동사로 '놀랐는지'를 써야 한다.

37 '일을 벌이다'를 써야 한다. '벌리다'는 '가랑이를 벌리다/ 차이를 벌리다.'처럼 쓴다.

38 '맞추다'는 짝이나 구성 요소를 틀에 맞게 하는 것을 나타낸다. 답은 '맞히는' 것이다. '알아맞히다'도 '맞히다'와 비슷한 말이다.

39 '바라다'의 명사형은 '바람'이지 '바램'이 아니다.

40 '날다'는 'ㄹ' 탈락 활용을 하므로 '나는'이라고 해야 한다.

41 '설레이다'는 '설레다'의 잘못이다.

42 같은 집단의 구성원이 다른 구성원에게 '저희'라는 말을 쓸 수 없다. 특히 국가는 주권을 가진 국민의 집합체이기 때문에 이를 낮추는 것은 부적절한 어법이다. '우리나라'라고 해야 한다.

43 '첫'은 뒤에 오는 명사를 수식하게 되어 있다. 그런데 '데뷔할'은 명사가 아니라 동사이다. 따라서 관형사 '첫'을 부사어 '처음'으로 바꿔야 한다.

44 '맨날'은 '만날'과 같은 말로서 표준어로 인정되었으므로 아무 문제가 없다.

45 '파장'은 파도의 길이를 나타내는 명사이다. 총선에 미치는 것은 파장이 아니라 파문이다.

46 '입장(立場)'은 일본식 한자어로 쓰지 말아야 할 말이다. 여기서는 '뜻'을 가리키는 말로 쓰였다.

47 '현찰'은 '현금'과 같은 말로 일본어이다.

48 표준어를 '예금 계좌 번호'로 바꾸었다.

49 '시합'은 '경기'를 뜻하는 일본어 낱말로 '경기'로 바꿔 순화하였다.

50 '뭐길래'는 '뭐기에'의 구어적 표현이다. '-길래'와 '-기에'는 모두 표준어이다.

51 '시시비비(是是非非)'는 '옳은 것은 옳다고 하고 그른 것은 그르다고 함'을 가리키는 말이다. 따라서 '시시비비를 가리다'는 맞지 않다. '시비를 가리다'를 써야 한다.

52 '자문'은 '물음'을 의미한다. 따라서 '물음을 구하여'는 맞지 않다. '자문하여'를 쓰는 것이 옳다.

53 '난이도'는 '어렵고 쉬운 정도'를 뜻하므로 '난이도를 높인다'는 의미가 모호하다. '더 어렵게'라고 쓰는 것이 좋을 것이다.

54 '수수(收受)하다'는 형법상으로 '무상으로 받다'의 뜻으로 쓰이는 말이다. 공무원이 금품을 수수했다는 말은 뇌물을 받았다는 뜻이 된다.

55 '사사(師事)하다'는 '스승으로 섬기다'를 뜻한다. 그러므로 스승을 목적어로 삼아 '장판개를 사사하다'라고 써야 한다. 한자어 사용에 자신이 없으면 사용하지 않는 것이 상책이다.

56 '-겠-'은 미래 시제이므로 현재의 일에 쓸 수 없다. '바랍니다'라고 현재형으로 고쳐야 한다.

57 '측면'은 '정면'의 상대어이다. 따라서 '정면'을 말할 수 있는 상황에서 쓰는 것이 옳다. 그렇지 않으면 '면(面)'을 쓰는 것이 옳다. 여기서는 '면'보다는 '점(點)'이 더 적절하다.

58 사실 관계를 말할 때에 '되겠습니다'를 쓰는 것은 부적절하다. 그냥 '낙화암입니다'라고 해야 한다.

59 '시키다'를 쓰는 것은 부적절하다. '설득하다'라고 해야 한다. 같은 이유로 '가정 파괴범'은 가정을 '파괴시킨' 범인이 아니라 '파괴한' 범인이다.

60 '로부터'는 사물이 비롯한 곳이나 옮아가는 대상을 나타낸다. 내가 받은 것이 원래 있었던 곳이나 사람을 나타낼 때에는 '에서'와 '에게서'를 쓰고, 높임으로는 '께'를 쓴다.

 정답 및 해설

제 1 일 젓가락과 숟가락, 같은 가락인가 다른 가락인가? 13쪽

1. 슬며시	2. 지긋이	3. 묻힐	4. 늴리리	5. 빚
6. 돗자리	7. 돋보기	8. 찌개	9. 배게	10. 웬
11. 며칟날	12. 콩켸팥켸	13. 부치고	14. 붙였다	15. 깍듯이
16. 떠날쏘냐	17. 거	18. 띄는	19. 희희낙락	20. 있것다

해설

1 '슬몃하다'라는 말이 없다. 따라서 소리대로 적으면 된다.

2 '지긋하다'에서 전성된 부사는 '지긋이'다. 그러나 조금 힘을 주어서 어떤 행위를 함을 나타내는 부사는 '지그시'다.

13 '부치다'에는 여러 뜻이 있다. 몸을 남에게 의탁하여 사는 것도 '부치다'라고 말한다.

17 '꺼'는 '거'를 된소리로 발음하는 것일 뿐 표기는 '거'로 해야 한다.

18 '띄다'와 '띠다'의 차이를 공부하라.

20 '-것다'와 '-겠다'는 전혀 다른 어미이다. 국어사전에서 '-것다'를 찾아 그 용법을 알아보자.

제 2 일 룡천과 용천, 류인원과 유인원 19쪽

1. 쌍용(雙龍)	2. 몰렴치(沒廉恥)	3. 총류탄(銃榴彈)
4. 살륙(殺戮)	5. 폐염(肺炎)	6. 급랭각(急冷却)
7. 복락원(復樂園)	8. 당해 년도(當該年度)	9. 백분률(百分率)
10. 희노애락(喜怒哀樂)		

해설

1 '쌍룡'이라고 적어야 한다. 토박이말과 어울리면 '수용, 암용'처럼 쓴다.

2 '몰염치'로 적어야 한다.

3 '총유탄'으로 적어야 한다.

4 '살육'이라고 적어야 한다. 관용적으로 그렇게 쓰고 있다. '실연(失戀)'도 마찬가지이다.

5 '폐렴'으로 써야 한다. 그 밖에는 '염'으로 쓴다.

6 '급-냉각'이 맞다.

7 '복-낙원'이 맞다. '낙원'을 회복한다는 의미이다. 그러나 음식점이나 유원지 이름이라면 '복락-원'으로 쓸 수도 있다.

8 '당해 연도'로 적어야 한다. '그 해'로 적으면 더 좋다.

9 '백분율'로 적어야 한다.

10 '희로애락'으로 써야 한다. 이것도 관용을 존중한 결과다. 이처럼 모음 뒤에 오는 'ㄴ'을 'ㄹ'로 소리 내는 경우가 있다. '의령(宜寧)', '허락(許諾)', '대로(大怒)'

수수께끼 설명

'샘'은 '물이 솟아나는 곳, 또는 거기서 나는 물'을 이르기도 하지만 다른 사람에게서 느끼는 질투의 의미로도 쓰인다. 여기서는 질투의 의미로 쓰였다. 여자들이 하는 '샘'에서 당연히 질투가 나올 수밖에 없다.

제**3**일 도우미와 지킴이의 거리	26쪽

1. (1) 없으니　(2) 찾을까　(3) 좋고　(4) 찾아다니려　(5) 이렇게
(6) 많고

2. ㉠ 깜깜하여라　㉡ 사나이　㉢ 다릿심　㉣ 산비탈　㉤ 다녀보지
㉥ 여편네　㉦ 나를　㉧ 오죽　㉨ 될까

2 ㉢ '다리힘'으로 적는 사람이 많은데 '다릿심'이 정답이다.

㉤ '오직'과 '오죽'은 뜻도 다르고 쓰임새도 다르다. 국어사전을 참고하기 바란다.

수수께끼 설명

'놀다'는 '드물어서 귀하다'의 뜻을 가지는 형용사이다. 이 속담은 흔히 있을 것 같은 곳에 오히려 그것이 더 귀하다는 말이다.

산에는 나무가 많이 있기 때문에 조금만 부지런하면 절굿공이를 만들어서 쓸 수 있지만 남의 것만 빌려서 쓰느라고 절굿공이를 만들지 않아서 정작 산 밑에서 절굿공이 찾기가 더 어렵게 된다.

'부엌에 식칼이 논다.'라는 속담도 비슷한 뜻으로 하는 말이다. '놀다'가 형용사로 '드물어서 귀하다'의 뜻으로 쓰인다는 사실을 알아두자.

제 4~5 일   집 안에 있으면 집안사람, 바깥에 있으면 바깥양반?   43쪽

1. 온 지
2. 있을뿐더러
3. 볼걸
4. 밥은커녕
5. 반기기는새로에
6. 틀린 것 없음.
7. 알아들을세말이지
8. 본바
9. 걸어가는 데는
10. 올 둥 말 둥 / 올둥 말둥
11. 힘들밖에
12. 죽을망정
13. 올 텐데
14. 형만 한
15. 질 듯 말 듯 / 질듯 말듯
16. 그렇다손 치더라도
17. 잡을라치면
18. 그렇고말고
19. 틀린 것 없음.
20. 틀린 것 없음.

우스개 이야기 설명

이 밖에도 영구가 적은 지원서에는 더 재미있는 내용이 있다.

본적 : 누굴 말입니까? 나는 당신을 본 적이 없음.

주소 : 뭘 달라는 겁니까? 줄 것 없음.

호주 : 가 본 적 없음. 뉴질랜드만 가 보았음.

신장 : 두 개 다 있음.

가족 관계 : 관계가 깊음.

지원 동기 : 사오정과 저팔개. 우리 셋은 단짝 친구였음.

모교 : 모름. 엄마는 나 태어나기 전에 학교에 다녔기 때문.

자기 소개 : 우리 자기는 아주 예쁨.

수상 경력 : 배 타본 적 없음. 물을 싫어하기 때문에 물에서 놀지 않음.

제 6 일 원숭이 똥구멍은 빨개 50쪽

1. (1) ④　　　(2) ③　　　(3) ③　　　(4) ②

　 (5) ①　　　(6) ②　　　(7) ①　　　(8) ③

　 (9) ④　　　(10) ④

2. (1) 고마왔어 → 고마웠어　　(2) 설레였지만 → 설레었지만

　 (3) 아니꼬왔지만 → 아니꼬웠지만　(4) 같애 → 같아

　 (5) 바래 → 바라

제 7 일 뭐야? '뭬야'가 맞아? 59쪽

1. ③　　2. ③　　3. ③　　4. ④　　5. ②

해설

1 괜찮다 – 괜찮지 않다 – 괜찮잖다

2 '아래로'는 '알로'로 줄여 쓰지 않는다.

5 '방귀를 꿰다'의 '꿰다'는 준말이 아님.

1. '명사 + 없다'의 형태는 그 명사를 독립적으로 인식하여 그것의 '있고 없음'을 나타 내는 것이 목적이 아니라고 인정되면 합성어가 되고, 그 명사의 '있고 없음'을 나타 내는 것이면 통사적인 어구로 본다. (1)에 적힌 것은 관행적으로 명사를 인식하지 않 고 '없다'를 붙여 형용사처럼 인식하는 경향이 강하다.

2. • 밤낮 (병렬 합성어로는 '밤과 낮'의 의미로, 융합 합성어로는 '늘, 언제나'의 뜻으 로 쓰인다.)

   • 오나가나 (융합 합성어로 '어디서나'의 뜻으로 쓰인다.)

   • 죽살이 (융합 합성어로 '매우 고된 고생'의 뜻으로 쓰인다.)

3. (1) '물'은 하나의 개체가 없는 물질 명사임. 따라서 '물 속'이라는 말을 인식하기 어려우므로 '물속'이라는 합성어로 '수중(水中)'의 의미를 나타낸다. 만일 물과 속 을 띄어 쓴다면 '물 속에는 산소 1개와 수소 2개가 들어 있다.'처럼 쓰는 경우일 것이다.

   (2) '땅'도 구체적인 개체를 확정하기 어려운 명사이므로 '땅 속'을 인식하기 어렵다. 따라서 '땅속'이라는 합성어로 '지중(地中)'을 나타낸다.

   (3) '창'과 '문'은 안팎이 없는 것이지만 관행적으로 '밖'을 붙여 합성어로서 방이나 집의 바깥쪽을 나타낸다.

   (4) '문'과 '안'은 특수한 경우에만 붙여서 합성어로 사용한다. 즉, 서울의 사대문 안 을 가리킬 때만 합성어가 된다.

   (5) 밥맛없다 : 밥맛없는 소리를 하는군.

   밥맛 없다 : 요즘 밥맛이 없어서 밥을 못 먹는다.

   (6) 바람맞다 : 여자친구에게서 바람맞은 남자

   바람 맞다 : 이곳은 바람을 맞기에 좋은 곳이다.

   (7) 물먹다 : 그의 계교에 넘어가 물먹고 말았다.

   물 먹다 : 목이 마르면 물을 먹지.

   (8) 새사람 : 그가 새사람이 되어서 돌아왔다.

   새 사람 : 우리 담임으로 새 사람이 배정되었다.

   (9) 한동네 : 우리는 한동네에서 산다.

   한 동네 : 이 놀이는 오로지 여기 한 동네에서만 한다.

(10) 눈뜬장님 : 우리는 눈뜬장님처럼 보고도 못 본 체한다.

　　　　눈 뜬 장님 : 이번에 수술을 해서 눈 뜬 장님이 누구죠?

4. 사잇소리가 나는 이유를 한 가지 이론으로 설명하기 어렵다. (2)에 있는 합성어에 사잇소리가 붙지 않은 것은 과거 사잇소리 없이 사용하던 관행이 그대로 유지된 경우이고(일상생활에서 많이 사용되지 않는 낱말이기 때문일 수도 있음), (1)의 낱말들은 일상생활에서 흔히 쓰이는 낱말들이 언어의 경음화 과정에서 자연스럽게 사잇소리가 끼어든 것으로 볼 수 있다.

5. 한자어에는 6개의 낱말 외에는 사잇소리를 붙이지 않는 규정 때문임.

제 9 일　호동이는 씨름을 하나, 방송을 하나?

82쪽

1. (1) 쐐-기, 꿰-미, 지르-ㅁ, 부치-애, 베-개, 지-게

   (2) 깨-뜨리다, 넘-치다, 부딪-치다, 서-이우다, 안-기다, 자-이우다, 피-우다

   (3) 높-이, 슬프-이, 어여쁘-이, 굳-이, 조용하-이, 고요하-이, 멀-리, 가깝-이, 되-게

   (4) 일찍-이, 곰곰-이, 더욱-이, 생긋-이, 오뚝-이, 해죽-이

   (5) 나날-이, 따-님, 미닫-이, 바느-질, 주줄-이, 틈틈-이, 하느-님

2. (1) 괘다리-쩍다　　　　(2) 딴기-쩍다　　　　(3) 넓-다랗다

   (4) 잗-따랗다　　　　　(5) 굽-돌이

3. (1) 연수차　　　　　　(2) 표준시　　　　　　(3) 총공격

   (4) 이론상　　　　　　(5) 세기말　　　　　　(6) 개인별

우스개 이야기 설명

'첩'은 문을 완전히 닫아 놓기 위하여 나무를 빗장처럼 걸쳐 대고 못을 박는 일 또는 그렇게 쓴 나무를 가리키는 토박이말임.

'첩을 박았다'는 사람이 드나들지 못하게 문을 닫고 못을 박았다는 말임.

제 **11** 일   '사돈'은 살고, '미쟁이'는 죽고   107쪽

1. (1) 깡총하게   (2) 홀쭉이   (3) 귀이개   (4) 샘
   (5) 놀   (6) 너부렁이   (7) 께름칙하다   (8) 둘 다 맞음
   (9) 웃통   (10) 총각무   (11) 부항단지   (12) 겸상
   (13) 외진   (14) 상판대기   (15) 넉   (16) 가려야
   (17) 예쁘던지   (18) 치뜨지   (19) 꼭두각시   (20) 바라고
   (21) 주책없다   (22) 괴팍하다   (23) 미장이   (24) 아지랑이
   (25) 수고양이   (26) 수용   (27) 수제비   (28) 빌려
   (29) 지루한   (30) 장사치   (31) 술고래   (32) 목이 메어
   (33) 덩굴   (34) 여태껏   (35) 철딱지   (36) 좀체
   (37) 추어올리면   (38) 알은체   (39) 용총줄   (40) 시골내기

2. (1) 니가 → 네가, 주겠구만 → 주겠구먼   (2) 서툴어서 → 서툴러서
   (3) 담지 → 담그지, 들려 → 들러   (4) 서울엘랑 → 서울에는
   (5) 먹게시리 → 먹게   (6) 하지만서도 → 하지만
   (7) 멀찌거니 → 멀찌가니   (8) 추켜세웠더니 → 치켜세웠더니
   (9) 안절부절하고 → 안절부절못하고   (10) 살려면 → 사려면

3. (1) 곰살맞다 → 곰살궂다   (2) 굽신거리다 → 굽실거리다
   (3) 맹숭맹숭 → 맨송맨송
   (4) '부시시'는 비표준어이다. '으시시', '으시시하다', '으시대다'도 '<u>으스스</u>', '으스

스하다', '으스대다'의 비표준어이다.

(5) 섬칫하다 → 섬뜩하다

(6) 소근소근 → 소곤소곤

(7) 으시시 → 으스스

(8) 응큼하다 → 엉큼하다

(9) 이크 → 이키

(10) 이쁘다 → 예쁘다

제12일 첫눈에 반했다는데 125쪽

1. (1) ①   (2) ④   (3) ③   (4) ③   (5) ①

2. (1) ②   (2) ②

해설

1 (1) '감다, 감고, 감지, 감소, 감게'는 긴소리, '감으면, 감기면, 감아라, 감았다'는 짧은소리

(2) '끌다, 끌고, 끌지, 끌소, 끌게, 끌려, 끌어라, 끌었다'는 긴소리

(3) '벌다, 벌어먹다, 벌리다, 벌어지다, 벌(蜂)'은 긴소리

(4) '밀다, 밀고, 밀지, 밀게, 미세, 밀소'는 긴소리, '밀어라, 밀었다, 밀물, 밀문'은 짧은소리

(5) '눈(雪), 눈보라, 눈사람, 눈길'은 긴소리, '첫눈, 함박눈'은 짧은소리

2 (1) '동원령'은 '동원녕'으로 발음된다.

(2) '절약-저략, 검열-거멸/검녈, 등용문-등용문, 송별연-송벼련'

사잇소리가 개입하는 것은 '검열'이 '검녈'로 날 경우에 한함. 문제가 잘못되었음.

제 13~14 일 낱말에도 족보가 있다

146쪽

1. ①   2. ①, ②, ③   3. ③   4. ④   5. ③
6. ①   7. ③   8. ④   9. ③   10. ③
11. ②, ③, ④   12. ④   13. ②   14. ③   15. ②, ③, ④

제 15 일 달이 떴니? 달은 떴니?

162쪽

1. (1) ②   (2) ③   (3) ②   (4) ③   (5) ④   (6) ③

2. (1) 인가를 → 인가에서   (2) 비를 → 비에/비와

   (3) 어머니에게 → 어머니를   (4) 무렵을 → 무렵에, 허공을 → 허공으로

   (5) 사람을 → 사람에게   (6) 차를 → 차에서

3. (1) 운전면허마저 → 운전면허까지   (2) 동생마저 → 동생까지

   (3) 식량까지 → 식량마저   (4) 아내는 → 아내가

   (5) 밤에는 → 밤이라면

제 16 일 울고 가야 하나? 울며 가야 하나?

177쪽

1. ④   2. ②   3. ④   4. ①   5. ③
6. ④(어서)   7. ③   8. ③   9. ② (친해져)
10. ② (이혼했다는)

제 17~18 일 내가 너보다 한 수 위야 206쪽

1. (1) ②(보어+서술어) (2) ③(주어+관형어) (3) ① (4) ①, ② (5) ④
(6) ① (7) ④ (8) ③ (9) ① (10) ①
(11) ④ (12) ④ (13) ④ (14) ③ (15) ①
(16) ① (17) ④ (18) ① (19) ② (20) ①

2. • 산에 오르다 : 산을 목표로 삼아 평지에서 오르는 것을 의미함. 산의 꼭대기나 능선을 향해서 올라가는 행위를 가리킨다.
   • 산을 오르다 : 산 전체를 하나의 공간으로 보고 기슭에서 위쪽을 향하여 걸어 올라가는 행위를 가리킨다.
   이 표현에서는 산의 꼭대기에 오르는 것이 목표가 아니라 단순히 산에서 위쪽을 향하여 올라가는 행위를 하는 것이 중요하다.

제 19 일 국어가 교착어라는데 222쪽

1. (1) '물샐틈없이=물+새+ㄹ+틈+없+이'처럼 쉽게 분석할 수 있기 때문에 각 형태소를 분별하여 의미를 파악하기 쉬워진다.
   (2) 신행정수도이전특별조치법 : 각 한자에 한 글자가 상응되므로 소리글자로서 뜻글자인 한자어를 표기하는 데도 도움이 된다.

2. (1) 집에서부터 : 장소를 나타내는 조사 '에서', 출발을 나타내는 조사 '부터'를 아울러 씀으로써 두 가지 기능을 한꺼번에 수행할 수 있게 한다.
   (2) 그렇게까지도 : 형용사 '그렇-'에 부사형 어미, 극한 상황을 가리키는 조사 '까지', 포함을 의미하는 '도'를 붙임으로써 형용사로 여러 기능을 수행하게 만들 수 있다.
   (3) 즐거웠겠더군요 : 형용사 어간 '즐겁'에 과거 선어말 어미, 추측 선어말 어미, 과거 회상 선어말 어미, 종결 어미, 존경 조사 등을 차례로 붙여 다양한 기능을 수행하게 만들 수 있다.

'안받다'는 부모가 자식의 봉양을 받는 일이고, '안갚다'는 자식이 부모의 은혜에 보답하는 것이다.

제20일 가려거든 가라

231쪽

1. (1) 이 꽃은 참 아름다우나 향기가 없다.

   (2) 한국 팀이 이집트 팀에 졌고 일본 팀이 중국 팀을 이겼다.

   (3) 쓰레기 메일이 하루에 수 백 통씩 와서 나는 머리가 아팠다.

   (4) 비가 억수로 쏟아지므로/지만 우리는 강을 건너야 한다.

2. (1) 울릉도 동남쪽으로 92km 떨어진 곳에 있는 독도는 한국의 가장 동쪽에 있는 섬이다.

   (2) 넓이가 160,000㎡쯤 되는 독도는 최고 높이 99.4미터에 넓이 64,800㎡인 동도와 최고 높이 174미터에 넓이 95,400㎡인 서도로 되어 있다.

   (3) 동도와 서도 사이에 있는 수로의 길이는 330미터, 폭은 110~160미터쯤 된다.

   (4) 1954년에 동도에 등대를 세운 한국은 독도 주변의 수자원을 관리하고 있다.

3. (1) 내가 새라면 임 계신 곳에 날아갈 수 있으련만.

   (2) 내일은 비가 오더라도 등산을 하겠다.

   (3) 까마귀가 날자 배가 떨어졌다.

   (4) 힘이 좀 들지만 피하지는 않겠다.

4. 이건희 삼성 회장은 4일 고려대 명예박사 학위 수여식 파행 사태와 관련해서 자신의 부덕의 소치라고 밝혔다고 한다. 이 회장은 어윤대 고려대 총장의 사과 편지에 대해 이같이 미안함을 전한 뒤, 20대의 청년기에 사회 현실에 애정을 갖고 참여하는 것은 자연스러운 일로 이번 사건 역시 우리 사회가 한 단계 더 발전하기 위한 진통의 과정으로 볼 수 있으니, 좀 더 큰 틀에서 대범하게 바라보자고 말했다고 삼성그룹 구조조정본부 이순동 부사장이 전했다.

   이순동 부사장에 따르면 이 회장은 학생들의 의사 표현 방식이 다소 과격한 점이 있더라도 젊은 사람들의 열정으로 이해한다며 학생들도 이번 일을 기회로 삼아 좀 더 폭넓게 생각하고 다양하게 사고해서 앞으로 훌륭한 인재로 커가기를 바란다는 말도 했다고 한다.

제 22 일 소개시키지 않으면 잊혀진다? 252쪽

1. (1) 잊히지   (2) 쓰이기를   (3) 보인다

(4) 보입니다   (5) 파였구나   (6) 판단됩니다

(7) 맞음   (8) 보입니다   (9) 말하겠습니다

(10) 깃들어   (11) 끼어들고   (12) 피우지

(13) 키우기가   (14) 치우는   (15) 새웠다

(16) 태우고   (17) 외어라/외워라   (18) 채어

(19) 부서지지   (20) 쐬어/쏘여   (21) 치이었다

(22) 부딪쳤다   (23) 부딪혀   (24) 띄어

2. (1) ②, ④   (2) ②   (3) ②   (4) ③   (5) ④   (6) ③

(7) ②   (8) ④   (9) ④   (10) ③   (11) ③   (12) ④

3. '뚫어진'은 '뚫는 행위'에 초점을 맞추게 되므로 '뚫린'으로 고치는 것이 좋다.

제 23 일 어제 가지 않았었어? 266쪽

1. ④	2. ①	3. ③	4. ④	5. ③
6. ①	7. ②	8. ③	9. ③	10. ②

토박이말에서 '말'처럼 다양한 의미를 가진 단어도 흔치 않다. 국어사전을 찾아서 명사 '말'의 의미와 동사 '말다'의 의미를 모두 외우기 바란다.

말 1 : 물에서 사는 풀. 미역 같은 해초가 이에 해당함.

말 2 : 물건을 담아 세는 그릇. 되의 10배, 섬의 10분의 1.

말 3 : 짐승 이름.

말 4 : 톱질이나 먹줄을 칠 때에 받치는 나무.

말 5 : 장기짝의 하나.

말 6 : 바둑의 돌을 가리키는 말.

말 7 : '말뚝'의 옛말.

말 8 : 사람이 입으로 하는 의사소통의 수단.

말다 1 : 둥그렇게 감다.

말다 2 : 물에 밥이나 국수를 넣어 풀다.

말다 3 : 하던 일을 그만두다.

말다 4 : 조동사

제 24 일 여기는 사장님과 사모님 천국   283쪽

1. ③	2. ①	3. ④	4. ③	5. ④
6. ③	7. ①	8. ①	9. ④	10. ④
11. ①	12. ②	13. ②	14. ②	

연습문제 정답 및 해설

제 **25** 일 멋을 모르면 뭘 모르는 것이다 297쪽

1. (1) 머무는 곳이었습니다 → 머물렀다

   (2) 절까지는 오가는데 한나절이 걸리는 거리였습니다 → 한나절 만에 절에 닿았습니다

   (3) 통로에 고속도로가 턱 막혔다 → 통로를 고속도로가 턱 막았다

   (4) 여기신단다 → 들어 주신단다, 이루어지지 → 이루어 주시지

   (5) 당하면 → 받으면 (6) 조용했습니다 → 조용해졌습니다

   (7) 반딧불이 → 반딧불, 불빛 → 빛 (8) 샘처럼 → 빗물처럼

   (9) 미리 → 이미 (10) 기호는 → 기호가

   (11) 한 → 하는 (12) 않는가 → 않은가, 않는가 → 않은가

   (13) 고집스럽다 → 바꾸지 않는다 (14) 기색이다 → 기색을 보였다

   (15) 포크에 → 포크로

2. (1) 밖에 못 → 을 (2) 벌써 → 삭제

   (3) 해야 한다 → 하기를 (4) 조금만 내면 → 조금 내면

3. 문제점 : 주문장의 생략된 주어(쥬리아)와 서술어, 각 절의 주어와 서술어가 전혀 호응하지 못하고 있다. 아래 각 서술어가 모두 주어와 호응되도록 하는 것에 유의할 것.
   [쥬리아는 임진란 때 부모를 잃은 뒤 천주교 신자인 小西行長에게 끌려가 그의 양녀가 되었고 그를 통해서 영세를 받아 천주교 신자가 되었다. 뒤에 德川家康의 시녀가 되어 생활하던 중에 금교령이 내려져 神津島에 유배되었고(1612-1651) 그곳에서 신앙을 지키다가 죽었다. 쥬리아의 독실한 신앙에 감화를 받은 섬 주민들이 그녀를 섬의 수호신으로 모셨다.]

수수께끼 설명

'고수'는 판소리를 도와 북을 치는 사람을 가리키는 말이므로.

1. (1) "괜찮았던 사람도 청와대만 들어가면 이해하기 힘들게 바뀌어 버리는 것"

(2) "청와대 터는 일제 총독이 조선의 자존심을 근본적으로 밟아 버리기 위해 선정한 터이다. 그곳은 조선 정궁인 경복궁 위쪽에 해당된다. 영국이 중국 일부 식민지 경략에서 쓰던 수법을 더욱 발전시킨 전형적인 식민통치 수법으로 세워진 곳이 바로 그곳이다." 이 부분은 필자가 청와대 터에 대한 풍수를 말하는 것과 방향이 일치하지 않는다. "일제 총독이 조선의 자존심을 밟아 버리기 위해 선정한 터"라는 점이 지금의 청와대의 기능 또는 대통령 국정 수행 방식과 어떤 관련이 있는지 설명해 놓지 않았기 때문이다. 이 부분을 "조선의 자존심을 밟아 버리기 위해 선정한"이나 "영국이 중국 일부 식민지 경략에서 쓰던 수법을 더욱 발전시킨 전형적인 식민통치 수법으로 세워진 곳" 같은 풍수 외적인 주장을 빼고 청와대가 어떻게 해서 이곳에 있게 되었는지 사실적으로 설명만 하였다면 주제와 어긋나지 않을 수 있다.

(3) 필자는 청와대 자리가 대통령에게 미칠 요인으로 두 가지를 들었다. 첫째는 대통령이 권위적이고 독선적으로 바뀌기 쉬운 이유로 '청와대에서 보면 위용을 갖춘 듯하지만 밖에서 보면 보잘것없는 북악산'을 배경으로 자리를 잡은 것을 들었고, 둘째로 대통령이 자만심을 가지고 문제를 쉽게 처리하려다가 실수를 자주 하게 되는 이유로 '시내가 손에 잡힐 듯이 보여 문제가 쉽게 풀릴 것 같은 느낌을 갖도록 하는 전망'을 가진 것을 들었다.

(4) 괜찮던 사람이 청와대에 들어가기만 하면 이해하기 힘들게 바뀌는 까닭은 청와대 터와 무관하지 않다.

청와대 뒤에 있는 북악산은 청와대 경내에서 보면 매우 아름답고 권위 있게 보이지만 광화문 네거리만 나와서 봐도 주위의 산세에 비해서 매우 왜소해 보인다. 이는 대통령이 청와대 안에서는 자기가 가장 아름답고 권위도 있으며 항상 옳다고 믿게 되지만 멀리서 보는 사람에게는 그렇지 못하게 되는 것과 관계가 있다.

청와대의 앞쪽을 보면 시내가 손에 잡힐 듯하고 남산이란 걸림돌이 있지만 쉽게 넘어 멀리 관악산까지 이를 수 있어 보인다. 이는 어지간한 어려움은 쉽게 해결할 수 있으리라는 오산을 일으키기 쉽다.

역대 대통령들이 독선에 빠져 수많은 실수를 저지른 것이 이와 같은 청와대 터와 관계가 있다.

2. (1) 교육부는 한국어능력시험을 9월 24일~25일 국내외에서 실시할 예정이다.

(2) 제목 : 한국어능력시험, 9월 24일~25일 실시 예정

이 기사에는 한국어의 인기가 상한가라고 할 만한 내용이 전혀 없다. 그에 부합하는 새로운 사실도 없고 지난해의 통계와 교육부의 추측이 전부다. 따라서 기자가 불순한 의도를 가지고 독자를 현혹시키기 위하여 제목을 달았다는 의심을 받을 만하다. 기사 내용에 따르면 올해 한국어능력시험이 9월 24일~25일에 실시된다는 사실이 중요한 보도 내용이 된다. 따라서 제목도 이것을 알려 주는 데 초점을 맞추고 내용도 그와 관련된 것으로 제한할 필요가 있다.

(3) 기자가 한국어의 인기를 보도하려 했다면 이와 관련한 사실 보도를 하는 것이 원칙이다. 한국어 인기를 가늠하는 척도가 여러 가지가 있을 수 있기 때문에 이런 척도를 감안하여 독자가 한국어의 인기가 높아지고 있음을 알 수 있도록 사실 보도를 하면 된다. 그런데 제시된 내용은 교육부의 추정에 지나지 않는다. 그렇게 하더라도 '상한가'라는 표현은 바람직하지 않다. '상한가'란 기본적으로 한계가 있는 경우에 사용되는 낱말이므로 '인기'의 높음을 나타내기에는 적절하지 않다.

3. (1) 북한산을 아는 이는 많지만, 제대로 아는 이는 없습니다.

(2) 흑백으로 이루어진 세상은 인간에게 공포 자체였다.

(3) 이 제품은 까다롭기로 유명한 일본 시장에서도 호평을 받았다.

(4) 마구잡이식으로 증인을 채택하고 본질과 관계없는 사안으로 증인을 몰아세우며 '아니면 말고'식 질문을 남발하는 구태가 사라지지 않고 있다.

(5) 높은 시렁 위로는 머루와 다래 넝쿨이 친친 감고 올라 제물에 정자가 되었고, 그 아래에 차 식탁이 놓여 휴게소가 되었다.

(6) 이북 실향민의 설움은 저렇게 화면으로나마 아랑곳해 주건만, 그 섬 땅의 피맺힌 심정은 언제 이 세상에 알려 함께 울어볼 날이 올까!

(7) 전지현, 차태현 주연의 '엽기적인 그녀'가 일본인에게 충격을 날렸다면, 전지현, 장혁 주연의 '내 여자친구를 소개합니다'(이하 '여친소')는 올해 초 관객 100만 명을 훌쩍 넘길 만큼 일본인을 사로잡았다.

(8) 얼마 전 콘서트를 가진 가수 '팀(Tim)'의 가족 역시 '연예인 집안'인데, 그다지 유명하지 않아 그가 '연예인 가족'이라는 걸 아는 사람은 몇 안 된다.

(9) 시골의 여름방학은 이렇게 모든 것이 신기했는데 모기 놈들은 딱 질색이었다.

(10) 요즘은 농산물에 자기 이름을 달고 판매하므로 '속박기'는 있을 수 없는 옛날 얘기가 됐다. 소비자의 신뢰를 잃으면 패가망신한다는 것을 잘 알기 때문이다. '속박기'는 곧 농사를 그만 하겠다는 의사의 표현이라고 해도 과언이 아니었다.

제28일 과학자와 예술인은 미개인?

1. (1) '함부로'를 빼도록 상담한다.
   (2) '행복으로의 초대'나 '초대 페스티벌'은 의미가 모호하다. 따라서 "케이티 가족을 위한 행복 축제"로 바꿀 것을 권한다.
   (3) '있어야'보다는 '가져야'가 더 적극적인 표현이므로 "철학을 가져야 체어맨입니다."로 바꿀 것을 권한다.
   (4) '원자력'과 '생활'은 곧바로 연결 짓기 어려운 어휘이므로 "원자력은 생활의 기초입니다."로 바꿀 것을 권한다. "원자력이 생활을 바꿉니다."도 추천할 만하다.
   (5) '소중함'이 '생활화'의 목적이 될 수 없으므로 "물의 소중함을 잊지 맙시다." 또는 "물 절약을 생활화합시다."로 바꿀 것을 권한다.
   (6) '콜라겐 5000'이 '습관'일 수 없으므로 "여자들의 탁월한 선택. 콜라겐 5000."처럼 바꿀 것을 권한다.

2. (1) 문근영이 일본에서 한국어로 인사했다면 그가 한 말을 그대로 옮겨야 하므로 아래와 같이 인용할 것을 권한다.
   "일본 팬들이 따뜻하게 맞이해 줘서 좋은 추억을 만들 수 있을 것 같아요."라고 인사한 뒤 "영화 속에서 즐거운 신혼생활을 보냈는데, 저도 빨리 결혼해도 좋겠다고 생각했습니다."라며 수줍게 "대학에 들어가서도 열심히 공부해, 멋진 경험을 많이 하고 싶어요."
   이와이 순지는 일본말로 인사했을 것이므로 한국말로 번역해야 한다. 이때는 간접 인용법을 쓰는 것이 적절하다.
   (2) '한류'라는 것이 외국에서 보는 한국풍을 의미하는 말이므로 한국인이 한국 작품을 가리키는 데 쓰는 것은 적절하지 않다. '한국 공포물' 정도로 쓰는 것이 좋겠다.

연습문제 정답 게 해설

371

(3) 문근영이 '한류 스타'로 발돋움하는 것일 뿐인데 이를 '등극'이라고 하는 것은 심한 과장이다. 그리고 '등극'은 '최고의 자리에 오름'을 의미하므로 최고 자리를 나타내는 것에 등극해야 한다. 그런데 '한류 스타'는 최고의 자리가 아니므로 그것에 '등극'할 수는 없다. 이 제목은 과장과 어휘 사용 잘못으로 얼룩져 있다.

3. 성장 배경, 지원 동기, 장단점, 장래 포부 등으로 나누어 자기를 소개한 것은 바람직하다. 그러나 이 소개서가 국어국문과 지원서에 사용할 자기 소개서라고 하기에는 너무 평범하고 일반적이다. 자율적인 활동 능력, 기독교 가정, 사람을 사랑하는 건전한 생각 등은 국어국문과와 상관없다.

(1) 성장 배경에서 국어국문과에 지원할 만한 특이한 점을 보일 수 없다면 성장 배경을 빼도 괜찮다. 최소한 국어 또는 문학과 관련된 어떤 경험이나 사건이 성장 배경에 포함되어야 제격이다.

(2) 지원 동기에는 본인이 이해하고 있는 국어국문과가 어떤 곳인지, 왜 그런 곳을 택하게 되었는지 밝혀야 한다. 이때는 추상적이거나 당위론적인 설명보다는 자신과 국어국문과의 관련성을 드러낼 수 있는 설명이 필요하다. 국어국문과에 대한 이해도, 자신의 능력과 국어국문과의 상관성 등을 정확하게 드러내야 의미 있는 소개가 될 수 있다. 독도 영유권 문제, 일본과 중국의 역사 왜곡 문제는 주제와 거리가 멀다. 사회에서 국어가 잘못 사용되고 있는 것과 자신이 국어를 정확하게 배우고 싶은 욕망 사이에는 긴밀한 인과관계가 없고, 그런 이유로 국어를 배우려고 국어국문과를 선택했다는 것도 절실하지 않은, 어쩌면 단순한 판단으로 보인다. 국어국문과에 입학하면 "언어의 본질과 기능, 문예 창작과 비평, 국어의 문화적 역할" 등을 배우고 싶다고 말한 것은 좋다.

(3) 자기 성격의 장단점은 국어국문과에서 무엇을 할 것인지 밝힌 뒤에 그것에 유리한 성격을 드러내는 것이 옳다. 일반적인 성격의 장단점은 여기서 말할 필요가 없다. 신중함, 긍정적인 생각, 밝은 사고방식 등은 국어국문과 지원과 관계없다.

(4) 장래 포부는 국어국문과에서 배울 수 있는 것을 배워서 사회에 나가 어떤 일을 할 것인지 밝히는 것이므로 가능하면 한 부문에 집중해서 말하는 것이 좋다. 그리고 이런 포부를 해당 학교 국어국문과를 통해서 이룰 수 있다고 자신하는 바를 밝히는 것이 좋다. 그렇지 않으면 이 학교에 지원한 이유를 명확하게 할 수 없기 때문이다.

여행을 마친 분들에게

● 여행은 언제나 새로운 지식을 우리에게 준다. 그것이 다른 사람 앞에서 우쭐거리게 해 주는 지식이든 자신의 미래를 개척하게 해 주는 지식이든. 그런데 그 지식이란 것이 마냥 우리의 머릿속에 남아 있는 것은 아니다. 여행을 마치고 상당한 세월이 지난 어느 날 여행 때에 찍어 두었던 사진을 보면 "어, 내가 여기도 갔었나?" 하는 생각이 들 때가 많다. 이처럼 여행에서 얻은 지식은 금방 사라지는 것이 보통이다.

그런데 국어 여행에서 얻은 지식을 금방 잊는다면 참으로 애석한 일이 될 것이다. 왜냐하면 이 지식은 자신의 미래를 개척하는 데 유용한 지식일 수 있기 때문이다. 그래서 여행 중에 얻은 지식을 어딘가에 적바림해 두어야 한다. 처음으로 알게 된 사항, 헷갈려서 자꾸만 틀리는 사항, 꼭 잊지 않겠다고 작심한 사항 등을 쉽게 볼 수 있도록 적어 두어야 한다. 책에 표시해 두어도 좋다. 동행자와 이것을 서로 공유하면 더욱 좋을 것 같다.

2005년은 우리나라에 국어기본법이 공포되어 시행된 해이다. 국가가 국어 발전을 위하여 적극적으로 일을 하도록 강제한 것이 국어기본법이다. 나는 이 법의 탄생에 조그만 초석을 놓은 것을 스스로 자랑스럽게 생각하면서 이를 기념하는 뜻으로 이 책을 썼다. 이 책을 통하여 많은 분들이 국어를 바르고 품위 있게 사용할 수 있게 되기 바란다. 더 나아가서 국어 여행을 한 모든 분들이 여행의 결과로 얻은 지식을 이용해서 국어 전문가가 되어 사회에 이바지하게 되기를 기대한다. 국어기본법이 명시한 국어문화원에서 국어 상담원으로서, 국민의 국어 능력을 높여 주는 사회 교육자로서 다양한 일을 할 수 있으리라 생각한다. 머지않아 국어를 제대로 쓰는 사람이 대접 받고 각 부문에서 지도자가 되는 시대가 올 것이다. 혹시 여러분이 자기 분야에서 지도자가 되고 싶다면 국어 여행을 찬찬히 다시 해 보기를 권한다.

저자 남영신

4주간의 국어여행

2005. 6. 22. 초   판 1쇄 발행
2012. 2. 15. 초   판 6쇄 발행
2014. 9. 10. 개 정 판 1쇄 발행
2016. 6. 22. 개정 2판 1쇄 발행

저자와의
협의하에
인지생략

지은이 | 남영신
펴낸이 | 이종춘
펴낸곳 | BM 주식회사 성안당

주소 | 04032 서울시 마포구 양화로 127 첨단빌딩 5층(출판기획 R&D 센터)
     | 10881 경기도 파주시 문발로 112(제작 및 물류)

전화 | 02) 3142-0036
     | 031) 950-6300
팩스 | 031) 955-0510
등록 | 1973. 2. 1. 제406-2005-000046호
출판사 홈페이지 | www.cyber.co.kr
ISBN | 978-89-315-7943-7 (13510)
정가 | 15,000원

이 책을 만든 사람들

기획 | 최옥현
진행 | 조혜란
교정 · 교열 | 사단법인 국어문화운동본부(02-735-0991)
본문 디자인 | 김인환
표지 디자인 | 박현정
홍보 | 전지혜, 박연주
국제부 | 이선민, 김해영, 신미성, 김필호
마케팅 | 구본철, 차정욱, 나진호, 이동후, 강호묵
제작 | 김유석

www.cyber.co.kr
★★★
성안당 Web 사이트